나말여초 정치제도사 연구

황선영

국학자료원

책__머리에

이 책은 저자가 羅末麗初의 정치사를 연구해 오는 도정에서 단편적으로 발표해 온 논문들을 정리하여 엮은 것이다. 그리고 이 논문들은 거의가 종래의 지배적 견해였던, 신라하대의 骨品制的 支配構造論과 高麗初期의 豪族聯合 政權說과는 시각을 달리하는 것이다.

지난 1988년에 저자는 『高麗初期 王權硏究』를 통하여 고려초기의 정치적 성격을 '호족연합적'으로 풀이하기에는 많은 어려운 점이 따르고 있음을 부각 시키고자 한 바 있었다. 이 책에 수록된 논문들은 주로 그러한 호족연합적 성격에 어긋나는 정치적 추이와 제도의 운용에 초점을 맞춘 것들이다.

나말여초의 정치적 성격을 가늠하기 위해서는 그 정치적 추이나 연관된 제도의 성립에 대한 심층적 천착이 반드시 선행되어야 함은 물론이라 할 것이며, 특히 政治制度의 운용을 구명함은 그 정치적 성격을 해명하는 열쇠가 될 것이다. 그러나 이 분야의 연구성과는 여전히 미흡한 단계에 머물러 있으며, 심지어 상당 부분이 연구에서 방치된 느낌조차 갖게 한다.

이러한 현황에서, 미흡하나마 이 책이 나말여초 정치 제도사를 재조명하는 작은 계기가 되었으면 한다. 다만 관련된 주제에 대하여 기왕의 연구성과에 의지하기가 어려웠을 뿐 아니라 아직까지도 별다른 진전을 보이지 못하고 있는 상황에서, 수록된 논문 내용 가운데는 상당 부분이 중복되거나 재론되고 있음에 대하여 송구한 마음으로, 읽는 분들의 海諒을 바랄 따름이다. 끝으로 이 책의 출판을 맡아주신 國學資料院의 여러분께 감사를 드린다.

2002년 10월

황 선 영

차 례

책 머리에

신라하대 官僚制의 일고찰

Ⅰ. 머리말

지금까지 신라의 정치·사회를 고찰함에 있어 언제나 骨品制가 근원적으로 전제되어 왔음이 사실이다. 이러한 바탕 위에서 신라사는 건국이후 멸망에 이르기까지 경직된 신분적 구조 위에 서 있다는, 그 자체 독특한 한국의 고대사적 성격을 부여받아 왔었다.

즉 신라는 골품사회로서 신라인의 모든 삶이 골품과 연계될 만큼 엄격한 신분사회였으며, 특히 官等과 官職의 관계는 그 전형적 사례인 것으로 지적되어 왔다.[1] 게다가 신라는 계층의 이동성이 극히 경직되어 있었다고 보아, 신분의 상승이란 거의 인정되지 않았으며, 나아가 하대의 6頭品 관료들이 이러한 신분적 한계 때문에 마침내 반신라적 자세를 갖게 되었다는 견해도 제시되고 있는 실정이다.[2]

---

[1] 李基東,「新羅 骨品制研究의 現況과 그 課題」,『新羅 骨品制社會와 花郎徒』, 일조각, 1984, 41~52쪽.

사실『三國史記』등 문헌사료의 기록만으로 본다면 신라사회의 계층 이동성은 극히 경직되었다고 볼 수 밖에 없을지도 모른다. 服色이며 器用・屋舍 등이 골품에 따라 엄격한 차등으로 규제되어 있다던가, 官等의 단층 부분에 重位가 또 설치되어 이것이 신분의 상승욕구를 무마하는 안전판의 구실을 했다고 본다면, 결국 신라사회는 숙명적으로 혈통의 尊卑에 의해 관등・관직이 한정되어 있었다고도 할 수 있을 것이다.

그럼에도 불구하고 신라의 全時代에 걸쳐 과연 혈통에 근거한 신분제가 그토록 경직되어 운용되었을까 하는데는 적잖은 의문이 따른다. 특히 몇몇 金石文의 용례를 검토해 보건대, 신라하대 이후에는 신분제를 초월하는 관료제의 운용이 지적된다. 즉 혈통보다는 능력이, 또 관등보다는 관직이 더욱 중시되는 방향으로 개혁되지 않았나 여겨진다는 것이다.

이렇게 생각할 때, 신라는 늦어도 하대에 들어와 官職者의 임용과정에서부터 사회적 신분보다는 관료로서의 능력을 더 요구하지 않았을까 한다. 이와 관련하여 신라의 讀書三品科는 지금까지 간주해 왔던 것 보다 훨씬 더 개방적이고도 활성적이었던 관료의 등용문으로서 새로이 해석될 여지를 남기고 있는 것 같다.

본고는 이러한 관점에서 신라의 관등 및 관직제를 재검토하여, 그 가운데서도 신분제를 초월하는 능력본위의 관료제 운용을 부각시켜 보고자 시도한 것이다. 비록 사료의 한계로 말미암아 상당부분을 추리에 의존할 수밖에 없는 실정이라 하더라도, 종래의 해석방법에 대한 문제의 제기는 될 수 있으리라 믿는다.

---

2) 李基白, 「新羅 六頭品研究」, 『新羅政治社會史研究』, 일조각, 1981.

Ⅱ. 官等·官職制의 단층

주지하는 바와 같이 신라는 17등급의 관등제를 운용하였다. 또『三國史記』에 따를 때, 이 관등제가 골품제와 긴밀히 연계되어 있음도 사실이다. 그러한 만큼 신라의 관등제는 기본적으로 관직자의 사회적 신분에 따라 단층 지워지고, 다시 公服으로 그 尊卑를 구분하고 있음을 특색으로 하였다고 볼 수 있다. <표-1>은『三國史記』色服志 및 職官志에 기재된 관련 사료를 정리하여 나타낸 것이다.

<표-1> 新羅의 骨品과 官等

	眞骨	六頭品	五頭品	四頭品
(1) 伊伐湌 (2) 伊　湌 (3) 迊　湌 (4) 波珍湌 (5) 大阿湌	(紫)			
(6) 阿　湌 (7) 一吉湌 (8) 沙　湌 (9) 級伐湌		(緋)		
(10) 大奈麻 (11) 奈　麻				
(12) 大　舍 (13) 舍　知 (14) 吉　士 (15) 大　烏 (16) 小　烏 (17) 造　位			(青)	(黃)
官　等			骨　品	

* (　)안은 公服色임.

여기서 보는 바와 같이 1등 伊伐湌으로부터 5등 大阿湌까지는 眞骨만의 관등이며 그 公服色은 紫色이다. 다음 6등 阿湌에서 9등 級伐湌까지는

6頭品 이상이 맡을 수 있는 관등으로 服色은 緋色이다. 그리고 10등 大奈麻와 11등 奈麻는 5頭品 이상의 관등으로 服色은 靑色이며, 끝으로 12등 大舍부터 17등 造位는 4頭品 이상이면 다 맡을 수 있는 관등으로 服色은 黃色이다.

이와 같이『三國史記』에 나타난 기록만으로 신라의 관등을 볼 때, 신분의 계층 이동성이란 거의 생각할 수 없을 만큼 경직된 체제라 여길 수도 있을 것이다. 말하자면 6두품은 아무리 능력이 있거나 공훈이 있더라도 大阿湌이 될 수 없으며, 5두품은 級伐湌으로 진급하지 못하고 다시 4두품은 奈麻로 오를 수 없다는 것이다.

더욱이 奈麻·大奈麻 및 阿湌의 관등에는 重位가 또 설치되어 있거니와 奈麻에 七重奈麻까지, 大奈麻에는 九重(大)奈麻까지, 그리고 阿湌에 四重阿湌까지의 重位가 있음을 두고, 이것이 '特進의 途'[3]로서, "眞骨 중심의 골품제와 非眞骨 중심의 관료제간의 이질적 계층원리가 서로 마찰하는 것을 피하기 위한 일종의 타협안"[4]이라 해석한다면, 관등제와 관련하여 계층간의 단절까지도 생각해 보지 않을 수 없을 것 같다.

이 重位 문제에 대해 변태섭은『三國史記』에 의한 奈麻의 重位 기록을 인정하지 않고, 阿湌과 大奈麻의 重位만을 인정하여 非眞骨 신분과 연계시키고 있으며,[5] 三池賢一은 奈麻의 중위를 인정하되 이것을 4두품 출신의 國學 修學者에 대한 특전으로 보려 하였다.[6]

이와 같이 官等制만의 구조로 본다면 관직자의 골품에 따라 단층지워져 있음은 부인하기 어려운 사실이라 하겠다. 그러나 시각을 바꾸어 官職制의 구조를 통하여 직급 간에 존재하는 연결 고리를 검토해 볼 때, 신라에서도 신분사회의 체제 내부에서나마 어느 정도까지 한계를 초월하는 능력본

---

3) 末松保和,「梁書 新羅傳考」,『新羅史の諸問題』, 東洋文庫, 1954, 406쪽.
4) 李基東,「新羅 中代의 官僚制와 骨品制」, 앞의 책, 135쪽.
5) 邊太燮,「新羅 官等의 性格」,『歷史敎育』1, 62~76쪽.
6) 三池賢一,「新羅官位制度(下)」,『駒澤史學』18, 20~21쪽.

위의 관료제가 채택되고 있었음을 알게 된다. 물론 관직의 구성자체도 신분제의 범위를 벗어나지 못한다고 해 버린다면 官職上의 단층이란 무의미한 것이라 여겨질지도 모른다. 그럼에도 불구하고 필자의 견해로서는, 官等制가 경직된 신분제를 토대로 하고 있었음에 비해, 官職制는 능력을 토대로 한 보다 융통성이 큰 官僚制를 바탕으로 구성되어 있었다고 믿는다. 이제 이 점을 살펴보기로 하겠다.

주지하는 바와 같이 신라의 관직제는,

令 - 卿 - 大舍 - 舍知 - 史

의 5단계로 구성되어 있다고 보겠다.[7] 이들 관직을 맡을 수 있는 관등의 범위를 『三國史記』職官志에서 뽑아 제시한 것이 <표-2>이다.

<표-2> 新羅의 官等과 官職

官 等	令	卿	大舍	舍知	史
(1) 伊伐飡					
(2) 伊 飡					
(3) 迊 飡					
(4) 波珍飡					
(5) 大阿飡					
(6) 阿 飡					
(7) 一吉飡					
(8) 沙 飡					
(9) 級伐飡					
(10) 大奈麻					
(11) 奈 麻					
(12) 大 舍					
(13) 舍 知					
(14) 吉 士					
(15) 大 鳥					
(16) 小 鳥					
(17) 造 位					

---

7) 井上秀雄,「三國史記にあらわれた新羅の中央行政官制について」,『新羅史の基礎研究』, 東出版(株), 1974, 235～236쪽 및 李基白,「新羅 執事部의 成立」, 앞의 책, 154쪽.

<표-2>를 통하여, 신라의 관직체계가 비교적 융통성 있게 조직되어 있음을 알 수 있다. 예컨대 각 관부의 次官에 해당되는 卿은 5두품의 관등인 奈麻로부터 6두품의 阿湌까지가 맡을 수 있으며, 또 大舍의 職도 4두품의 舍知로부터 5두품의 奈麻까지 맡을 수 있도록 되어 있다. 그러니까 하나의 관직에 대하여 2개 또는 그 이상의 골품이 맡을 수 있도록 짜여져 있는 셈이다. 이 점은 신라 관직체계에 있어 하나의 원칙이라 해도 좋을 것 같다.

　　그런데 진골 또는 6두품 계층이라 할지라도 처음에는 下位官職을 통하여 入仕하게 되는 만큼, 예를 들어 奈麻級에도 진골·6두품·5두품의 서로 다른 신분의 인물이 함께 임명될 수 있음은 쉽게 짐작될 일이다. 따라서 이를 전제로 굳이 신분제와 결부시켜 卿이 될 수 있는 奈麻를 꼭 6두품 이상으로만 간주한다던가, 大舍職을 맡게 된 舍知를 반드시 5두품 이상으로만 단정지을 필요는 없다고 본다.

　　그 보다는 骨品이 어떠하던 간에 奈麻의 관등을 가진 사람은 능력에 따라 卿까지도 승진될 수 있고, 또 舍知의 관등이면 大舍職도 맡을 수 있도록 짜여져 있음이 오히려 신라 관직체계의 특성이라 보아야 옳지 않을까 한다. 다만 執事省의 中侍를 비롯한 각 관부의 令은 大阿湌 이상만이 맡도록 되어 있는 만큼, 이는 곧 眞骨만이 오를 수 있는 관직이라 보겠다.[8] 따라서 令級과 卿級사이의 斷層은 곧 眞骨과 非眞骨을 구분한다는 중요한 뜻을 가질 것이다. 그러나 卿 이하의 관직에서 볼 때, 보다 큰 계급간의 융통성이 지적되고, 그러한 융통성이 곧 사회적 신분보다는 관료로서의 능력을 더 중시했던 데서 연유된 것이라 믿어진다.

　　아마도 관료로서의 능력이 인정되었을 때, 그의 골품이 어떠했던 간에

---

8) 『三國史記』卷38, 職官上, 新羅官號에서 五曰 大阿湌에 이어 "從此至伊伐湌唯眞骨受之 他宗則否"라 하여 大阿湌 이상은 眞骨만이 받을 수 있음을 명기하고 있다. 그러나 그 이하의 관등에 대하여는 사회적 신분과 연관시키지 않고 있음에 주목할 필요가 있을 것이다.

舍知의 관등으로도 大舍의 관직에 오를 수 있었을 것이고, 반면에 大舍의 관등을 갖고도 舍知의 관직 밖에 차지할 수 없었을 경우도 충분히 상정된다. 그리하여 아마도 하대에 들어와서는 왕족, 즉 진골인가 아닌가의 판별 규칙만이 존속되고, 이하 계층에 대해서는 골품보다 관료로서의 능력을 더 존중하게 되지 않았나 싶다. 이러한 관점에서 『新唐書』卷220, 新羅傳에 실려 있는 다음의 사료를 다시 음미해 볼 필요를 느낀다.

> 가) 그 族은 第一骨·第二骨이라 이름하여 스스로 구별하고 兄弟의 女나 姑
>   母·姨母·從姊妹를 모두 娶하여 妻로 삼는다. 王族은 第一骨이 되는데
>   妻도 역시 그 族이고 아들을 낳으면 모두 第一骨이 된다.

위의 사료는 惠恭王 때 신라에 使節의 일원으로 왔던 唐의 顧愔이 남긴 기록 가운데 일부의 내용으로,[9] 신라중대의 신분제를 표현하고 있는데 여기에서 보듯이 당시만 해도 신라의 지배층은 第1骨과 第2骨, 즉 왕족과 귀족만을 구분하는 정도에 그치고 있었다. 여기서 第2骨이 귀족을 가리킴은, 더 후대 景文王·憲康王 년간에 사신으로 왔던 唐의 令狐澄이 쓴 『新羅國記』를 통해서 확인된다.[10] 이 가운데서 그는,

> 나) 그 나라의 王族을 第一骨이라 일컫고, 그 밖의 貴族은 第二骨이라
>   일컫는다.

라 하여 신라하대에 들어와서도 중대나 다름없이 왕족과 귀족의 구분을 나타내고 있는데 귀족은 곧 第2骨임을 밝히고 있다. 여기에서의 第2骨을 굳이 6두품만으로 단정지을 필요가 없지 않을까 싶다.

이러한 사실을 참작하더라도 신라에서 골품이 어떠했던 간에 국가가

---

9) 今西龍,「新羅骨品考」,『新羅史硏究』, 圖書刊行會, 1933, 198쪽.
10) 今西龍, 위의 논문, 참조.

요구하는 관료로서의 능력이 인정될 경우 누구나 卿級의 관직에까지는 승진할 수 있었음이 하대 官職上의 법제적 측면으로 보인다. 당시 명목상의 사회적 신분보다 능력이 더 요구되었음은 다음의 사료로도 입증되겠다. 즉『三國史記』卷45, 祿眞傳에 의하면 憲德王 14년(822)에 祿眞이 上大等 忠恭에게 다음과 같이 아뢰고 있다.

> 다- ①) 저 목수가 집을 지을 때에 재목이 큰 것은 들보와 기둥을 만들고 작은 것은 석가래와 부연을 만들며, 굽은 것과 바른 것을 각각 제자리에 알맞도록 한 뒤에야 큰 집이 이루어지는 것입니다.
>
> ②) 옛날 어진 재상이 政事하는 법도 어찌 이와 달랐겠습니까? 재능이 많은 자는 높은 자리에 앉히고 적은 자는 헐한 소임을 맡기어 안으로 六官·百執事와 밖으로 方伯·連率·郡守·縣令에 이르기까지 조정에 헛자리가 없고, 위품에 부당한 자가 없어 위아래가 정연하고 어진 자와 어질지 못한 자가 구별된 연후에 王政이 이루어졌습니다.
>
> ③) 지금은 그렇지 못하여 私情에 끌려 公務를 그르치고 사람을 보아 벼슬자리를 고르는데, 마음에 들면 재주가 없어도 하늘 끝까지 올려 세우고, 미워하면 아무리 유능한 사람이라도 개골창에 쳐 넣으려 하니, 택하고 버림에 일정한 기준이 없고, 옳고 그름에 대한 한계가 분명치 않습니다. 이렇게 되면 나라 일이 어지러워 질 뿐만 아니라 정치하는 사람도 괴롭고 병이 날 것입니다.

위의 사료는 신라의 관료제 운용에 관하여 많은 것을 시사해 준다고 본다. 당시 국정을 도맡았던 角干 忠恭은 관료 기강의 해이와 불공정한 인사로 인해 병을 앓게 되었고, 이를 간파한 祿眞은 그에 대한 처방으로서 적재적소의 인사 원칙으로 돌아 갈 것을 제시했던 것이다. 결국 이러한 건의만으로 忠恭의 병은 나아 버렸고, 祿眞은 크게 포상되었다.[11]

이를 미루어 보더라도 신라의 인사 원칙은 적재적소의 배치였으며, 통치권이 해이해졌을 때 그 원칙은 곧 잘 문란해졌고, 다시 기강을 확립함에는 인사원칙을 회복함이 급선무였음을 알게 된다.

이와 같이 신분적 요소보다는 능력이 더 중시되었다는 점은 제한적이나마 신라인 스스로가 골품제의 질곡에서 벗어나려 했던 증좌가 될 것이다. 능력있는 인물이라면 비록 令의 관직에서 미치지 못했다 하더라도 卿의 지위까지는 승진될 길이 열려 있었고, 또 어차피 王族이 아닌 바에야 卿의 직급은 바로 최고의 관직으로서 당시 관료들에게 선망의 표적이 되었을 것이다.

나아가 관등과 관직의 관계에 있어 반드시 관등이 관직을 제한하였다고 단정할 것이 아니라, 관직이 관등을 결정할 수도 있었다고 보아야겠다. 이 경우 사회적 신분으로서의 골품이 변동되었을 가능성도 배제할 수는 없을 것이다. 대체로 관등과 관직은 대응관계를 유지했던 것으로 파악되는데, 능력이 인정된 경우 그에 상응하는 관등과 관직이 주어졌을 것이다. 예컨대 祿眞이 大阿飡의 관등을,[12] 崔致遠이 阿飡의 관등을 받은 사실[13] 등은 이러한 관점에서 이해된다. 따라서 사료상에 보이는 몇몇 인물을 두고 그의 관등만으로 골품을 지정함에는 그리 큰 의미가 없다고 본다.

이상으로 신라의 관료제에 있어 신분과 연계된 관등보다는 능력에 의한 관직이 더 중시되었음을 살펴보았다. 이제 이러한 관료제의 운용과 관련하여 관직체계의 구조를 검토해 볼 필요가 있겠다. 앞서 제시된 바와 같이 신라의 관직체계는 令－卿－大舍－舍知－史의 순으로 계층이 지워져 있었고, 특히 令과 卿 사이에는 왕족인가 아닌가 하는 신분적 단층이 존재하고 있었다. 그 밖에도 각 단계마다 엄격한 승진 규정이 있었다고 추정되는

---

11) 『三國史記』卷45, 列傳, 祿眞.
12) 위와 같음.
13) 『三國史記』卷11, 新羅本紀, 眞聖王 8年.

데, 이와 관련하여 우선 신라 관직을 官員職과 吏屬職으로 구분해 볼 필요를 느낀다.

물론 아직까지는 신라의 員·吏에 대하여 별로 알려진 것이 없고 또 관등제나 관직제에서 중국의 9品체계를 기준으로 員·吏를 가려 낼 근거도 박약한 편이긴 하다. 그러나 신라의 관직 체계에서 員·吏의 관념이 전혀 배제되어 있었다고는 볼 수 없을 것 같다. 이에 대한 하나의 배경으로 景德王때에 관직의 명칭을 郞中·員外郞·郞 등 중국식으로 바꾼 적이 있음을 상기해야겠다.[14] 그후 惠恭王 때에 다시 고유명칭으로 복구되긴 했으나,[15] 그때에도 唐의 9品체계 의식이 불식되었다고는 볼 수 없을 것이다.

그렇다고 해서 신라의 17관등이 중국의 文·武散階를 모방했다거나, 서로 대응될 수 있다는 것은 아니다. 양자 간의 가장 두드러진 차이점은 후술하겠지만, 전자가 모든 官員과 吏屬을 망라하고 있음에 비해, 후자는 官員 즉 品官 중심의 위계라고 할 수 있을 것이다.[16] 다시 말해 신라의 17관등제는 官員과 吏屬의 가림없이 전체 공직자의 서열을 나열하고 있는 체계라는 것이다. 아마도 이는 관료제가 미성숙했던 시기의 관등제를 명목상 하대까지 지속시킨 결과라 보겠지만, 그런 가운데서도 점차 중국식으로 員·吏를 구분하려는 개념이 형성되어 마침내 員·吏 간에 가장 중요한 관료제적 단층이 형성되었다고 믿어진다. 이 점은 節을 달리하여 다루어 보기로 하겠다.

---

14) 『三國史記』卷38, 職官上, 執事省.
15) 위와 같음.
16) 官階를 통하여 볼 때 官員과 吏屬의 한계가 분명하다고는 할 수 없을 것 같다. 唐이나 高麗의 예에서 보면 一部 吏屬職은 소위 入仕職으로서 官階를 갖기도 하나, 더 많은 부류는 官階를 갖지 못한 상태에서 말단 행정 사무에 종사하고 있을 뿐이다. 그러나 아마도 후자의 경우가 吏屬의 전형이라 보여진다.

Ⅲ. 員・吏와 讀書三品科

신라의 官等・官職制에서 官員과 吏屬을 확연히 구분해 내기는 어려운 일이다. 일반적으로, 官員은 이른바 品官으로서 지배적인 관료층이라 할 것이고, 吏는 주로 기술잡역이나 행정의 말단 실무를 담당하는 부류로서, 중앙정부의 胥吏와 하급장교 및 지방의 鄕吏 등이 이 범주에 포함될 것이다. 따라서 吏는 국가의 운영에는 참여하면서도 지배적 관료군과는 구별되는 '중간계층'[17]이라 해도 좋겠다.

한국의 경우, 官制上 員・吏가 구분되었음을 확인할 수 있는 시기는 아마도 고려초인 것으로 여겨진다. 『高麗史』 卷1, 太祖條에는,

> 라-①) (元年 9月) 徇軍吏 林春吉 등이 모반하였기 때문에 伏誅하였다.
>
> ②) (5年 11月) 西京에 거둥하여 官府와 員・吏를 새로 두었다.

라고 하여 員과 吏를 구분하고 있다. 위의 라-①)에서 보아 林春吉은 徇軍府의 吏이었고, 다시 라-②)에서 보는 대로 官府를 신설할 때는 官員과 吏屬을 갖추어 배치시켰던 것이다.

그러나 신라의 경우 員・吏의 구분에 다소 애매한 점이 있는 것이 사실이다. 다만 통일직후 지방에 州吏가 있었고,[18] 나아가 上守吏制[19]가 실시되었던 만큼, 중앙정부 안에도 官員과 吏屬이 나뉘어 있었을 것임은 충분히 상정된다. 이와 관련하여 관직의 성격을 통해서 일단 員・吏를 구분해 보는 것이 좋을 듯 싶다.

신라의 관직체계인 史→舍知→大舍→卿→令의 5단계 가운데서 史의 직

---

17) 金光洙, 「中間階層」, 『한국사』 5, 국사편찬위원회, 1981, 221~222쪽.
18) 『三國遺事』 卷2, 紀異2, 文虎王 法敏.
19) 위와 같음.

무가 바로 吏職을 가리킨다고 보아야 할 것 같다.[20] 『三國史記』職官志에 의하면 각 관부의 말단 행정은 거의 모두가 史에 의해서 수행된다. 관등으로 볼 때 史職은 12등 大舍로부터 17등 造位(先沮知)까지 비교적 넓은 범위에 걸치고 있는데, 景德王 때에 들어 그 호칭이 '郎'으로 바뀐 적이 있었으나 惠恭王 때에 다시 '史'로 회복되었다 한다. 『三國史記』卷38, 職官上, 執事省의 말미에는,

> 마) 史가 14명이었는데 文武王 10년에 6명을 더하였다. 景德王이 郎이 라 고쳤으나 惠恭王이 다시 史라 칭했다. 位品으로는 先沮知로부터 大舍까지가 이 벼슬을 한다.

라 하여 각 관부에 배속된 史의 위상을 총괄 설명해 주고 있다.

이와 같이 신라는 史로서 관직의 말단을 형성하고 있으며, 관등으로는 大舍를 상한으로 하고 있다. 따라서 만약 史를 吏와 같은 개념으로 간주할 수 있다면 吏職의 관등은 大舍 이하로 한정될 것이다. 그런데 唐이나 고려의 경우는 文·武散階의 有無로서 일단 員·吏를 구분하는 기준으로 삼을 수 있을 것이고,[21] 더러는 胥吏가 文散階를 갖는 경우도 볼 수 있다 하더라도 全吏屬이 모두 官品(文散階)을 갖지는 않았다.[22] 그러나 신라의 경우 이와는 다른 형식을 취하고 있던 것으로 보인다. 신라는 大舍·舍知·吉士·大烏·小烏·造位 등 下位의 여섯 관등에 걸쳐 史職을 맡고 있음이 그러하다. 물론 신라의 官等制를 文·武散階와 같은 개념으로 볼 수는

---

20) 金光洙, 「高麗時代의 胥吏職」, 『韓國史研究』 4, 1969, 3쪽.
21) 金光洙, 위의 논문, 2쪽.
22) 唐의 경우 일반적인 官職體系는 主事 → 員外郎 → 郎中 → 侍郎 → 尙書의 5단계로서 신라의 典範이 된 것으로도 보아지는데, 이중 主事級은 從9品上의 官階를 갖는 官員이다. 그러나 그 아래 단계에 다시 令史·書令史 등 官階가 없는 '史'職이 또 설치되어 있어, 그 체계가 반드시 신라와 동일하다고는 보기 어려울 것 같다(『新唐書』卷46, 百官1, 尙書省 참조).

없을 것이나, 그 또한 官品의 표현임에는 틀림이 없을 것이다. 그러므로 文·武散階가 대부분의 吏屬을 제외한 品官의 서열체계임에 비해 17관등은 員·吏를 포함하는 全官吏의 서열체계가 아닐까 연상된다는 것이다. 그렇다고 할 때 17관등에서 보아 大舍보다 上位의 관등서열인 奈麻는 가장 확실한 신라 官員의 下限으로 간주될 수 있겠다.

물론 이렇게 단정하기에는 석연치 않은 점도 없지는 않을 것이다. 앞에서도 보았거니와 신라 관제의 특성은 관등과 관직이 중층적으로 결합되어 있다는 점이다. 그러므로 13등인 舍知가 史보다 上位인 舍知(員外郞)職이나 더 上位인 大舍(郞中)職까지도 맡을 수 있고 12등인 大舍 또한 그러하다. 여기의 舍知職이나 大舍職은 응당 品官의 관직이라 보아야 될 것[23]인만큼, 12등 이하를 모두 吏屬의 관등이라 단정하는 일은 무리일지 모른다. 그럼에도 불구하고 굳이 추리하건대, 이런 경우의 舍知나 大舍의 관등 보유자는 제한없이 승진할 수 있도록 보장된 왕족 위주의 진골에 국한된 계층이 아닐까 한다. 왕족이라면, 능력보다 혈통이 더 우선하였음은 이미 앞 절에서 살폈던 바이다. 따라서 舍知나 大舍의 관등으로도 舍知職이며 大舍職을 맡음은 왕족에 한정된 특수한 入仕經路라 보겠다.

만약 이러한 추리가 용납된다면, 일반적으로 17관등에서 11등 奈麻까지가 가장 확실한 官員의 品秩이 될 것이고, 12등 大舍이하 17등 造位까지는 일부 중복되는 경우가 있겠으나, 대체로 吏屬의 品秩로 간주할 수가 있을 것이다.

좀 나중의 일이긴 하나 후삼국 통일기의 고려초기 官階를 11階로 보고 그것이 신라제를 모방한 것이라 할 때[24] 고려초 官員과 吏屬의 구분 개념

---

23) 『新唐書』卷46, 百官1, 尙書省에 의하면 各部의 郞中은 從5品上, 또 員外郞은 從6品上으로 되어 있다.

24) 黃善榮, 「高麗初期 官階의 成立과 變遷」, 『高麗初期 王權研究』, 동아대출판부, 1988, 232~240쪽.

도 신라의 官制를 인식한 결과라 믿어진다. 그 때문에 고려는 건국기에 大匡이하 中尹까지의 11階로서 初期官階를 구성하였으며, 그것이 각각 伊伐湌으로부터 奈麻에 이르기까지의 신라관등과 하나하나 대응됨은 확실시된다.[25] 이렇게 볼 때 奈麻는 곧 신라 官員의 하한으로서 仕路의 과정상 중요한 의미를 갖게 된다. 그러므로 奈麻가 된다는 것은 이제 지배적 관료군의 일원으로서 출세하는 첫 관문을 통과했음을 뜻할 것이다.

이 점을 염두에 두고 이제 신라의 관료 양성과정을 살펴보기로 하겠다. 신라는 유능한 관료를 양성하기 위해 國學을 설치했고, 나중에는 讀書三品科를 실시하여 능력에 따라 官員을 배출시켰다.『三國史記』卷38, 職官上, 國學條에는,

바-①) 무릇 학생으로는 大舍이하 位가 없는 자에 이르기까지, 나이가
     15세에서 30세가 된 자로 채우고, 9년을 한도로 하나 재질이 우둔하
     여 인재로 될 수 없는 자는 罷學시키고, 재주와 도량이 쓸만하나

---

25) 公服制를 매개로 하여 新羅 官等制와 高麗初期 官階를 비교한 것이 아래의 표이다.

新羅 官等과 高麗 官階

新羅		順位	高麗	
服色	官 等		官 階	服色
紫	伊伐湌	1	大 匡	紫
	伊 湌	2	大 丞	
	迊 湌	3	大 相	
	波珍湌	4	元 甫	
	大阿湌	5	元 尹	
緋	阿 湌	6	佐 尹	丹
	一吉湌	7	正 朝	
	沙 湌	8	正 位	
	級伐湌	9	(甫 尹)	
靑	大奈麻	10	(軍 尹)	(綠)
	奈 麻	11	(中 尹)	
黃	大 舍	12		
	舍 知	13		
	吉 士	14		
	大 烏	15		
	小 烏	16		
	造 位	17		

黃善榮, 앞의 책, 236쪽 참조.

아직 성숙되지 못한 자가 있으면 비록 9년이 넘더라도 국학에 머물러 있게 하였다.

②) 官位가 大奈麻와 奈麻에 이른 뒤에는 국학에서 나가게 된다.

라 하여 國學의 입학자격과 수업년한 및 졸업의 규정을 들고 있다.

만일 신라가 골품제 사회라는 관념만으로 이 國學의 운용을 파악하려 한다면 결국 신분제적 한계를 극복하지 못하는 오류에 빠지고 말 것이다. 실제 지금까지의 연구 결과를 보더라도 신라의 국학이나 讀書三品科는 骨品的 제약 때문에 그 개방성 내지는 실효성이 의문시되어 왔다. 더욱이 大奈麻·奈麻에 이른 뒤에 국학을 졸업하게 된다는 규정을 들어 국학에는 대개 6두품 이상의 신분에 속한 사람들만이 입학할 수 있었을 것이라는 견해도 없지 않은 실정이다.[26]

그러나 신라를 비록 골품제 사회라 하더라도, 왕족이 아닌 한 능력이 더 중시되었음을 상기한다면, 오직 골품의 범주 안에서만 관직을 파악하려 함은 지나치게 소극적인 해석이 아닐까? 필자는 국학의 입학자격이나 독서삼품과의 개방성을 부인할 근거를 아직 찾지 못하고 있다.[27]

국학에서 수학한 후 奈麻가 되어 黜學한다는 것은 이제 그가 吏職을 벗어나 官員으로서 출세의 길에 들어섰음을 의미한다고 본다. 말하자면 그는 갓 과거에 급제한 셈이라 하겠다. 또 大奈麻가 된 경우는 졸업성적이 우수했기 때문일 것이다.

한편 하대 元聖王 4년(778)에 들어 국학의 入官규정이 讀書三品科로서 정비되었다.[28] <표-3>에서 보는 바와 같이 유교의 경전을 터득한 정도에

---

26) 李基白, 「新羅 骨品體制下의 儒教的 政治理念」, 『新羅思想史研究』, 일조각, 1986, 229쪽.
27) 『三國史記』卷10, 新羅本紀, 元聖王 4年에 讀書三品科의 설치에 관하여 기록한 다음 "前祇以弓箭選人 至是改之"라 하여 인재의 등용방법이 이전의 활쏘기로부터 明經 중심으로 바뀌었음을 적고 있다. 아마도 그 이전 활쏘기로서 사람을 뽑았을 때도 신분보다는 弓術이 더 중시되었을 것이다. 다만 오랜기간 修學에 경제적 뒷받침이 요구됨은 별개의 문제이다.

따라 特品·上品·中品·下品으로 각각 분류된 다음 이에 상응하는 관등을 받아 입관하게 된 것이다. 그러므로 신라의 讀書三品科는 明經 위주의 科擧이었음이 분명시 된다.[29]

<표-3> 元聖王 4年의 讀書三品科 내용

品　等	科　目
下　品	曲禮, 孝經
中　品	曲禮, 論語, 孝經
上　品	春秋左氏傳, 禮記, 文選, 論語, 孝經
特　品	五經, 三史, 諸子百家

* 『三國史記』 卷10, 新羅本紀.

아마도 이 讀書三品科 출신이 '文籍'에 올랐던 모양이다. 『三國史記』卷10, 元聖王 9년에는,

　　사-①) 子玉을 楊根縣 小守로 삼았더니 執事史 毛肖가 반박하기를 '子玉은 文籍出身이 아니므로 지방관의 관직을 맡길 수 없다'고 하였다.

　　②) 侍中이 말하기를 '비록 文籍出身이 아니더라도 일찍이 唐에 가서 學生이 되었으니 등용할 수 있지 않겠는가?'라고 하니 王이 이 말에 따랐다.

라 하여 신라하대에 '文籍'이 운용된 사례를 남기고 있다. 이 文籍이란 것이 구체적으로 어떠한 성격을 갖고 있었던가에 대해서는 아직 잘 알려지지 않고 있으나, 讀書三品科 출신자를 가리키는 것만은 틀림없어 보인

---

28) 『三國史記』 卷10, 新羅本紀, 元聖王 4年.
29) 韓國科擧制의 기원을 高麗 光宗 9年(958)으로 설정함은 분명히 오류일 것이다. 신라하대의 讀書三品科와 光宗 9年의 科擧制를 비교할 때 가장 두드러진 차이점은 明經業 중심에서 製述業 중심으로 바뀐 것이라 보인다(黃善榮, 「高麗 光宗·景宗代의 政治的 推移」, 앞의 책, 200쪽).

다.30) 위의 사-①과 ②로 보아, 文籍에 오르지 못했거나 入唐留學 등 동등한 자격을 인정받지 않고서는 결코 중요 관직에 오를 수 없었음을 알 수 있을 것이다. 이러한 점에서 文籍은 신라하대 官貝의 배출과 불가분의 관계를 갖는 장치라 하겠다.

그렇다고 해서 신라의 고급관원을 모두 문적 출신이라 보기는 어려운 일이라 하겠는데, 마침 고려시대에 '吏籍'이 있었음은 明宗 10년(1180)에 건립된 「李文著의 墓誌」 가운데,

아) … 祖父의 蔭으로써 吏籍에 이름이 올랐다….(『朝鮮金石總覽』上, 402쪽)

라는 기록에서 알 수 있듯이 여기에서 '吏籍'은 곧 蔭叙로 入官하는 仕路임이 분명할 것이다.31) 이로 미루어 신라하대에도 吏籍자체였거나, 이와 유사한 장치가 충분히 있었음직하다. 그렇지 않았다면 文籍을 따로 둘 까닭이 없기 때문이다.

이를 감안하여 신라의 仕路를 구분하자면 먼저 文籍과 吏籍 출신으로 나눌 수 있을 것이다. 그 다음 武官職을 따로 설정한다면 곧 文・武・吏의 3계열이 될 것이다. 이 점은 고려시대의 전형적 仕路가 그러했음과도 다를 바가 없다고 본다.

이렇게 생각해 볼 때, 아마도 官等上의 重位 문제를 해결할 실마리를 여기에서 찾을 수 있지 않을까 한다. 重位가 포상의 형태로 제수된 것임에 틀림은 없을 듯 하나, 阿飡의 重位와 奈麻・大奈麻의 重位는 그 성격을 좀 달리 보아야 될 것 같다. 阿飡은 진골이 아닌 신분층이 오를 수 있는 최고의 관등인 만큼 阿飡級에 설치된 重位는 일단 眞骨과 非眞骨사이의

---

30) 李基白, 앞의 논문, 230쪽.
31) 李佑成, 「高麗朝의 「吏」에 대하여」, 『歷史學報』 23, 1964, 4쪽.

신분적 단층으로 보아 두겠으나, 奈麻·大奈麻의 重位는 뜻을 달리한다고 보아진다. 文籍出身者의 경우 眞骨이 아니더라도 능력에 따라 阿湌까지는 승진할 수 있도록 법제화되어 있었다고 믿어지는 만큼, 그들에게 重位를 주어야 될 이유는 없을 것이다. 반면에 讀書三品科를 거치지 않았거나 算學 등 雜科[32] 출신에 대해서는 특별한 공적이 인정될 경우, 포상책으로서 重位制가 활용되었을 가능성이 더 크다고 여겨진다. 重位는 文籍出身이 아닌 吏籍出身을 대상으로, 공적에 따라 국가가 사여한 포상장치가 아닐까 하는 것이다. 그렇다고 할 때 奈麻에 七重奈麻까지, 또 大奈麻에 九重(大)奈麻까지 있더라도 별로 이상할 것은 없을 것이다. 신분이나 능력에 따라 限品叙用된 예를 잘 알고 있기 때문이다. 당장 어떤 확증을 갖고 주장하기는 어려우나, 요컨대 重位를 반드시 골품제적으로만 파악 할 것이 아니라 出身仕路와 관련지워 생각해 보아야 마땅할 것 같다.

이상과 같이 신라하대 眞骨層이하의 관직자가, 관료로서의 능력에 따라 신분제적 한계를 극복할 수 있었음을 추정하였다. 그럼에도 불구하고 하대에까지 결코 무너뜨릴 수 없는 신분제의 벽이 존속 내지는 강화된 듯한 자취가 있는 만큼 이 또한 재검토하지 않으면 안될 것이다. 특히 興德王 9년(834)에 제정된 色服·車騎·器用·屋舍 등에 관한 禁制[33]는 신분제적 한계를 극복하려는 시도를 가로막는 최대의 장벽일 것이다.

사실 이 禁制에 의거한다면 신라의 官等이나 官職은 오직 골품제로만 설명될 수밖에 없을지 모른다. 그럼에도 불구하고 과연 신라하대사회에서 계층의 이동성이 그토록 경직된 것이었던가는 극히 의심스러운 바이다. 특히 讀書三品科 출신마저 신분제의 한계 안에 둘 수는 없을 것 같다.

---

32) 『三國史記』卷38, 職官上, 國學에서 "或差算學博士若助敎一人 以綴經三開九章 六章 敎授之"라 하여 算學博士가 있었음을 나타내고 있어, 당시 讀書三品科 이외에 雜科가 아울러 실시되었다고 보여진다.
33) 『三國史記』卷33, 志2.

왜냐하면 科擧란 언제나 신분 상승의 길잡이가 되어 왔기 때문이다.[34]

아마도 급제자들은 능력을 토대로 하여 승진을 거듭함에 따라 자신의 사회적 계층까지도 상승시켜 나갔을 것이다. 그리하여 마침내는 阿湌의 官等과 卿의 官職에 도달했을 가능성도 없지 않겠다. 따라서 현존하는 기록에 나타난 몇몇 인물들의 官等만을 보고 6두품이라느니, 5두품이었을 것이라느니 단정해서는 안될 일이라 본다. 최종 관등만으로 그의 가문에 대한 원래의 사회적 신분을 지목할 수만은 없다는 것이다. 오히려 그들의 승진에 따라 가문의 사회적 신분도 상승될 수 있었다고 봄이 옳을 것이라 믿는다.

이렇게 볼 때 興德王의 禁制는 관료신분에 관한 규정이 아니라 오히려 관료층을 제외한 舊來의 관념적인 사회적 신분을 대상으로한 규정이 아닐까 싶다. 특히 眞骨이 지을 수 있는 집의 크기가 길이와 넓이에서 24尺을 넘을 수 없다든가,[35] 金銀 등의 귀금속으로 수레며 집을 치장할 수 없다는 조항[36] 등은 당시의 관료생활과 너무나 동떨어진 상황이라 하겠다. 오히려 하대의 "宰相家에는 녹이 끊이지 않고 奴僮이 三千人이었다"는『新唐書』新羅傳의 기록[37]을 보거나, '金入宅'으로 불린 호화저택들이 수십 채나 있었고[38] 이들이 모두 중대 이래 권세가의 저택들이었음[39]을 감안할 때 당시 고급 관료들의 사치스런 생활상을 엿보게 된다.

요컨대 신라하대에 들어 讀書三品科의 설치를 통하여 능력을 본위로 하는 관료군이 배출됨으로서, 비록 당장은 진골의 벽을 허물지는 못했다하더라도 舊來의 사회적 신분제를 어느 정도까지는 극복하기에 이르렀고,

---

34) 歷史學會編,『科擧』, 일조각, 1985.
35)『三國史記』卷33, 志2, 屋舍.
36)『三國史記』卷33, 志2, 車騎・器用.
37)『新唐書』卷220, 新羅傳에 "宰相家 不絶祿 奴僮 三千人 甲兵・牛・馬・猪 稱之…"라 하여 신라 귀족의 경제력을 묘사하고 있다.
38)『三國遺事』卷1, 紀異1, 三十五金入宅.
39) 李基東,「新羅 金入宅考」, 앞의 책.

반면에 진골이라 하더라도 현달하지 못할 경우 몰락의 길을 걸어 마침내는 禁制의 대상으로서 관리될 수밖에 없었다고 보겠다.

Ⅳ. 文散階의 채택

신라말기에 가까워지면서 능력있는 관료는 더욱 우대되었던 것으로 보인다. 이제 그들은 신분제적 잔재라 할 수 있는 고유의 官等보다, 능력을 본위로 하는 官職을 더 중시한 것 같다. 이와 더불어 중국식 文散階를 도입하여 관료신분의 표상으로 삼아 官職과 倂用하기 시작했다. 이러한 실례는 신라하대의 것인 몇몇 碑文을 통하여 살필 수가 있다. 먼저 관계 사료를 다음과 같이 제시한다.

> 자-①)(惠恭王 7年) 朝散大夫 □太子□議郎 翰林郎 金□□.(「新羅
> 聖德王神鍾銘」,『朝鮮金石總覽』上, 38쪽)
>
> ②)(憲康王 10年) 朝請郎 守定邊府司馬 賜緋魚袋 臣金穎.(「寶林
> 寺 普照禪師彰聖塔碑」,『朝鮮金石總覽』上, 61쪽)
>
> ③)(憲康王 10年) 儒林郎 守武州 昆湄縣令 金遠.(「寶林寺 普照禪
> 師彰聖塔碑」,『朝鮮金石總覽』上, 61쪽)
>
> ④)(憲康王 12年) 儒林郎 守兵部郎中兼崇文.(「沙林寺 弘覺禪師
> 碑」,『朝鮮金石總覽』上, 65쪽)
>
> ⑤)(定康王 2年) 前西國都統巡官 承務郎 侍御史 內供奉 賜紫金
> 魚袋 臣崔致遠.(「雙谿寺 眞鑑禪師大空塔碑」,『朝鮮金石總覽』上,
> 67쪽)

⑥) (眞聖王 4年) 淮南人本國送國信詔書等使 前東面都統巡官 承
務郎 侍御史內供奉 賜紫金魚袋 臣崔致遠.(「聖住寺 朗慧和尙白
月葆光塔碑」, 『朝鮮金石總覽』上, 72쪽)

⑦) (眞聖王 4年) 朝請郎 守錦城郡太守 賜緋魚袋 臣金穎.(「月光寺
圓郎禪師大寶禪光塔碑」, 『朝鮮金石總覽』上, 83쪽)

⑧) (景明王 8年) 入朝賀王兼□奉皇花等使 朝請大夫 前守兵部
侍郎 充(知)瑞書院學士 賜紫金魚袋 臣崔致遠.(「鳳巖寺 智證大師
寂照塔碑」, 『朝鮮金石總覽』上, 88쪽)

⑨) (景明王 8年) 朝請大夫 前守執事侍郎 賜紫金魚袋 臣崔仁渷.
(「鳳林寺 眞鏡大師寶月凌空塔碑」, 『朝鮮金石總覽』上, 97쪽)

위에 보이는 사람들은 신라하대 王命을 받들어, 高僧의 업적을 기리는
碑文을 지었거나 쓴 인물들이다. 당시 관직자가 공식적으로 자신을 나타내
는 데는 일정한 격식이 있었다. 즉 官階(文散階)-官職-魚袋-姓名의 順
이 그것인데, 이러한 표기 방식은 중국의 것을 모방한 것으로 보인다. 이들
표기를 통하여 하대의 관직자들 가운데 일부가, 아예 官等을 쓰지 않으면
서 文散階만 쓰고 있음을 보게 된다.
위의 자-①~⑨)에 나타난 文散階와 인물을 대응시키면 아래와 같다.

① 朝請大夫(從 5品上) 崔仁渷, 崔致遠
② 朝散大夫(從 5品下) 金□□
③ 朝請郎(從 7品上) 金穎
④ 承務郎(從 8品上) 崔致遠
⑤ 儒林郎(正 9品上) 金薳, 缺名者
〈*( )안은 唐의 文散官品階임〉

이상의 5階가 신라하대에서 찾아지는 文散階의 뚜렷한 사례이다. 또 시대별로 보면 朝散大夫 한 사례는 惠恭王 7년(771)의 것이고, 나머지는 모두 憲康王 10년(884) 이후의 것들이다. 그런데 哀莊王 2년(801)에는,

> 차) □守大奈麻 臣金陸珍.(「鍪藏寺 阿彌陀如來造像事蹟碑」, 『朝鮮金石總覽』上, 44쪽)

의 예에서 보듯이 文散階가 아닌 고유의 官等을 표기한 용례도 찾을 수가 있다. 아마도 이 같은 표기방식이 文散階 채택 이전의 신라 고유의 방식이라 보이는데 이런 경우는 官職－官等－姓名의 順으로서 文散階 채택 이후와는 방식상 차이를 나타내고 있다. 몇 가지 예를 보충하자면 다음의 것들을 들 수 있겠다.

> 카-①) 翰林臺書生 大奈麻 金□□.(「新羅 聖德王神鍾銘」, 『朝鮮金石總覽』上, 39쪽)
>
> ②) 翰林郎 級湌 金弼奚.(「新羅 聖德王鍾銘」, 『朝鮮金石總覽』上, 38쪽)
>
> ③) 檢校使肅政臺令兼修城府令 檢校感恩寺使 角干 臣金良相.(「新羅 聖德王鍾銘」, 『朝鮮金石總覽』上, 40쪽)
>
> ④) 副使 執事部侍郎 阿湌 金敬臣.(「新羅 聖德王神鍾銘」, 『朝鮮金石總覽』上, 40쪽)
>
> ⑤) 音里火三千幢主 級湌 高(臣?) 金□.(「高仙寺 誓幢和上塔碑」, 『朝鮮金石總覽』上, 41쪽)

위의 예에서 보는 바와 같이 文散階 채택 이전까지는 官職 - 官等 - 姓名
을 순서대로 표기하는 것이 공식이었던 모양이다. 그러던 것이 그후 언젠
가[40] 중국으로부터 문산계를 도입하면서부터 표기방식을 달리하게 된 것
으로 여겨진다.

文散階의 도입 때 魚袋制도 함께 채택되었다고 보겠는데, 이 두 가지는
관료의 신분표시에 있어 실로 중대한 변화를 입증한다 해야겠다. 먼저 官
等 대신 文散階만을 표기함으로서 官等制가 갖는 신분제적 잔재를 떨쳐내
었다. 앞의 자 - ①～⑨)에 나열된 인물들은 각자 고유의 관등을 따로 갖고
있었다.[41] 그러나 그들은 이제 그것을 내걸지 않을 수 있게 되었다. 오직
官職에 상응하는 文散階로서 자신의 관료로서의 위상만을 나타내게 된
것이다.

다음으로 魚袋制의 채택에 따라 자신의 公服色을 과시할 수 있게 되었
다. 즉 '賜紫金魚袋'의 경우, 그의 公服色은 紫色이었고 '賜緋魚袋'의 경우
는 緋色이었다.[42] 종래의 신라 公服制에서 紫色의 것은 진골만이 착용할
수 있도록 되어 있었고, 緋色은 6頭品의 것이었다. 그럼에도 불구하고 崔
致遠·崔仁滾 등은 분명 진골이 아니면서도 紫色公服을 입게 되었고, 魚
袋制를 통하여 그 사실을 당당히 과시할 수 있게 된 것이다. 여기에서
服色을 통한 舊來의 신분적 차별이 관료제의 발달과 더불어 官制 내부에
서 나마 붕괴되어 갔음을 지적하게 된다.

이와 관련하여, 아래의 사료는 신라말기에 魚袋制가 실시되었음을 방증
해 줄 것이다.

---

40) 新羅의 文散階 도입시기를 밝힐 수 있는 근거는 아직 찾지 못하고 있다. 다만 금석문으로
    볼 때 憲康王 10년 이후의 것들은 新羅의 文散階로 볼 수 밖에 없을 것이다.
41) 崔致遠의 경우 그의 官等은 阿湌이었다(『三國史記』卷11, 新羅本紀, 眞聖王 8年).
42) 黃善榮,「高麗初期 公服制의 成立」,『釜山史學』12, 1987, 15쪽, <본서 제9장 참조>.

타) 旦越成喝西□大將軍 着紫金魚袋 蘇判 阿叱彌.(「鳳巖寺 智證大師
　　寂照塔碑」, 『朝鮮金石總覽』上, 96쪽)

　　즉,「智證大師寂照塔碑」의 旦越이었던 阿叱彌는 蘇判의 官等으로서 紫
金魚袋를 갖고 있었다. 蘇判은 17관등 중 제일 위에 위치하는 高官等으로
서 眞骨만이 맡을 수 있으며, 公服色은 당연히 紫色이다. 그런데도 그가
굳이 '着紫金魚袋'를 강조하고 있음을 미루어 당시 魚袋制의 광범한 시행
을 엿볼 수 있게 된다.

　　한편 阿叱彌가 文散階를 쓰지 않고 고유의 관등만을 표기하고 있다는
점과, 그의 魚袋표시가 '賜紫金魚袋'가 아니라 '着紫金魚袋'란 점도 주목
되는 부분이다. 우선 西□大將軍이라는 직함으로 보아 그는 武官出身이었
거나, 讀書三品科를 거치지 않았을 것으로 간주된다. 따라서 文籍出身에
주어지는 文散階가 없는 만큼, 官職 – 官等 – 魚袋 – 姓名의 순으로 자신을
표기할 수밖에 없었던 것이다. 또 文散階를 제수받지 못했기 때문에, 동시
에 하사되는 公服과 魚袋도 받을 수 없었으므로 그는 舊來의 公服制에
의거 '着紫金魚袋'로 표시할 수밖에 없었을 것이다. 여기에서 魚袋의 표시
만 제외한다면 그 형식은 앞의 카–①~⑤)에 제시된 종래의 방식과 일치
하게 된다.

　　이에 비해 같은 비문의 撰者 崔致遠은 文散階 – 官職 – 魚袋 – 姓名의
순으로 자신을 나타내고 있어[사료 자–⑧)참조] 좋은 대조를 이룬다. 즉
최치원은 唐의 賓貢科 급제자로서 신라의 文籍出身과 동등한 자격을 인정
받았기 때문에 文散階를 제수받을 수 있었고 동시에 魚袋를 하사받았던
것이다. 이와 같이 동일한 비문에서조차 文散階의 유무에 따라 관료의
신분표기방식을 달리하고 있음을 보는데, 이는 필시 文籍出身에 대한 우
대책에서 연유된 결과라 믿는다.

　　그런데 재론하는 바이지만 위에서 제시된 文散階가 신라의 것이 아니라

는 주장이 있다. 즉 唐으로부터 개별적으로 명목상 제수받은 것인데, 그것이 신라에서 다만 수사적으로 사용된데 불과하다는 것이다.[43] 그러한 증거로 최치원의 경우가 자주 인용되었음은 잘 알려진 사실이며, 그 주장에 의하면 최치원의 文散階와 魚袋는 唐으로부터 받은 것임이 분명하며, 나머지 文散階 표시인물들도 모두 入唐留學을 했던 사람들로서, 그들 역시 唐으로부터 文散階를 받아와 그저 명목상 이를 표방하고 있다는 것이다. 심지어 앞의 자-②)에서 본 金穎의 '守定邊府 司馬'란 관직조차 唐의 것이란 견해도 나와 있는 형편이다.[44]

이러한 속단 때문에 현재까지 신라말 文散階의 수용은 학계에서 부인되고 있음이 사실이다. 그러나 거듭 주장하거니와 최치원을 비롯한 그들의 文散階며 官職을 唐의 것으로 단정한 어떠한 근거도 찾아 볼 수가 없다. 신라 정치사의 전개를 오로지 골품제와 연계시켜 파악하려는 견해는 마땅히 재고되어야 할 것이라 믿는다.

여기에서 한번 더 최치원의 예를 검토해 보기로 하겠다. 최치원은 唐에서 賓貢科에 급제하였고 淮南節度使 高騈의 휘하에 書狀官으로 있다가 高騈의 奏薦으로 얻기 힘든 唐의 '內殿憲秩'을 받았다 한다.[45]

그후 憲康王 11년(885)에 귀국하여 신라의 관직 생활을 하게 되었는데 『三國史記』卷46, 崔致遠傳에는,

> 파-①) 乾符 元年 甲午 禮部侍郎 裴瓚의 밑에서 과거를 보아 단번에 급제하여 宣州의 漂水縣尉에 임명되었다. 공적을 고사받아 承務郎 侍御史內供奉 賜紫金魚袋를 받았다.
>
> ②) 光啓 元年 詔書를 가지고 예빙하는 사절의 임무를 띠어 돌아오

---

43) 末松保和, 「高麗初期の兩班について」, 『東洋學報』 36-2.
44) 李基東, 「羅末麗初 近侍機構와 文翰機構의 擴張」, 앞의 책, 262쪽.
45) 『桂苑筆耕集』 卷18, 「長啓」.

게 됨에, 신라에서는 그를 머물러 있게 하면서 侍讀兼翰林學士 守兵
部侍郞知瑞書監으로 삼았다.

라고 하여, 그가 唐에서 받았다는 관직과 귀국 직후 신라에서 받은 관직을
적고 있다. 그럼에도 불구하고 비문에 남겨진 職銜으로 볼 때 위의 둘은
모두 신라의 관직으로 볼 수 밖에 없을 것 같다.[46] 眞聖王 4년(890) 「聖住寺
朗慧和尙白月葆光塔碑」를 건립할 당시까지도 그의 官階·官職은 '承務
郞 侍御史內供奉 賜紫金魚袋'였으며[사료 자-⑥)참조], 그로부터 훨씬
지나 景明王 8년(924)경에야 '朝請大夫 前守兵部侍郞充(知)瑞書院學士 賜
紫金魚袋'로 승진되었음이 「鳳巖寺 智證大師寂照塔碑」를 통하여 확인되
기 때문이다[사료 자-⑧)참조]. 다시 말해 '承務郞 侍御史內供奉'이란 최
치원의 官階·官職을 唐의 것으로 단정할 근거가 없다는 것이다. 그가
眞聖王 4년 당시 신라의 侍御史이었음은 아래의 사료로서도 확인된다.

하) 教曰 可旋命王孫夏官二卿禹珪 召桂苑行人侍御史崔致遠 至蓬來
     宮.(「聖住寺 郞慧和尙白月葆光塔碑」, 『朝鮮金石總覽』上, 73쪽)

또 그 무렵 內供奉이란 관직이 신라에도 있었다. 역시 최치원이 撰한
「雙谿寺 眞鑑禪師大空塔碑」의 비문 가운데,

거) … 法弟子 內供奉一吉干楊晋方.(『朝鮮金石總覽』上, 70쪽)

이란 구절을 통해 그러한 사실이 확인된다.
    한편 최치원의 『桂苑筆耕』卷20, 「祭巉山神文」에는,

───────────────
46) 黃善榮, 「高麗初期 官階의 成立과 變遷」, 앞의 책, 250~252쪽.

너) 淮南入新羅兼送國信等使 前都統巡官 承務郎 殿中侍御史 內供奉
　　緋魚袋 崔致遠等.

이라 하여 최치원이 귀국후 바로 紫金魚袋를 받지 못하고 緋(銀)魚袋를
먼저 받은 듯한 흔적을 남기고 있다. 이러한 정황들로 미루어 보더라도
'承務郎 侍御史內供奉'은 바로 신라의 官階·官職이라 인정하지 않을 수
없다고 믿는다.

　이상 최치원의 경우를 들어 신라말기에 文散階가 채택되었음을 살펴보
았다. 생각컨대 이때의 文散階는 讀書三品科의 출신자이었거나 渡唐留學
을 통하여 실력을 인정받은 특정의 학자적 관료군을 대상으로 하여 제한적
으로 사용되었던 것으로 보인다. 국사상 文散階가 전면 실시된 때는 고려
成宗朝 이후라 할 것이다.[47] 그러나 신라말기에 제한적으로나마 文散階가
채택되었고 더불어 公服과 魚袋가 하사됨으로써 능력있는 관료는 신분을
초월하여 우대되는 가운데, 관료제 내부로부터 골품제는 극복되어 나가기
시작했다.

　이와 같이 종래의 골품제로부터 진일보한 신라말의 관료제가 고려건국
기의 官制 형성에 典範이 되었다.[48] 다만 고려초기 官階의 제정과 더불어
文散階의 표시는 한동안 초기 官階로 대치될 수밖에 없었다. 그후 光宗때
에 다시 文散階는 부활하게 되었고,[49] 成宗 14년 이후 고려 관료체제의
公的 질서로서 기능을 다하게 되었다고 하겠다.

---

47) 黃善榮, 앞의 논문, 256~262쪽.
48) 黃善榮, 위의 논문, 참조.
49) 金甲童은「高麗初期 官階制와 功臣制」,『羅末麗初의 豪族과 社會變動』, 고려대 민족문화
　　연구소, 1990, 185쪽의 註26)에서 고려 光宗代부터 高麗式 官階와 中國式 文散階가 병용되
　　기 시작했다는 필자의 견해인「高麗초기 官階의 成立과 變遷」에 대하여, 光宗代이후에도
　　高麗式 관계를 지닌 자들만이 史書에 나타나기도 한다는 사실을 들어 부인하고 있다. 그러
　　나 氏는 光宗代의 文散階가 그 무렵 비로소 중국으로부터 도입된 것이 아니라 과거 신라말
　　의 것이 부활한 것이라는 필자의 견해를 간과한 결과가 아닐까 싶다. 그러므로 당시 신라의
　　文散階를 갖지 못했던 高麗系 官僚들은 응당 고려초기 官階밖에 갖지 못했을 것이다.

V. 맺음말

이상과 같이 신라하대 정치권 내부로부터 골품제의 한계를 극복해 가면서 관료제를 발전시킨 과정을 살펴보았다. 이제 결론삼아 다루어진 내용을 요약하면 다음과 같다.

먼저 신라의 官等과 官職체계에서 官等이 신분적 요소를 기반으로 함에 대하여, 관직은 능력을 본위로 체계화된 것이었으며, 왕족이 아닐 경우 頭品의 제한없이 능력에 따라 각 관부 卿의 지위까지는 도달할 수 있었다고 보았다. 그러한 가운데 반드시 官等이 官職을 제한했다고는 할 수 없었으며, 오히려 官職이 官等을 결정했을 여지도 있었다. 따라서 官等만으로 특정 신라인의 사회적 신분을 지정할 수만은 없다고 심증되었다.

다음으로 신라의 官職 구조는 官員과 吏屬을 구분하고 있었으며 각 관부의 史가 전형적인 吏屬職이라 하였다. 그런데 17官等은 중국의 文散階와 달리 官員뿐만 아니라 이들 吏屬의 서열까지도 망라한 체계였으며, 이 가운데 11位 奈麻까지가 官員의 官等이었고 그 아래 12位 大舍로부터 17位 造位까지는 일반적으로 吏屬의 官等으로 간주되었다. 그러한 만큼 관제상 奈麻는 중요한 위치에 놓여 있었다 하겠고, 奈麻의 位를 차지한다는 것은 이제 신라의 관료군에 편입됨을 뜻하는 것이었다.

이와 같이 능력있는 관료를 양성하기 위해 國學이 설치 운용되었는데, 일정기간 수학한 후에 大奈麻 또는 奈麻가 되어 出學한다는 것은 그들이 이제 신라의 官員으로 행로를 새로이 함을 뜻하는 것으로 해석되었다. 이와 관련하여 大奈麻와 奈麻의 位에 설치된 重位는 國學출신자에게 주어진 포상의 뜻이 아니라 오히려 國學을 거치지 않은 官員이나 技術 雜科 출신자에 주어졌을 가능성이 더 크다고 보여졌다.

신라하대에 들어 國學은 讀書三品科와 연계되었는데, 이 讀書三品科 출신자들이 文籍에 올라 고급 관료군의 대열에 편입되었다. 아마도 그들은 능력을 바탕으로 진골 중심의 신분적 장벽에 도전하였고 마침내는 중국식 文散階를 채택케 함으로써, 이를 통해 신분적 질곡을 깨고 관료로서의 능력을 과시할 수 있게 되었다. 이러한 文散階가 魚袋制와 함께 신라에 도입된 시기는 말기라 할 수 있는 憲康王代 이후라 보여지는데, 官員이 될 수 있는 文·武·吏의 仕路가운데서 文籍출신만이 이 文散階와 魚袋를 국왕으로부터 하사받아 표방하게 되었다.

　신라 말기에 도입된 文散階는 고려의 후삼국 통일을 계기로 일시 사용이 중단되었고 그 대신 한동안 초기 高麗官階가 쓰여졌으나, 광종대에 다시 부활되었다가 성종의 관제개혁을 계기로 文散階는 고려의 가장 중요한 公的 질서로 자리잡게 되었다. 이와 같이 신라말의 관료제는 고려초의 그것과 완전히 단절된 것은 아니었다. 이러한 관점에서 신라말기의 정치사는 반드시 재검토되어져야 할 부분이라 믿는다.

신라하대 金憲昌 亂의 성격

Ⅰ. 머리말

신라 憲德王 14년(822)에 일어난 金憲昌의 난은 하대에 빈번했던 반란가운데서도 최대의 것으로서 정치사적으로 많은 관심을 받아 왔다. 특히 元聖王系 왕통의 성립과 그 이후의 왕위 교체를 해명함에 있어서나 신라하대 중앙과 지방의 관계 및 군사제도의 허실, 나아가 興德王代 정치개혁을 다루는 과정에서 거의 빠짐없이 김헌창의 난이 조명되는 가운데 이와 관련된 많은 문제들이 밝혀진 것이 사실이다.[1]

---

[1] 金憲昌의 亂에 대한 독립 논고는 찾아보기 어려우나, 아래의 논문들 가운데서 부분적이나마 김헌창의 난이 비중있게 다루어지고 있다.

李基東,「新羅 下代의 王位繼承과 政治過程」,『歷史學報』85, 1980(『新羅 骨品制社會와 花郞徒』, 일조각, 1984. 재수록).

金東洙,「新羅 憲德・興德王代의 改革政治」,『韓國史研究』39, 1982.

李明植,「新羅 下代 金周元系의 政治的 立場」,『大邱史學』26, 1984.

金貞淑,「金周元世系의 成立과 그 變遷」,『白山學報』28, 1984.

金昌謙,「新羅 元聖王의 卽位와 金周元系의 動向」,『卓村中延澈教授停年退任紀念史學論叢』, 일월서각, 1995.

그러나 이러한 특정의 시각 속에서, 아직까지 김헌창 난의 성격이 충분히 규명된 것으로는 보이지 않는다. 김헌창이 일으킨 반란의 목적은 단순한 왕위 계승을 위해서였거나 왕좌의 탈취에 있었던 것이 아니라, 신라를 분할하여 반도의 서남지역에 새 왕국을 건설하려는데 있었다고 본다. 물론 여기에는 신라의 差待에서 온 구백제계의 지역적 정서가 그 기반으로 지적될 수 있을 것이다. 또 뒤이어 그의 아들 梵文이 일으킨 난의 배경에서도 강력한 지역성이 보인다는 점에서 여타의 반란들과는 성격을 달리한다고 여겨지는 만큼 이 부문에 대하여도 새로운 검토가 요청된다 하겠다.

김헌창 부자가 일으킨 반란 가운데서 드러난 지역성은 반란이 진압된 후 중앙정부의 강력한 통제 하에서 한 동안 잠복해 있다가 70여년을 경과하여 다시 크게 대두된다. 후삼국의 성립은 바로 그러한 지역적 성향위에서 가능했던 것이라 본다. 즉, 김헌창 부자가 일으킨 난이 비록 실패하였으나, 후일 후삼국 성립의 선구가 되었다는 것이다.[2]

이러한 관점에서, 본고에서는 먼저 김헌창 난의 동기를 다른 시각으로 들여다 보는 동시에 반란의 배경 속에서 드러나는 지역적 성향을 재검토하고자 한다. 이 과정에서 신라에 대한 옛 백제권역의 정서를 엿볼 수 있을 것이다. 다음으로, 반란의 경과와 조정의 대응을 추적하여 백제권의 성향을 거듭 확인하면서, 옛 고구려권역이 갖는 또 다른 정서상의 차이까지도 찾아보고자 한다. 헌창의 아들 범문은 이들 고구려권의 지역성을 이용하여 새 나라를 세우려 했던 것으로 판단되기 때문이다.

끝으로, 난이 끼친 영향으로서 중앙정부에 의한 지방통제의 강화책이 어떻게 변천되어 갔는가를 살펴보고자 한다. 특히 그러한 과정에서 신라말의 금석문에 더러 보이는, '府'의 설치가 혹 김헌창의 난을 겪음에 따라 태동된 것이 아닐까 추리해 보고자 한다. 사료상의 제약에 따라 어느 정도

---

2) 黃善榮, 「新羅의 分裂 素地와 後三國의 成立」, 『高麗初期 王權研究』, 동아대출판부, 1988, 25~30쪽.

추측이나 비약이 불가피함에도 불구하고, 이러한 검토를 거칠 때 신라하대 김헌창 난의 성격은 보다 선명해 지리라 믿는다.

II. 亂의 발생동기와 기반

金憲昌은 785년에 宣德王이 돌아가자 金敬信(元聖王)과 더불어 왕위를 다투다 실패하여 명주로 퇴거한 金周元의 아들이다. 당시의 왕위 계승권 상으로는 周元이 우위에 있었음이 분명시되나, 그 아래의 위치에 있던 敬信이 선수를 쳐서 왕위를 차지함에 따라 주원은 왕위를 빼앗긴 채 물러날 수 밖에 없었던 것이다. 당시의 왕위쟁탈에 대하여,

> 가) 이찬 金周元이 上宰로 있고 왕은 각간으로 次宰에 있었는데, 꿈에 幞頭를 벗고 素笠을 쓰고 十二絃琴을 들고 天官寺 우물로 들어갔다. … 阿飡 餘三이 와서 뵙고자 함에 … 왕이 좌우의 여러 사람을 물리치고 해몽을 청하니, "복두를 벗은 것은 더 위에 자리할 사람이 없음이요, 소립을 쓴 것은 冕旒冠을 쓸 징조요, 12현금을 든 것은 12세손이 대를 이을 징조요, 천관정에 들어간 것은 대궐로 들어갈 상서라" 하였다. 왕이 "내 위에 周元이 있으니 어찌 상위를 차지할 수 있으랴"하자 阿飡은 "비밀리 北川神에게 제사를 지내면 그렇게 될 수 있으리라" 하니 그 말에 따랐다. 얼마 있지 않아 宣德王이 돌아 감에, 國人이 주원을 왕으로 받들고자 왕궁으로 맞아 들이려 하였다. (그런데 주원의 집이) 北川에 있었는데, 갑자기 냇물이 불어 건너오지 못하게 되자, 왕이 먼저 대궐로 들어가 즉위하니 대신들이 모두 來附하여 新王의 즉위를 拜賀하였는데, 이가 곧 元聖大王이다. … 周元은 溟州로 퇴거하였다.(『三國遺事』 卷2, 紀異2, 元聖大王)

라 적고 있다. 여기에서는 선덕왕 말년에 김주원은 上宰였고, 김경신은 次宰였다 한다. 이러한 점에 비추어 주원이 왕위계승에 관하여 경신보다

우위에 있었음이 확실시된다. 『三國史記』에서도 당시의 사정에 대해, 신하들이 後嗣를 논의하여 먼저 王(宣德)의 族子 주원을 세우고자 했다고 적었다.[3]

그러나 당시의 왕위 계승이 단순히 관직의 서열이나 혈통의 친소 관계만으로 이루어질 수는 없었다. 아마도 경신은 재빨리 자신의 군사력을 기반으로, 왕권을 탈취하고 조정을 장악하는데 성공했던 모양이다. 이러한 변칙적 왕권의 탈취는 앞의 宣德王이 이미 선례를 남긴 것으로, 『三國史記』는 惠恭王이 돌아가자 그가 스스로 왕위에 올랐다고 하나,[4] 사실은 난리통에 혜공왕을 죽이고 왕위를 빼앗았다고 봄이 옳을 것이다.[5]

신라중대에서는 찾아 볼 수 없던 왕위계승을 둘러싼 이러한 양상은, 이후 하대를 통하여 군사적 힘에 의해 왕위가 결정되는 사태의 온상이 되었다. 혜공왕대의 계속되는 내란과 그 후 왕위계승을 둘러싼 진골 귀족간의 실력 대결 과정에서 자라난 하극상의 풍조는 갈수록 심화되어 하대의 전 시기동안 끊임없는 내란과 반역을 잉태했던 것이다.

김주원이 왕위에 오르는데 실패했음은 武烈王系의 몰락을 의미한다고 볼 수도 있겠다.[6] 따라서 이후의 왕위는 원성왕계에 의하여 독점되고 만다. 그럼에도 불구하고 주원의 일가가 원성왕측으로부터 정치적으로 별다른 박해를 받았다고는 보여지지 않는다. 김주원의 명주 퇴거와 관련하여 『新增東國輿地勝覽』 卷44, 江陵大都護府 人物條에는 퇴거한지 2년만에 '溟州郡王'에 봉해졌으며 아울러 "三陟・蔚珍 등의 지역을 그의 食邑으로 삼아 주었다"고 되어 있는데, 아마도 이는 사실일 가능성이 높아 보인다.[7]

---

3) 『三國史記』 卷10, 新羅本紀, 元聖王 元年. "宣德薨 無子 群臣議後 欲立王之族子周元 … 今上大等敬信 前王之弟 德望素高 有人君之體 …".
4) 『三國史記』 卷9, 新羅本紀, 宣德王 元年. "惠恭王薨 自立 元年 大赦".
5) 『三國遺事』 卷2, 紀異2, 景德王. "惠恭大王 …爲宣德 …所弑".
6) 李明植, 앞의 논문, 66쪽.
7) 金昌謙, 앞의 논문, 457~464쪽.

또한 王京(慶州)에 남아 있던 그의 아들들도, 그들이 왕권쟁탈전 과정에서 어떠한 태도를 취했는지 잘 알 수는 없지만, 여전히 진골 귀족으로서 高官의 지위를 누릴 수 있었다. 이는 김주원의 아들 가운데 장자로 보이는 宗基가 원성왕 6년 1월에 侍中職에 오르고 있음을 미루어서이다.[8] 만약 김주원계와 원성왕계가 반목하고 있었다면 그러한 일은 불가능했을 것이다. 오히려 宗基가 시중직을 차지할 수 있었던 데서 한때나마 양계열의 화해를 상정함이 더 자연스러울 것 같다.[9]

나아가 이러한 분위기가 지속된 가운데서 둘째 아들 憲昌이 憲德王 5년 (813)에는 伊湌의 官等으로 武珍州 都督이 되었고, 이후 최고위 관료의 한사람으로서 다음 <표-1>과 같이 內外職을 두루 역임할 수 있었다고 보겠다.[10]

<표-1> 金憲昌의 歷任官職

번호	시 기	관 직	재 임 기 간
1	憲德王 5년(813) 1월	武珍州 都督	1년 7개월
2	憲德王 6년(814) 8월	侍 中	1년 5개월
3	憲德王 8년(816) 1월	菁州 都督	5년 3개월
4	憲德王13년(821) 4월	熊川州 都督	11개월

김주원계와 원성왕계의 협력관계는 헌창이 난을 일으킨 다음에도 지속된다. 또 난이 진압된 다음에도 헌창의 일족들은 별다른 보복이 없는 가운데, 스스로의 능력에 따라 고관의 지위를 누릴 수 있었다. 양가계 간의 이러한 반목 속의 협력이 오히려 신라하대 정치사의 한 특징으로 보이기

---

8) 『三國史記』卷10, 新羅本紀 元聖王 6年, "春正月 以宗基爲侍中"의 宗基가 周元의 아들임에 대해서는 金貞淑, 앞의 논문, 158~163쪽에서 詳論하고 있다.
9) 李明植, 앞의 논문, 67~68쪽.
10) 『三國史記』卷10, 新羅本紀, 憲德王 5年·6年·8年 및 13年.

조차 한다.

이러한 사정으로 미루어 헌덕왕 14년(822)에 熊川州都督 金憲昌이 일으킨 난의 원인에 대하여, 이를 단순히 김주원계와 원성왕계간에 전개된 왕위쟁탈전의 성격으로 보기는 어려울 것 같다.[11] 물론『三國史記』의 기록대로 자기 아버지가 왕이 되지 못했기 때문이란 것이 헌창에 의해 표방된 叛亂의 명분일 수는 있겠으나, 주원이 강릉으로 퇴거한지 37년이나 지난 지금에 와서, 또 그 동안 원성왕계의 배려 속에서 최고의 관직을 두루 역임한 헌창 자신의 전력에 비추어 이 점은 별로 설득력이 있어 보이지 않는다.

이 보다는 오히려 809년에 彦昇(憲德王)이 아우 悌邕과 함께 조카인 哀莊王을 살해하고 변칙적으로 왕위에 오른 정변[12]에서 더 큰 정권 탈취의 가능성을 찾았다고 봄이 옳겠다. 아마 이 사건은 헌창의 눈앞에서 벌어졌을 지도 모른다. 물론 그러한 왕권 쟁탈은 宣德王이 惠恭王을 죽인 이래 신라하대의 서막과 더불어 王位 주변에서 자주 일어나던 사태였다. 따라서

11) 金憲昌 亂의 발생 원인에 대하여, 金東洙는 앞의 논문, 39쪽에서 "憲德王·金秀宗·金忠恭의 계열을 쫓는 一群의 귀족과 이에 반대하는, 곧 정치에서 소외된 一群의 귀족간의 대립에서 빚어진 정치적 갈등의 소산"이라 보았다.
李明植은 앞의 논문, 71쪽에서 "侍中의 職에서 밀려나 예외적으로 菁州都督이 되었던 憲昌은 다시 熊川州都督으로 轉出됨으로써 중앙정계에의 복귀가 좌절되었으며, 마침 각지의 민심이 흉흉하였으므로 熊川州를 근거로 하여 叛亂을 주도하고 새로운 國家建設을 도모"한 것이라 하였으며, 특히 "國號와 年號를 사전에 정함으로써 新羅를 정면으로 부정하고 새로운 國家의 건설을 기도했다"(72쪽)고 보았다.
金貞淑은 앞의 논문, 174쪽에서 金憲昌 父子가 반란을 일으킨데 대하여, "민의식의 성장"이라는 사회적 배경을 중시하면서, "百濟에 대한 옛 감정을 불러 일으켜 新羅支配에 대해 불만을 가지고 있던 백성들의 호응"을 그 기반으로 들고 있다.
金昌謙은 앞의 논문, 467쪽에서 "헌덕왕이 同母弟 金秀宗에게 왕위계승을 확정하자 다른 여러가지 복합적인 불만과 아울러 이제는 완전히 왕위계승 범주에서 벗어나게 된 金憲昌을 비롯한 武烈王系後孫들이 왕위계승권을 되찾을 수 없다는 절망감에서 비롯된 것이며, 지방에 새로운 왕조를 건국하여 종래 武烈王系 王統을 복구함으로써 신라왕실의 정통성을 회복하려한 武烈王系의 王位復興運動이었다"고 주장했다.
12)『三國史記』卷10, 新羅本紀, 憲德王. "(憲德王) 哀莊王 元年 爲角干 二年 爲御龍省私臣 未幾爲上大等 至是弑哀莊王 卽位".

헌창은 언제든지 자신도 실력을 기른다면 왕권에 도전해 볼 수 있다고 다짐한 듯하다.

다만 이번의 헌창은 그 동안의 전형적 방식, 즉 신라왕실 내부에서의 왕권 쟁탈 대신 새로운 방법을 취하고자 한 것 같다. 그것은 옛 백제의 故土에 새로운 국가를 건국하여 반도의 남부를 신라와 양분하려는 것이었다. 이를 위해 헌창은 가능한 한 많은 지방을 자기편에 넣으려고 했고 공교롭게도, 아니 의도한 대로, 과거 삼국시대 때의 백제지역 대부분을 자신의 영향하에 두는데 성공하였다.

아마도 신라는 삼국을 통일한 이래 민족융합을 위한 시책을 강구하여 새로이 편입된 옛 고구려나 백제의 유민들을 이제 신라의 국민으로 포용코자 하였으나, 그 과정에서 지역적 편차를 극복하지 못한 가운데,[13] 경주를 중심으로 하는 신라계 중심일 수밖에 없는 정책의 전개 속에서 새로운 복속민들의 불만이 증폭되어 온 듯하다. 헌창은 바로 이러한 지역민의 불만을 이용하여 새로운 백제의 부흥을 꾀했던 것으로, 그 동기는 그가 웅천주의 도독에 임명된 데서 찾을 수 있을 것이다.

웅천은 곧 옛 백제의 수도로서, 백제계 세력의 본거지라 할 수 있겠다. 이전에 이 곳과 지리적 연고가 별로 있어 보이지 않음에도 불구하고, 또 이 곳의 도독으로 부임한지 채 일년도 되지 않아서, 헌창이 웅천주를 반란의 본거지로 삼은 데는 토착세력의 강력한 지지가 반드시 있었을 것이다.

이러한 사정은 70년을 지나, 훗날 甄萱이 신라말기 서남지역에 창궐하던 떼도적을 소탕하기 위한 관군사령관으로서 武州를 평정한 다음 完山州에 이르러, 주민들의 지지를 기반으로 892년에 後百濟를 건국하게 된 사실과

---

13) 통일신라의 민족융합정책 및 그 과정에서 드러나는 지역차별의 실상에 대해서 다음의 논문이 참고된다.

韓㳓劤, 「古代國家成長過程에 있어서의 對服屬民施策(上)·(下)」, 『歷史學報』 11·12, 1960.

崔根泳, 「地方勢力形成의 諸要因」, 『統一新羅時代의 地方勢力研究』, 신서원, 1993.

별로 다를 것이 없다고 본다. 당시 甄萱은 完山州와 아무런 지역적 연고가 없었으므로, 토착세력의 지지를 끌어내기 위해서는 그때까지 백제계가 겪어 온 差待를 내세울 수밖에 없었다. 이를 위해 그는 완산주에 들어가 느닷없이,

> 나) 三國의 근원을 살펴 보건대, 馬韓이 먼저 일어나고 후에 赫居世가 발흥했다. … 이에 百濟가 金馬山에서 개국한지 600여년이 되었는데, 唐 高宗이 新羅의 청을 들어 장군 蘇定方을 보내었다. … 신라의 金庾信이 … 黃山을 거쳐 泗沘에 이르러 唐兵과 합세하여 백제를 쳐 없앴다. 이제 와서 내가 어찌 과감히 完山에 도읍하여 義慈王의 宿憤을 풀어주지 않겠는 가.(『三國史記』卷50, 列傳, 甄萱)

라고 외치고는, 드디어 '後百濟王'이라 자칭하고 관직을 마련하여 나누어 주었다고 한다. 여기에서 보는 대로 견훤은 후백제 건국의 명분을 羅·唐聯 合軍에 의해 억울하게 멸망된 백제를 재건하고자 한다는 데서 찾고 있다.

위의 나)에 제시된 내용은 견훤만의 생각이라기 보다는 당시 그 지방민 들의 공통된 여론이었을 것이다. 삼국중 백제를 정통으로 보고 있으면서, 언젠가는 義慈王의 宿憤을 풀어야 된다는, 이 같은 여론이 지속적으로 계승된 데는 통일신라의 차별정책에 대한 불만이 그 배경을 형성하고 있었 기 때문일 것이다. 그리하여 그들의 여망을 풀어줄 누군가를 그들은 기다 려 왔던 것이라 보아도 좋을 듯 하다. 바로 이러한 지방적 분위기를 타고, 별다른 지역연고가 없음에도 불구하고 견훤은 별 어려움 없이 후백제의 왕위에 오를 수 있었다고 본다.

견훤이 느꼈던 이러한 지역적 분위기를 70년 전에 헌창이 모를리 없었을 것이다. 더구나 헌창은 앞의 <표-1>에서 본대로, 헌덕왕 6년(814) 8월에 內職으로 들어와 侍中이 될 때까지 약 1년 8개월간 무진주도독을 지낸 적이 있었으며, 헌덕왕 8년(816) 정월에는 다시 外職으로 나가, 5년이 넘는

기간 동안 菁州(晉州)都督을 지낸 다음, 헌덕왕 13년 4월에는 웅천주 도독으로 改任되어, 난을 일으키기까지 약 11개월간 옛 백제 지역의 중심부에서 복무했었다. 비록 그가 국호를 '長安'이라 하여 직접적으로 백제의 계승을 표방하지는 않았지만 이러한 그의 관직생활로 미루어, 김헌창은 백제의 부흥을 갈망하는 지방민의 여망과 정서를 등에 업은 다음 반란에 나서게 되었던 것으로 보여진다. 아마도 헌창은 그때 스스로 왕이라 칭했던 것으로 간주된다. 그리고는 년호를 慶雲 元年이라 하여 신라보다도 한결 자주적인 나라임을 과시하려 한 듯 하다.

　이러한 헌창의 음모는 당시 옛 백제권에 속했던 지역으로부터도 상당한 호응을 받았다고 보여진다. 김헌창의 난에 임하여 각 지역이 어떻게 그 向背를 달리했는지는 절을 달리하여 살펴 나가겠다.

Ⅲ. 지방의 향배

　헌창은 헌덕왕 13년(821)에, 그간 5년여 동안이나 맡아오던 청주도독의 자리에서 웅천주 도독으로 재임된다. 오랫동안을 외직에 있다가 또다시 외직으로 나가게 된 헌창에 있어 이러한 인사는 불만스러운 것이었을지도 모른다. 그러나 관점을 달리해 볼 때, 이번의 웅천주 도독 자리는 아마도 야심을 실현시키기 위한 그의 뜻에 따른 인사의 결과라 볼 수도 있지 않을까 싶다.

　이 곳에 부임한지 11개월만에 헌창은 반란의 실행에 착수했다. 그가 국호를 長安이라 하고 년호를 慶雲 元年이라 표방하면서 일으킨 난의 경과를 『三國史記』 卷10, 憲德王 14년의 기록에 따라 살펴보면 다음과 같다.

　　다-①) 熊川州 都督 憲昌이 자기 아버지 周元이가 왕이 되지 못했다는 이유로 배반하여 國號를 長安이라 하고 年號를 慶雲 元年이라 하였다.

②) 武珍·完山·菁·沙伐의 4州도독과 國原·西原·金官의 仕臣
및 여러 郡縣의 수령을 협박하여 자기 소속으로 만들었다. (그러나)
菁州都督 向榮은 推火郡으로 빠져 달아났다.

③) 漢山·牛頭·歃良·浿江·北原 등은 먼저 憲昌의 역모를 알고
군사를 동원하여 수비에 나섰다.

　우선 여기까지를 먼저 제시해 두고, 김헌창의 난이 발발했을 때 각 지방
이 어떻게 대처했는지를 살펴보기로 하겠다.

　앞에서 다-①)의 건국사실과 관련하여 헌창이 스스로 칭왕했을 가능성
을 짐작해 보았다. 그런데 다-②)에서는 武珍·完山·菁·沙伐 등 4개주
의 都督과 國原·西原·金官의 仕臣 및 여러 郡縣의 首領이 협박으로
인해 어쩔 수 없이 헌창의 편에 서게 된 양 적고 있으나, 이는 사실이
아니라 믿는다. 지리적으로나 군사적으로 각 주의 도독들이 협박으로 인해
가담할 수 밖에 없었다고는 생각되지 않기 때문이다. 그것보다는 주변의
각 주가 처음부터 반란을 지지하지 않았나 보고 싶다. 특히 무진·완산
등은 웅천주와 같이 옛 백제의 권역으로서 신라의 차대에 대응하는 지방의
정서가 서로 같았을 것이다.

　그런데, 菁州(晉州)가 처음부터 이 난에 가담한 것은 다소 의외로 보여지
나, 과거 헌창이 5년여 동안 청주 도독을 지낸 가운데 형성된 의리 탓이라
여겨진다. 그러나 청주는 역사적으로 언제나 신라의 요충지로서 백제 세력
과 대치해 오던 지지기반이었다. 그러한 배경이 있었기 때문에 당시의 청
주 도독 向榮은 곧 태도를 달리하여 헌창을 등지고, 推火郡(密陽)[14]으로
달아날 수밖에 없었을 것이다. 이에 따라 청주는 다시 신라의 편에 서게

---

14) 『三國史記』卷36, 地理1, 密城郡. "本推火郡 景德王改今名".

되었다고 봄이 옳겠다.

한편 沙伐州가 헌창의 편에 섰다는 점 또한 그 지역이 원래 신라권이었다는 측면에서, 얼른 이해하기 힘든 것이 사실이다. 이 경우도 사벌주의 도독과 헌창의 특수한 관계를 상정해 볼 수도 있겠으나, 훗날 후삼국이 각축하는 도화선이 된 眞聖女王 3년(889)에 일어난 元宗·哀奴 등이 주도한 민란이 사벌주에서 먼저 일어났다는 점,[15] 또 후백제의 견훤이 바로 尙州, 즉 사벌주 출신이라는 점[16] 등으로 미루어 비록 사벌주가 옛 신라의 권역이기는 하나, 慶州 중심의 신라 중앙정치권과의 유대는 박약한 편이었다고 간주할 수도 있겠다.

그 밖에 國原小京(忠州)은 고구려의 故土이나, 웅천주와는 가까운 거리에 위치하고 있고, 西原小京(淸州)은 바로 백제권에 속하는 지역이다. 다만 金官小京(金海)이 헌창의 편에 선 것이 또 하나의 의문이긴 하나,[17] 만약 그것을 사실이라 본다면 중대이래 신라 지배세력의 한 축을 이루었던 金官小京마저 신라의 조정을 등졌다는 데서 당시 중앙정부와 지방간의 불화가 얼마나 깊었는지를 짐작케 한다. 그러나 金官이 처음부터 난에 가담했다고 보더라도 이웃의 菁州 都督이 推火郡 쪽으로 달아나 버린 마당에 지역 정서를 외면한 채, 반란군의 편에서 할 수 있었던 일이란 거의 아무 것도 없지 않았을까 싶다.

이렇게 볼 때, 김헌창 난의 지역적 지지기반은 바로 옛 백제의 권역 자체라 해도 좋을 것 같다. 이러한 점은 나중 후삼국 시대의 후백제 권역과도 거의 일치하는 사실로서 흥미를 더해 준다. 70년을 사이에 두고 일어난 김헌창의 난과 견훤의 후백제 건국간에는 이러한 지역민의 정서를 토대로

---

15) 『三國史記』 卷11, 新羅本紀, 眞聖王 3年. "於是 元宗 哀奴等 據沙伐州叛".

16) 『三國史記』 卷50, 列傳, 甄萱. "甄萱 新羅尙州加恩縣人也".

17) 아마도 위의 사료에서 '南原'을 '金官'으로 잘못 적지 않았을까 싶기도 하다. 신라의 5소경 가운데서 南原의 이름이 위에는 빠져 있는데, 지리적으로 보아 南原이 반란군의 편에 섰음이 확실시된다.

한, 다 같은 지역적 기반을 갖고 있었던 점을 지적하지 않을 수 없을 것이다. 다만 앞서 일어난 김헌창의 난은 결국 실패한 반면 훗날 견훤은 끝내 건국에 성공하였다. 아마도 그 차이는 신라하대 시대상의 차이일 수도 있겠으나, 그들이 표방한 국호에서 볼 수 있듯이 백제의 부흥의지가 견훤쪽이 더 확고했다는 점이 아닐까 싶다.

한편 다-③)에서 보는 바와 같이 반란의 진원지로부터 조금 떨어진 지방은 극히 소극적 자세로 자기방어에만 급급했다. 여기에서 漢山(廣州)·牛頭(春川)·浿江(平山)·北原(原州) 등 지역은 원고구려 권역으로서, 이들은 난의 발생을 알고도 적극적으로 신라의 조정을 도우려 하지 않았다. 이들 지역의 도독들은 아마도 헌창으로부터 미리 제의받았다고 보여지나, 끝내 이들이 반란에 가담하지는 않았다. 그렇다고 반란의 발생을 신라 조정에 알린 것도 아니며 난의 평정을 위한 진압군의 편성에 참여한 것은 더더욱 아니다. 그들은 반란의 불길이 자기들에게 튈까 두려워하면서 군사를 동원하여 수비태세를 갖추는데 주력했을 뿐이다.[18]

그런데 위의 다-③)에서 볼 때, 歃良州(梁山) 또한 난리통에 漢山·牛頭 등 지방과 더불어 소극적 자세를 취하고 있었던 양 끼어 있는데서 잠시 의아해진다. 잘 알려진 바와 같이 歃良州는 慶州와 바로 인접한 지역으로서 都城의 둘레가 모두 삽량주 관할에 속한다. 따라서 삽량주는 언제나 신라의 확고한 지역기반 그 자체였다. 그러므로 난에 임하여 삽량주가 취한 애매한 태도를 통하여, 앞의 金官小京의 예에서 보았듯이, 중앙정부와 지방간의 불화가 심화된 나머지 이제 삽량주조차 조정을 등질만큼 신라가 심각한 위기에 직면한 상황이라 볼 수 있을지도 모른다.

그러나, 위의 다-③)에 나열된 지방은 모두가 고구려의 구토로서, 歃良州가 이 속에 끼인 것 자체가 매우 부자연스럽게 보인다. 더구나 난이

---

18) 아마도 이들이 처음부터 김헌창의 난에 가담하기로 했다면 김헌창의 목표는 백제의 부흥이 아니라 통일신라 왕권탈취 그 자체였을 것이다.

평정된 다음의 논공행상에서,

라) 歃良州의 屈自郡은 적지와 가까웠으나 난에 물들지 않았으므로 7년
간 조세를 면제한다.(『三國史記』卷10, 新羅本紀, 憲德王 14年)

는 포상 조치가 내렸음을 볼 때, 삽량주가 결코 반란의 과정에서 냉담했다
고 보기는 어렵겠다. 위의 라)에서의 歃良州 屈自郡은 바로 昌原 지방으로
당시 菁州와 인접한 삽량주 안에서도 가장 서남쪽에 위치한 곳이다. 또
金官小京과도 동남으로 이웃하고 있다. 비록 초기의 사정이라 하더라도,
菁州와 金官이 모두 반란에 가담한 상황이었음에도 불구하고 그 사이에
낀 屈自郡은 끝내 신라 조정의 편에 섰기 때문에 나중에 7년간이나 조세가
면제되는 포상을 받게 된 것이다. 지리적으로 삽량주 안에서도 가장 취약
했던 굴자군이 이렇게 버틸 수 있었던 것은 나머지의 삽량군 지역이 조정
의 편에 서 있었기에 가능했다고 봄이 옳을 것이다. 당시 굴자군이 주위의
모든 지역이 반란군에 가담한 상황에서 외딴 섬모양 고립무원한 가운데서
끝내 중앙정부의 편으로 남을 수 있었다고는 생각하기 어렵기 때문이다.
  이러한 관점에서, 여기 다-③)의 삽량은 溟州의 誤記가 아닐까 싶다.
溟州(江陵)는 바로 다-③)에 나열된 한산·우두·패강·북원 등과 더불
어 고구려의 권역으로서 특히 우두주와 북원과는 바로 이웃한다. 위에 제
시된 사료에는 신라의 9주 가운데 溟州만이 빠져 있다. 만약 이 명주를
삽량주 대신 다-③)에 포함시킨다면 이는 곧 김헌창의 난에 임하는 옛
고구려 권역의 표정을 나타내고 있는 것이라 보아 틀림없을 것이다.
  여기에 속한 지방들은 모두 반란을 관망하듯 소극적 자세로서 그들의
지역정서를 표시했다. 이러한 점에서 그 동안 경주중심의 정치 속에서
고구려 계열 또한 차대의 불만을 지속적으로 지녀왔음을 짐작할 수 있겠
다. 다만 이들이 난에 임하여 어정쩡한 자세를 취하고 있음을 통하여 백제

계열과는 또다른 정서의 차이를 느끼게 된다.

한편, 명주는 바로 헌창의 아버지 주원이 왕위 쟁탈에 실패한 다음 '溟州郡王'으로서 퇴거하여 살던 곳이다. 그러니까 헌창의 지역기반이나 마찬가지로 보아 무리가 없을 듯 하다. 그럼에도 불구하고 김헌창의 난 가운데서 명주가 해낸 지역적 역할은 아무데서도 보이지 않는다. 만약 앞에서의 추리가 타당하다면, 오히려 명주는 옛 고구려의 구토답게 이웃의 지방과 더불어 고구려계의 정서를 표출하는데 동조하고 말았던 것이다. 지역적 정서의 응집력이 혈연보다 더 큰 하나의 사례라 하겠다.

이러한 지연을 바탕으로, 김헌창의 난이 진압된 후 헌창의 아들 梵文은 이제 옛 고구려권의 지지를 얻어 또 다시 반란을 시도했다. 김헌창의 난을 통해 드러난 고구려계의 불만을 통하여 새로운 지역분할이 가능하다고 본 범문은 이들 지역을 기반으로 다시 한번 새 왕국의 건설을 꾀했던 것이다. 『三國史記』卷10, 憲德王 17년 봄 정월에는,

> 마) 憲昌의 아들 梵文이 高達山賊 壽神 등 100여명과 더불어 모반하여 平壤(지금의 楊州)에 도읍을 세우려고 漢山州의 북부를 공격하니 都督 聰明이 군사를 이끌고 나가 잡아 죽였다.

라 하여 범문의 반란과 그 실패를 짤막히 적는데 그치고 있으나, 그 배경을 생각해 보건대, 이 난 또한 그리 단순해 보이지는 않는 것 같다.

김헌창의 난이 진압된 다음 그의 종족과 도당이 처형을 당했는데 어떻게 범문이 화를 모면할 수 있었는지는 잘 알 수가 없으나, 아마도 별다른 지역연고가 없음에도 불구하고 그는 북쪽의 옛 고구려지역으로 달아나 高達山(驪州?)賊 壽神에게 몸을 의탁했던 것 같다. 여기에서 3년을 지내는 동안 신라정부에 대한 옛 고구려권의 불만을 확인하고는 이를 이용하여 이제 옛 고구려의 부흥을 표방하면서 반란에 나섰을 가능성이 매우 크다고

본다. 범문이 산적의 무리 100여명만으로 새 국가건설에 착수했다고는 생각할 수 없을 것이다.[19]

범문은 아마도 고구려의 부흥을 외치면서 擧兵하기만 하면 한산·우두·명주·패강·북원 등 고구려권역의 지지를 받을 수 있을 것으로 확신하였으나, 결과적으로 漢山州都督 聰明이 이에 동조하지 않음으로써 반란은 실패하게 되었다고 하겠다. 그러나 비록 聰明에 의해 범문의 난이 쉬 진압되었다 하더라도 신라의 지역 차대에서 비롯된 고구려권의 반신라적인 감정은 백제권과 마찬가지로 그 뒤에도 지속적으로 유지되었다고 보여진다.

그 후 70여년이 지나 이러한 지역정서를 기반으로, 고구려의 부활을 표방하고 나서 성공을 거둔 이는 바로 弓裔였다. 궁예는 버림받은 신라 왕자로서, 그 자신 고구려권과의 지역연고가 별로 없음에도 불구하고 마침내 고구려의 부활을 기대하는 북부지역의 여망을 기반으로 새 국가 건설에 나섰던 것이다. 이에 대해 『三國史記』卷50, 弓裔傳에는,

　바)（孝恭王 5年）지난날 新羅가 唐에 請兵하여 고구려를 멸망시켰다. 그리하여 평양 옛 도읍지가 쑥대밭으로 되고 말았으니 내가 반드시 그 원수를 갚고야 말겠다.

라 하여 궁예가 後高句麗를 건국하게 된 명분을 적고 있다. 여기에서 앞서 본대로 甄萱이 全州에 들어가 후백제를 건국했을 때와 똑같은 구호가 표방됨을 알게 된다. 견훤이나 궁예 모두 지역적 연고가 없음에도 불구하고 지역민의 오랜 향수와 反新羅的 정서를 이용하여 마침내는 후삼국의 정립을 가져오게 되었던 것이다.

여기에서 또 한가지 흥미를 끄는 것은, 범문이 수신이라는 고달산의 산

─────────────

19) 이러한 견해는 金東洙, 앞의 논문, 40쪽에서 제시되고 있다.

적에게 의지했던 점이다. 이는 공교롭게도 나중의 궁예가 신라에서 빠져 나와 北原의 賊首 梁吉에게 몸을 맡긴 다음 도둑세력을 군사적 기반으로 하여 건국에 성공했던 점과 꼭 같은 동기라 하겠다.[20] 당시 산적세력의 실체가 어느 정도인지, 왜 북부지역에 그러한 산적세력이 왕성할 수 있었 으며 그들의 정치적 입장이 어떠했는지는 잘 알 수가 없으나, 이들 산적세 력을 정치적으로 이용하려 했던 점에서 범문은 궁예의 선구가 되었을 뿐 자신은 성공을 거두지 못했다. 아마도 이 또한 70년을 사이에 둔 시대상의 차이 탓이 아닐까 싶다.

지금까지 살핀 바와 같이, 김헌창의 난에 대한 각 지역의 向背를 지도로 나타낸 것이 <지도-1>이다. 참고로 초기 후삼국의 세력 범위는 <지도 -2>로 표시하였다.

<지도-1> 金憲昌의 亂과 地方의 向背   <지도-2> 後三國의 鼎立

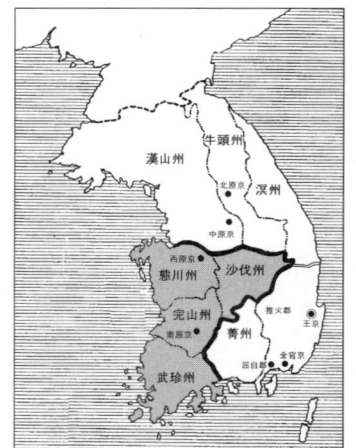 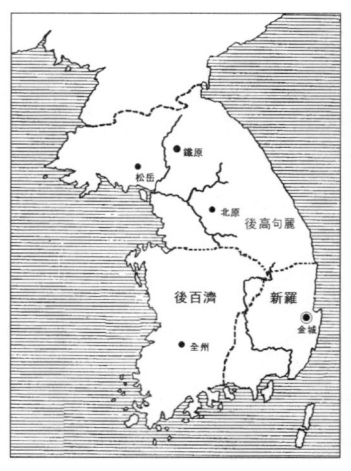

이의 비교를 통하여 다시 한번 지역을 기반으로 하는 세력의 유사성을

---

20) 黃善榮, 앞의 논문, 33~36쪽.

발견하게 된다. 달리 말하자면, 신라하대는 상황에 따라 언제든 삼국으로 분열될 소지를 안고 있었다고 해도 좋을 것 같다. 후삼국 분열의 원형이 김헌창의 난에서 이미 드러나고 있었다는 것이다.

Ⅳ. 신라 조정의 대응

憲昌이 熊川州를 근거로 모반을 일으켜 국호를 長安이라 하고, 년호를 慶雲 元年이라 하여 새 국가를 건설하였다. 더욱이 9州 5小京의 대부분은 그 난에 대해 스스로의 향배를 달리하고 있었던 상황이었다. 그럼에도 불구하고 신라 조정은 한동안 이 사실을 까맣게 모르고 있었다. 후에 完山州 長史 崔雄 등의 제보를 듣고 난 다음 비로소 사태의 심각성을 깨닫고 서둘러 난의 진압에 나서게 되었다. 이 때 신라 조정이 난의 진압을 위해 취한 조치를 『三國史記』卷10, 憲德王 14년의 기록으로 살펴보면 다음과 같다.

> 사-①) 完山州 長史 崔雄과 (州)助 阿湌 正連의 아들 令忠 등이 숨어 도망하여 王京에 와서 고발하니 왕은 곧 雄助에게 級湌의 관위와 速含郡 太守의 직을, 令忠에게는 級湌의 위를 제수했다.
>
> ②) 마침내 장수 8명을 뽑아 王都의 八方을 지키게 한 다음 군사를 출동시켰다. 一吉湌 張雄이 먼저 떠나고, 祐徵·匝湌 衛恭·波珍湌 悌凌이 뒤따랐다. 伊湌 均貞과 匝湌 雄元·大阿湌 祐徵 등이 三軍을 이끌고 정벌에 나섰다.
>
> ③) 角干 忠恭과 匝湌 允膺은 蚊火關門을 지켰다. 明基·安樂 두 花郞이 각각 종군을 청하니 明基는 郞徒들과 黃山으로 가게 하고 安樂은 施彌知鎭으로 가게 했다.

일단 여기까지 제시해 두고 김헌창의 난에 대한 신라 조정의 대응 조치를 살펴보기로 하겠다. 먼저 사 - ①)에서와 같이, 난의 발발을 몰랐던 조정은 崔雄과 令忠이 반란지역으로부터 도망쳐 나와 난을 고발함으로써 비로소 사태를 깨닫고 고발한 이들을 포상했다. 이때 최응은 速含郡의 太守職에 임명되었는데, 速含郡은 곧 경남의 咸陽[21]으로서 바로 菁州의 서쪽 끝에 있는 지방이며 武珍州와 경계를 이루고 있는 곳이다. 그러니까 최응은 이제 신라편의 최일선지역에 배치된 셈이다.

앞에서 난이 발생했을 당시 菁州가 김헌창의 편에 가담했으나, 곧 도독 向榮이 推火郡으로 달아났음을 보아 다시 신라의 편으로 돌아선 것으로 이해한 바 있었다[사료 다 - ②)참조]. 이제 와서 최응을 速含郡의 태수자리에 앉힐 수 있게 된 것은 바로 그러한 상황의 변동 위에서 가능했을 것이라 본다.

포상을 끝낸 다음 신라 조정은 이제 반란의 진압에 나서게 되었다. 가장 먼저 해야 할 일이 王京을 지키는 일이었다. 그리하여 사 - ②)에서와 같이 8명의 將帥를 차출하여 王都의 8方을 지키게 하였다. 아마도 이 때 차출된 장수들은 가장 충직한 친위병의 지휘관들로서 모두 혈연적으로도 왕실과 가까운 진골 계층이었을 것이다. 그 다음 이제 조정의 반격이 시작되었다. 곧 원정군이 편성되었는데, 이에 참가한 인물들은 이른바 元聖王系의 各系派를 망라한 당대 최고위급 인사들이었다.[22] 사 - ②)에 보이는 인물 가운데 悌凌은 43대 僖康王이고, 忠恭은 44대 閔哀王의 生父이며, 祐徵은 均貞의 아들로서 45대 神武王이 된 인물이다.[23]

---

21) 『三國史記』 卷34, 地理1, 天嶺郡. "本速含郡 景德王改名 今咸陽郡".
22) 元聖王의 直系로서, 이른바 仁謙系인 景德王을 비롯하여 副君 秀宗·角干 忠恭 등이 반란의 진압을 주도한 가운데, 禮英系의 悌凌·均貞·祐徵 등이 여기에 참여하고 있다. 이에 대해 金憲昌의 亂이 이들 仁謙系와 禮英系를 정치적으로 재결합시킨 계기임과 동시에 禮英系가 이후에 크게 부상하는 발판이기도 한 것으로 보는 시각도 있다(吳星, 「新羅 元聖王系의 王位交替」, 『全海宗華甲紀念史學論叢』, 1979, 619쪽).
23) 『三國史記』 卷10, 新羅本紀, 僖康王·閔哀王·神武王.

물론 이들은 얼마 지나지 않아 또 한번 왕권 쟁탈전에 휩싸이게 된다. 그러나 이때까지만 해도 그들은 헌창이 일으킨 반란과 그에 따라 초래될 영토의 분할에 대해 공통의 위기의식으로서, 반란의 진압에 함께 나섰던 것이다. 아마도 이들은 각각 독자적 私兵을 동원하여 원정군에 참여했다고 보여진다.[24]

한편 王京의 수비는 8方을 지키는 것만으로 안심할 수는 없었다. 외각으로부터 都城에 이르는 요충지를 확보해 두지 않으면 안되었다. 이를 위해 사-③)에서 보듯이 角干 忠恭과 匝湌 允膺은 私兵을 이끌고 나가 도성 慶州 주변의 요새라 할수 있는 蚊火關門(外東邑 毛火里)[25]에 방어선을 쳤다. 또 明基와 安樂이 이끄는 화랑도가 참전을 자청하여, 明基는 백제권으로부터 경주에 이르는 요충지인 黃山(陜川 海印寺부근 伽倻面 黃山里)[26]으로 나가고, 安樂은 施彌知鎭으로 나아갔다.

여기의 施彌知鎭이 어느 곳에 해당될 수 있을지는 잘 알 수가 없으나, 추측컨대 황산이 경주의 북서쪽을 지키는 요충지임에 반해, 施彌知鎭은 도성의 서남쪽 낙동강 하류 방면에 있는 군사 및 교통상의 요지가 아닐까 한다. 그 곳이라면 菁州, 특히 金官小京과 바로 연결될 수 있는 지점이다.[27] 다만 施彌知鎭이란 곳에 정규군이라 할 수 없는, 安樂이 이끄는 화랑도가 출동하고 있는 것으로 보아, 그곳이 군사적 목적으로 종전부터 설치

---

24) 李基白의「新羅私兵考」,『新羅政治社會史研究』, 일조각, 1974, 259쪽 이래 지배적인 견해이다.
25) 『三國史記』卷34, 地理1, 臨關郡에는 "本毛火(一作蚊化)郡 聖德王築城 以遮日本賊路 … 今合屬慶州"가 보이는데, 여기의 蚊化가 곧 蚊火關門임이 분명시 된다. 한편『三國史記』卷34, 地理1, 固城郡에 "領縣三 蚊火良縣今未詳…"이라 하여 蚊火良縣이 위치는 불명하지만 慶南 固城郡의 屬縣가운데 하나로 되어 있음을 적고 있으나, 이곳을 蚊火關門으로 보기는 어렵다고 하겠다.
26) 당시의 黃山은 陜川 海印寺 부근으로 比定된다(黃善榮,「高麗 統一期의 黃山·炭峴에 대하여」,『釜山史學』13, 1987, <본서 제5장 참조>).
27) 그러한 관점에서 오늘의 慶南 梁山이나 釜山 龜浦부근이 施彌知鎭(津?)에 비정될 수 있지 않을까 한다.

되어 있던 '軍鎭'이었다기 보다는 강나루로서의 '津'으로 보는 것이 옳지 않을까 싶다. 하여간 위의 사 – ③)이 도성의 안전을 지키기 위해 외각으로 파견되는 수비대의 편성과 출동에 관한 부분인 만큼 施彌知鎭이 경주로부터 그리 멀리 떨어져 있지 않았음은 확실시된다.

한편 옛 백제의 권역을 기반으로 건국을 선포한 헌창으로서는 당장에 신라를 침공하려 하지 않았던 것으로 보인다. 오히려 그는 자신이 세운 '長安'이 신라와 더불어 공존하고자 꾀했을 가능성이 더 높아 보인다. 또 신라 조정의 진압군이 그렇게나 빨리, 또 강력하게 구성될 수 있으리라 예측하지도 못했던 것으로 짐작된다. 그러한 만큼 미처 군사적 대결을 위한 준비에는 소홀했던 듯 하다. 그리하여 신라의 진압군이 몇몇 왕족의 私兵집단에 지나지 않았음에도 불구하고 변변히 대적해 보지도 못한 채 패하고 말았던 것이다.

여기에서 양측의 군사적 대결 상황과 그 결과를 『三國史記』卷10, 憲德王 14년의 기록을 통해 살펴보기로 하겠다.

> 아 – ①) 이에 憲昌은 장수들을 보내어 要路를 점거하고 기다렸다.
>
> ②) 張雄이 道冬峴에서 적병을 만나 쳐부수었다. 衛恭과 悌凌은 張雄의 군사와 합쳐 三年山城을 공격하여 이긴 다음 俗離山으로 진격하여 적의 잔병을 섬멸시켰으며 均貞 등은 星山에서 적과 싸워 섬멸시켰다.
>
> ③) 이에 諸軍이 모두 熊津에 이르러 憲昌과 큰 싸움을 벌여 목베고 사로잡음이 이루 헤아릴 수 없었다.
>
> ④) 憲昌은 겨우 몸만 빠져 城 안으로 들어가 굳게 지켰다. 제군이 성을 포위하여 열흘이나 공격을 계속하자 憲昌이 면할 수 없음을 알고 자살하니 종자가 그 머리를 잘라 몸과 따로 묻었다.

⑤) 성이 함락되자 그 몸을 古塚에서 찾아 베고, 그의 종족과 도당 239명을 죽였다.

　이상이 김헌창의 난에서 발생한 군사적 대결의 전말인 셈인데, 여기에서 보는 대로, 그 결과는 신라의 일방적 승리로 끝났다. 당초 헌창은 熊川·武珍·完山·菁·沙伐 등 5개의 주와 國原·西原·金官 등 3개 小京의 지지를 받아 반란을 일으켰다. 곧 청주가 가담에서 빠졌고, 금관경이 소극적으로 자세를 바꾸었다고 하더라도, 웅천·무진·완산·서원 등 옛 백제권만은 끝까지 그의 강력한 지지기반이었을 것이고, 이 지역의 都督들이 가진 군사력 또한 만만치 않았을 것이다.[28] 그럼에도 불구하고 사병세력의 연합에 불과한 진압군에 일방적으로 패하고 말았다는 데서 잠시 의아해진다.
　아마 헌창은 제 자신이 군사적으로 신라를 침공할 의사도 없었거니와,[29] 신라 조정의 대응 능력을 지나치게 과소 평가한 가운데 군사적 대책을 소홀히 하고는 백제권의 지역연합을 과시하는 것만으로도 반란에 성공할 수 있었다고 오판했을지 모른다. 그런데 뜻밖에도 신라 진압군이 정벌에 나서자 비로소 아－①)에서와 같이 휘하의 장수들을 시켜 要路에 의지하여 그들의 공격을 막아 내려는 방어전에 나서게 되었던 것으로 보인다. 따라서 신라군의 일방적 공세와 이에 대한 소극적 방어전이 당시 양군의 교전에서 볼 수 있는 특징이라 하겠다. 그러므로 전장은 주로 반군의 수비 중심지역에서 형성되었다. 아－②)로 보아 三年山城 및 俗離山 일대가 주로 반군의 수비거점이었던 것으로 간주된다. 그밖에 道冬峴(?)과 星山(星州)에서도 교전이 벌어졌고, 그 결과는 신라의 대승으로 끝났지만 이곳에

---

28) 이때 반란에 가담했던 군대는 州·小京·郡·縣에 소속된 公兵, 또는 지방군이라 해도 좋을 것이다(李仁哲, 「新羅 支配體制의 崩壞와 軍事組織」, 『新羅政治制度史研究』, 일지사, 1993, 393쪽).
29) 김헌창이 반란을 일으켰을 때 어떠한 군사적 행동을 취한 흔적도 보이지 않는다. 그는 武珍·完山·沙伐 등에 조차도 반란에 가담하도록 武力으로 攻略한 사실이 없다(李明植, 앞의 논문, 72쪽).

서도 반군이 공세를 취한 것으로는 보여지지 않는다.

신라군의 결집된 공격에 당황한 반군은 이제 반란의 거점이었던 熊津으로 퇴각했다. 따라서 아-③)과 ④)에서와 같이 최후의 결전이 웅진성을 중심으로 전개되었으나, 10여일을 버티지 못하고 불리한 전황 속에서 헌창이 자살함으로써 마침내 반란은 끝이 났다. 그 결과 헌창의 일족과 함께 반란에 가담했던 무리 239명이 처형되었음을 아-⑤)는 전하고 있다.

그러나 여기에서 헌창의 종족 모두가 239명의 무리에 포함되어 처형된 것은 아니라 본다. 앞서 본 범문은 헌창의 아들로서, 고달산적에게로 도망친 끝에 잔존할 수 있었다고 보여진다. 그밖에 헌창의 친족으로 간주되는 金陽·金昕 등이 나중에도 그들의 활약상을 남기고 있음[30]으로 미루어 헌창의 일족이라 해서 모두 반란의 편에 서지는 않았던 것으로 보인다.

이상에서 살펴 본 바와 같이 헌창은 백제계열의 세력을 결집하여 長安이라는 새 국가를 건설하려 하였다. 그러나 그는 당장 군사력에 의존하여 신라 왕실을 타도코자 했던 것이 아니라, 백제권의 강력한 지역적 기반을 내세워 우선은 신라와 더불어 병존할 수 있는 길을 모색했던 것으로 보인다. 따라서 군사적 대응 측면에서 결코 신라의 몇몇 사병집단에 비할 바 없이 강력한 지방군의 기반을 가졌음에도 불구하고, 처음부터 방어에 치중한 소극적 대응으로 인해 마침내 신라에 의해 진압됨으로써, 백제 부활을 꿈꾼 그의 이상은 물거품으로 돌아가고 말았다고 보겠다.

---

30) 『三國史記』卷44, 列傳, 金陽. "金陽 曾祖周元伊湌 祖宗基蘇判 考貞茹波珍湌 皆以世家爲將相" 및 "從父兄昕 父璋如 仕至侍中波珍湌". 이들의 활약상에 대하여는 金貞淑, 앞의 논문, 176~178쪽.

V. 亂後의 지방통제

金憲昌의 亂이 실패로 끝났음에도 불구하고, 그로부터 3년 후에 일어난 梵文의 난은 전제왕권의 확립을 지향해 오던 신라 왕실에 또 한번 큰 충격을 주었음에 의문의 여지가 없을 것이다. 따라서 이 같은 반란의 재발방지를 위한 정치 개혁이 추진되었을 것임이 확실시된다. 사실 당시의 헌덕왕은 그 자신이 이전 哀莊王代에 上大等으로 있으면서 정치개혁에 깊이 간여했던 인물이다.[31] 그는 즉위 후에도 왕권 전제화에 주력하였으며, 특히 同腹 아우 秀宗을 전례없는 副君으로 삼아 자신의 정치 개혁에 참여시켰다.[32]

김헌창의 난이 진압되고 나서 얼마 후(827년) 즉위한 興德王은 당시 副君으로 있으면서, 난의 진압을 지휘하던 秀宗 바로 그 사람이다. 어쩌면 그가 副君으로 임명된 것이 김헌창 난의 직접적인 도화선이었을 가능성도 배제할 수 없을 만큼 그는 김헌창의 난과 깊은 관계를 가진 인물로 보인다.[33]

興德王은 즉위한 다음 더욱 강력한 왕권 전제화의 길로 나아가는 개혁조치를 단행해 나가게 된다. 그는 진골 중심의 사회 기강을 확립하기 위하여 골품제를 강화하는 한편 官制의 개편을 통하여 효율적 관료제를 구축하고자 했다.[34] 興德王 4년(829)에 執事部가 執事省으로 바뀌는 등의 관제 개혁이 있었고, 9년(834)에 色服・車騎・器用・屋舍에 관한 규정이 반포된 것은 모두 전제왕권 구축을 위한 그러한 개혁의 일환이라 할 수 있을 것이다.[35] 또 이때의 개혁이 김헌창의 난과 결코 무관하지도 않을 것이다.[36]

---

31) 金東洙, 앞의 논문, 29~31쪽.
32) 『三國史記』 卷10, 新羅本紀, 憲德王 14年 正月.
33) 李基白, 「上大等考」, 앞의 책, 117쪽, 註 45)참조.
34) 金東洙, 앞의 논문, 45쪽.
35) 金東洙, 위의 논문, 47~50쪽.

그러나 흥덕왕 자신이 그 당시 부군으로 있으면서 김헌창의 난을 직접 겪었고 또 이때 드러난 지역성, 즉 중앙으로부터 이탈하려는 지방의 성향을[37] 체험으로 인식한 만큼 무엇보다 지방통제를 더욱 강화시킬 필요성을 절실히 느끼지 않을 수 없었을 것이다. 비록 사료를 통해 전모를 살피기는 어려우나 흥덕왕의 정치 개혁 속에는 반드시 지방에 대한 통제책이 포함되어 있었을 것이다. 다만 이러한 통제책의 하나로, 군사기지로서의 鎭이 설치된 것은 확실시된다.

잘 알려진 바와 같이, 신라의 鎭으로는 太宗 武烈王 5년(659) 三陟에 설치된 北鎭과 宣德王 3년(782) 平山에 설치된 浿江鎭이 이미 있었다. 이들 鎭이 군사적 목적으로 설치되었음은 길게 말할 필요도 없을 것이다.[38] 그런데 興德王 3년(828)에는 다시 莞島에 淸海鎭이, 또 이듬해(829)에는 南陽에 唐城鎭이 설치되었다.[39]

물론 淸海鎭은 張保皐의 건의에 따라 서해의 해적을 퇴치하기 위해 설치된 것이라 하나, 그 위에 西南의 호족세력을 견제할 목적도 아울러 가진 것으로 이해된다.[40] 마찬가지로, 唐恩郡(南陽)에 설치된 唐城鎭의 군사적 주요 임무 가운데 내륙의 지방세력에 대한 통제가 포함되었을 것임에도 틀림은 없을 것이다. 지리적 위치로 볼 때, 두 진은 반란에 가담했던 지역과 바로 인접하고 있다는 점에서, 이들 진이 김헌창의 난에 따라 설치된 것이라는 배경을 짐작할 수 있다.[41]

---

36) 金東洙, 위의 논문, 41~51쪽.

37) 李基東은 앞의 논문, 157쪽에서 "김헌창 부자의 반란이 호족의 지방할거적 경향을 크게 촉진시켰다"고 보고 있다.

38) 新羅末 鎭의 운용에 대하여는 李基東의 「新羅下代의 浿江鎭」, 앞의 책, 220~225쪽이 참고된다.

39) 『三國史記』 卷10, 新羅本紀, 興德王 3年 및 4年條에 각각 淸海鎭과 唐城鎭의 설치 기록을 볼 수 있다. 다시 조금 뒤 文聖王 6년에는 또 穴口鎭이 설치되는데, 이로써 신라말까지의 5개 鎭이 갖추어진 셈이다.

40) 金東洙, 앞의 논문, 43쪽.

41) 위와 같음.

그러나 각각 남해와 서해의 바다를 끼고 설치된 이들 두 진이 내륙 깊숙한 곳에서 진행되는 반정부적 군사행동까지 효율적으로 차단할 수 있으리라고는 보여지지 않는다. 그러한 목적이라면 먼저 내륙의 요충지에 먼저 강력한 군사기지가 있고 난 다음에나 고려될 일이라 보아야 옳지 않을까 싶다. 그러한 관점에서 아마 내륙에도 일부 요충지를 親衛的으로 군사기지화하는 조치가 강구되었을 가능성이 높다고 본다. 비록 반란은 백제권에서 일어났으나 그 과정에서 드러난 고구려권의 반항적인 동향, 나아가 신라의 전통적 지역기반조차 믿을 수 없는 괴리현상의 결과 왕도의 안전마저 보장되기 어려운 현실에서 유독 백제권에 대한 군사적 통제책 강화에만 그칠 형편이 아니었을 것이다.

추측컨대, 9州와는 성격을 달리하여 설치된 5小京이 이러한 목적 달성에 적합한 지역이 아니었을까 한다. 물론 통일 후 신라에서 9주 5소경을 설치할 당시는 9주가 오히려 군사적 목적을 지니고 있었던데 비해 5소경은 문화적 목적을 갖고 있었다고 하겠다.[42] 그러나 각 州가 이제 중앙정부로부터 이탈하려는 세력의 온상이 되어 가는 마당에 더 이상 각 州의 兵馬權을 방관하고만 있을 수는 없는 상황에 다다르자 이제 적절한 통제책을 마련하지 않을 수 없는 처지에 닿게 된 것이다.

각 小京 또한 김헌창 난의 과정에서 이탈의 성향을 나타내지 않은 것은 아니었으나, 처음부터 王京과 小京은 본가와 분가의 관계로 출발하였으며, 소재하는 위치로 보나 각 州와의 관계로 보아, 이곳을 군사기지화한다면 가장 적절한 지방통제를 행할 수 있는 지역이라 해도 좋겠다.[43] 아마도 이러한 지리적 중요성에 따라 다섯 곳의 소경이 군사적 거점으로 바뀌게

---

42) 韓㳓劤, 앞의 논문, 『歷史學報』 12, 114쪽.
43) 5小京이 갖는 지리적 특성은 "군사·교통의 요충지일 뿐 아니라 대외적 文化交流 및 物産交通의 중요한 통로"라는 점이다(崔根泳, 「新羅의 三國統一後 民族統合政策의 諸問題」, 앞의 책, 67~71쪽).

되었으며, 그 시기는 대강 軍鎭이 설치되는 홍덕왕 3~4년경으로 볼 수 있지 않을까 한다.

이와 같이 나라의 외곽에 군진을 설치하고, 내륙의 소경을 군사기지화한다면 지방의 통제는 한결 용이할 것이다. 헌창부자가 일으킨 난을 겪고나서 신라 조정이 이러한 조치를 취했다면 오히려 당연한 일로 여겨질것이다. 홍덕왕 재위기간(826~836)동안 한때 흉년이 들어 곳곳에 도둑이들끓은 경우를[44] 제외하고, 각 지방이 평온을 유지했던 것은 이러한 군사적 보완책이 효력을 발휘하고 있었기 때문이라 여겨진다. 아래의 <지도-3>은 이 경우를 나타낸 것이다.

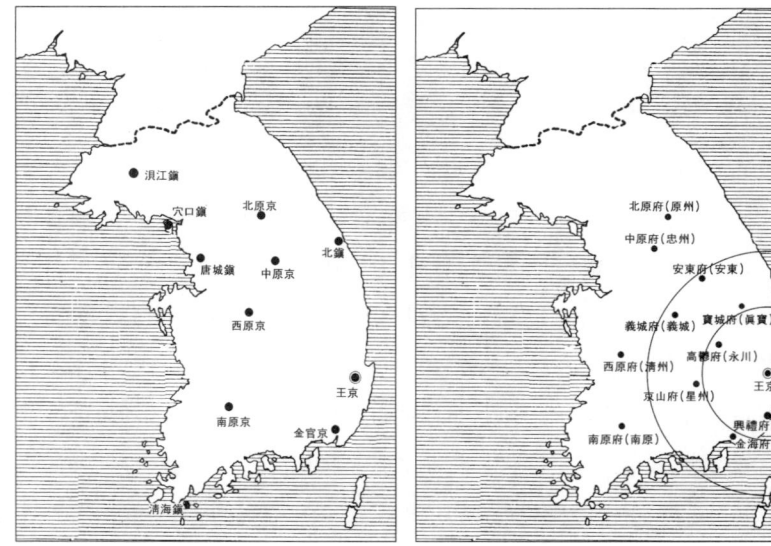

<지도-3> 신라하대의 軍鎭과 5小京   <지도-4> 신라말기 府의 위치

그러나 홍덕왕의 죽음과 더불어 왕위 계승을 둘러싼 왕족간의 싸움에서

---

44) 『三國史記』 卷10, 新羅本紀, 興德王 7年 8月. "飢荒 盜賊遍起".

먼저 패배하여 피살된 均貞의 아들 祐徵이 淸海鎭으로 들어와 張保皐에 의지하게 됨으로써 새로운 국면으로 치닫게 된다.『三國史記』卷10, 僖康 王 2년에는,

> 자) 祐徵이 화를 당할까 두려워서 처자를 데리고 黃山津口로 달아나 배를 타고 淸海鎭大使 弓福을 찾아 의탁하였다.

라고 하여, 후환을 두려워한 祐徵이 弓福, 즉 張保皐에 의지하는 과정을 적고 있다. 그는 黃山津口(梁山 三浪津)[45]에서 배를 타고 청해진으로 들어 갔던 것이다.

여기에서 우징이 하필이면 왜 군이 청해진을 택하였는지에 대해서도 추리가 요청된다고 본다. 물론 장보고의 막강한 군사력에 의지하기 위해서 였을 것이다. 그러나 신라 왕족의 체통에서 볼 때, 장보고는 신분적으로 미천한 섬사람에 불과했다.[46] 그러므로 아마도 우징은 가급적이면 도성에 서 멀리 떨어져, 독립성이 강한 내륙의 주·군을 도피 장소로 택하고자 했을 지도 모른다. 그러나 김헌창의 난 이후 5소경이 모두 지방의 군사를 통제하는 상황 하에 놓여 있었다면, 바꾸어 말해 왕권을 확보한 희강왕측 이 5소경을 통하여 지방을 군사적으로 통제하는 상황이었다면 그러한 탈 출은 감히 엄두도 낼 수 없었을 것이다. 그러므로 그는 어쩔 수 없는 형편에 서 마침내 장보고를 택하게 된 것이 아닐까 한다.

그후 張保皐가 祐徵(神武王)을 도와 왕으로 세우는데 결정적인 역할을

---

45) 『新增東國輿地勝覽』卷22, 慶尙道, 梁山의 山川에는 洛東江 下流를 가리키는 '黃山江'과 '伽倻津' 및 '東院津'이 기록되어 있다. 黃山津은 바로 이 일대로서 오늘의 三浪津과 院洞 부근임이 확실시된다.
46) 『三國史記』卷11, 新羅本紀, 文聖王 7年 3月에 文聖王이 張保皐의 딸을 次妃로 들이려다 가 그만 둔 사실을 적고 있다. 주된 이유는 바로 張保皐가 '海島人'이었기 때문이다. 이 사태가 곧 張保皐의 亂으로 이어지게 된 것은 잘 알려진 사실이다. 海島人을 천시한 것이 당시의 일반적 신분의식이라 본다.

함으로써, 청해진은 한때 신라 군사력의 중추적 기능을 맡게된 듯 하였으나, 곧 이어 장보고의 비극적인 최후와 더불어 청해진은 사라질 운명을 맞게 된다. 그리고 청해진 사람들은 모두 碧骨郡(金堤)으로 강제 徙民되었는데,[47] 만약 그 때 내륙의 가까이에서 벽골군을 감시하고 통제할 장치가 없었다면 결코 장보고의 잔당을 그 곳으로 보내지는 않았을 것이다. 이제 와서 신라 조정이 그렇게 할 수 있었던 것은 5소경을 통한 군사적 통제가 제 기능을 발휘하고 있었던 덕분이라 볼 수 있지 않을까 한다.

그러나 다른 한편에서 김헌창의 난에 이어, 한바탕 왕위계승전을 치루고 난 뒤에 발생한 장보고의 난은 다시 신라의 위기의식을 증폭시켰을 것이다. 따라서 지방 군사력에 대한 통제를 더욱 강화시킬 필요를 낳게 되자, 이제 확고한 군사기지화를 목적으로 소경이라는 호칭을 아예 '府'로 고치게 된 것으로 보인다.[48] 게다가 그에 앞서 閔哀王 2년(839)에 장보고군이 우징을 옹립하기 위해 왕도 경주로 밀려왔을 때 드러난 도성 경비의 허점도 보완되지 않으면 안되었다. 이에 따라 都城 주변의 요충지를 또 '府'로 만든 것으로 보인다. 신라말기의 금석문 가운데서 주로 찾아 볼 수 있는 '府'는 대체로 각 소경과 도성 주변의 군사적 요충지로서,[49] 바로 이러한 필요에 따라 설치된 것으로 이해된다.[50]

---

47) 『三國史記』 卷11, 新羅本紀, 文聖王 13年 春2月. "罷淸海鎭 徙其人於碧骨郡".
48) 黃善榮, 「新羅下代의 府」, 『한국중세사연구』 창간호, 1994, 32~35쪽, <본서 제3장 참조>.
49) 羅末麗初의 史料上에 보이는 府 가운데 新羅의 것으로 간주되는 府는 다음의 것들이다.
   (1) 文獻에 보이는 府 : 京山府(星州)・高鬱府(永川)・義城府(義城)・興禮府(蔚山)・金海府(金海)
   (2) 金石文에 보이는 府 : 金海府(金海)・西原府(淸州)・中原府(忠州)・定邊府(?)・□□江府(?)・通化府(?)
   위의 府 가운데서 (1)의 문헌에 보이는 부는 지리적으로 보아 모두 慶州 주변에 설치된 것들로 간주된다. 또 금석문에 보이는 (2)의 부들은 대부분 小京 또는 군사적 요충지로 보여진다. 이들 府가 新羅末 지방제도의 일환으로 설치된 것임은 확실시된다(黃善榮, 위의 논문).
50) 黃善榮, 위의 논문.

<지도-4>는 신라말기의 府들을 나타낸 것이다. 이들 府가 신라의 지방제도라는 확증이 없는 것이 사실이다. 그러나『三國史記』등 문헌과 신라말의 금석문에 보이는 '府'라는 것을 호족이 임의로 붙인 명칭이라거나 중국의 것이라 볼 여지는 더더욱 없다고 본다. 후삼국의 쟁패과정에서 볼 때, 이들 府는 틀림없는 신라의 제도 안에서 존속되고 있었다. 그리고 그 설치 기원으로 볼 때 김헌창의 난과의 관련성을 부인하기 어렵다고 믿는다.

Ⅵ. 맺음말

지금까지 金憲昌의 난에 대해 검토한 바를 결론 삼아 요약하면 다음과 같다.

憲德王 14년(822)에 일어난 김헌창의 난은 표면상 자기 아버지 金周元이 元聖王과의 왕위다툼에서 부당하게 패하였음을 명분으로 내세웠으나, 그가 실제로 의도한 바는 옛 백제권을 본거지로 새 국가를 건국하려는 것이었다. 그는 국호를 長安이라 했고, 慶雲 元年이라는 년호도 제정하여 독립국가의 체제를 갖추면서 신라와 더불어 반도의 동서를 양분하여 공존하려 하였다. 이때 아마도 그는 스스로 稱王했을 가능성이 크다고 본다.

이 때 熊川州는 물론 完山州·武珍州 등 옛 백제권역과 더불어 沙伐州 까지도 김헌창의 편에 가담하였다. 옛 백제의 중심지라 할 웅천주 都督으로 부임한지 채 일년이 못 가서 그가 반란을 실행할 수 있었던 것은, 이들 백제권의 반신라적 지역정서가 통일후 오래도록 잔존해 있었기 때문이다.

신라 조정의 地域 差待로 인해 발생한 반신라적 정서는 옛 고구려 권역 또한 마찬가지였다. 漢山州·牛頭州·溟州 등 옛 고구려 권역은 김헌창의 난에 대하여 비록 가담하지는 않았으나, 신라 조정의 편에 서지도 않았다. 그들은 공통적으로 냉담하게 사태를 관망하고 있었던 것이다. 김헌창의 난이 실패로 끝난 다음 헌창의 아들 梵文이 漢山을 근거로 다시 반란을 일으켰던데는 이러한 고구려권의 호응을 기대했기 때문이었다. 이렇게 볼 때 통일신라는 내부에 언제나 다시 삼국으로 분리될 素地를 안고 있었다고 할 수 있겠다.

김헌창 부자에 의해 시도된 신라로부터의 분리독립은 실패로 끝났으나, 그로부터 70년이 지나 甄萱과 弓裔에 이르러 마침내 성공을 거두게 된다. 후삼국의 정립이 바로 그것이다. 이 둘은 모두 백제권이나 고구려권과의 지역적 연고가 없었음에도 불구하고 각각 옛 백제와 고구려를 부활시킨다는 명분을 내세움으로서 성공할 수 있었던 것이다. 반신라적 지역정서를 건국의 기반으로 하려 했다는 점에서 김헌창 부자가 견훤과 궁예의 선구인 셈이다.

한편 김헌창은 반란의 목적이 신라 왕권의 탈취가 아니라 신라와의 竝存에 있었기 때문에 반란 후 바로 군사적 행동에 나서지는 않았다. 오히려 신라 조정에서 위기를 느낀 나머지 왕족중심의 진골 귀족들이 적극 亂의 진압에 참여했다. 이들은 각자가 보유한 사병세력을 동원하여 王京의 수비태세를 갖춤과 동시에, 그 주력은 재빨리 반란 진압을 위한 원정에 나섰다.

당초 9州 5小京가운데서 5개주와 3소경을 반란에 끌어들인 만큼, 군사력에 있어 私兵위주로 보이는 신라의 원정군보다는 김헌창의 편이 훨씬 우위에 있었을 것임에도 불구하고 이러한 신속한 신라 조정의 군사적 대응은 헌창에 있어 예상 밖의 일로서, 처음부터 신라를 침공할 의사가 없었던 그를 매우 당혹하게 만들었다. 이에 따라 그는 고작 소극적인 방어전만 펼치다가 끝내 자살을 택할 수밖에 없게 된다.

신라하대에 들어와 전에 없이 큰 반란을 겪었던 신라 왕실은 반란을 진압하고 나서, 이제 새로운 개혁을 통해 전제왕권을 굳건히 함과 아울러 강력한 지방통제에 착수하게 된다. 興德王代에 설치된 淸海鎭과 唐城鎭은 종래의 北鎭·浿江鎭과 더불어 이러한 지방통제의 목적도 아울러 가진

軍鎭이었다. 그러나 이들 군진은 그 설치 지역이 모두 변방의 해안지방인 만큼 내륙 깊숙이 까지 통제력이 미칠 수는 없었을 것이다. 따라서 아마도 내륙의 각 小京을 군사기지화하여 軍鎭과 더불어 보완적으로 지방을 통제하도록 조치했을 가능성이 크다고 보인다.

그런데 얼마 후 興德王 죽음 이후 왕위 쟁탈전이 전개되는 과정에서 淸海鎭의 張保皐가 개입됨에 따라 군진을 포함한 지방의 군사적 통제를 보다 강화시킬 필요가 절실해진 듯하다. 게다가 도성의 방비도 소홀히 할 수 없는 과제로 대두되었다. 그리하여 景文王代를 거쳐 憲康王代에 이르는 동안 군비 체계의 재점검을 거쳐 마침내 5소경을 비롯한 지방의 요충지에 군사적 목적의 府를 설치하는 한편, 도성 둘레에도 지방으로 연결되는 요지에 또한 府를 설치하여 만일의 사태에 대비코자 했던 것으로 보인다. 결과적으로 신라말기의 사료에서 보게 되는 府는 이렇게 해서 설치된 신라 지방제도라 하겠다.

신라하대의 府

Ⅰ. 머리말

통일신라의 지방제도는 9州와 5小京을 근간으로 한 군현제로서, 이러한 편제는 신라가 멸망에 이를 때까지 큰 변동없이 유지되었던 것으로 이해되고 있다. 그런데 신라말기에 가까이 들어, 시대적 전환기를 표현하는 사료들 가운데서 가끔 '府'의 존재를 발견하게 된다. 대체로 이들 나말여초의 府는 거의가 太祖에 의해 후삼국 통일과 관련하여 설치된 것들로 알려져 왔다.[1] 또 이때의 府는 지방 호족세력과 연관 지워져 府가 마치 반독립적으로 잔존하던 호족의 거점이었던 양 이해되어 왔음이 사실이다.[2]

후삼국의 통일과정에서 몇몇 府가 고려 太祖에 의해 설치되었음은 부인하기 어려울지 모른다. 그러나 관계 사료를 추적하건대, 당시의 더 많은

---

1) 旗田巍, 「高麗王朝成立期の「府」と豪族」, 『法制史硏究』 10, 1960(『朝鮮中世社會史の硏究』, 法政大學出版社, 1972 재수록).
2) 旗田巍가 위의 논문을 통하여 주장한 이래 그간 대다수의 연구자들에 의해 지지되어 온 느낌이다.

府들은 이미 신라하대부터 존속되어 오던 것들로 보아야 옳지 않을까 하는 강력한 의문을 떨치기 어려움도 사실이라 해야겠다.

이러한 시각에서 근래 신라말기의 금석문 및 나말여초기의 문헌사료에 보이는 府들을 신라하대의 지방제도로서 이해하려는 견해가 제시된 것은 그 시대 정치사를 재조명함에 있어 참으로 고무적인 관점이라 하겠다.[3]

본고는 이들 새로운 연구성과 위에서 나말여초의 府를 재검토하여 종래와는 다른 시각에서 府의 성격을 밝혀 보고자 시도된 것이다. 이를 위하여 먼저, 사료에 보이는 나말여초의 府 가운데서 신라의 府들을 가려내 보기로 한다. 이 과정에서 문헌에 보이는 府와 금석문에서 찾아지는 府들에 대한 검증이 개별적으로 가해질 것이다. 다음으로 신라하대의 府가 가진 구조를 살핌과 아울러 그 기능에 대하여도 접근해 보고자 할 것이다.

끝으로는 신라하대에 들어와 신라 스스로가 府를 설치하게 된 정치적·군사적 배경을 찾아보고자 한다.

이러한 작업을 통해 신라하대의 府는 그 실체가 보다 분명해 지리라 믿는다. 나아가 이는 신라 下代史에 대한 이해의 폭을 더욱 넓혀주는 계기가 될 뿐 아니라 그 동안 쟁점이 되어 온 호족과 관련된 나말여초의 정치사 규명에도 새로운 길잡이가 되어 줄 것으로 믿는다.

II. 사료에 보이는 신라의 府

1. 문헌사료를 통해 본 신라의 府

『三國史記』등 문헌사료에 의할 때, 신라 지방제도로서의 府는 그 존재

---

3) 이러한 시각에서 쓰여진 논문은 다음의 것들이다.
　　추만호, 「羅末禪師들과 社會諸勢力과의 關係」, 『史叢』 30, 1986.
　　배종도, 「新羅下代의 地方制度 개편에 대한 고찰」, 『學林』 11, 1989.

가 금방 인정되기 어려운 것이 사실이다.『三國史記』地理志에는 5小京을
포함하여 450여 개에 달하는 전국의 郡·縣을 9州에 나누어 배속시키고
있을 뿐이다.

　이러한 편성은 중대 景德王 16년(757)에 완성된 것으로 보여진다.『三國
史記』卷9, 景德王 16년 겨울 12월에는,

　　가) 沙伐州를 尙州로 고쳐 州1, 郡10, 縣30을 소속시키다.
　　　　歃良州를 良州로 고쳐 州1, 小京1, 郡12, 縣34를 소속시키다.
　　　　菁州를 康州로 고쳐 州1, 郡11, 縣27을 소속시키다.
　　　　漢山州를 漢州로 고쳐 州1, 小京1, 郡27, 縣46을 소속시키다.
　　　　首若州를 朔州로 고쳐 州1, 小京1, 郡11, 縣27을 소속시키다.
　　　　熊川州를 熊州로 고쳐 州1, 小京1, 郡13, 縣29을 소속시키다.
　　　　河西州를 溟州로 고쳐 州1, 郡9, 縣25을 소속시키다.
　　　　完山州를 全州로 고쳐 州1, 小京1, 郡10, 縣31을 소속시키다.
　　　　武珍州를 武州로 고쳐 州1, 郡14, 縣44를 소속시키다.

라 하여 9州 중심의 지방편제를 적고 있다. 아마도 이것이 통일 이후 전국
에 걸친 지방제도 정비로서는 마지막 기록으로서, 이러한 편제가 이후 최
후까지 별 변동없이 유지된 것처럼 적혀 있다. 그럼에도 불구하고 신라
말기에 가까이 들어 문득 府의 존재가 사료상에 나타나기 시작한다. 물론
『三國史記』와『高麗史』등 문헌사료와 함께 당시에 건립된 碑文에서도
府의 이름은 쉽게 발견된다. 검토의 편의상 本節에서는 먼저 문헌에 보이
는 신라의 府를 찾아보기로 하겠다. 나말여초기의 府에 대하여는『高麗
史』地理志가 비교적 자세하게 싣고 있는 편이라 보여지는데, 이를 정리한
것이 다음의 <표-1>이다.

　그러나 10곳의 府 가운데서 정작 고려 태조가 설치한 것이 확실하다고
믿어지는 府는 ⑥天安府, ⑦安東府, ⑧安北府 정도이고, 나머지 중 좀 애매

하게 느껴지는 ⑤甫城府를 제외하고는 모두 이전부터 존속되어 오던 신라의 府가 고려의 府로 전화된 데 불과하다고 본다.

<표-1> 文獻에 보이는 羅末麗初의 府

번호	府 名	高麗時代 地名	朝鮮時代 地名
①	* 京山府	京山府	星州牧
②	* 高鬱府	永州	永川郡
③	* 義城府	義城府	義城郡
④	* 興禮府	蔚州	蔚山郡
⑤	甫城府	甫城府	眞寶縣
⑥	天安府	天安府	天安郡
⑦	安東府	安東府	安東大都護府
⑧	安北府	安北府	安州牧
⑨	南原府	南原府	南原都護府
⑩	* 金海府	金海府	金海都護府

다시 말해 <표-1>에서 *표를 가진 ①京山府, ②高鬱府, ③義城府, ④興禮府, ⑩金海府 등 5개부는 모두 신라 지방제도로서 존속되어 오던 것들로 파악되어야 옳겠다는 것이다. 하나 흥미있는 사실은 이들 府가 공교롭게도 신라의 王都 慶州를 감싸고 있는 외곽지대란 점이다[별첨 지도 참조]. 바로 이러한 지리적 특성이 이들을 신라의 府로 간주해야 될 첫 번째 이유가 된다고 본다. 이제 이들을 개별적으로 검토해 보기로 하겠다.

1) 京山府

京山府는 오늘의 경북 星州郡 주변이다. 『高麗史』 卷57, 地理2, 京山府에는,

　　나) 京山府 : 본래 新羅의 本彼縣인데 景德王이 新安으로 이름을 고쳐
　　星山郡의 領縣으로 삼았다가 나중에 碧珍郡으로 바꾸었다. 太祖 23年에
　　다시 지금의 이름으로 고쳤다….

라고 하여 신라말의 碧珍郡을 太祖가 京山府로 改稱한 것으로 되어 있다.

한편 『高麗史』 卷1 世家, 太祖 6년 8월에는,

　　다) 碧珍郡將軍 良文이 생질 圭奐을 보내어 항복하자 圭奐에게 元尹을
除拜하였다.

라 하여 碧珍郡이 고려에 귀속되는 사정을 싣고 있는데, 같은 사실에 대하여 『三國史記』 卷12, 景明王 7년에는,

　　라) 命旨城將軍 城達・京山府將軍 良文 등이 太祖에게 항복했다.

라 하여 良文을 碧珍郡이 아닌 京山府의 장군으로 쓰고 있다. 뿐 아니라 그 뒤에도 京山府와 碧珍郡이 고려 체제 내에서 공존하고 있었다. 太祖 11년 정월에 太祖가 甄萱에게 보낸 답서 가운데,

　　마) 京山은 보배를 갖고 와서 投降했고 康州는 남으로부터 귀순하였으며 羅府는 西로부터 귀속했다.(『高麗史』 卷1, 世家, 太祖 11年 正月)[4]

라는 기사가 들어 있고, 반면에 碧珍郡은 『高麗史』 卷1, 世家, 太祖 11년 5월 및 21년 7월에도 각각 나타내고 있다. 즉,

　　바-①) 6月, 甲戌 碧珍郡에 地震이 있었다.

　　　②) 秋 7月, 壬子 碧珍郡將軍 李恩言이 죽었다.

가 그것이다. 이러한 사정을 볼 때 碧珍郡과 京山府는 선후관계로 파악될

---

4) 『三國史記』 卷50, 列傳, 甄萱.

수 없는 서로 다른 지역으로 보아야 마땅하리라 본다. 즉 京山府는 고려의
후삼국통일 이전에 이미 신라의 府로 존재하고 있었음이 확실시된다는
것이다. 한편 지리적으로 보더라도 京山, 곧 星州는 삼국시대 이래 한반도
의 동서를 잇는 중요한 교통 요지로서 신라에 있어 전략적 가치가 대단히
높은 곳이다. 이러한 전략적 중요성으로 해서 신라말기에는 이미 京山府
가 설치되어 있었다고 본다.

2) 高鬱府

고울부는 오늘의 경북 永川郡 일대에 비정되고 있다. 『高麗史』卷57,
地理2, 永州에는,

> 사) 永州 : 高麗初 新羅 臨皐郡의 道同・臨川 2縣을 합쳐 설치한 곳이다
> (또는 高鬱府라고도 한다). 成宗 14年에 永州刺史를 삼았다.

라 적혀 있는데, 여기에서 ( )안의 割註 부분을 통해서 高鬱府와 永州의
관계를 어렴풋이 짐작하게 될 뿐이다. 한편 『慶尙道地理志』永川郡에는,

> 아) 三國時代에는 臨皐郡이라 칭했는데, 본래 切火郡이다. 高麗 太祖가
> 통일할 때 郡人 金剛山將軍 皇甫能長이 補佐한 공으로 骨火縣・苦也火
> 郡・道同縣・史丁火縣을 합쳐 永州로 하였다.

라 쓰여 있는데, 여기에도 永州와 高鬱府를 연결시켜 줄 단서는 보이지
않는다. 그럼에도 불구하고 막연히 신라말기에 皇甫能長이란 사람이 太祖
에 투항하여 도와준 대가로 그 출신 지방을 高鬱府로 승격시켜 준 정도로
이해되고 있는 실정이다.[5] 그런데 『三國史記』卷12, 新羅本紀, 景哀王 4년

---

5) 旗田巍, 앞의 논문, 11쪽.
　金甲童, 「地方勢力과 地方制度」, 『羅末麗初의 豪族과 社會變動硏究』, 고려대 민족문화연

가을 9월에,

> 자) 甄萱이 高鬱府에서 我軍을 침략하므로 王이 太祖에게 구원을 청했
> 다. (太祖는) 將帥에게 명하여 날쌘 군사 一萬을 보내어 구원케 했다.

라 하여 당시 고울부가 신라에 속해 있었음을 시사하고 있으며, 더욱이
『三國史記』卷50, 甄萱傳에 당시의 사정에 대하여,

> 차) 天成 2年 秋 9月 甄萱이 近品城을 쳐서 빼앗아 불태워 버리고 나아가
> 新羅의 高鬱府를 습격하였으며 新羅의 서울 근처에까지 접근하므로 新羅
> 王이 太祖에게 구원을 청하였다.

라 묘사하고 있는데 여기에 신라의 高鬱府가 더욱 분명히 드러나고 있다.
이곳 永川 또한 慶州로 진입하는 길목으로서 그 전략적 가치가 대단히
높은 지역임은 길게 말할 필요도 없을 것이다. 이러한 이유로 해서 京山府
나 마찬가지로 高鬱府도 이미 신라하대에 府로 되어 있었다고 본다.

3) 義城府

義城府는 곧 오늘의 경북 義城郡이다.『高麗史』卷57, 地理2, 義城縣에는,

> 카) 義城縣 : 본래 召文國이었는데 新羅가 이를 차지했다. 景德王이 聞
> 韶郡이라고 쳤다. 高麗初에 승격시켜 義城府로 하였다.

라고 하여 義城의 연혁을 적고 있는데, 여기 또한 신라의 聞召郡이 막연히
고려초에 의성부로 승격된 양 적고 있다. 그런데『三國史記』卷50, 甄萱傳
에는,

구소, 1990, 99쪽.

타) 天成 4年 秋 7月 甄萱이 갑옷 입은 병사 5천명으로써 義城府를 공격
하자 城主장군 洪術이 戰死하였다. 이에 太祖는 매우 슬프게 울면서 "내가
좌우의 손을 잃었구나"라고 하였다.

라는 기사를 싣고 있어, 天成 4년 즉 敬順王 3년 당시 신라에 이미 義城府
가 존재함을 나타내고 있다. 그럼에도 불구하고 위의 타)에서, 우선 太祖가
洪術의 죽음을 두고 "좌우의 손을 잃었구나"하면서 통곡했다는 감동적인
장면이 의성부를 고려의 府로 쉽게 간주해 버릴 분위기로 만들고 있다는
느낌을 갖는다.

그러나 洪術이 어떤 사람인지 잘 알 수가 없으며,[6] 위와 같은 사태가
일어날 때까지 의성이 고려에 투항했던 흔적도 찾아지지 않는다. 게다가
이때 견훤의 군대가 침입해 올 때까지 義城은 아직 전투를 겪지 않았던
신라의 영토로 보아야겠다. 따라서 사료 - 타)의 義城府 또한 신라의 府임
이 확실시된다.

4) 興禮府

興禮府는 오늘의 경남 蔚山 일원을 가리킨다. 『高麗史』 卷57, 地理2,
蔚州條에는 고려초에 蔚州의 명칭을 갖게 되기까지의 연혁을 적고 있는데
그 말미에 할주로서,

파) 太祖때 郡人 朴允雄이 큰 功을 세웠다. … (이에) 興麗府를 설치했다.

---

6) 『高麗史』 世家 太祖 및 列傳에 의할 때, 建國期 同時代에 세 사람이 洪術이 同名異人으로서
각각 활약상을 남기고 있다. 첫번째, 弓裔를 타도하고 王建을 옹립함에 주도적 역할을 했던
洪儒로서, 그의 初名이 '術'이었고 義城府 출신이었다. 이 洪儒 즉 洪術은 太祖 19년 統一戰
爭에도 참여했고 死後에는 忠烈이란 시호를 받았다. 두번째, 太祖 5년에 고려에 투항한
眞寶城主 洪術인데, 그는 이듬해 다시 그의 아들 王立을 보내어 갑옷 30벌을 바쳤고 고려로
부터는 元尹의 官階를 받았다. 그 후의 활약상은 잘 알려지지 않고 있다. 세번째, 바로 위의
타)에 보이는 義城府 城主將軍으로서 그는 太祖 12년에 甄萱軍의 침입으로 인해 전사했다.

라 하여 興麗府와 蔚州의 관계를 나타내고 있으나 크게 신뢰할 만한 사료라고는 보기 어렵다. 오히려 『高麗史』 卷3, 世家, 成宗 16년 9월,

하) 王이 興禮府의 大和樓에 거둥하여 여러 신하들에게 잔치를 베풀어 주었다.

에서 보는 興禮府가 곧 蔚州를 가리키는 말로 보아야 옳을 것이다. 그런데 『高麗史』 卷1, 世家, 太祖 13년 2월에는,

거) 이때 新羅의 동쪽 연해 州郡과 부락들이 다 와서 항복하니 溟州로부터 興禮府에 이르기까지 항복한 城이 모두 1백10여城이었다.

라고 하여 당시 신라의 興禮府가 비로소 고려에 항복하는 사정을 보여주고 있다. 즉 蔚州는 이미 신라말에 興禮府로 되어 있었고 그 이름이 고려 成宗代까지 유지되었다고 봄이 자연스러울 것 같다.

이상과 같이 문헌에 보이는 몇 개의 府를 검토해 보았다. 대체로 府가 설치됨에는 특정 지역의 특정 인물이 太祖를 도운데 대한 포상의 결과인 듯 묘사되고 있음이 공통적이다. 그러나 郡·縣에서 府로의 승격이 결코 단순한 명예의 부여를 뜻하는 것은 아닐 것이다. 아마도 나말여초의 府라면 전략 요충지에 군사기지를 설치하여 관할 구역을 군사적으로 통치하는 지역으로서, 唐代의 都督府와 비슷한 성격을 가질 것이다. 太祖 13년에 설치된 天安府가 그 전형적 예로 보여진다.[7] 그런데 太祖는 敬順王이 귀순해 올 때까지 형식적이라 하더라도 신라 조정을 받들었을지언정[8] 어떠한 위협이나 적대행동도 하지 않았다. 그러한 양국 관계 하에서 고려가 일방적으로 신라 도성 주변에 군사기지라 할 수 있는 府를 설치했다고는

---

7) 『高麗史』 卷56, 地理1, 天安府 참조.
8) 『三國史記』 卷50, 列傳, 甄萱의 天成 3年 正月에 甄萱에게 보낸 太祖의 答書 참조.

도저히 생각할 수 없는 일이다. 이러한 정황에 비추어 보더라도 경주 주변의 府들은 대개가 신라의 府들이었다고 믿어진다.

앞의 <표-1>가운데에서 天安府·安東府·安北府는 태조에 의해 처음으로 설치된 고려의 府로 간주된다. 한편 甫城府(眞寶)는 신라말의 지정학적 사정으로 볼 때 신라의 府였을 가능성이 크다고 심증되나, 의지할만한 사료가 전무한 형편에서 단정은 피하고자 한다.[9] 또 이러한 시각과 관련하여 金海府를 개별 검토해 보아야 하겠으나, 이 金海府는 다음 節에서의 금석문에 보이고 있으므로 뒤로 미루고자 한다. 南原府 또한 뒤에서 언급할 것이다.

2. 금석문에 나타나는 신라의 府

여기에서는 금석문에 나타난 신라의 府를 검토해 보기로 하겠다. 신라하대의 금석문에도 府의 명칭이 여러 개 보이고 있다. 이를 정리한 것이 <표-2>이다.

<표-2> 금석문에 보이는 新羅의 府

번호	府 名	高麗時代 地名	朝鮮時代 地名
①	金海府	金海府	金海都護府
②	西原府	淸州	淸州牧
③	中原府	忠州牧	忠州牧
④	定邊府	?	?
⑤	□江府	?	?
⑥	通化府	?	?

물론 <표-2>에 나타난 府는 신빙도가 더욱 높은 신라의 府들이다. 앞의

---

9) 『高麗史』卷57, 地理2, 甫城府에는 "甫城府 : 一云載岩城 新羅 景德王 改柒巴火縣爲眞寶縣 … 高麗初 合二縣 置府"라 하여 高麗初에 甫城府가 설치된 듯 기록되어 있다. 그러나 眞寶 일대를 甫城府라 볼 때, 신라 王都와의 지리적 관계로 보아 永川·蔚山 등지와 마찬가지 목적으로 설치된 신라의 府로 보여지기도 한다.

문헌사료 쪽이 주로 신라 王京 주변에 설치된 府들이었는데 비해, 여기의 府들은 전국의 각지에 산재해 있어 좋은 대조를 이루고 있다. 일별하건대 신라 小京이 이들 府와 밀접한 관련이 있어 보임이 흥미롭다. 이제 개별 검토를 계속해 나가겠다.

1) 金海府

金海府는 길게 말할 필요도 없이 오늘의 경남 金海郡 일원이다. 景明王 8년(924)에 건립된 「鳳林寺 眞鏡大師寶月凌空塔碑」의 碑文 가운데,

> 너) 先是 金海府進禮城諸軍事 明義將軍 金仁匡….(『朝鮮金石總覽』上. 99쪽)

이라는 구절이 들어 있고, 또 景明王때에 제작되었다가 고려 광종 5년에 건립된 「太子寺 朗空大師白月栖雲塔碑」에도,

> 더) 金海府 蘇公忠子知府 及第律熙領軍….(『朝鮮金石總覽』上. 184쪽)

의 기록을 볼 수 있다. 이와 같이 金海가 신라의 府이었음은 의심의 여지가 없을 것이다.『高麗史』地理志에는 신라의 金官小京이 太祖 23년에 金海 府로 바뀐 양 쓰고 있으나, 위의 금석문은 이미 신라말에 김해가 府였음을 분명히 해 두고 있다. 金海는 신라 5小京 가운데 하나이자, 또 王京에 이르는 주요 통로로서 전략적 가치가 대단히 높은 곳이다. 이러한 이유로 해서 신라말에 金海는 府로 개편되어 있었다고 본다.

2) 西原府(部)

景文王 10년(870)에 조성된 「寶林寺塔誌」에,

러) 西原部小尹 奈末 金逐宗 聞奏奉勅….(『韓國金石全文』古代編,
  185쪽)

이 보이는데, 여기의 西原部는 곧 西原府로서 西原京을 가리킨다고 보겠
다. 신라의 西原京이 오늘의 淸州임은 길게 말할 필요도 없겠으나,『高麗
史』地理志에는 西原京이 太祖 23년에 淸州로 바뀐 것으로 되어 있을 뿐
府와는 아무런 관련을 찾을 수가 없다. 그러나 위의 금석문에서 보는 바와
같이 신라하대에 이미 西原京은 西原部(府)로 바뀌어 있었다고 하겠다.

  3) 中原府

  中原府 또한 신라의 小京으로 충북 忠州 일원을 가리킴은 잘 알고 있는
사실이다. 그러나『高麗史』地理志에는 신라의 中原京을 太祖 23년에 忠
州로 고친 것으로 되어 있을 뿐 府와는 어떠한 관련도 나타내지 않고 있다.
그런데『釋苑詞林』에 실린「眞觀禪師碑文」가운데는,

    머) 師諱釋超 俗姓安 當國中原府人也 父尼藻攝司馬….(『韓國中世社會
    史資料集』, 79쪽)

라는 글귀가 들어 있다. 이 碑는 고려 景宗 6년(981)에 건립된 것으로,
碑文의 撰者는 당시 大匡으로서 內議令 判摠翰林의 職에 있던 王融이다.
여기에서 '當國中原府…攝司馬'라는 부분이 주목된다. 眞觀禪師[10]는 乾
化 2년 즉 신라 神德王 1년(912)에 출생한 것으로 확인되는데, 아마도 당시
그의 父親인 尼藻의 관직이 中原府 攝司馬이었다고 보여진다.
  한편 太祖 22년에 건립된「菩提寺 大鏡大師玄機塔碑」의 陰記 끝 부분
에도,

---

10) 許興植編,『韓國中世社會史資料集』, 아세아문화사, 1972, 83쪽.

이란 명칭이 보이는데, 이 '仲原府'는 中原府를 다르게 표기한데 불과한
것이다. 뿐 아니라 太祖 26년에 건립된 「淨土寺 法鏡大師慈燈塔碑」에도
'中原府'라는 명칭이 들어 있음이 확인된다.[11] 이들 예에서 보이는 中原府
는 곧 中原京으로부터 바뀐 신라의 府라 보겠다.

이상과 같이 金海府·西原府·中原府 등 금석문에 나타난 세 곳의 府가
모두 신라 小京이었던 점이 특히 흥미롭다. 이로 미루어 보건대 나머지
두 곳인 남원경과 북원경도 각각 南原府 및 北原府로 고쳐졌을 가능성이
크다고 믿어진다.『高麗史』地理志에는 옛 신라 5小京 가운데 西原·中
原·北原은 모두 太祖 23년에 淸州·忠州·原州로 바뀐 것으로 되어 있
고, 金海 및 南原은 오히려 太祖 23년에 각각 金海府와 南原府로 고쳐진
양 쓰고 있으나 이들은 크게 믿기 어려운 기록이라 하겠다.

4) 定邊府

憲康王 10년(884)에 건립된 전남 長興에 있는 「寶林寺 普照禪師彰聖塔
碑」에는 原題名과 撰者 및 書者의 官職 姓名을 다음과 같이 쓰고 있다.

서) 新羅國 武州 迦智山寶林寺 諡普照禪師靈塔碑銘
　　朝請郎 守定邊府司馬 賜緋魚袋 臣金穎 奉敎撰
　　儒林郎 守武州 昆湄縣令 金薳 奉敎書.(『朝鮮金石總覽』上, 160쪽)

이 가운데 撰者 金穎의 관직이 '朝請郎 守定邊府司馬'라는데 각별한
주의가 요청된다. 이 定邊府는『三國史記』및『高麗史』地理志 어디에도
나타나지 않는 지명으로, 그 위치 비정이 막연한 실정이기는 하다. 또 司馬

---

11)『朝鮮金石總覽』上, 150쪽.

라는 관직도 신라의 경우 9州에만 배속된 관직인 것처럼 되어 있는 것도 사실이다.12) 이러한 이유로 해서 '定邊府司馬'를 신라의 것이 아닌 唐의 관직 그 자체로 보려는 견해가 있다.13) 게다가 '朝請郎'이란 文散階를 표방하고 있다는 점에서 金穎이 당의 賓貢科 급제생으로 간주되기도 한다.14) 그럼에도 불구하고 필자로서는 '朝請郎 守定邊府司馬 賜緋魚袋'라는 金穎의 관직은 신라의 것일 가능성이 매우 크다고 본다. 몇 가지 이유를 들어보면 다음과 같다.

첫째, 신라하대 관원의 官等+姓名 표기 형식과 관련해서이다.15) 먼저 위의 塔碑에 '新羅國'을 표기하고 있음에 주목해야 할 것이다. 撰者 金穎과 書者 金蓮은 바로 신라국왕의 敎旨를 받들어 碑文을 짓고 쓰고 있는데, 이 경우 그들이 갑자기 唐의 관직을 표방했다고는 생각할 수 없는 일이다.

그런데 신라하대 인물 가운데 실제로 당의 관직을 지녔던 사람들도 없지는 않았으나, 금석문의 용례를 볼 때 그들은 반드시 중국의 것과 신라의 것을 구분해서 사용하고 있음이 확인된다. 몇 가지 예를 제시하겠다.

어-①) 皇唐衛尉卿 國相 兵府令兼修城府令 伊干 金獻貞.(「斷俗寺 神行禪師碑」, 『朝鮮金石總覽』上, 114쪽)

②) 入唐謝恩兼宿衛判官 翰林郎 臣崔賀.(「大安寺 寂忍禪師照輪淸淨塔碑」, 『朝鮮金石總覽』上, 116쪽)

③) 前西國都統巡官 承務郎 侍御史內供奉 賜紫金魚袋 臣崔致遠.(「雙谿寺 眞鑒禪師大空塔碑」, 『朝鮮金石總覽』上, 67쪽)

---

12) 『三國史記』卷40, 官職下, 外官.
13) 李基東, 「羅末麗初 近侍機構와 文翰機構의 擴張」, 『新羅骨品制社會와 花郎徒』, 일조각, 1984, 269쪽.
14) 위와 같음.
15) 新羅下代 官員의 官等·姓名 표기는 엄격한 형식에 따라 행해졌다(黃善榮, 「高麗初期 官階의 成立과 變遷」, 『高麗初期 王權研究』, 동아대출판부, 1988).

위에 든 사람들은 唐으로부터 官職을 받았음을 자랑하거나, 당과의 관계를 나타내고 싶어했던 인물들이다. 그러함에 있어서도 그들은 위에서와 같이 반드시 '皇唐'·'入唐'·'前西國' 등의 표기로서 唐과 新羅를 분명히 구별하고 있음에 주의가 필요하다. 위의 어-①)에서 金獻貞은 신라의 國相이자 兵部令 兼 修城府令이었는데, 아울러 자신이 皇唐의 衛尉卿임을 과시하고 있다. 또 어-②)에서 崔賀는 신라의 翰林郎으로서 아마도 한때 謝恩 兼 宿衛判官의 신분으로 入唐했던 사실을 자랑하고 있다. 끝으로 어-③)은 바로 최치원의 官職 표기이다. 그가 12세에 入唐하여 賓貢科에 급제했고 高騈의 휘하에서 東面都統巡官을 역임했음은 잘 알려진 사실이다. 여기에서 최치원 또한 당의 관직과 신라의 관직을 아울러 나타내고 있는데 그 역시 前西國都統巡官이란 唐의 官職과 承務郎 侍御史內供奉이라는 신라의 官職을 구분하고 있음을 살필 수 있다.[16]

이러한 용례에 비추어 볼 때 「寶林寺 普照禪師彰聖塔碑」에서 그러한 표시가 없는 撰者 金穎의 官職은 신라의 것으로 보아야 마땅하다고 여겨진다. 이 점은 書者 金薳의 官職이 신라의 것임과 조금도 다름이 없다고 보아야 될 것이다.[17]

둘째, '司馬'의 官職에 대해서이다. 『三國史記』職官志에서 볼 때 司馬는 9州에만 배속된 지방관이다.[18] 반면에 각 小京에는 小尹이 배속되어 있었다.[19] 앞의 러)에서 제시된 '西原部 小尹 金遂宗'의 小尹은 그 전형적 예에 해당될 것이다. 그런데 언젠가 小京의 명칭이 府로 바뀌면서 종전

---

16) 대체로 사료 어)-③에서 제시된 최치원의 官階·官職 전부를 唐의 것으로 보고 있으나 필자는 이에 동의하지 않는다. 이 문제와 관련된 필자의 견해는 앞의 논문에서 제시된 바 있다.

17) 李基東, 「新羅下代 賓貢及第者의 出現과 羅唐文人의 交驩」, 앞의 책, 290쪽에서 '儒林郎'을 표방하고 있는 金薳 또한 唐의 賓貢科 及第生으로 추측하고 있으나 그럴 만한 근거가 제시되었다고 보기 어렵다. 필자로서는 신라의 것으로 보고자 한다.

18) 『三國史記』卷40, 官職下, 外官.

19) 주 15)와 같음.

9州에만 배속되어 왔던 司馬職이 각 府에까지 확대 설치된 것으로 보여진다. 대체로 小京이 지방의 문화적 중심지로서 민사적 행정기구였음에 대하여, 府는 군사적 편제로 보아 지나치지 않을 것이다.[20] 이와 같이 5小京을 군사기지화하는 과정에서 종전의 小尹 대신(또는 그 上位에) 司馬職을 설치했을 것으로 추정된다. 또 경우에 따라 '攝司馬'가 두어진 적도 있었다고 하겠는데, 앞의 사료 머)에서 본 '中原府…攝司馬'라는 관직도 그러한 관점에서 이해될 수 있을 것이다. 참고로 두 경우를 대비하면 아래와 같다.

中原府 攝司馬 (神德王 1年(912))
定邊府 司馬 (憲康王 10年(884))

셋째, 定邊府 司馬를 唐의 官職 자체로 보는 견해가 있음에도 불구하고 실제 唐代에 定邊府라는 명칭을 가진 지방이 중국에 없었다는 점이다. 『新唐書』·『舊唐書』의 地理志 어디에도 定邊府는 들어 있지 않음이 확인된다. 그럼에도 불구하고 굳이 定邊府를 唐制로 보려는 입장은 무리한 견해라 할 수밖에 없을 것이다.

이상의 검토를 통하여 定邊府가 신라의 지방명일 가능성이 매우 커졌다고 믿어진다. 그렇다면 定邊府를 어느 곳에 비정해야 될지가 문제로 되겠는데, 과연 오늘날의 어느 지역이 定邊府에 해당 될지에 대해서는 현재로서 솔직히 막연한 감이 없지 않다. 다만 다소의 억측을 가하자면, 신라하대에 小京이 설치되지 않았던 武州의 관내 어느 지역이 定邊府에 비정되지 않을까 추정된다. 이러한 관점에서 '羅府' 즉 羅州가 유력한 후보지일 것으로 심증되나[21] 단정할 근거는 아직 찾지 못하고 있다.

---

20) 藤田亮策,「新羅 九州五小京攷」,『朝鮮學報』 5, 1953, 104쪽.
21) 앞에서 사료 마)로서 提示되었거니와『三國史記』卷50, 列傳, 甄萱 및『高麗史』卷1, 世家, 太祖 11年 正月에 太祖가 甄萱에게 보낸 答書 가운데 "京山含壁以投降 康州則 自南而來歸 羅府則自西而移屬"이라 하여 '羅府'의 존재를 들고 있다. 그런데 이 羅府는『三國史記』

5) □□江府 및 通化府

眞聖王 4년(890)에 건립된「月光寺 圓郞禪師大寶禪光塔碑」에는,

저) □□□□□江府 月巖山月光寺 詔諡圓郞禪師大寶禪光靈塔碑.
（『朝鮮金石總覽』上，83쪽）

라 하여, 당시 月光寺가 아마도 □□□□□江府에 속한 月巖山에 있었음
을 나타내고 있다. 이 月光寺址는 오늘날 忠北 提川郡 寒水面 東倉里에
소재하므로 자칫 提川 일대를 □□江府에 비정하기 쉬우나, 필자가 답사
한 바로는 지리적으로 忠州에 비정됨이 마땅할 것으로 심증되었다. 비록
행정구역상 郡界를 달리하고는 있으나, 그 月光寺址는 바로 忠州에 인접
한 月岳山의 북동기슭에 위치하고 있어 忠州시내와의 거리는 20km정도에
불과하다.

이로 미루어 볼 때, □□江府는 아마도 中原府의 별명일 가능성이 크다
고 본다. 그렇지 않고서야 인접한 두 지역에 각각 府를 설치했다고는 믿어
지지 않기 때문이다. 지금도 南漢江이 月岳山을 스치면서 忠州로 흘러드
는 사실로 보아 아마도 이를 詩的으로 雅化했거나 또는 風水地理說에 따
라 中原府 이외에 ‘仲原府’ 또는 ‘□□江府’ 등의 명칭과 병용했을 가능성
도 있어 보인다.

한편 위의 사료 저)로서 제시된「圓郞禪師大寶禪光靈塔碑」내용 가운데

및 『高麗史』의 地理志에는 보이지 않는 지명이다. 흔히 羅府는 羅州로 해석되고 있는데
『高麗史』卷1, 世家, 太祖條에 의하면 天復 3年(903)에 太祖가 弓裔의 휘하 장군으로서
‘錦城’을 攻取하여 바꾼 이름으로 되어 있다. 그러나『三國史記』地理志에 ‘錦城’가 나타나
있지 않고 다만 錦山郡條에 ‘今羅州牧’이라 되어있을 뿐이다.
한편 신라 眞聖王 4년에 건립된「月光寺 圓郞禪師大寶禪光塔碑」,『朝鮮金石總覽』上, 83
쪽에는 撰者 金穎의 官職이 ‘朝請郞 守錦城郡 太守’로 되어 있어 당시 錦城郡의 존재를
나타내고 있다. 여하간 羅州는 지리적 중요성으로 해서 郡 또는 府로 여러 차례 연혁을
겪은 것으로 보여진다.

다시,

처) 禪師諱大通 字太融 朴姓 寄家通化府仲停里.

라 하여, 靈塔碑의 건립 당시 通化府가 존재했음을 보여주고 있다. 이 通化府 또한 오늘날의 어느 지방에 비정할 수 있을지 실로 막연한 실정이다.[22] 다만 추정하건대, '□□江府'를 中原府의 별칭으로 보듯이 北原의 별명이 '通化府'가 아니었을까 한다. 그러나 이는 '通化府 仲停里'에서와 같이 행정구역으로 '里'를 나타내고 있다는 점에서 小京의 규모로 보여진다는 견해를 근거로 추측해 본 곳에 지나지 않는다.

이와 달리, 앞의 定邊府에서 언급했듯이 9州 가운데 小京을 갖지 않았던 尙州·康州·溟州·武州 가운데서 군사적 통제의 필요에 의해 설치된 府로 볼 수 있는 여지도 있다 하겠다. 하여간 通化府는 定邊府와 더불어 앞으로 더 많은 검토를 필요로 하는 과제라 하겠다.

Ⅲ. 府의 규모·기구 및 기능

앞에서 검토한 바와 같이 사료에 보이는 신라하대의 府는 국가에 의한 지방제도 정비의 일환으로 설치된 것들이었다. 여기에서 신라하대 府의 성격을 보다 명확히 밝히기 위하여 가능한 그 규모 및 운영을 위한 통치구조를 살펴봄과 아울러 府가 맡았던 역할을 찾아 볼 필요가 있겠다.

특히 나말여초의 府들은 호족세력의 근거지로서 독자적 통치기구를 통

---

22) 추만호는 通化府를 鐵圓으로 추정했고(앞의 논문, 19~20쪽), 배종도는 通化府를 新羅 王京 안에 설치된 府라 주장했다(앞의 논문, 35쪽). 그러나 두 경우 모두 따를 만한 논거를 제시하지 못하고 있다.

해 반독립적으로 유지되었다는 주장들도 적지 않은 만큼, 여기 府의 성격을 살피는 과정에서 호족 문제도 아울러 조명해 봄이 좋으리라 믿는다.

1. 府의 규모

신라하대 府의 규모에 관한 자료는 거의 없는 것이나 다름없다 하겠으나, 小京의 설치와 관련시켜 추측해 보거나, 또는 太祖가 府를 설치할 때의 사정을 참작할 수는 있다고 본다. 먼저 小京의 설치와 관련된 사료 몇 가지를 제시하면 다음과 같다.

> 커 - ①) 眞興王 18年, 國原을 小京으로 만들었다.(『三國史記』 卷4, 新羅本紀)
>
> ②) 眞興王 19年 봄 2月, 貴戚의 子弟와 6部의 豪民을 이사시켜 國原을 충실하게 하였다.(『三國史記』 卷4, 新羅本紀)
>
> ③) 神文王 5年 3月, 西原小京을 설치하고 阿飡 元泰를 仕臣으로 삼았다. 南原小京을 설치하고 여러 州·郡의 民戶를 옮겨 나누어 살게 하였다.(『三國史記』 卷8, 新羅本紀)

위의 커 - ①)과 ②)는 小京이 가장 먼저 설치되던 眞興王 18년 및 19년간의 사정이고, ③)은 통일 후 神文王때에 南原小京을 설치하는 모습을 나타내고 있으나, 나머지 北原·金海 등에 小京을 설치했을 때도 이와 비슷한 상황이었다고 추측된다. 즉 小京의 통치자로 仕臣이 임명되고, 徙民이 추진되어 내실이 기해지고 있었던 것이다.

나아가 이러한 과정은 후삼국 시대에 들어와 고려 太祖가 府를 설치할 때도 거의 달라짐이 없었다고 보여진다. 『高麗史』 地理志에서 볼 수 있는 바와 같이 고려초 府가 설치될 때에 최소한 2개 이상의 郡·縣이 통합되고 있음도 그러한 자취로 간주된다. 이러한 조치는 太祖에 의해 임의로 처리된 결과라 보기보다는, 고려초 대부분의 제도가 그러하듯이, 府의 설치에 관련된 신라 제도를 답습한 때문으로 봄이 옳을 것이다. 한편 신라의 5小京은 각 지방의 문화적 중심지로서, 군사적 기능 위주의 9州와 대비되는 존재였다. 이와 관련하여 府라고 하면 우선 그 호칭에서부터 강력한 군사적 기능을 느끼게 한다. 따라서 앞에서 추리한 대로, 만약 신라하대의 5小京이 모두 府로 바뀌었다고 본다면, 이는 종전의 문화적 목적에서 군사적 목적으로 전환되었음을 뜻할 것이다. 특히 신라말기에 가까워 오면서 군사적 기능은 더욱 강화되어 '金海府 進禮城諸軍事 明義將軍 金仁匡'[23]이라는 기록에서 보는 바와 같이 府 안에 여러 개의 城이 포함된 듯 하고, 또 이들 城에 '○○城諸軍事'의 관직도 설치되었음을 알게 된다.

2. 府의 통치 조직

후삼국의 쟁패기간 중 단편적이나마 드러난 몇몇 사료를 통해 볼 때, 府의 지배자는 통상 '將軍'으로 불린 것 같다. 그러나 이러한 칭호가 스스로 칭한 것으로 볼 수는 없겠고, 신라 조정에서 부여한 칭호라 하겠는데, 공식명칭은 '知府(事)' 또는 '知府諸軍事'였을 것이다. 또 그 휘하에 城主 또는 將軍이라 불리는 '知○○城諸軍事'를 거느리고 있는 고급 外官이라 보겠다.[24] 이들 지방 장관을 정점으로 하여 지방 통치구조가 짜여져 있었는데, 그 전모는 잘 알 수가 없으나 '侍郎'·'大監' 등 중앙 정부의 고관 칭호가 府에서도 찾아진다. 『高麗史』卷1, 太祖 8년 10월에는,

> 터) 高鬱府 將軍 能文이 군사를 이끌고 와서 항복함에 그 城이 新羅의 王都와 가까웠기 때문에 위로하고는 돌려보냈다. 다만 휘하의 侍郎 盃近과

---

23) 許興植編, 앞의 책, 79쪽.
24) 全基雄, 「羅末麗初의 地方社會와 知州諸軍事」, 『慶南史學』 4, 1987.

大監 明才・上述・弓式 등은 불들어 두기로 하였다.

라고 하여 고울부 안에 侍郞과 大監의 관직이 있었음을 보여주고 있다. 『三國史記』卷38, 官職上에 의하면 侍郞은 執事省의 次官에 해당되고 大監은 兵部의 次官에 해당된다. 그러나 위의 터)에서 보는 侍郞이나 大監을 중앙정부의 그것과 상응하는 관직으로 볼 수는 없을 것이다.[25] 한편 太祖 23년에 건립된 原州「興法寺 眞空大師塔碑」의 陰記 끝 부분에도,

퍼) 州官 郞中旻會朶 金舜奈 侍郞興林奈 秀英奈 上奈信希奈.(『朝鮮金石總覽』上, 149쪽)

라 하여 여기에도 郞中・侍郞 등 중앙관제와 유사한 구조의 지방관제를 볼 수 있다. 여기의 原州는 곧 종전의 北原京으로, 신라하대 어느 시기인가 부터 府로 개편되었을 가능성이 크다는 점은 앞에서 지적하였다.

다른 한편 光宗 13년에 건립된 淸州의 「龍頭寺鐵幢竿記」에는 보다 자세한 지방 관제를 보이고 있어, 이를 제시해 두고 검토 하겠다.

허) 前侍郞 孫熙奈.
　　前兵部卿 慶柱洪奈.
　　學院卿 韓明寔奈.
　　司倉 慶奇俊大舍.
　　學院郞中 孫仁謙.(『朝鮮金石總覽』上, 195쪽)

앞에서도 살핀 바와 같이 淸州는 곧 신라의 中原府였다. 이 中原府는 특이하게도 고려초에 들어 오히려 靑州로 바뀐 것으로 보여진다. 그렇더라

---

25) 黃善榮, 「高麗 統一期의 地方統制」, 앞의 책, 100~102쪽.

도 지방 통치조직에는 아직 큰 변동이 없었다고 여겨지는데, 위의 허)에서 보는 바와 같이 당시 淸州, 즉 中原府에는 侍郎·兵部卿·學院卿·司倉·學院郎中 등의 관직이 설치되어 있었음을 알게 된다. 이러한 직제를 나말여초의 지방호족이 임의로 칭했다고는 생각할 수 없을 것이다. 위에서 예로 든 原州 및 淸州가 고울부와 더불어 모두 신라의 府이었던 점을 상기할 때, 중앙과 특히 유사한 직제가 府에 설치되어 있었지 않았나 싶다.

만약 나말여초의 호족이 반독립적 위치에서 중앙과 대등한 지위의 官府를 설치했다면 명칭만이 아니라, 실제 관직을 담당하는 官員의 骨品까지도 바꾸지 않았을리 없었을 것이다. 그럼에도 불구하고 위의 사료에서 보는 바와 같이 原州의 侍郎·興林이나 淸州의 侍郎·孫熙는 모두 大奈麻로서 5頭品의 官職이었다. 반면에 중앙정부 執事省의 侍郎이라면 사실상 6頭品 이상의 官職이었고,[26] 더구나 말기에는 文散階 보유자가 이를 맡았다고 보여진다.[27] 또 각 지방관제에서 侍中 또는 令을 볼 수 없음도 중앙과는 구별되는 편제라 하겠다. 생각건대 신라는 中央과 府의 관계를 마치 본가와 분가의 관계인 것처럼 擬制했던 것 같다. 그러므로 각 府에 부임되는 장관은 진골 출신으로서 왕실이 가장 신임하는 군지휘관이었다고 여겨진다.

Ⅳ. 府의 설치시기와 그 배경

지금까지의 검토를 통하여 신라하대에 지방제도로서 府가 존재하였음이 확실해졌다고 본다. 그렇다면 언제부터 어떤 목적으로 이들 府가 설치되었을까에 관심을 돌려 보아야 할 것이다. 주지하는 바와 같이 신라는

---

26) 李基白, 「新羅 六頭品研究」, 『新羅政治社會史研究』, 일조각, 1981, 61쪽.
27) 黃善榮, 앞의 논문.

전국의 주요 거점에 5小京을 설치하여 반도의 東南方에 치우친 王都의 기능을 보완하려 했었다. 眞興王때부터 비롯된 小京의 설치 작업은 통일 이후 더욱 활발히 진행되어 神文王 5년 西原小京과 南原小京의 설치로서 일단 완성을 보게 된다.

이렇게 해서 설치된 小京에는 王都의 진골을 포함하여 많은 인민을 徙民시켜 내실을 기했다. 이들 小京의 장관은 仕臣 또는 仕大等으로 불렸는데, 아마도 주로 眞骨層에서 맡은 듯 하고, 그 아래 小京 특유의 '仕大舍' 또는 '小尹'이 배치되어 있었다.[28] 앞의 사료 러)에서 제시된 '西原府 小尹 奈末 金遂宗…'의 小尹은 그러한 관점에서 이해될 수 있을 것이다. 다시 말해서 仕臣(仕大等)과 小尹(仕大舍)이 小京의 전형적 관직이라 하겠다.

이러한 편제는 9州의 장관이 '軍主'에서 '摠管'으로, 다시 '都督'이라 불리고, 그 아래 '長史' 또는 '司馬'를 배속시킨 편제와 좋은 대조를 이룬다고 본다. 전자는 단아한 문인 관료적 호칭이라 하겠고, 후자는 억센 무사적 호칭이라 하겠다. 이와 같이 小京은 말 그대로 주요 지방에 건설된 '작은 서울'로서 문화적 기능의 수행에 주력했을 것이다. 아마도 중앙과 지방간의 문화교류 내지는 신라문화의 동질화 과정에서 小京은 중추적 역할을 맡았을 것이다. 이러한 가운데 그 중요성은 더욱 커져 마침내 景德王 때에는 명칭도 小京이 아닌 京으로 격상되었고,[29] 반면에 王都는 東京이라 불려[30] 지방의 5京과 더불어 형식상 6京 체제를 이루기도 했다.

그러나 이러한 체제는 강력한 전제왕권이 구축되어 지방을 완전히 통제할 수 있는 경우에나 원활하게 기능할 수 있는 것이다. 신라하대가 시작되면서 진골귀족의 권력투쟁이 격화됨에 따라 지배층의 분열이 심화되자 이제 각 지방의 지배 세력도 여기에 휩쓸려 들게 되었으니,『三國遺事』에

---

28) 『三國史記』卷34, 志, 地理1.
29) 위와 같음.
30) 『三國遺事』卷2, 處容郎 望海寺.

서는 이러한 사정을 가리켜 "王都及五道州郡 並九十六角干 相戰大亂"[31] 이라 적고 있다. 이제 사병세력의 우세 여하에 따라 왕위가 결정되기까지 에 이르렀고, 동시에 각 지방에 주둔했던 官兵조차 지방관의 사병화되는 길을 밟았던 것 같다.

이러한 시대적 배경하에서 憲德王 14년(832)에 일어났던 金憲昌의 亂은 外官들이 사병을 앞세워 일으킨 大亂이었다. 당시 9州 5小京의 長官들이 이 金憲昌의 亂과 관련하여 어떻게 처신했는지 『三國史記』 卷10, 憲德王 14년의 기록을 통하여 살펴 보면 아래와 같다.

> 고 - ① 3월 熊川州都督 憲昌이 자기 아버지 周元이 왕이 되지 못했다는 이유로 배반하여 國號를 長安이라 하고 年號를 慶雲 元年이라 하였 다.
>
> ② 武珍·完山·菁·沙伐 4 州의 都督과 國原·西原·金官의 仕 臣 및 여러 郡縣의 守令을 협박하여 자기 편으로 만들었다.
>
> ③ 菁州都督 向榮은 몸을 벗어나 推火郡으로 달아났고, 漢山·牛 頭·歃良·浿江·北原 등은 먼저 憲昌의 逆謀를 알고 군사를 일으 켜 스스로를 지켰다.
>
> ④ 18일에 完山長史 崔雄은 阿湌 正連의 아들 令忠 등을 도와 서울 로 숨어 들어와 이를 알렸다.
>
> ⑤ 王은 곧 崔雄에게 級湌의 位와 速含郡 大守職을, 令忠에게는 級湌의 位를 주고 드디어 將軍 8名을 뽑아 王都의 八方을 지키게 한 다음 軍士를 출동시켰다.
>
> ⑥ 一吉湌 張雄이 먼저 떠났고, 祐徵·匝湌 衛恭·波珍湌 悌凌이

---

31) 『三國遺事』 卷2, 惠恭王.

그 뒤를 따랐다. 伊湌 均貞・匝湌 雄元・大阿湌 祐徵 등은 3軍을
거느리고 征伐에 나섰다.

⑦) 角干 忠恭・匝湌 允膺은 蚊火關門을 지키고, 明基・安樂 두
花郞은 각각 종군하기를 청하여 明基는 郞徒와 함께 黃山으로 가고
安樂은 施彌知鎭으로 갔다.

이상이 金憲昌의 亂에 대응하는 각 지방관의 자세와 신라 조정의 반란
진압조치의 대강이다. 여기에서 보는 대로 지방의 반란에 대해 중앙정부는
너무도 무력했던 것 같다. 각 지방관들은 亂의 진압에 힘을 결집시키지
못하고 자신의 방어에만 급급할 뿐이었다. 이러한 가운데 중앙정부는 겨우
王都 주변에 산재해 있던 군사력을 모아 亂의 진압에 나서게 되었으니,
먼저 고−⑤)에서와 같이 장수 8명을 보내어 王都의 8方을 지키게 한 다음
군사를 출동시키고 있는 점과 고−⑦)의 角干 忠恭과 匝湌 允膺이 蚊火關
門을 지키고, 明基와 安樂 두 화랑이 黃山 및 施彌知鎭으로 떠나고 있음이
주목된다.

이러한 친위병의 분전에 힘입어 金憲昌의 亂은 곧 진압될 수 있었다.
이 때 金憲昌의 親族과 徒黨 239명이 죽음을 당했다고 하나,[32] 그로부터
채 3년이 못되어 憲德王 17년에는 金憲昌의 아들 梵文이 다시 亂을 일으켰
다.[33]

다행히 이번에는 쉽게 진압할 수 있었으나, 金憲昌 父子가 연이어 일으
킨 반란을 겪고 나서, 이제 중앙 정부가 亂의 재발을 막기 위해 어떤 조치
를 강구했을지 추측해 보기에는 별로 어려움이 없을 것이다. 중앙 정부로
서는 아마도 두 가지 방안을 중점적으로 강구했을 것으로 헤아려지는데,
그 하나는 우선 王都의 외곽을 친위대의 기지화하여 都城을 더욱 튼튼히

---

32)『三國史記』卷10, 新羅本紀, 憲康王 14年.
33)『三國史記』卷10, 新羅本紀, 憲康王 17年.

방비하는 방안이고, 다른 하나는 전국의 중요거점에 지방을 견제할 수 있는 군사적 친위세력을 확보하는 방안일 것이다.

그러나 이러한 조치가 金憲昌의 亂 및 梵文의 亂에 이어 바로 실현될 수 있었던 것은 아니었을 것이다. 아마도 이들 亂을 진압한 후 지방에 대한 통제력을 강화시키기 위한 조치가 꾸준히 강구되었다고 보여진다. 그러한 와중에서 신라는 또 한 차례 왕위쟁탈과 관련하여 지방의 사병세력이 都城에까지 진출하는 내란을 맞게 된다. 즉 閔哀王과 神武王의 왕위교체기(839)에 일어난 張保皐軍의 개입이 그것이다. 장보고의 군대에 의해 이때 다시 한번 도성 외곽이 전쟁에 휩쓸리게 되었다.[34] 결과적으로 이번에는 반군이 승리를 거두었고 그 덕분에 神武王이 즉위할 수 있었다. 그후 한 동안 청해진의 사병세력을 바탕으로 張保皐가 득세한 듯하나 文聖王 8년(846)에 그가 피살됨으로써 청해진세력은 몰락하였다.[35]

金憲昌 부자가 일으킨 亂은 말할 것도 없거니와, 비록 친위 쿠데타적 성격일지라도 張保皐의 사병집단에 의해 王都 주변이 전장화된다는 것은 왕권에 대한 중대한 위협이 아닐 수 없었을 것이다. 이제 지방 반란에 대비한 군사제도적 장치를 서둘러 마련해야만 했을 것이다. 이러한 필요에 부응하여 마련된 조치로서 都城의 외곽지대 및 전통적으로 王都와 긴밀한 유대를 지녀온 小京을 우선적으로 府로 개편하기에 이른 것이 아닐까 여겨진다. 이렇게 될 때 왕도에 이르는 주요 거점인 京山・永川・義城・蔚山 등지에 府가 설치되고 아울러 종래 문화적 기능에 머물던 5小京을 군사적 기능 중심의 府로 서둘러 개편하기에 이르렀을 것이다. 또한 작전의 효율을 기하기 위해 과거 州에만 배속되던 司馬의 職을 府에도 설치했을 것이다.

아마도 이러한 조치는 꾸준히 계속된 것으로 보여지는데, 앞에서 사료

---

34) 『三國史記』 卷10, 新羅本紀, 閔哀王 2年.
35) 『三國史記』 卷11, 新羅本紀, 文聖王 8年 및 13年.

러)로 제시된 景文王 10년(870)의 「寶林寺北塔誌」에 보이는 '西原部 小尹 奈末 金遂宗…'은 小京이 府로 개편되는 과도적 단계를 보이고 있는 것으로 간주된다. 즉 憲安王 2년(858) 당시 武州 長沙 副官으로 있던 金遂宗 이[36] 景文王 10년에는 西原部 小尹으로 자리를 옮겼음을 볼 때, 당시까지도 府의 확고한 지위가 굳혀지지 못한 흔적으로 여겨진다. 그 후 憲康王代에 들어 府는 보다 확고한 군사적 편제를 갖게 되었으니, 憲康王 10년에 건립된 「寶林寺 普照禪師彰聖塔碑」에서 보는 '朝請郎 守定邊府司馬…'는 그러한 개편 과정을 거쳐 설치된 官職으로 이해된다.[37]

V. 맺음말

지금까지 검토한 바와 같이 나말여초의 사료 가운데 보이는 府들은 그 대다수가 신라하대에 개편된 지방제도로서 존재해 오던 것들이었다. 반면에 나말여초의 호족들이 임의로 설치했다고 여겨지는 府는 찾아 볼 수가 없었다.

물론 고려 건국 후 太祖에 의해 설치된 府들도 없지는 않으나 그 형태는 신라말의 지방제도에서 크게 벗어난 것이 아니라 하겠다. 신라는 하대에 들어, 지방세력의 현저한 대두에 대비하여 통제력 강화에 부심하였다. 통일이후 전국을 9州 5小京 중심으로 개편하여 지방을 평정하고 문화적 동질성을 추구하는 가운데 전제왕권의 안정을 구가하였다.

그러나 하대에 들어 연이은 내분과 지방세력의 반란은 더 이상 文民的 통치를 지속시킬 수 없도록 내몰았다. 특히 8세기에 들어 金憲昌 父子가

---

36) 許興植編, 「寶林寺 鐵造昆盧舍那佛坐像」, 『韓國金石全文』古代編, 177쪽.
37) 府의 설치 시기에 대하여 추만호는 앞의 논문에서 816年 이전에 新羅의 府가 존재했을 것으로 추정했고, 배종도는 앞의 논문에서 興德王代(825~836)로 보았다.

일으킨 大亂과 張保皐 군사의 內亂 개입으로 야기된 위기 의식은 더욱 증대되어 갔다고 하겠다. 이에 신라 조정은 왕권에 대한 도전 세력을 철저히 차단하고자 王都 주변의 전략지점을 府로 만들어 친위 군사력의 증강을 꾀했다. 다음의 별첨 지도에서 찾아지는 京山府・高鬱府・義城府・興禮府 등은 이러한 목적에서 설치된 신라의 府들이었다.

뿐만 아니라 이제까지 지방의 문화적 중심지이었던 小京을 또한 군사기지로서의 府로 개편하여 지방의 사병세력을 통제하고자 하였다. 주로 나말여초기의 금석문에 보이는 金海府・西原府・中原府・通化府 등은 그러한 이유 때문에 개편된 신라의 府들로 간주된다. 그밖에 小京이 없는 州에도 필요에 따라 府의 설치가 추진된 것으로 보여지는데 定邊府는 바로 그러한 성격의 府로 보여진다.

이상 검토한 바와 같이 신라말기의 府들은 하대에 들어 빈번히 일어난 지방 반란에 대비한 군사적 목적으로 설치된 새로운 지방제도였다. 그럼에도 불구하고 이들 府가 끝내 신라의 전제왕권을 보위하지는 못했다. 후삼국기를 통하여 이들 각 府는 스스로의 향배를 결정할 수밖에 없었던 것이다.

－羅末麗初 府의 位置 －

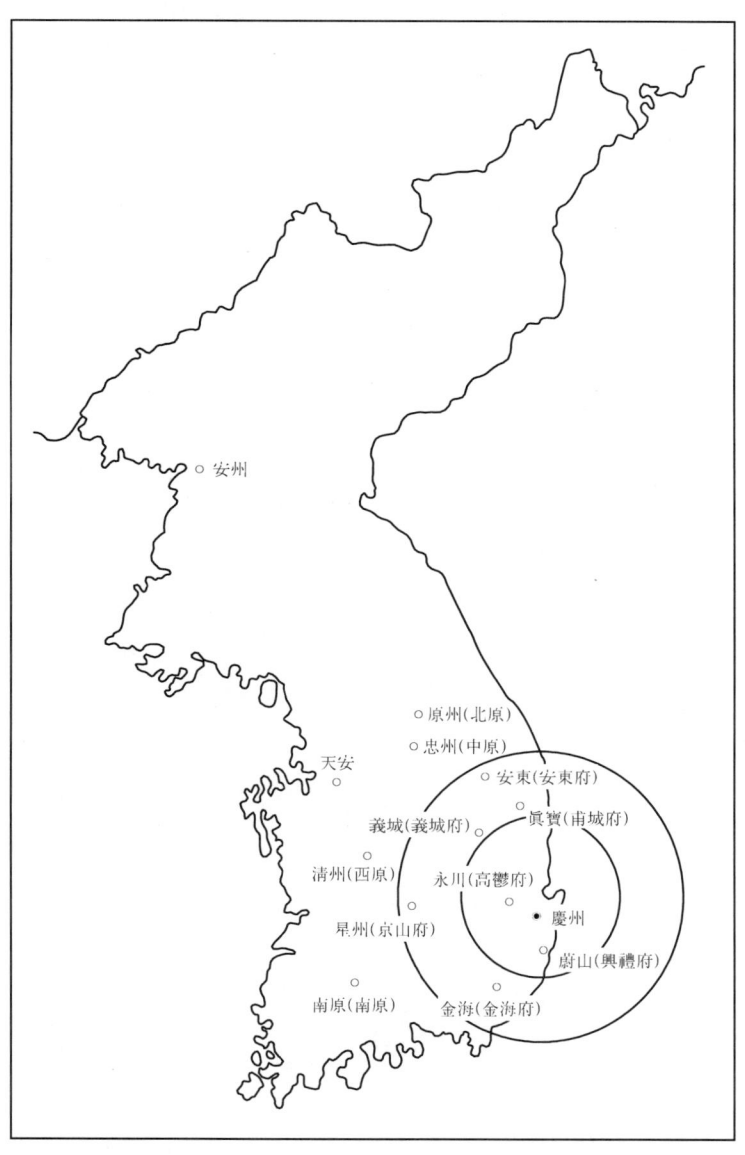

○ 安州

○ 原州(北原)
○ 忠州(中原)
○ 安東(安東府)
○ 眞寶(甫城府)

天安
○

義城(義城府)
○

淸州(西原)
○ 永川(高鬱府)
○

● 慶州

星州(京山府)
○

廚山(興禮府)
○

南原(南原)
○ 金海(金海府)
○

금석문에 보이는
신라하대의 文散階

Ⅰ. 머리말

文散階는 唐代에 확립된 官貝의 公的 질서체계로서 국사상으로는 고려 成宗 14년(995)에 정식으로 채택된 이래 약간의 연혁을 거쳐 조선시대까지도 가장 중요한 文官의 서열체계로 기능해 온 것으로 이해되어 왔다.

그러나 금석문상으로 볼 때 고려 光宗代에 이미 일부의 文散階가 쓰여진 자취를 찾을 수 있고,[1] 나아가 신라하대에 건립된 碑文類에서도 더러 文散階의 용례를 확인할 수 있다. 물론 기왕의 지배적 견해는 이들 신라하대의 文散階를 신라의 제도로서 인정치 않으려는 편이었다.[2] 즉 신라는 멸망에 이르도록 骨品制의 틀 속에서 구축된 17官等만을 유일한 서열체계

---

1) 朴龍雲, 「高麗時代의 文散階」, 『震檀學報』 52, 1981.
   黃善榮, 「高麗初期 官階의 成立과 變遷」, 『高麗初期 王權研究』, 동아대출판부, 1988, 240~247쪽.
2) 末松保和, 「高麗初期の兩班について」, 『東洋學報』 36-2, 1953에서 신라의 文散階를 가리켜 '修辭的'표방에 불과하다고 언급한 이래 그 동안 연구자들의 일반적 견해로 되어 왔다.

로 유지해 왔다는 것이다. 그럼에도 불구하고, 이들 신라하대의 文散階를 제도적 측면에서 전면 부인할 근거는 별로 제시되지 못하고 있다. 오히려 금석문에 보이는 文散階는 신라의 제도로서, 그 채택을 둘러싼 정치사회적 상황을 재검토할 실마리를 제공해 준다고 믿는다.

정치적 측면에서 신라하대에 대하여 중앙정부의 약화와 지방세력의 대두를 그 특징으로 들고 있다. 그러나 사료를 추적하건대, 그것이 얼마나 성공을 거두었는지는 논외로 치고, 적극적으로 전제왕권을 옹호하고 중앙집권을 방어하려는 정책이 하대에 들어와서도 지속적으로 강구되고 있었음은 부인하기 어려운 사실로 보여진다. 그럼에도 불구하고 이 시대 관제상의 변화 양상을 『三國史記』는 충분히 설명해 주지 못하고 있다.

금석문에서나 찾아볼 수 있는 중국식 文散階 또한 이들 전제왕권의 옹호를 위한 정책 가운데의 하나로 하대 어느 시기인가부터 수용되어, 마침내 신라의 제도로서 정착된 것이 아닐까 한다.

이러한 시각에서 본고는 금석문 사료의 분석을 통하여 신라의 文散階를 확인하고 그 운용을 더듬어 보고, 나아가 이들 신라의 文散階와 고려초의 文散階가 갖는 연관성을 밝히고자 시도된 것이다.[3]

Ⅱ. 文散階의 용례

신라하대의 금석문 가운데, 그 撰者나 書者들이 자신의 官等·姓名을 표기함에 있어 중국식 文散階를 표방하고 있는 몇 가지 예를 제시하자면

---

3) 그간 필자는 앞의 논문 및 「新羅下代 官僚制의 一考察」, 『東義史學』 6, 1991, <본서 제1장 참조>을 통하여 금석문에 보이는 文散階를 新羅制로 보고자 하는 견해를 단편적으로나마 제시한 바 있었다. 본고에서는 부분적으로 제시되었던 그러한 견해들은 정리하여 금석문에 보이는 신라의 文散階에 대한 성격을 밝히고 나아가 그것과 高麗初期 光宗연간의 文散階가 갖는 연관성을 살펴고자 한다.

다음과 같다.

가-①) (惠恭王 7年) 朝散大夫兼太子朝議郎 翰林郎 金弼奥.(「聖德王
神鍾銘」, 『韓國金石全文』古代編, 137쪽)

②) (憲康王 10年) 朝請郎 守定邊府司馬 賜緋魚袋 臣金穎.(「寶林
寺 普照禪師彰聖塔碑」, 『朝鮮金石總覽』上, 61쪽)

③) (憲康王 10年) 儒林郎 守武州昆湄縣令 金遠.(「寶林寺 普照禪
師彰聖塔碑」, 『朝鮮金石總覽』上, 61쪽)

④) (定康王 2年) 前西國都統巡官 承務郎 侍御史 內供奉 賜紫金魚
袋 臣崔致遠.(「雙谿寺 眞鑒禪師大空塔碑」, 『朝鮮金石總覽』上, 67
쪽)

⑤) (景明王 8年) 入朝賀正兼□奉皇花等使 朝請大夫 前守兵部侍
郎 充(知)瑞書院學士 賜紫金魚袋 臣崔致遠.(「鳳巖寺 智證大師寂
照塔碑」, 『朝鮮金石總覽』上, 88쪽)

⑥) (景明王 8年) 朝請大夫 前守執事侍郎 賜紫金魚袋 崔仁渷.(「鳳
林寺 眞鏡大師寶月凌空塔碑」, 『朝鮮金石總覽』上, 97쪽)

참고로 위의 가-①~⑥)에 제시된 文散階를 唐制에 비추어 정리하면
<표-1>과 같다.

<표-1> 文散階의 用例와 品階

年代	文散階	品階	姓名
924	朝請大夫	從5品 上	崔致遠·崔仁渷
771	朝散大夫	從5品 下	金弼奥
884	朝請郎	正7品 上	金穎
887	承務郎	從8品 下	崔致遠
884	儒林郎	正9品 上	金遠

<표-1>에 열거한 사람들은 모두 왕명을 받아 高僧의 碑銘을 지었거나 쓴 사람들인데 이런 경우 소정의 격식에 따라 자신을 표현하고 있음이 우선 주목된다. 즉 唐制를 모방한 階 - 司 - 職 - 名의 순서이다. 간혹 官階의 표기를 생략하기도 하나 원칙적으로는,

　　　　文散階 + 官府 + 官職(魚袋) + 姓名

의 순이 당시 자신에 대한 공식 표현 방식이었다고 하겠다.
　　반면에 文散階가 아닌 고유의 官等을 사용한 경우에도 일정한 격식이 있었다. 가장 일반적인 경우는,

　　　　官府 + 官職 + 官等 + 姓名

의 순이었던 것으로 보여진다. 예컨대 「皇龍寺 九層木塔 刹柱本記」第一 板 外面[4]에 보이는,

　　　나-①) (景文王 12年) 內省卿 沙干 臣金咸熙.

　　　　②) (景文王 12年) 松岳郡太守 大奈麻 臣金鎰.

의 경우가 그것이다.
　　한편 崔致遠의 경우 표현 방식이 다른 사례에 비하여 좀 다른 데가 있다. 그는 자신의 文散階 앞에 사료 가-④)의 '前西國都統巡官'과 가-⑤)의 '入朝賀正兼□奉皇花等使'라는 직함을 각각 특별히 표시하고 있는데, 아마도 이들 직함이 최치원의 官階와 官職의 성격을 밝혀줄 뿐 아니라 나아

---

4) 黃壽永編, 『韓國金石遺文』, 일지사, 1985(제4판), 164쪽.

가 신라의 文散階를 입증하는 단서가 될 수 있을 것 같다.

최치원이 입당하여 賓貢科에 급제했다거나 准南節度使 高駢의 從事官으로서 文名을 날린 사실에 대해서는 길게 말할 필요도 없을 것이다. 이러한 공적으로 그는 高駢의 추천을 받아 唐의 '內殿憲秩'을 받았다 한다.[5] 그 후 憲康王 11년(885)에 28세의 나이로 귀국하여 이제 신라의 관직을 받게 되었는데, 이러한 사실을 두고 『三國史記』 卷46, 崔致遠傳에는,

다-①）(景文王 14年) 承務郎 侍御史 內供奉 賜紫金魚袋….(唐 官職)

②）(憲康王 11年) 侍讀兼翰林學士 守兵部侍郎 知瑞書監….(新羅 官職)

이라 하여 그가 唐에서 받았다는 관직과 귀국 후에 받은 관직을 각각 적고 있다.

그런데 만약 위의 기록대로, '承務郎…'을 崔致遠이 唐에서 받은 관직이라 보고, 또 '侍讀兼翰林學士…'를 귀국 직후 받은 신라 관직이라 본다면 이는 그가 撰한 碑文上의 표기와 크게 모순을 일으키게 될 것이다. 즉 崔致遠이 찬한 비명의 原題는 첫 머리에 '有唐新羅國…'[6] 또는 '大唐新羅國…'[7] 등으로 新羅國임을 먼저 표시한 다음 자신의 관직을 적고 나서 '臣崔致遠 奉敎撰'이라고 어김없이 쓰고 있는데, 이때 그 중간에 외형상 훨씬 고위직이라 할 수 있는 신라의 관직을 내버리고 唐의 관직을 써 넣었다고는 생각할 수 없는 일이라 하겠다.

다시 이를 알기 쉽게 예시하자면 아래와 같다.

---

5) 崔致遠의 『桂苑筆耕集』에 수록된 「長啓」참조.
6) 「雙谿寺 眞鑒禪師大空塔碑」·「聖住寺 朗慧和尙白月葆光塔碑」, 『朝鮮金石總覽』上, 66쪽 및 72쪽.
7) 「鳳巖寺 智證大師寂照塔碑」, 위의 책, 88쪽.

㉮ （有唐） 新羅國

㉯ （官階・官職）

㉰ 臣崔致遠 奉教撰

위에서 보듯이 최치원은 新羅國의 신하로서 敎旨를 받들어 碑文을 찬술했다. 이때 그가 자신의 신라 관직을 써넣지 않고 당의 관직을 써넣었다면 누가 보더라도 모순된다고 할 수밖에 없을 것이다. 따라서 그가 스스로 표방한 '承務郎 侍御史 內供奉'은 바로 신라의 관직이라 믿어진다.

실제로 그는 眞聖王 4년(890) 당시까지도 신라의 侍御史였음이 확인된다.[8] 또 '內供奉'도 신라에 있던 官職이다.[9] 이러한 사실은 碑文에 표시된 官階와 官職이 신라의 것임을 굳혀 주는 방증이 될 것이다. 따라서 그의 官階 앞에 있는 '前西國…'이라던가 '入朝賀正…' 등의 직함은 스스로가 唐과의 관계를 강조하기 위해 특별히 삽입한 것에 불과하다고 본다. 이 부분을 제외하면 최치원의 경우도 다른 사례와 동일하게 된다.

가령 '(前西國)都統巡官 承務郎 侍御史 內供奉'을 모두 唐의 관직으로 보더라도 모순은 남게 된다. 唐制에도 官階가 생략되는 경우는 있지만 원칙적으로 官職 뒤에 官階가 오거나, 또는 관직과 관직사이에 官階가 놓이는 경우란 찾을 수 없다. 이를 전제로 굳이 가정하자면 '承務郎+都統巡官(+侍御史 內供奉)'의 형식이라야 唐制로서 마땅할 것이다. 또한 官職으로서 '都統巡官'과 '侍御史 內供奉'이 한꺼번에 표시되는 것도 몹시 어색해 보인다. '都統巡官'은 節度使 또는 州刺史의 僚屬으로서 일정한 品秩이 없는 데 비해, '侍御史'는 정규관직이라 할 수 있겠다.[10] 만약 최치원이 都統巡官으로 있다가 나중에 侍御史로 승진되었다면 이에 따른 신분의 변화로서, 이후의 표기는 '承務郎 侍御史 內供奉'에 그쳐야 마땅할 일이지 굳이 특별

---

8) 「聖住寺 朗慧和尙白月葆光塔碑」, 위의 책, 73쪽. "…敎日…侍御史 崔致遠…".

9) 「雙谿寺 眞鑑禪師大空塔碑」, 위의 책, 70쪽. "…法弟子 內供奉 一吉干 楊晉方…".

10) 唐制에는 侍御史는 御史臺 소속으로 從6品下의 官職이다(『舊唐書』卷44, 職官3).

한 의미가 없는 前職을 첫머리에 표기할 까닭이 없을 것이다.

신라하대에는 최치원말고도 唐의 官職을 함께 가졌던 인물들이 적지 않은데, 어떤 경우도 당과 신라의 것을 혼용하는 사례는 보이지 않는다. 예컨대 「斷俗寺 神行禪師碑」11)에는,

라) (憲德王 5年) 海東 故神行禪師之碑 幷序
　　皇唐衛尉卿 國相 兵部令兼修城府令 伊干 金獻貞.

이라 하여 金獻貞이 唐으로부터 衛尉卿을 받은 사실을 들어 '皇唐衛尉卿' 이라 먼저 표기하고 있다. 이하의 '國相 兵部令兼修城府令 伊干'이 신라의 官職임은 말할 필요도 없을 것이다. 여기에 '皇唐…'과 崔致遠의 '前西 國…'은 모두 중국과 신라를 구분하는 용어로 서로 동일한 표기 형식이라 보아야 될 것이다.

이상 최치원의 官階와 官職을 분석해 보면 결과적으로 그가 중국에서 지녔던 최종 관직은 都統巡官이었는데, 귀국후 承務郎 侍御史 內供奉을 제수받았다고 볼 수밖에 없겠다.12) 그리고 그가 侍讀 兼 翰林學士 守兵部 侍郎 知瑞書監의 관직을 받은 때는 앞의 비문상으로 보아[가-⑤)] 景明王 8년(924)경이었다고 보여진다.

사실 여태까지 文散階는 신라의 官制로서 인정되지 못했다. 그 주된 이유는 文散階 보유자가 모두 唐의 賓貢科 급제자였거나 사신으로 파견되었다가 의례적으로 당으로부터 文散階를 받아와서 이를 단순히 수사적으로 표방한데 불과하다고 보았기 때문인 것 같다. 이러한 과정에서 특히

---

11) 『朝鮮金石總覽』上, 114쪽.

12) 李基東, 「新羅 下代 賓貢及第者의 出現과 羅·唐文人의 交驩」, 『新羅 骨品制社會와 花郎徒』, 일조각, 1894, 298쪽에서 崔致遠이 그의 「長啓」(『桂苑筆耕集』卷19)에서 쓰고 있는 '內殿憲秩'이 '承務郎 侍御史 內供奉 賜紫金魚袋'의 관직을 가리킨다고 보고 있으나, 筆者는 「長啓」의 전후 문맥으로 보아 '內殿憲秩'이란 곧 그가 高騈에 의해 임명된 '都統巡官'職 자체를 가리킨다고 본다.

『桂苑筆耕』의「長啓」와『三國史記』卷46, 崔致遠傳의 官職을 결부시켜 '承務郎 侍御史 內供奉'을 唐의 官職으로 여겨온 기왕의 견해는 여타의 文散階까지 모두 쉽사리 唐制로 간주해 버릴 事端의 구실을 했다고 하겠다.

또 한 가지 예를 더 분석키로 한다. 앞의 가-②)에서 제시된 '朝請郎 守定邊府 司馬 緋魚袋 臣金穎'의 官階와 官職은 현재 중국의 것 그대로인 것으로 간주되고 있다.[13] 그러나 다음의 몇 가지 관점에서 金穎의 官階와 官職은 新羅制인 것으로 보여진다.

첫째,「寶林寺 普照禪師彰聖塔碑」의 原題가,

> 마) (憲康王 10年) 新羅國 武州 迦智山寶林寺 謚普照禪師靈塔碑銘幷
> 序.

로써, 바로 '新羅國'을 표시하고 있음이다. 金穎 또한 崔致遠의 경우나 마찬가지로 신라 국왕의 敎旨를 받들어 碑文을 撰했는데, 이때 임의로 唐의 官職을 써 넣을 수는 결코 없다고 보아야 할 것이다. 가령 군이 唐制를 표기하려 했다면 '朝請郎'의 官階 앞에 '皇唐'·'前西國' 또는 '大唐' 등 칭호를 반드시 썼을 것이다.

둘째, '定邊府 司馬'라는 官職에 대해서이다.『三國史記』地理志에 定邊府가 보이지 않는다는 사실만으로 定邊府를 중국의 지명이라 단정할 수는 없을 것이다. 신라하대에 들어 중요한 지역에 府가 설치되었음은 명백한 사실로 여겨진다. 필자 또한 앞서「신라하대의 府」를 고찰하는 과정에서 定邊府를 검토해 본 결과 그 또한 신라의 지방명으로 이해할 수밖에 없다고 보았다.[14] 물론 '司馬'職도 신라의 지방관직명일 따름이다.[15]

---

13) 李基東,「羅末麗初 近侍機構와 文翰機構의 擴張」, 앞의 책, 262쪽.
14) 黃善榮,「新羅 下代의 府」,『한국중세사연구』창간호, 1994, 23~27쪽,<본서 제3장 참조>.
15)『三國史記』卷40, 職官下, 外官.

이상과 같이 金穎의 경우에 있어서 '朝請郎 守定邊府 司馬'라는 그의 官階와 官職을 신라의 것으로 인정하지 못할 이유는 찾을 수가 없다.

다른 한편 위의 가)에 나열된 인물이 모두 唐에 유학하여 賓貢科에 급제했을 것으로 가정되고 있으나, 실제 확인되는 급제자는 최치원뿐이다. 다른 인물들의 경우는 아마도 賓貢科 급제자였기 때문에 그들의 文散階를 중국의 것으로 보려는 것이 아니라, 도리어 그들이 표방하고 있는 文散階 때문에 급기야 그들 자신이 賓貢科 급제자로 간주된 듯한 인상마저 갖게 된다.[16]

위의 가-⑤)에서 볼 때, 崔致遠은 景明王 8년(924)경에 다시 朝請大夫로 승진해 있었다. 이 승진 사실조차 당에서 추가로 내린 것이라 보아 그만일 지 모른다. 그러나 전후 관계로 볼 때, 최치원은 이 무렵 비로소 守兵部侍郎 知瑞書院學士의 官職에 보임되었고 朝請大夫라는 文散階도 승진된 직급에 맞춰 그에게 부여된 官階라 봄이 한결 자연스러울 것이다.

그렇다고 해서 신라말기에 보이는 文散階를 모두 신라의 것으로 보려는 것은 아니다. 혹 신라의 사절에 대해 중국측에서 의례적으로 官階나 官職을 내린 적이 없지는 않았다. 예컨대 景明王 8년(924)에 後唐으로 사신 갔던 倉部侍郎 金岳은 莊宗으로부터 '朝議大夫 試衛尉卿'의 관직을 받아 왔다.[17] 그러나 이런 경우는 특별한 사례라 할 수는 있을지언정 전형이라 보기는 어렵지 않을까 한다.

金岳의 경우, 使命을 받아 신라를 떠날 때 그는 이미 신라의 '朝散大夫'였음에 먼저 주목해야 할 것이다. 그가 사신으로 떠날 당시는 신라에서 文散階가 사용되었던 시기였다. 朝散大夫(從 5品 下) 金岳이 朝議大夫(正 5品

---

16) 李基東은 「新羅 下代 賓貢及第者의 出現과 羅唐文人의 交驩」, 앞의 책에서 金穎과 金蓮을 賓貢科 及第者로 추측하고 있다.

17) 『三國史記』 卷12, 新羅本紀, 景明王 8年 6月에 "遣 朝散大夫 倉部侍郎 金岳 入後唐朝貢 莊宗授朝議大夫 試衛尉卿"의 기사가 보인다.

下)를 하사받은 사실을 특기하고 있음은, 그러한 위계 질서가 신라 사회에서 공인되고 있었음을 뜻한다고 본다. 만약 이때 신라에서 문산계가 채택되지 않았거나, 적어도 수용될 만한 정치적 기반이 마련되어 있지 않았더라면 중국으로부터의 그러한 문산계의 賜與는 별로 의미가 없을 것이다.

반면에 더 일찍, 憲德王 17년(825)에 宿衛學生으로 入唐하여[18] 賓貢科에 급제했을 것으로 추측되는[19] 金立之의 경우, 응당 唐으로부터 받은 文散階가 있음직 한데도 귀국 후 文聖王 17년(855) 당시 그의 신분표기 형식은 사료 바－③)의 '翰林郞 新授秋城郡太守 臣金立之'에 그치고 있다. 그때는 신라에서 아직 文散階가 사용되지 않았던 때였기 때문일 것이다. 그 후 憲康王 10년(884)경부터 文散階는 이제 신라에서도 정착되어, 부분적으로나마 관료의 公的 질서체계로 기능했다고 보여진다.

Ⅲ. 文散階 수용의 배경

신라하대의 文散階는 그 용례가 그다지 많지 않아, 앞에서 제시된 5品階가 그 전부에 해당된다. 그러나 용례가 희소한 까닭은 남겨진 금석문 자체가 희소한 때문이다. 특히 文散階(또는 官等)는 입적한 高僧의 靈塔碑類에서 비교적 상세히 드러나는데, 이들 靈塔碑類로서 현존하는 것은 더욱 드문 편이라 하겠다.

용례로 볼 때, 최초의 것은 惠恭王 7년(771)의 「聖德王神鍾銘」文을 撰한 金弼奧의 경우이고, 나머지는 모두 말기라 할 수 있는 憲康王 10년(884) 이후의 것들인데 이때부터 멸망할 때까지 사이에 건립된 碑文類에는 빠짐없이 文散階가 보이고 있어[20] 말기경 文散階의 확산을 상정해 보지 않을

---

18) 『三國史記』 卷10, 新羅本紀, 憲德王 17年 夏5月.
19) 『東史綱目』 卷5上, 眞聖女王, 己酉 3年.

수 없게 된다.

여기에서 한가지 주목되는 사실은, 문산계의 채택이 新羅 官制에서 추진된 漢化政策과 깊은 연관이 있을 것 같다는 점이다. 앞의 가-①)에서와 같이 惠恭王 7년(771)에 맨 처음으로 '朝散大夫'를 표방했던 金弼奧의 경우, 같은 비문에 '翰林郎 級湌 金弼奧'라 하여 종래의 관등도 함께 나타내고 있어[21] 다소 의문스러운 점이 없지는 않으나, 아마도 그의 문산계는 앞서 景德王 18년(759) 정월 百官의 號를 中國式으로 고친 이래 惠恭王 12년(776) 정월에 이르러 모두 舊制로 회복[22]시킬 때까지 존속되었던 官階일 가능성이 크다고 본다. 또 9세기 중반 이후 다시 漢化政策이 적극 시도된 점은 잘 알려진 사실이거니와, 憲康王代 이후의 것들은 이러한 제2차 官號 개혁[23]과 깊은 관련을 맺는 것으로 추측된다. 이와 같이 전후 두 차례의 漢化政策이 추진될 때마다 文散階가 나타나고 있는 점은 결코 우연이 아닐 것이다.

물론 景德王代의 官制 개혁에 文散階의 채택이 포함되었다는 직접적 근거는 찾기 어렵다. 그러나 당시의 개혁이 중국식 관제의 모방을 통한 전제주의적 경향이었음을 고려할 때, 문산계도 채택되었을 가능성은 배제할 수 없다고 믿는다.[24] 특히 이때 와서 중요 관부의 관직 체계가 종래의

---

20) 앞의 가-①~⑥)에서 제시된 것들 이외에 신라하대의 文散階를 나타내고 있는 碑文들은 다음과 같다.
　　① 「沙林寺 弘覺禪師碑」, 『朝鮮金石總覽』上, 65쪽.
　　② 「聖住寺 朗慧和尙白月葆光塔碑」, 위의 책, 72쪽.
　　③ 「月光寺 圓朗禪師大寶禪光塔碑」, 위의 책, 83쪽.
　　④ 「深源寺 秀澈和尙楞伽寶月塔碑」, 위의 책, 56쪽.
21) 許興植編, 『朝鮮金石全文』 古代編, 137쪽.
22) 『三國史記』 卷9, 新羅本紀, 惠恭王 12年.
23) 李基東은 「羅末麗初 近侍機構와 文翰機構의 擴張」, 앞의 책, 237쪽에서, "9세기 중엽에 단행된 제2차 官號 개혁도 景德王代 제1차 개혁 때와 마찬가지의 의의를 지니는 것"으로 파악하고 있다. 필자 또한 같은 견해이다.
24) 李基白은 「新羅 惠恭王代의 政治的 變革」, 『新羅 政治社會史 硏究』, 일조각, 1974, 244쪽에서 이들 "兩代의 官號 개혁은 가능한 최대한의 것"이었다고 보고 있다. 이러한 官號

'令-卿-大舍-舍知-史'에서 '令-侍郞-郞中-貝外郞-郞'으로 호
칭을 바꾸었음이 확인되는데,[25] 唐制에서 볼 때 9品 체계를 기본 틀로
하는 이러한 관직 체계는 바로 文散階와 표리를 이루고 있는 체계이다.

　그러나 惠恭王 12년에 들어 百官의 號가 모두 고유의 것으로 복구됨에
따라 文散階도 자취를 감추게 되었고, 대신 고유의 官等이 표방되기 시작
한다. 몇 가지 예를 다음과 같이 제시한다.

바-①) (哀莊王代) 晉里火三千幢主 級湌 高金□鎌.(「高仙寺 誓幢和尙
　　　塔碑」, 『朝鮮金石全文』 古代編)[26]

②) (憲德王 5년) 皇唐衛尉卿 國相 兵部令兼修城府令 伊干 金獻
　　貞.(「斷俗寺 神行禪師碑」, 『朝鮮金石總覽』上. 114쪽)

③) (文聖王 17년) 翰林郞 新授秋城郡太守 臣金立之.(「昌林寺 無
　　垢淨塔願記」, 『朝鮮金石全文』 古代編, 174쪽)

④) (景文王 12년) 入唐謝恩兼宿衛判官 翰林郞 臣崔賀.(「大安寺
　　寂忍禪師照輪淸淨塔碑」, 『朝鮮金石總覽』上. 117쪽)

　위의 예와 같이 哀莊王·憲德王代에는 官職+官等+姓名의 표기방식이
사용되었고, 그 뒤 文聖王·景文王代의 것은 官職+姓名만 표기하여 官等
을 생략하는 경우도 발견된다. 그런데 文聖王代에는 또,

사-①) 舍知 行熊州 祁梁縣令 金銳.(「昌林寺 無垢淨塔願記」)

　개혁의 범위에 文散階의 채택도 응당 고려되어야 할 것이다.
25) 『三國史記』 卷38, 官職上.
26) 『朝鮮金石總覽』上, 41쪽에는 이 碑의 건립 연대를 惠恭王代로 추정하고 있으나, 許興植
　　編, 『朝鮮金石全文』古代編, 149쪽에는 哀莊王代로 판독하고 있다. 여기에서는 『朝鮮金石
　　全文』의 연대에 따랐다.

②) 阿干 前執事侍郎 金元弼.(「昌林寺 無垢淨塔願記」)

등에서와 같이 官等＋官職＋姓名의 기재 순을 보이고 있어 주목된다. 아마도 당시 文散階의 표기순서를 모방하여 한 때나마 官等을 첫머리에 내세우게 했던 모양이다. 그 뒤 다시 景文王代에 들면,

아-①) 守兵部令不章事 伊干 臣金魏弘.(「皇龍寺 九層木塔利柱本記」)

②) 前兵部大監 阿干 臣金李臣.(「昌林寺 無垢淨塔願記」)

으로 종래의 官職＋官等＋姓名의 형식을 회복하고 있다. 그러나 여태까지 어느 경우도 그 때마다 엄격한 격식에 의한 표기 방법에 따르고 있었다고 보여진다. 또 이러한 표기 방법의 변동을 통하여 당시 관제 개혁에 따른 고민을 짐작할 수 있을 것 같다.

이러한 단계를 거치고 난 다음, 9세기 중반에 들어 제2차 官號 개혁을 겪게 된다. 이 과정에서 과거 景德王때에 개정되었던 官府·官職名이 다시 등장한다. 물론 侍郎·郎中·貝外郎 등의 官職도 이 무렵 다시 나타난 것으로 믿어진다.[27] 뿐만 아니라 통치 기구면에서도 執事省·中書省·宣敎省의 체제가 갖추어져 '3省체제의 지향'[28]이라 할만큼 세련되어 갔다.

그러한 가운데 憲康王代에 이르면, 중국식 文散階도 다시 본격적으로 나타나기 시작한다. 앞에서 제시된 가-②~⑤)까지의 문산계는 모두 이때 이후의 것들이다. 이상 제시된 사료에 의거하여 신라하대의 官等·姓名 표기형식을 정리하면 <표-2>와 같다.

---

27) 이 점『三國史記』에서도 찾아진다. 즉 侍郎의 경우 新羅本紀, 眞聖王 7年의 "遺兵部侍郎 金處誨…"에 보이고, 郎中 및 貝外郎은 同 景哀王은 4年 2月 "副使兵部郎中 朴術洪" 및 "判官 倉部 貝外郎…"의 기사 가운데 보이고 있다.
28) 李基東,「羅末麗初 近侍機構와 文翰機構의 擴張」, 앞의 책, 279쪽.

<표-2> 신라하대의 官等·姓名 표기형식

時　　期	表　記　方　式
惠恭王 7年(771)	文散階+官府+官職+姓名
哀莊王 代	官職+官等+姓名
憲德王 5年(813)	官職+官等+姓名
文聖王 17年(855)	官等+官職+姓名
景文王 12年(872)	官職+官等+姓名
憲康王 10年(884) 以後	文散階+官府+官職(+魚袋)+姓名

그러나 憲康王 10년 이후에도 文散階가 전면적으로 채택된 것은 아니었다. 예컨대,

　　자) (景明王 8年)…西□大將軍 着紫金魚袋 蘇判 阿叱彌.(「奉巖寺 智證
　　　　大師寂照塔碑」, 『朝鮮金石總覽』上, 96쪽)

의 경우가 그러한데, 특히 이 「奉巖寺 智證大師寂照塔碑」의 撰者는 바로 '朝請大夫'를 표방하고 있는 崔致遠이란 점이 흥미롭다[가-⑤].

　　西□大將軍 阿叱彌가 蘇判이라는 고유 官等을 표방하고 있는 점으로 미루어 아직 武散階는 채택되지 않은 듯하다. 그밖에 여전히 종래의 官等만을 표방하는 관료들도 없지 않는 만큼 文散階는 일부 문신들을 대상으로 하여 제한적으로 사용되지 않았을까 싶다.

　　이와 관련하여, 당시 讀書三品科 출신으로서 '文籍'에 올랐던 인물들과 어떤 연관이 닿지 않을까 여겨진다. 신라하대의 관원 등용에는 文籍출신 여부가 중요한 기준으로 되어 있었다.[29] 이 文籍이 고려대에 볼 수 있는 '吏籍'[30]과 더불어 당시 관원 등용의 경로 가운데 하나가 아니었을까 한다. 앞에서 신라말 文散階의 보유자를 唐의 賓貢科 급제자로 보게 된 이유도

---

29) 『三國史記』卷10, 新羅本紀, 元聖王 5年 참조.
30) 高麗 明宗 10년에 조성된 「李文著墓誌」, 『朝鮮金石總覽』上, 402쪽에서 "以祖父蔭 登名于 吏籍"의 기사가 보인다. 본 吏籍에 대하여는 李佑成, 「高麗朝의 '吏'에 대하여」, 『歷史學報』23, 1964가 참고된다.

入唐 유학생을 文籍출신에 준하여 관원으로 등용한 관례 때문에 생긴 혼동이 아닐까 싶다. 여하간 신라말의 文散階 수용은 골품구조의 한계를 그들 스스로 극복하고 왕권 강화에 기여할 관료체제를 구축하려는 노력의 일환이라 볼 수 있겠다.

추정하건대, 신라하대에 들어 漢化政策의 추진 과정에서 고유의 17官等制도 내부적으로 보다 세분된 서열체계를 마련했지 않았을까 한다. 그러나 관료제가 발달할수록 객관적이고 합리적인 인사원칙의 설정이 불가피했을 것인데, 이러한 현실적 요청에도 불구하고 고유의 17관등 범위에서 관직을 서열화하여 대응시키는 데는 곧 한계에 다달았을 것이다. 따라서 보다 세분된 官階체계에 의한 조정이 요청되었을 것이고, 이 경우 29단계로 짜여진 중국식 文散階는 적절한 장치로 고려될 수 있었을 것이다.

다음으로 그 시대에 점진적으로 추진되는 제2차 漢化政策과 이에 따른 文翰機構의 확장 등 官府의 개편작업 과정에서, 실력있는 문관들에 대한 예우 차원에서 文散階가 사여된 것이 아닐까도 상정해 볼 수 있겠다. 종래의 17官等制가 骨品, 즉 신분제와 연계되어 있음에 대해 文散階는 보다 능력과 공로에 따라 주어지는 위계라 할 수 있겠다. 그리고 讀書三品科 출신으로 믿어지는 이들 신진관료들에게 있어서, 文散階의 사여는 국가가 그들에 대해 신분보다 능력을 더 중시하겠다는 정책 전환의 표상으로서, 그들에 대한 우대책의 일환이라 볼 수도 있을 것이다.

이와 더불어 文散階가 사용됨에 따라 중국과의 외교적 측면에 있어서도 형식상 대등한 격식을 갖추게 된 점도 무시할 수는 없겠다. 그러므로 아마도 신라하대의 文散階는 入唐 유학생 및 國學 출신자들의 강력한 요구가 반영된 결과라 할 수도 있을 것 같다. 그리하여 수용된 文散階는 특히 골품제적 신분 구조에서 질곡을 느껴오던 6頭品 이하의 관료층으로부터 크게 환영을 받았을 것이다.

한편 文散階의 표방과 더불어 公服과 魚袋를 표기하는 章服制도 아울러

채택되었던 것으로 확인된다. 예컨대 최치원은,

> 차) 朝請大夫 前守執事侍郎 充(知)瑞書院學士 賜紫金魚袋.(「鳳巖寺
> 智證大師寂照塔碑」,『朝鮮金石總覽』上, 88쪽)

로서 紫色의 公服에 金魚袋를 지녔음을 표시하고 있다. 骨品制에서 볼 때 紫色公服은 진골만의 것이다.[31] 그러나 6頭品 이하로 밖에 볼 수 없는 최치원도 이제 紫色公服을 입을 수 있게 되었다 이러한 관점에서 비록 골품제를 기반으로 하는 사회 신분 구조의 틀을 깨뜨림에 이르지는 못했다 하더라도, 文散階의 수용과 더불어 제한적이나마 종래의 골품제를 초월한 관료제적으로의 전환이 지적된다.

Ⅳ. 고려초기 文散階와의 관계

그 무렵 고려에서는 건국 후 한동안 泰封의 官階를 사용하다가 太祖 3년(920)경 '初期官階'를 제정하여 사용했다.[32] 初期官階의 활용과 관련하여, 고려초의 관원들이 자신의 官等·姓名을 어떻게 표현해 왔는지는 그 시대에 건립된 靈塔碑類에서 잘 드러나고 있다. 몇 가지 예를 들면 아래와 같다.

> 카-①)(太祖 20年) 元輔 檢校尙書左僕射兼御史大夫 權知□□□ ….
> (「廣照寺 眞澈大師寶月乘空塔碑」,『朝鮮金石總覽』上, 125쪽)
>
> ②)(太祖 22年) 太相 檢校尙書左僕射兼御史大夫 上柱國 臣崔彦

---

31) 『三國史記』卷33, 服色.
32) 黃善榮,「高麗初期 官階의 成立과 變遷」, 앞의 책.

撝.(「菩提寺 大鏡大師玄機塔碑」, 『朝鮮金石總覽』上, 130쪽)

③) (太祖 22年) 正朝 上柱國 賜丹金魚袋 臣李桓樞.(「菩提寺 大鏡 大師玄機塔碑」, 『朝鮮金石總覽』上, 130쪽)

이때는,

初期官階 + 官職(＋ 勳 ＋ 魚袋) ＋ 姓名

의 순서가 공식표기 방식이었다.[33] 이 점은 신라의 경우와 두드러진 차이점이라 본다.

신라말과 고려초의 官階 표시방법이 어떻게 다른가를 보여주는 좋은 예가 있다. 즉 崔彦撝가 남긴 碑文을 대조하는 일이다. 崔彦撝는 신라에서 執事侍郎을 지낸뒤 멸망 전에 스스로 고려에 귀부하여 고려의 관료가 되었던 사람이다. 그러므로 일찍부터 고려 初期官階를 갖고 있었다.[34] 그는 많은 비문을 남긴 것으로도 유명한데 그가 制撰한 비문으로서, 太祖 22년 (939)에 건립된 「菩提寺 大鏡大師玄機塔碑」[35]에는 첫머리에 '高麗國…'이라 적고 나서 '太相 檢校尙書左僕射…臣崔彦撝 奉敎撰'이라 표기하였다. 당시는 初期官階만이 사용되던 시기이다. 따라서 그는 자신의 관계를 '太相'이라 쓸 수밖에 없었다. 그 뒤 惠宗 원년(944)에 건립된 「興寧寺澄曉大師寶印塔碑」[36]에 그는 '有唐新羅國…'이라 적고 나서 '朝請大夫守執事侍郎…臣崔彦撝 奉敎撰'이라 썼다.

물론 이 비문은 그가 고려에 귀부하기 전인 신라 경애왕때 써 두었던 것이다. 그러나 당시는 전란으로 건립되지 못하고 있다가, 고려 惠宗 원년

---

33) 黃善榮, 앞의 논문.
34) 『高麗史』卷92, 列傳, 崔彦撝.
35) 『朝鮮金石總覽』上, 130쪽.
36) 위와 같음.

에야 비로소 刻字되어 건립될 수 있었다.[37] 이때도 初期官階가 전용되던 시대였으나 비문에서 '有唐新羅國'을 전제한 만큼 그는 고려의 신하가 아니라 옛 신라의 신하로 돌아가 이번에는 '朝請大夫'라는 文散階만을 나타내었던 것이다. 이는 곧 신라식 표현방식이었기 때문이다.

한편 통일 후의 고려에서 신라의 官等이 표방된 예도 발견된다. 즉,

> 타) (太祖 23年) 沙湌 檢校與文監卿 元鳳省待詔 臣仇足達.(「地藏禪院
>   朗圓大師悟眞塔碑」,『朝鮮金石總覽』上, 140쪽)

의 경우이다. 여기 '沙湌'이라는 仇足達의 신라 官等에 대하여 "신라 위계의 관념적 사용"정도로 간주하는 견해가[38] 있으나, 이는 옳지 않다고 믿는다. 만약 仇足達이 신라의 직함을 관념적으로 표방하는 것이라면 응당 官職+官等+姓名의 순을 택했을 것이다. 그러나 그는 官等+官職+姓名의 순으로서 기어이 당시에 통용되던 고려제도의 틀에 맞추어 자신을 표기하고 있음에 주의가 요구된다.

崔彦撝가 일찍이 고려에 귀부하여 '太相'의 위치를 굳힌데 반해 仇足達이 굳이 신라의 官等을 표방하고 있는 이유는 그에게 고려 官階가 없었기 때문일 것이다. 고려 태조는 경순왕을 따라온 신라의 관원을 모두 敍用하였는데, 그 방법에 있어 官階·官職을 고려의 것으로 바꿔 준 것이 아니라, 부분적으로 신라의 관제를 그대로 공인했던 것 같다. 그 결과 신라와 합병 이후 한동안 고려초의 관제에는 原高麗系의 官府와 新羅系의 官府가 이원적으로 혼재했다고 보여진다.[39] 뿐만 아니라 官階(等)와 公服도 高麗系의

---

37) 同碑文 끝 부분에 "龍德 4年 甲申(景哀王 元年)에 碑文이 완성되었으나, 國家多事로 인해 天福 9年 甲辰(高麗 惠宗 元年)에야 건립하게 되었음"을 밝히고 있다.
38) 武田幸男, 「高麗初期の官階」,『朝鮮學報』41, 1966, 130쪽.
39) 黃善榮, 「高麗初期 政治勢力의 動向과 3省6部制 成立의 背景」,『釜山女大大史學』10·11, 1993, 116~122쪽,<본서 제12장 참조>.

것과 新羅系의 것이 함께 사용되고 있었다고 여겨지는데, 仇足達의 '沙滄…'이란 官等은 이런데서 연유한 것으로 추리된다.

太祖代의 관계 표기 원칙은 光宗代까지도 준수된 것 같다. 그러다가 光宗 9년(958)경부터 文散階가 표방되고 있음이 금석문에 나타난다. 몇 가지 예를 들면 다음과 같다.

파-①) (光宗 9年) 通直郎 正衛 翰林學士 賜丹金魚袋 臣金廷彥.(「玉龍寺 洞眞大師寶雲塔碑」, 『朝鮮金石總覽』上, 189쪽)

②) (光宗 16年) 奉議郎 正衛 翰林學士 前守兵部卿 賜丹金魚袋 臣李夢游.(「奉巖寺 靜眞大師圓悟塔碑」, 『朝鮮金石總覽』上, 196쪽)

③) (光宗 16年) 文林郎 翰林院書博士 臣張端說.(「奉巖寺 靜眞大師圓悟塔碑」, 『朝鮮金石總覽』上, 196쪽)

④) (景宗 3年) 儒林郎 司天臺博士 臣韓允.(「普願寺 法印國師寶乘塔碑」, 『朝鮮金石總覽』上, 123쪽)

이들 사료상에 보이는 文散階에 대해서도 신라의 경우와 마찬가지로 그것을 표방하고 있는 인물들이 중국에서 받아온 것으로 간주하여 일정한 의미를 부여치 않으려는 견해가 있다.[40] 그러나 필자로서는 이때의 文散階 또한 그 당시 고려제도의 일환으로 보아야 옳다고 믿는다.[41]

위 사료를 통해서 볼 때 우선 이 기간 동안의 신분 표시 방법은,

---

40) 武田幸男, 앞의 논문, 8쪽.
   金甲童,「高麗 初期의 官階制와 功臣制」,『羅末麗初 豪族과 社會變動 硏究』, 고려대 민족문화연구소, 1990, 183쪽.
41) 朴龍雲은 앞의 논문, 7쪽에서 '光宗'의 재위 기간중 이미 9品體系가 갖추어지고 中國式 文散階도 부분적으로 채용된 것으로 보고 있다.

文散階 + 初期官階 + 官職 + 姓名

의 순서로 공식화되어 있는 점이 주목된다. 즉 文散階와 初期官階를 병용하고 있음이 특색이라 하겠다. 따라서 이러한 표시 방법을 통하여 文散階와 初期官階의 대응관계도 어느 정도 파악될 수 있을 것이다.

그런데 위에서 파-③)의 翰林院書博士 張端說과 파-④)의 司天臺博士 韓允은 각각 '文林郞'·'儒林郞'의 文散階만 가졌을 뿐 응당 다음에 놓여야 할 初期官階는 나타내지 못하고 있다. 이를 두고 初期官階의 구조상 文林郞·儒林郞에 대응시킬 관계가 없다는 견해가 있으나[42] 이에 동의하기는 어렵겠다.

아마도 翰林院書博士 張端說과 司天臺博士 韓允은 앞서 仇足達이 신라계의 與文監卿職에 있었던 것과 마찬가지로 그들 또한 신라계의 官員이었을 가능성이 매우 크다고 본다. 그 이유는 무엇보다도 그들이 소속하고 있는 官府의 성격이 그러하다는데 있다. 즉 '翰林院'과 '司天臺'는 옛 신라 계통의 관부로 보여지기 때문이다.[43] 그렇다고 할 때 신라계의 張端說과 韓允에 있어 儒林郞·文林郞이라는 文散階는 바로 자신들이 신라말기에 표방했던 官階 그대로였을 것이다. 따라서 그들은 옛 신라에서 그랬듯이 文散階+官職+姓名의 표기 방법을 이때에 이르러 재현시킬 수 있었던 것이다.

이로 미루어 추정컨대 光宗代의 文散階는 신라의 것이 부활한 것으로 보아야 옳지 않을까 싶다. 그러나 단순한 표방의 부활만이 아니라 제도 운용의 부활이라 보는 것이 더 옳겠다. 위의 파-①) 및 파-③)에서 제시된 金廷彦과 張端說의 경우를 예로 들어보겠다. 위 사료에서 金廷彦은 光宗 9년(958) 당시 通直郞 正衛이었고, 張端說은 光宗 16년(965)에 文林

---

42) 武田幸男, 앞의 논문, 12쪽.
43) 黃善榮, 앞의 논문, 244~247쪽.

郎으로 있었다.

그 후 光宗 26年(975)에 이르면 그들의 官階·官職이,

하-①) (光宗 26年) 光祿大夫 太丞 翰林學士內奉令前禮部使參知政事
監修國史 臣金廷彦.(「高達寺 元宗大師慧眞塔碑」,『朝鮮金石總覽』
上, 207쪽)

②) (光宗 26年) 奉議郎 佐尹 前軍部卿兼內議承旨舍人 臣張端說.
(「高達寺 元宗大師慧眞塔碑」,『朝鮮金石總覽』上, 207쪽)

에서 보듯이 각각 '光祿大夫' 및 '奉議郎'으로 승진되고 있다. 이는 곧
光宗代에 文散階와 初期官階가 병용되고 있음을 보이는 뚜렷한 사례가
될 것이다.[44]

이상 제시된 사료에 보이는 光宗代의 文散階를 정리한 것이 <표-3>
이다.

<표-3> 光宗代의 文散階

文散階	品階	姓名
光祿大夫	從 2品	金廷彦
奉議郎	從 6品 上	李夢游·張端說
通直郎	從 6品 下	金廷彦
儒林郎	正 9品 上	韓允
文林郎	從 9品 上	張端說

이와 같이 光宗代에 와서 文散階가 부활된 정치적 배경으로서 光宗의
개혁 방향을 들고자 한다. 光宗代는 신라계가 크게 부상하던 시기였다.[45]

---

44) 그렇다고 하여 文散階와 初期 官階가 반드시 동시에 賜與된다거나 당시의 관료가 반드시
이 둘을 함께 가졌다는 것이 아니다. 이때에도 아직 文散階는 신라말의 경우나 다름없이
아마도 옛 신라의 讀書三品科 출신이거나 과거급제자로 보여지는 일부 文士들에 의해
주로 사용되고 있었다고 여겨진다.

우선 光宗은 자신의 출생부터가 신라계와 관계있는 것 같다. 주지하는 바와 같이 光宗의 母后인 神明順成王太后 忠州 劉氏의 生父는 兢達인데 그가 蘇判이란 신라 官等을 가졌던 점에서 옛 신라의 眞骨層에 들 수 있는 高官이었다고 보여진다.[46] 게다가 神明順成王太后 소생의 樂浪公主, 즉 光宗의 同母妹가 또 敬順王 金傅에게 출가했다.[47] 그러니까 光宗은 신라계 외조부를 가진데 이어 신라왕이었던 金傅를 또 자신의 妹夫로 두게 된 셈이다. 光宗 주변의 이와 같은 분위기가 이번에는 光宗으로 하여금 경순왕과 사돈을 맺도록 한 것 같다. 즉 景宗과 獻肅王后의 혼인이 그것이다.[48]

이러한 친신라적 기반 위에서 光宗은 구래의 특권을 고집하는 훈구세력을 타도하고 반면에 신라계를 포함한 신진세력은 중용하는 방향으로 정치개혁을 추진하였다.[49] 이러한 개혁의 일환으로서 신라의 文散階도 부활을 맞게 되었다고 보여진다. 이후 한동안 고려 官制에서 文散階와 初期官階가 병용되다가 成宗 14년(995)에 이르러 마침내 文散階의 전면 채택을 보게 되었다.

---

45) 黃善榮, 앞의 논문, 129쪽.
46) 高麗 惠宗 元年에 건립된 「興寧寺 澄曉大師寶印塔碑」의 「碑陰」에 "王堯君·王昭君 … 金鎰蘇判·兢達蘇判·王規佐承…"(黃壽永, 앞의 책, 105쪽) 등의 人名이 보이는데, 이 가운데 兢達蘇判이 곧 神明順成王太后의 生父로 간주된다.
47) 『高麗史』 卷91, 列傳, 公主.
48) 『三國史記』 卷12, 新羅本紀, 敬順王에는 "至景宗獻和大王 聘正承公女 納爲王妃"라 하여 이 혼인이 景宗 즉위 이후에 이루어진 듯 기록하고 있으나, 이는 결과만을 적은 탓일 것이다. 이 婚姻에 대해 鄭容淑은 「고려 왕실 族內婚과 후비」, 『고려 시대의 后妃』, 민음사, 1992, 86쪽에서 景宗과 獻肅王后의 혼인이 光宗의 재위 기간 중이었다고 보고 있다.
49) 黃善榮, 앞의 논문, 129~132쪽.

Ⅴ. 맺음말

지금까지 금석문에 보이는 신라하대의 文散階를 검토해 보았다. 그 내용을 요약하면 다음과 같다.

먼저 신라말에 건립된 碑文類에 보이는 중국식 文散階를 신라의 것으로 인정하지 못할 근거는 찾기 어렵다. 당시의 官員은 엄격한 격식에 따라 자신의 신분을 표기하고 있었다. 이때 文散階는 일부 文臣들에 대해 17官等制와는 다른 성격의 公式 질서체계로써 표방되었던 것 같다.

그런데 공교롭게도 최치원 등 文散階를 표방하고 있는 인물이 모두 入唐留學을 거쳐 賓貢科에 급제했을 가능성이 없지는 않다. 따라서 그들이 표방하는 文散階는 곧 唐으로부터 받은 것으로 귀국 후 이를 임의로 내건 데 불과하다는 견해가 지배적이었으나, 실제 확인되는 賓貢科 급제자는 최치원 정도이고, 나머지 인물들은 賓貢科 급제자이었기 때문에 그들의 文散階를 중국의 것으로 보려는 것이 아니라 오히려 그들이 文散階를 표방하고 있기 때문에 賓貢科 급제자로 간주된 듯한 느낌마저 든다. 또 최치원이 중국에서 받았다는 '承務郞 侍御史 內供奉'의 직함도 실은 그의 귀국 후 신라에서 내린 官階·官職으로 여겨진다.

다음으로 이러한 文散階가 신라의 제도에서 수용된 배경을 살펴보았다. 통일신라의 전제왕권 확립 과정에서, 官制를 중국식으로 개혁하려는 정책이 추진될 때마다 文散階의 채택도 시도된 듯 보인다. 景德王代의 漢化政策 추진 과정에서 文散階도 채택된 듯 한 자취를 찾을 수 있으나, 곧 이어 惠恭王代의 官制 복구와 더불어 이 또한 소멸되었고, 그 대신 舊例의 17官等名만이 한동안 사용된다.

그후 9세기 중반에 들어 다시 漢化를 지향하는 제2차 관제개혁이 진행되었는데, 이때 文散階 또한 다시금 채택된 듯 여겨진다. 이에 따라 그 이후 멸망에 이르기까지 文散階는 17官等과 병용되면서 신라 관원의 중요한

公的 질서로 자리잡게 되었다. 그런데 아마도 그때 文散階를 표방할 수 있었던 인물은 讀書三品科 출신이었거나, 그와 동등한 자격을 갖춘 일부 文士들로 보여진다.

그러한 만큼 文散階의 수용이 곧 신분제의 틀을 깨뜨리는 조치로 간주될 수는 없다하더라도 제한적이나마, 신라 사회 스스로가 골품제를 극복하고 능력 본위의 관료제를 모색했다는 데서 신라말 文散階 수용의 의의를 찾을 수가 있겠다.

끝으로, 고려초기에 들어 光宗 년간에도 文散階의 용례를 찾을 수 있으나 이는 新羅制의 부활로 판단된다. 즉 경순왕을 따라 고려에 귀부했던 옛 신라 관원들이 光宗의 친신라적인 정책 추진에 따라 크게 부상될 수 있었고 따라서 옛 신라에서 그들이 표방했던 文散階가 새삼 고려에서도 사용될 수 있도록 공인되었다. 그 결과 成宗 14년 文散階가 전면적으로 채택될 때까지 이러한 성격의 文散階가 고려 初期官階와 병용될 수 있었던 것이다.

고려 통일기의
黃山·炭峴에 대하여

I

기묘하게도 黃山·炭峴은 우리 역사상 치루어진 두 차례의 통일전쟁과 불가분의 관계를 가진 지명이다. 주지하는 바와 같이 첫 번째는 신라 武烈王 7년(660)의 백제 침공때 양국간에 최후의 결전이 벌어졌던 곳이고, 두 번째는 고려 太祖 19년(936)에 있었던 후백제와의 통일전이 있었던 곳이다.

민족의 통일이 걸린 두 차례의 통일전쟁마다 黃山·炭峴이 그 주된 戰場이 되었다는 것은 참으로 공교로운 일이라고 하겠다. 이러한 역사적 중요성으로 해서 黃山과 炭峴은 그 동안 많은 관심을 받아 왔으며, 오늘의 지도에서 그 참된 위치를 찾아내려는 시도가 계속되어 왔다.

지금까지의 연구성과를 통하여 볼 때, 먼저 黃山이 오늘날 忠南 論山郡 連山面 일대를 가리킨다는 견해가 정설화되어 있는 것 같다. 한편 炭峴에 대하여는 여러 연구자가 각각 다른 견해를 제시하고 있는 실정이다. 그러나 대체로 永同으로부터 錦山 방면이거나, 또는 沃川 및 大田 방면에서 炭峴을 구하고 있음은 거의 공통된 시각이라 하겠다.[1]

그러나 필자로서는 이러한 기왕의 여러 학설에 대하여 적잖은 의문을 갖고 있다. 이는 삼국시대의 黃山·炭峴과 후삼국시대의 黃山·炭峴(嶺)이 과연 같은 장소이었을까 하는 의혹에서 연유한다. 삼국시대의 黃山이나 炭峴에 관해서 라면 당시의 전쟁경로로 보아 기왕의 위치비정설에 따르지 못할 까닭은 없겠다. 그러나 후삼국시대의 黃山·炭峴은 그때의 전쟁경과를 살펴 볼 때, 다른 곳에서 찾아내어야 옳지 않을까 한다. 이러한 관점에서 후삼국시대, 즉 고려 통일기의 黃山과 炭峴에 대한 위치를 새로이 찾아보려는 것이 본고의 목적이다.

II

『高麗史』卷2, 太祖 19년 가을 9월에,

> 가) 왕이 三軍을 거느리고 天安府에 이르러 군사를 합하여 一善郡으로 나아가니 神劍이 군사를 이끌고 이에 항거하였다. 甲午에 一利川을 사이에 두고 진을 쳤다. … 王이 大將軍 公萱에게 곧바로 中軍을 치도록 명하고, 三軍과 함께 일제히 나가면서 맹렬하게 공격하니 적병이 크게 무너졌다. … 우리 군사가 적을 추격하여 黃山郡에 이르러 炭嶺을 넘어 馬城에 주둔하였다. 神劍이 그의 아우 菁州城主 良劍과 光州城主 龍劍 및 文武官僚와 함께 나와 항복하였다.

라 하여 太祖가 후백제의 神劍을 격파하고, 통일을 완성하는 최후의 전투

---

1) 炭峴의 위치비정에 대한 몇 가지 설은 다음과 같다.
　① 李丙燾 : "大田 東의 食藏山" 『韓國史(古代篇)』, 震檀學會, 1959.
　② 洪思俊 : "全北 雲州 三巨里와 西平里 사이의 炭峙" 「炭峴考」, 『歷史學報』 35·36, 1967.
　③ 津田左右吉 : "沃天 報恩方面" 『朝鮮歷史地理』, 1985.
　④ 大原利夫 : "全北 錦山面과 忠北 永同郡 사이의 黔峴" 『朝鮮』 97.

를 기록하고 있다. 이 기록에 의하면 고려군은 '一善郡'에서 후백제군을 공격한 다음, 敗走하는 적군을 쫓아 '黃山郡'에 이르렀고 다시 '炭嶺'을 넘어 '馬城'[2]에 진주하여 이곳에서 최종적으로 神劍의 항복을 받아 냈다는 것이다. 그러니까 이 기록을 토대로 고려군의 진격로를 간단히 나타내면,

一善郡 → 黃山(郡) → 炭嶺(峴) → 馬城

의 경로가 되겠다.

그런데 신라 金庾信이 백제를 침공할 당시 신라군의 진격로는,

南川 → 炭峴 → 黃山 → 熊津[3]

의 차례로서, 위의 두 가지 경로를 비교할 때 黃山과 炭嶺(峴)의 관계가 서로 뒤바뀌고 있음을 발견하게 된다.

만약 기왕의 여러 說에 따라 黃山을 連山이라 보고, 炭峴을 錦山·沃川·大田 등 금강상류 일대의 기슭을 비정할 때, 신라군이 炭峴을 넘어가 黃山에서 階伯의 百濟軍과 會戰하는 일은 지극히 당연한 경로일 것이다. 그러나 후삼국시대 고려군의 진로는 이 때와 역순으로서 黃山을 거치고 난 다음 炭嶺을 넘었던 것이다. 그러므로 전후의 黃山·炭峴이 같은 지점이라 한다면, 후자의 경우 고려군은 一善郡에서 발진하여 먼저 連山으로 들어갔다가, 다시 금강상류 동쪽으로 돌아 나왔다는 것으로 될 것이다. 이 점이 삼국시대의 黃山·炭峴과 후삼국시대의 그 곳이 다를 것이란 첫

---

2) 池內宏은 馬城을 全北 益山郡이 彌勒山城에 比定했다(「高麗太祖の經略」, 『滿鮮地理歷史研究報告』, 1976, 63쪽). 한편 李丙燾는 連山邑의 北方에 있는 北山城을 馬城에 비정했다(『한국사(중세편)』, 진단학회, 1967, 55쪽).

3) 『三國史記』卷5, 新羅本紀, 太宗武烈王 7년의 軍事關係 기록 가운데서 진로를 요약한 것이다.

번째 의문이 되겠다.

다음으로 一善郡을 오늘의 경북 善山4)이라 할 때, 이곳과 連山은 서로 200㎞ 안팎의 거리를 가진 너무나도 동떨어진 곳으로서, 당시의 전쟁양상을 상정해 볼 때 과연 善山으로부터 한반도 중부를 동서로 거의 관통하는 전투가 시종일관 지속될 수 있었겠는가 하는 것이 두 번째 의문이다. 사료 가)에서 보는 바와 같이 당시의 전투는 단기간에 걸친, 이른바 '한바탕 싸움'의 始末이 아니었을까 한다.

이와 관련하여 『補閑集』에 실려 있는 高麗 太祖 親製의 開泰寺 發願文에는,

> 나) 丙申年 秋 9月에 崇善城 가에서 百濟軍을 맞아 싸우매, 한번 부르짖
> 으니 兇狂이 瓦解되었고, 거듭 북을 치니 逆黨이 얼음녹듯 하였다. 개선하
> 여 외치는 소리가 하늘을 울리고 기쁜 함성이 땅을 진동했도다.

라 하여 그때의 전황을 나타내고 있는데, 다소 과장된 표현이라 치더라도 "한번 부르짖으니 兇狂이 와해되었고, 거듭 북을 치니 逆黨이 얼음녹듯 하였다"고 했다. 이를 미루어 보더라도 당시의 전투는 崇善城, 즉 善山5)으로부터 크게 멀지 않은 곳에서 결판이 났다고 보아야 옳지 않을까 한다.

한편 이 전투가 太祖 19년 갑오일에 시작되어 언제 끝났는지는 잘 알 수 없으나, 개전일인 갑오일은 9월 8일로 환산될 수 있겠다.6) 이날 싸움이 시작되고 나서, 太祖는 神劍의 항복을 받은 뒤, 상벌을 행하였고, 다시 후백제의 都城에 입성하여 鎭撫를 끝낸 다음, 고려로 돌아와 百官의 朝賀를 받았는데, 이는 모두 9월중에 이루어졌던 일이었다.7)

---

4) 『新增東國輿地勝覽』 卷29, 善山都護府.
5) 위와 같음.
6) 震檀學會編, 『韓國史年表』, 朔閏表, 1980, 5쪽.
7) 『高麗史』 卷2, 世家, 太祖 19年 9月.

이러한 사정으로 보더라도 실제 양군의 전투가 반도를 횡단하면서 장기간 지속된 것으로 보기 어려울 것이다. 더구나 그때 동원된 고려군 8만7천5백명 가운데 거의 절반은 보병이었다고 보인다.[8] 아마도 神劒 또한 비슷한 규모의 병력구성으로 대항했을 것이다. 이러한 대군사가 善山으로부터 連山에 이르는 500리 길을 그것도 추풍령을 넘고, 다시 노령산맥을 넘어 쫓기고 쫓음을 계속했다고 믿어지지 않는다.

이와 같은 두개의 의문과 더불어 하나 더 생각해 볼 것이 후백제군의 퇴각로에 대해서이다. 일반적인 통념으로 볼 때, 전황이 불리하여 불가피 퇴각할 경우라면 되도록 안전한 경로를 택하여 자기편의 본거지로 향함이 순리일 것이다. 그런데도 고려군에 쫓긴 후백제군이 추풍령을 넘어 錦山·沃川 또는 大田 방면으로 패주했다는 것은 잘 납득될 수 없는 행로라 하겠다.

이 과정의 지세가 험준한 것은 오늘도 마찬가지이거니와, 덧붙여 이 지역은 麗·濟間의 국경지대에 가까운 곳이라 보겠다.[9] 그러므로 이러한 경로는 후백제군으로서 결코 바람직한 퇴각로로 이용될 수 없는 지역이 아니었을까 한다. 하필이면 남서쪽의 順路를 두고, 군이 적지쪽으로 북상하여, 다시 서쪽으로 우회해야 할 까닭이 없기 때문이다.

이상과 같이 당시의 전황을 상정해 볼 때, 黃山·炭峴을 삼국시대와 동일개념으로서 連山 주변에 비정한다는 것은 무리한 견해가 아닐까 한다. 바꾸어 말해 고려 통일기의 黃山과 炭嶺(峴)은 善山을 기점으로 크게 동떨어지지 않은 곳에서 새로 찾는 것이 옳을 것이라 사료된다.

---

8) 위와 같음.
9) 당시 麗·濟間의 확실한 中東部 國境은 잘 알 수 없으나 尙州·報恩 등지에서 자주 전투가 있었음은 『高麗史』에서 확인된다.

Ⅲ

　고려 통일기의 黃山과 炭嶺(峴)을 특정 지명에 비정하기 앞서, 먼저 생각
해 볼 것이 黃山과 炭嶺이라는 명칭의 뜻일 것이다. 사실 黃山이나 炭嶺
(峴)이라면 그것이 반드시 나라 안의 한 곳만을 특정하여 불릴 수 만은
없는 이름이라 본다. 일반적 관념으로서 黃山이라면 '누런산' 또는 '黃土
山'의 뜻으로서 자연스런 산이름일 터이고, 炭嶺 또한 곳곳에 있었을 '숯고
개' 즉 '숯을 굽던 고개'의 뜻일 것이다. 혹은 주위 암석의 형상이 숯 같거
나, 석탄이 깔려 있는 산지일 수도 있을 것이다.

　그렇다고 할 때 黃山이나 炭嶺은 여러 곳에 있을 수가 있겠고, 실제로도
나라 안의 곳곳에 그러한 이름을 가진 지명을 쉽게 찾을 수 있는 것이다.
예컨대 『新增東國輿地勝覽』에는 梁山郡·連山縣·義城縣 등에 黃山이
모두 들어 있고, 또 炭嶺은 振威縣·公州牧 및 高山縣에 각각 같은 지명을
보이고 있다.

　그런데 『高麗史』에는 앞에서 본대로 그 때의 격전지를 '黃山郡'이라 하
였다. 이는 그 지방이 마치 黃山郡이라는 행정 명칭을 갖고 있었던 것
같지만, 실제 그것이 太祖때의 郡名이었는지에는 의심스러운 바가 없지
않다. 『高麗史』 卷56, 地理志에는,

　　다) 連山郡 : 本百濟黃等也山郡 新羅景德王改爲黃山郡 高麗初更今名.

이라 하여 신라 때의 黃山郡이 '高麗初'에 連山郡으로 바뀌었음을 적고
있다. 그런데 『高麗史』 卷2, 太祖 19년의 말미에는,

　　라) 是歲 … 創開泰寺於連山.

이라 기록하여 이미 連山의 존재를 나타내고 있는데, 여기의 '是歲'라면 바로 太祖가 이끄는 軍이 가을 9월에 "黃山郡에 이르러 炭嶺"을 넘을 때와 같은 해를 가리킨다.

물론 黃山과 連山을 전후 관계로 파악하여, 태조가 후백제를 평정한 직후 곧 黃山郡을 連山郡으로 바꾸어 버렸다고 추정해 볼 수도 있을 것이다. 그러나 '是歲'라는 다소 막연한 개념에 비추어 반드시 그렇게 여길 수만은 없다고 본다. 오히려 黃山·連山이 각각의 사실을 동시에 나타내는 것으로 보아 두 지방을 동일시하기 어렵지 않을까 한다. 다시 말해 太祖 19년에는 이미 黃山과 連山이 따로 있었던 것이 아닐까 하는 것이다.

그러나『高麗史』地理志에서 連山 이외 黃山郡을 달리 찾을 수 없으므로, 혹 黃山을 郡名으로 표기한 기록[사료 - 가]이 착오이었을 가능성도 있다고 본다. 이와 관련하여『三國遺事』卷2, 紀異2, 後百濟 甄萱條에 그 때의 사실에 대해,

> 마) 太祖가 將軍公萱 등에게 명하자 三軍이 양쪽을 끼고 진격하니, 백제 군사가 허물어지고 달아나 黃山·炭峴에 이르렀을 때….

라 하여 黃山을 郡名으로 표기하지 않았음이 주목된다. 아울러『三國遺事』는 물론,『三國史記』와『高麗史』모두가 甄萱이 숨진 곳을 '黃山 佛舍'라 한데서도 黃山이 郡名이라기 보다는 좁은 범위의 산이름 내지는 지명일 것이라 보고 싶다.

이를 염두에 두고 신라말에 있었던 黃山과 관계된 사료를 찾아 제시하면 다음과 같다.

> 바-①) (憲德王 14年) 三月 熊川州都督 金憲昌이 … 반란을 일으켜 … (王)이 마침내 장수 8명을 뽑아 王都를 8方面에서 지키게 한 다음

군사를 출동시켰는데, … 明基·安樂 두 화랑이 각각 종군할 것을
청하여, 명기는 낭도의 무리들과 함께 黃山으로 나아가고….(『三國
史記』卷10, 新羅本紀, 憲德王 14年)

②) (眞聖女王 11年) 冬 10月 乙巳에 王이 北宮에 돌아가시니 諡號
를 眞聖이라고 하고, 黃山에 장사지냈다.(『三國史記』卷11, 新羅本
紀, 眞聖王 11年)

위의 바-①)은 金憲昌이 亂을 일으켰을 때 이를 진압하기 위한 신라
조정의 대책 가운데 일부분이다. 여기에서 보는 바와 같이 신라는 熊州(公
州)방면으로부터 亂兵이 진격해 들어오는 것을 막기 위하여 花郎 明基로
하여금 黃山에 나아가 대비케 했던 것이다. 여기의 黃山이 『三國史記』
地理志나 『高麗史』地理志의 黃山郡, 즉 連山과 무관한 곳임을 말할 필요
도 없을 것이다. 오히려 이 사료는 公州 방면으로부터 都城(慶州)에 이르는
도중에, 王都의 수호에 유리한 요충지로서 黃山이 따로 있었음을 시사하
고 있다 하겠다.
　한편 바-②)의 경우로서 黃山은 眞聖女王의 葬地이기도 하였다. 여왕
이 '北宮'에서 운명하였기 黃山에 安葬했다는 것이다. 그런데 여왕의 葬地
에 관하여 順庵 安鼎福은 그의 『東史綱目』에서,

　사) … 葬黃山(以下 細註) 東京雜記曰今梁山郡黃山驛.

이라 하여 女王의 葬地를 '黃山驛' 즉 오늘의 경남 梁山郡 勿禁 부근으로
비정하였다. 또 실제로 이 곳에 있는 한 무덤을 두고 眞聖女王陵이라는
주장이 없었던 것도 아니다. 그러나 이는 丁仲煥에 의해서 고증된 바[10]와
같이 여왕의 陵으로 인정할 여지는 조금도 없다고 보겠다.

---

10) 丁仲煥, 「眞聖女王陵考」, 『考古美術』105, 한국미술사학회, 1970.

그런데 眞聖女王의 죽음과 관련시켜 黃山의 위치를 짐작케 하는 단서가 없는 것은 아니다. 曺偉의 『梅溪集』에 소개되고 있는 「書海印寺田卷後」[11]가 그것인데 이에 의하면 海印寺가 곧 여왕이 죽은 '北宮'이란 것이다. 해인사는 憲康王 11년 이전까지는 '北宮海印藪'로 불리다가 眞聖女王 4년 이후, 惠成大王으로 추봉된 여왕의 情夫 角干 魏弘의 願堂으로 칭해졌다고 한다. 이에 관해서는 李弘稙의 「羅末의 戰亂과 緇軍」에서 자세히 풀이되고 있거니와,[12] 여왕이 죽은 北宮이 곧 해인사임은 분명한 사실이라 하겠다.

眞聖女王이 北宮에서 薨去하자 黃山에 安葬했다.[13] 그런데 마침 海印寺와 인접한 지역이 오늘날에도 '黃山'으로 불리고 있으니, 慶南 陜川郡 伽倻面 黃山里 일대가 그 곳인데, 명칭의 유래는 불명하다.[14] 이와 같이 北宮과 黃山이 인접해 있다는 것은 여왕의 죽음과 葬地를 따로 떼어 생각할 여지를 남기지 않을 것이다. 추정하건대, 여왕은 情夫 魏弘의 願堂 海印寺에서 죽음을 맞이하였고, 또 葬地도 해인사를 담고 있는 伽倻山 기슭 자체이었거나, 근처의 黃山 어느 吉地이었음에 틀림없다고 보겠다.[15]

이와 같이 海印寺 부근이 신라말기에도 黃山이라 불려 왔다고 하겠는데, 金憲昌의 亂 당시 黃山, 또한 이 곳으로 보아야 옳지 않을까 한다. 그 주된 이유는 가야산 일대의 전략적 가치를 고려해서이다. 가야산 부근은 <지도

---

11) 「書海印寺田券後」에 대하여는 今西龍, 「伽倻山海印寺の新羅時代の田券に就きて」, 『新羅史研究』, 1970 참고된다.

12) 李弘稙, 『韓國古代史의 研究』, 신구문화사, 1971, 543~554쪽.

13) 『三國遺事』 卷1, 王曆에는 眞聖女王의 葬事에 관하여 "火葬 散骨于牟梁西岳 一作未黃山" 이라 기록하고 있어, 『三國史記』와 다르게 되어 있다. 그러나 여왕이 죽은 北宮과 관련시켜 볼 때 『三國史記』의 기록이 타당시 된다.

14) 韓國佛敎硏究院에서 발행한 『海印寺』, 일지사, 1980, 105쪽에는 지금의 伽倻面 洞口에 있는 淸凉寺 앞 산이 黃山이라 하나, 현지 주민들은 그 일대가 '누르뫼'라고 別稱이 있을 뿐 자세한 유래는 알 수 없다 한다.

15) 曺偉는 앞의 「書海印寺 田券後」에서 女王의 무덤에 대해 "其欲同穴之志 亦皎然矣"라 풀이하였다.

-1>에서 보는 바와 같이 경남의 陜川·居昌과는 말할 것도 없거니와, 경
북의 星州·金泉·高靈 등 지역과도 가까운 지점으로서 이들 지방을 동서
로 연결하는 중간에 위치한다.

<지도-1> 黃山의 交通網

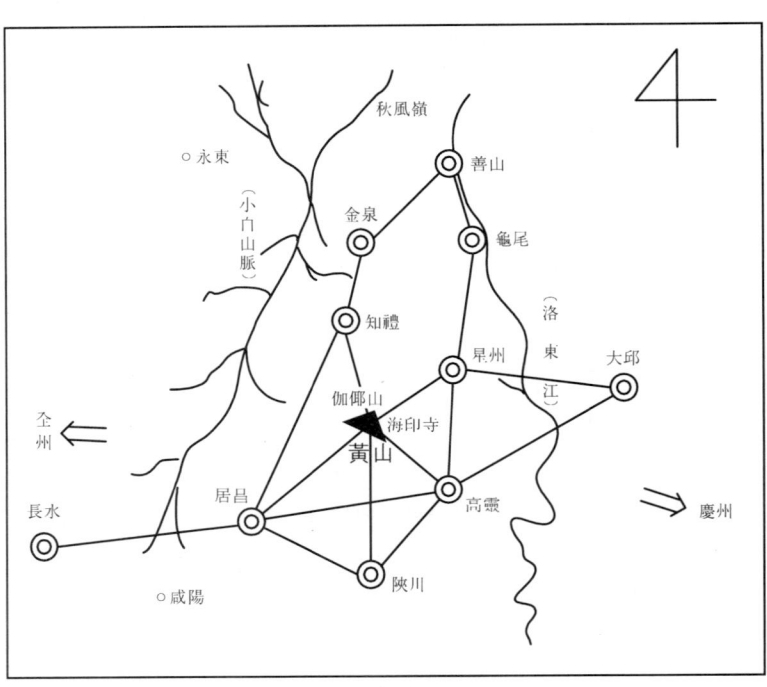

그러므로, 이 黃山은 호남방면에서 영남으로 진입함에 있어 거쳐야 할
관문의 하나라 해도 좋을 것이다.16) 따라서 金憲昌의 亂兵이 신라 王都를
침공하기 위해서는 경유해야 할 가능성이 높은 경로였을 것이다. 이 때문
에 신라는 花郎 明基로 하여금 이 곳을 지키게 했다고 보겠다.

　나아가 필자의 견해로서는 이 海印寺의 黃山이야 말로 후삼국의 통일전

---

16) 이 일대를 동쪽으로 벗어나면 바로 낙동강 중·상류 지역과 연결된다.

이 벌어졌던 바로 그 '黃山'이 아닐까 추정한다. 그 이유로 역시 이 지방의
전략적 가치와 당시 전황을 고려해서이다.

IV

삼국시대부터 陜川・居昌은 羅・濟間의 주요 외교통로였고, 또 가장
빈번했던 상호간의 침공 루트였다. 양국의 관계가 화평했던 때는 친선사절
의 교환이 이 길을 통하여 이루어졌고, 또 전쟁이 터졌을 때는 쌍방의
軍馬가 이 곳을 짓밟았다.

현재 居昌郡 안에는 愁送臺・滌愁臺・迎送里 등 양국 사절의 석별과
얽힌 유래를 가진 지명이 남아 있다.[17] 다른 한편으로, 陜川・居昌일대는
古山城이 많기로도 유명하다. 물론 대부분의 옛 산성은 羅・濟사이의 전
쟁과 관련된 것들이다.[18] 이와 같이 和・戰 양면에 걸친 유적으로 보더라
도 당시의 양국 관계상 陜川・居昌 방면이 얼마나 중요한 위치를 가졌던
가를 쉬 짐작할 수 있을 것이다. 이에 덧붙여 善德女王 11년에 있었던
백제군의 大耶城(陜川) 점령이 사실상 신라가 통일전쟁을 일으킨 도화선
이었다고 해도 지나치지 않을 것이다.[19]

그 후 신라말 분열과 후삼국 쟁패기에 들어 이 곳은 필연적으로 다시
전쟁의 와중에 휩쓸려 들게 되었다. 甄萱은 신라 침공의 전진기지로서
大耶城을 택했던 것이다. 大耶城을 둘러싸고 신라와 후백제 사이에 치열
한 공방전이 전개되었음은『三國史記』나『高麗史』를 통해 엿볼 수 있는
바이지만, 결국은 신라 景明王 4년에 가서 甄萱에 의해 점령되어 버렸다.

---

17)『居昌郡誌』, 1979, 28~29쪽.
18) 井上秀雄,「朝鮮城郭一覽 -慶尙南北道編-」,『朝鮮學報』103, 189~191쪽.
19)『三國史記』卷41, 列傳, 金庾信(上).

그로부터 신라 王都까지도 후백제의 위협에 직면하게 되었으니『三國史記』卷12, 新羅本紀는 이에 대하여,

> 아)（景明王 4年）冬 10月 後百濟王 甄萱이 步騎1萬을 거느리고 와서 大耶城을 공격하여 함락시키고 군사를 進禮까지 진격시켰다. 王이 阿湌 金律을 보내어 우리 太祖에게 구원을 청하니 太祖가 장수들에게 출병을 명하여 구원케 하였다.

라 하여 당시의 사정을 적고 있는데, 甄萱軍의 大耶城 점령이 신라와 고려가 군사동맹을 맺게 한 동기가 되었다고 해도 좋겠다. 이러한 사실은 그보다 근 280년을 앞서, 善德女王 11년(642)에 신라가 大耶城을 백제에 빼앗기고 나서 金春秋로 하여금 고구려에 군사를 요청하러 가게 했던 사정과 좋은 비교가 될 수도 있을 것이다.[20]

한편 居昌지방도 景哀王 2년에는 후백제의 점령지가 되어 버렸다. 이 사실에 대하여『三國史記』卷50, 甄萱傳에는,

> 자)（景哀王 2年）12月（甄萱)이 居昌 등 20餘城을 공격하여 취하니….

라 적고 있다.

이와 같이 陜川과 居昌을 후백제가 차지하면서부터 甄萱軍의 신라 침공은 본격화되었고 마침내는 王都에 들어가 景哀王을 시해한 것은 주지의 사실이다.[21] 뿐만 아니라 이 지역의 확보에 의지하여 후백제군은 남진하는 고려의 세력을 번번히 낙동강 상류지방에서 차단할 수 있었다.[22] 또 甄萱의 후백제군이 聞慶・安東・義城에까지 진출하게 된 것도 모두 陜川・居

---

20) 위와 같음.
21)『三國史記』卷12, 新羅本紀, 景哀王 4年.
22) 池內宏,「高麗太祖の經略」,『滿鮮地理歷史硏究報告』, 1920.
　　朴漢卨,「後三國의 成立」,『한국사』3, 국사편찬위원회, 1981.

昌을 점령하고 난 뒤에야 일어났던 일이다.[23]

그러한 만큼 陜川·居昌지방은 후삼국시대에 이르러서도 후백제의 신라 침공 발판으로서, 전략적으로 크게 중요시되었던 지역임에 틀림없겠다. 그러나 이 지역에 대한 甄萱의 점령이 내내 무사했던 것은 아니었다. 太祖 10년에는 한 때 大良(耶)城이 고려군의 기습을 받아 將軍 鄒許祖 등 30여명이 붙잡힌 적도 있었고,[24] 시기는 분명치 않지만 居昌의 馬利城 옆에서 후백제의 城主 隨晤가 죽음을 당하기도 했다.[25] 그럼에도 불구하고 이 지역은 끝내 後百濟 점령지로서 신라 침공의 총사령부 역할을 했던 곳이라 믿어진다.

V

이와 같이 陜川·居昌지방이 후백제의 東進정책에 있어 전진기지 역할을 했을진대, 太祖 19년에 있었던 統一戰에 있어서도 후백제군의 주력은 바로 이 방면의 예하 군사일 가능성이 크다고 본다. 물론 그 때 統一戰은 양국의 운명을 건 일전이었다. 그러므로 太祖는 甄萱을 동반한 가운데 삼군을 친히 거느렸고, 반면에 후백제의 神劍은 그의 아우들인 菁州(晋州) 城主 良劍과 光州 城主 龍劍의 예하 군대까지 동원하였던 것이다.[26]

그리하여 9월의 갑오일에 양군은 善山 부근의 '一利川'[27]을 사이에 두고

---

23) 위와 같음.
24) 『高麗史』卷1, 世家, 太祖 11年 答甄萱書.
25) 위와 같음.
26) 『高麗史』卷2, 世家, 太祖 19年.
27) 一利川의 위치에 대하여 『東史綱目』에는 "今餘次尼津 在善山府東十里"라 하였다. 그런데 『星州邑誌』에 의하면 屬縣 加利縣에 대하여 "在州南三十九里 本新羅一利縣 高麗初改今名"라 기록하고 있다. 이에 따라 만약 一利川과 一利縣을 동일지역이라 할 수 있다면, 海印寺 부근을 黃山으로 비정함에 異論의 여지가 없을 것이다.

맞서게 되었다. 그러나 개전하자마자 전황은 일방적으로 고려군의 우세로 드러났다. 때마침 하늘에서 "칼과 창 같은 형상을 한 白雲이 高麗軍의 머리 위에서 일어나 후백제의 진영으로 날아 갔다"[28]고도 한다. 이러한 조화까지 겹치게 되자 후백제의 左將軍 孝奉 등 4명이 먼저 고려에 항복했다.[29] 이들 항복한 이들 장수의 제보에 따라 고려군이 일제히 진격하자 이미 전의를 상실한 후백제군은 당황한 나머지 저희들끼리 싸우기 조차하면서 퇴각을 거듭했던 것이다.

생각컨대 이때 후백제군은 일단 고려군의 예기를 피하여 후퇴하게 되었으나, 그 방향은 그들의 군사기지였던 陜川·居昌 방면이었지 않았나 한다. 아마도 이 경로가 비록 후퇴할 때일 망정, 후백제군에 있어 가장 친숙한 길이었을 것이기 때문이다.

그럼에도 불구하고 고려군의 엄청난 기세는 후백제군의 안전한 후퇴를 허용하지 않았다. 마침내 그들은 黃山에서 운명을 건 일전을 갖지 않을 수 없게 되어 버렸고, 그 결과는 후백제의 참담한 패배로 끝장이 나고야 말았던 것이다. 이 여세를 몰아 고려군은 다시 '炭嶺'을 넘고 '馬城'에 진주하였으며, 이 곳에서 최종적으로 神劍으로부터 항복을 받아냄으로서 고려의 통일은 완성을 보게 되었다.

그런데 이 黃山의 전투와 관련된 설화가 海印寺의 寺蹟에 들어 있음은 자못 흥미로운 것일 것이다. 「伽倻山海印寺古籍」에[30] 의하면 "新羅末 僧統 希朗이 이 절의 住持로 있었을 때, 太祖가 (後)百濟의 王子 月光과 싸웠다"한다. 그때 "月光은 美崇山[31]을 지니고 식량이 넉넉한데다 軍兵이 강

---

28) 『高麗史』 卷2, 世家, 太祖 19年.
29) 위와 같음.
30) 『朝鮮寺刹史料』上, 朝鮮總督府, 1911, 493쪽.
31) 美崇山은 경북 高靈과 경남 陜川郡 冶爐面의 경계를 이루고 있으며, 伽倻面과도 가까운 거리이다. 그런데 伽倻面 안에도 '崇山'이란 마을 명칭이 남아 있고 그 뒷산에 城趾가 있어 의문을 남기고 있다.

하여 太祖의 힘으로 이를 제압할 수 없었다"한다. 그러자 "太祖는 海印寺에 들어와 希朗祖師에게 師事하자 祖師가 高麗軍을 도우니, 月光은 '金甲의 軍師가 하늘에 가득찬 것을 보고 그것이 神兵이라 알고' 드디어 太祖에게 항복했다"는 내용이다.

이 기록은 고려의 統一戰이 海印寺 부근에서 벌어졌음을 방증하기에 유력하리라 여겨진다.[32] 다만 '月光'이 과연 후백제의 왕자였을까는 의심스러운 바도 없지 않으나,[33] 이는 설화 전승 과정의 혼동이라 할 수도 있을 것이다. 하여간 그때 太祖의 상대자가 후백제 王子였던 것만은 사실로 볼 수도 있는 만큼, 이 상황은 바로 太祖가 神劍·良劍·龍劍 등 甄萱의 아들과 싸운 전투를 가리키고 있음은 분명한 것 같다.

더군다나 설화의 내용 가운데 "金甲의 軍師가 하늘에 가득 찼다"는 부분은『高麗史』가 표현한 "白雲이 劍戟의 形狀으로 일어나" 고려군을 도왔다는 것과 완전히 일치되는 모티브라 하겠다. 따라서 두 기록을 연관지어 보면 希朗 祖師가 太祖를 도와, 佛力을 빌어 白雲을 劍戟의 형상으로 변화시키니, 후백제군이 이를 神兵으로 알고 전의를 상실했다는 것으로 되겠다.

한편 希朗 祖師가 太祖의 '福田'으로서 실존했던 인물이었음은『均如傳』을 통해서도 알 수 있다.[34] 다시『均如傳』에서는 甄萱의 '福田'으로서 觀惠公이란 스님이 海印寺에 있었다고도 한다. 이 점도 甄萱이 '黃山佛舍'에서 죽었다는 사실과 어떤 연관이 닿을성 싶기도 하다. 順庵 安鼎福은 그의『東史綱目』에서 甄萱의 무덤에 대해,

---

32) 물론 이 초자연적인 조화까지 그대로 믿겠다는 것은 아니다. 그러나 당시 高麗軍과 海印寺의 希朗祖師 사이에 어떤 협력이 있었다고는 충분히 짐작할 수 있을 것이다.
33)『新增東國輿地勝覽』卷29, 高靈縣의 建置沿革에 의하면 月光太子는 大伽倻國 異惱王의 아들이었다는 설을 소개하고 있다. 冶爐面에 '月光里'라는 坊里가 지금도 있으며 이곳에 月光寺趾가 있다.
34)『均如傳』第4,「立義定宗分者」.

차) 卒于黃山(在今連山東五里)佛舍 年七十·(甄萱墓在今恩津縣南十里
風界村俗號王墓)
　　※( )안은 細註部分

라 하였으나, 이 역시 眞聖女王의 경우나 마찬가지로 와전된 내용을 적은
데 불과한 것으로 간주된다. 아마도 甄萱은 이 곳 黃山의 어느 佛舍[35])에서
殞命한 것이 아니었을까 추측된다.

　　希朗 祖師의 도움으로 후백제군을 물리친 太祖는 통일 후에 田 500결를
海印寺에 시납하여 寺宇을 새로 중수하였다고 한다.[36] 실제 海印寺에 希
朗臺가 남아 있으며, 希朗 祖師의 塑像도 보존되고 있음을 볼 수가 있다.
요컨대 太祖는 해인사 근처의 黃山에서 希朗 祖師의 도움으로 후백제의
神劒을 패주시켰음은 사실이라 하겠다.

VI

　　이상의 검토를 통하여 고려 통일기의 黃山이 海印寺 마을 어귀의 陜川
郡 伽倻面이었을 가능성은 높아졌다고 하겠다. 그러나 이것만으로 단정할
수는 없는 바로서, 炭嶺과 '馬城'의 위치가 黃山과 관련되어 밝혀지지 않
으면 안될 것이기 때문이다. 앞에서 본 대로 당시 高麗軍은 黃山을 거친
다음 炭嶺을 넘어서 馬城에 진주하였다. 그리하여 이 馬城에서 최종적
승리를 거두었던 것이다.

　　그런데 이곳 黃山과 별로 멀지 않은 곳에 '炭嶺'이 있었던 흔적이 있다.
지금의 伽倻面 梅花里 외딴 곳에 '숙고개'[37])라는 이름의 작은 마을이 있는

---

35) 海印寺 부근 月光寺·淸凉寺·內院寺·蘇利庵 등 여러 古刹이 있다.
36)「伽倻山 海印寺古籍」,『朝鮮寺刹史料』上, 朝鮮總督府, 1911, 495쪽.
37) 지도상에 간혹 이곳이 '쑥곡'으로 표기된 경우도 있다. 그러나 현지 주위의 많은 주민들은

데, 이 곳은 海印寺로부터 居昌郡 加祚面으로 넘어가는 길목으로서 陜川郡과 居昌郡을 가로 질러 연결하는 '산재미 고개'[38]의 어귀에 해당한다. 물론 이 근처에 영·호남을 연결하는 88고속도로가 개통되어 있으나, 그 이전까지 海印寺 쪽의 陜川에서 居昌 加祚面으로 들어가려 할 때 넘지 않으면 안 되는 고갯길이 바로 飛鷄山과 斗霧山 사이의 걸친 '산재미 고개(山際峙)'였다.

이 고개에 이르는 길목에 '숙고개'의 이름이 남아 있다는 사실은 黃山·炭峴과 연관시켜 볼 때 참으로 재미있는 일일 것이다. 그런데 우리 말에서 막연히 '숙고개'라 불릴 수 있는 대상은 적은 것이 아니다. 즉 '쑥(艾)'·'숫(雄)'·'숲(林)'·'숯(炭)' 가운데서 어느 것이나 다 그 대상이 될 수 있을 것이다. 특히 경상도 지방에서의 발음상 혼동은 심한 편이라 해도 좋겠다.

그러나 필자로서는 이 경우 '숯(炭)'과 연관시켜 해석하고 싶다. 무슨 뚜렷한 증거가 있는 것은 아니지만, 전근대 우리 생활과 밀접했던 숯을 구워낸데서 나온 이름일 가능성이 크다고 여겨지기 때문이다. 실제 '숫고개'이거나 '숙고개'라 불린 곳이 漢字로 '炭峴'이라 표기된 경우가 없지 않다.[39] 이러한 사례에 비추어 보더라도 梅花里의 '숙고개' 또한 炭峴(嶺)이라는 한자명을 갖고 있었을 것이다.

더욱이 『居昌鄉誌』에 따르면, 이 고개 넘어 居昌郡 加祚面에 '炭洞里'라는 이름의 마을이 조선말까지 남아 있었다고 한다.[40] 이렇게 볼 때 고개넘어 저쪽의 '숙고개'와 이쪽의 '炭洞里'는 결코 서로 무관한 이름이 아니었을 것이다. 이것이 伽倻의 黃山과 居昌의 加祚를 잇는 고갯마루 이름이

'숙고개'로도 부르고 있는데, 정작 그곳에 살고 있는 사람들은 '숲곡' 즉 '林谷'이 옳은 이름이었을 성싶다고 했다.

38) 1982년에 간행된 『居昌鄉誌』에는 이 고개를 '작은재'라 기록하고 있으나 지도상에는 '山際峙'로 표기되고 있다.

39) 今西龍, 『百濟史硏究』, 近澤書店, 1934, 266쪽.

40) 「加祚面 槪說」, 『居昌鄉誌』, 479쪽.

'炭嶺'이었음을 방증하는 것이 아닐까 한다. 이러한 정황으로 볼 때 고려 統一戰 때의 炭嶺은 바로 오늘의 '산재미재'에 비정해 볼 만 하겠는데, 太祖는 黃山에서 이긴 다음 여세를 몰아 이 炭嶺을 넘어 적의 군사기지였던 居昌 방면으로 진격했다고 보겠다.

太祖가 후백제의 神劍으로부터 항복을 받았던 '馬城'은 그 도중에 있는 어느 지역이었을 것이다. 그런데 居昌 주변에는 유달리 말(馬)과 관련된 지명이 적지 않다. 앞에서 본 '馬利城'도 그러한 예의 하나이거니와 더욱 加祚面 소재지가 '馬上里'라는 명칭을 갖고 있다.[41] 또 신라 婆娑尼師今 8년에 쌓았다는 '馬頭城'의 위치가 加祚面 水月里에 있는 古見寺 동북 방면의 古城趾에 비정되기도 한다.[42] 게다가 古見寺의 북쪽에서 伽倻山으로 넘어가는 고개이름 조차도 '馬嶺'이다.

한편 加祚面과 '살피재'를 사이에 두고 인접해 있는 居昌郡 南下面에 '屯馬里'라는 마을이 또 있다. 이곳 屯馬里의 '梓宮골(또는 石葬골)'에서 고려전기의 벽화고분이 발견된 일은 유명한 사실이다.[43] 이와 같이 加祚面과 그 이웃이 말(馬)과 관련된 지명을 많이 보게 된다는 것은, 이곳과 '馬城'을 연관지어 생각해 보지 않을 수 없게 한다. 이러한 사실에 비추어 아마도 고려 통일기의 '馬城'은 현재의 居昌郡 加祚面에서 南下面 屯馬里 일대를 가리켰다고 볼 수 있지 않을까 한다.[44]

---

41) 『居昌鄕誌』, 492쪽에 의하면 옛 '麻村'이 日帝때 '馬上'으로 바뀌었다고 하나 '마처마'·'마촌' 등의 俗名을 가졌음에 미루어 우연히 그와 같이 바뀐 것은 아닐 것이다.

42) 『居昌鄕誌』, 494쪽.

43) 屯馬里 壁畵古墳에 대한 발굴의 전모와 미술사적 가치는 『居昌 屯馬里 壁畵古墳 및 灰槨墓 發掘調查報告』, 文化財管理局, 1974와 金元龍의 『韓國美術史』, 범문사, 1980을 통하여 가늠할 수 있다. 그런데 만약 이 古墳의 축조 연대를 고려의 통일기까지 올려볼 수 있다면 필자로서는 이를 甄萱의 무덤과 관련시켜 보고 싶다. '梓宮골'의 이름을 가진 곳이라는 점, 被葬者의 신원이 남자노인일 것이란 점과 더불어, 伽倻面과 별로 멀지 않은 곳이라 점 등에서 그러하다.

44) 加祚는 面 전체가 소백산맥의 峻峰에 둘러 싸인 분지로서, 그 자체가 하나의 거대한 城塞라 하여 지나치지 않을 것이다.

이상의 고증을 통하여 『高麗史』에 기록된 一善郡→黃山→炭嶺→馬城의 루트를 善山에서부터 陜川 海印寺를 거쳐 居昌의 加祚面과 屯馬里에 이르는 사이에서 모두 찾게 된 셈이다. <지도-2>는 이 경로를 나타낸 것이다.

<지도-2>에서 보아, 黃山里→山際峙→馬上里→屯馬里의 경로가 그 것으로, 필자는 이 곳을 고려 통일기 黃山·炭嶺 지역으로 감히 추정하는 바이다.

<지도-2> 黃山·炭峴地區

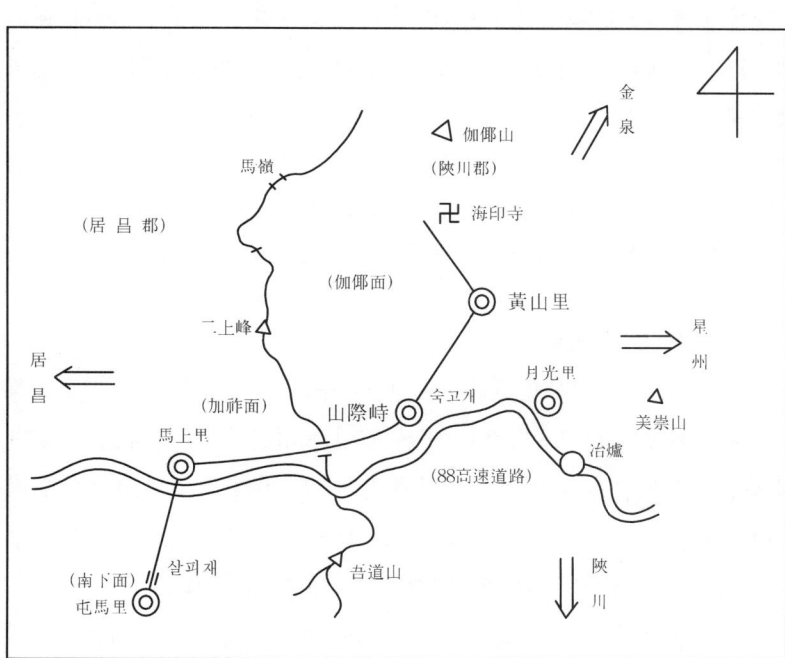

지금까지 검토를 종합해 보건데, 고려 통일기의 黃山·炭峴은 충남 連山
지방이 아니라 경남 陝川·居昌지방에 비정함이 그 때의 전황과 더 잘
부합된다고 할 수 있겠다. 그러나 黃山을 連山에 비정하게 된 주장에도
나름대로 타당시되는 근거가 없다는 것은 아니다. 무엇보다도 太祖 19년
에 세웠다는 連山 開泰寺의 창건에 관계된 기록이 黃山＝連山說의 결정적
증거로 되고 있는 듯하다. 따라서 黃山의 위치비정에 있어 開泰寺 창건문
제가 아울러 해명되지 않으면 안될 것이다.

앞에서 제시했거니와[사료 - 라)], 太祖는 統一戰을 치룬 그 해에, 連山
에 開泰寺를 창건했다고 한다. 또『高麗史』卷56, 地理志에는 連山郡의
細註에,

> 카) 太祖는 백제를 평정하고 큰 절을 黃山의 골짜기에 창건하였으며,
> 산을 天護라 고치고 절의 이름을 開泰寺라 하였다.

라는 기록을 달고 있다.

이 기록만으로 본다면, 太祖는 최후의 승리를 거둔 黃山에 開泰寺를
창건하고 아울러 산이름까지도 '天護山'이라 바꾼 듯 여길 수도 있겠다.
이 무렵 창건된 開泰寺는 太祖 23년에 창건[45]된 이래, 太祖의 眞殿이 있던
고려시대의 大刹이었다. 비록 축소·중건되긴 했으나 지금까지 '天護山'
의 이름과 더불어 連山에 자리잡고 있는 것도 사실이다.

이와 더불어『新增東國輿地勝覽』卷18, 連山縣의 山川條에는,

> 타) 黃山 : ① 天護라고도 한다. 縣의 東쪽 5里에 있는데 新羅 金庾信이

---

45)『高麗史』卷2, 世家, 太祖 23年.

군사를 이끌고 … 百濟를 공격하니 … 百濟將軍 階伯이 黃山
의 들판에서 이를 막았다.

② 甄萱이 高麗 太祖를 따라와 그의 아들 神劍을 치자 神劍의
병사는 패하여 항복하였다. 견훤은 … 黃山의 佛舍에서 죽었다.

라 하여 連山의 黃山이 ① 삼국시대 金庾信과 階伯이 결전을 벌였던 戰場
이었으며, ② 후삼국시대 神劍이 패한 뒤 甄萱이 죽은 곳도 이 黃山의
佛舍였다고 했다.

그럼에도 불구하고 이 기록을 그대로 믿기에는 석연찮은 점이 없지 않다
고 생각한다. 물론 連山郡의 그곳이 여러 '黃山'가운데의 하나일 수는 있을
것이다. 또 金庾信과 階伯의 싸움터였을 가능성도 크다 하겠다. 그러나
앞에서 살핀 바와 같이 太祖과 神劍이 싸웠던 곳, 그리고 甄萱이 죽었던
'黃山'은 이곳 連山이 아니었을 것이다. 아마도 『高麗史』등 地理志의 기록
은 黃山이라는 지명에 대한 어떤 혼동에 기인한 착오가 아닐까 의심한다.

이와 더불어 開泰寺의 창건경위에도 문제가 있다고 본다. 崔滋의 『補閑
集』上卷 첫머리에는 開泰寺의 창건에 관한 동기를 싣고 있는데,

파) 長興 5年 甲午에 百濟를 쳐서 크게 이겨 河內 30여郡을 차지하고,
또 渤海國 사람들이 모두 歸順해 오니 有司에게 명하여 開泰寺를 지어….

라고 쓴 귀절이 주목된다. 여기의 "長興 五年 甲午"는 곧 太祖 17년(934)을
가리킨다. 이는 고려의 통일이 있었던 해보다 2년 앞서는 해인 것이다.
또 창건의 직접적인 동기도 후삼국통일이 아니라 太祖 17년에 있었던 對
후백제전에서의 대승과 발해 세자 大光顯의 來投에 기인한 것이었다. 이
러한 동기로 해서 開泰寺는 太祖 17년에 이미 왕명에 의해 창건키로 계획
된 것이라 여겨진다. 다만 "是歲(太祖 19年)創開泰寺於連山"이란 『高麗

史』의 기록에 비추어 실제 착공시기는 太祖 19년의 어느 달(月)이었을 수는 있을 것이다.

또 건립지로서 連山이 統一戰의 전승지였기 때문이기보다는 圖讖說[46]에 입각해서 미리 占定되었을 가능성도 크다고 본다. 즉 「訓要十條」의 第2條에는,

> 하) 모든 寺院은 다 道詵이 山水의 順逆을 推占하여 開創한 것이다. 道詵이 말하기를, '내가 占定한 이외에 함부로 더 짓는다면 地德을 훼손시켜 王業이 길지 못할 것이다….'

라 하여 여러 사원은 모두 道詵이 占定한데 따라 開創한 것이라 했다. 실제 太祖 19년에는 開泰寺 말고도 여러 사원이 창건되고 있었으며, 이들 모두가 圖讖과 관련되었다고 보아 틀리지 않을 것이다.[47]

한편 連山지방이 太祖 17년에는 이미 고려의 점령지였을 가능성도 크다고 본다. 太祖 17년에 있었던 對 후백제전에서의 대승에 대하여,

> 거) 9月 丁巳에 王이 친히 군사를 거느리고 運州를 정벌하였다. 甄萱과 싸워 크게 이기자 熊津 이북 30여 城이 이 소식을 듣고 스스로 항복해 왔다.(『高麗史』 卷1, 世家, 太祖 17年)

라 기록하고 있다. 만일 당시 전과가 이와 같이 熊津(公州) 이북에만 미쳤다면, 그 남쪽에 위치하는 連山에 開泰寺를 지을 계획조차 세우기 어려웠을 것이다. 그러나 連山은 熊津과 인접한 지역으로서,[48] 고려 전시대를

---

46) 고려 태조의 圖讖思想에 대하여는 李丙燾, 「太祖와 圖讖」, 『高麗時代의 硏究』, 서울대출판부, 1986, 34쪽이 참고된다.

47) 安鼎福은 『東史綱目』 第6上에서 그 때의 사정에 대해 "又於都內 創廣興・現聖・彌勒・內天王 等 寺……凡國內建寺 多用道詵之說"이라 했다.

48) 『新增東國輿地勝覽』 卷18, 連山縣에는 "北至公州界三十二里"로 되어 있다.

통하여 熊津의 屬縣이었다.[49] 따라서 이 경우 군이 방위 개념만으로 위사료를 해석할 것이 아니라, 連山을 포함한 熊津 부근의 일부 지방을 "熊津以北 三十餘城"의 범위에 넣더라도 무리하지는 않을 줄 안다.[50]

만약 이렇게 볼 수 있다면 太祖 19년에 있었던 후백제와의 통일전쟁이 連山에서 벌어질 수 없음은 자명할 것이다. 아마도 太祖는 17년에 連山을 점령하게 되자, 이제 최종적으로 후백제를 평정하기에 앞서, 裨補寺刹로서 開泰寺를 창건토록 한 것이 아닐까 한다. 더구나 이 곳이 지난 삼국시대 최후의 결전장이었다면 그렇게 되었을 가능성은 더욱 높을 것이다.

그후 太祖 23년에 開泰寺가 낙성되자 太祖는 "落成華嚴法會"를 열고, 疏文을 친히 지었다 한다.[51] 이 疏文, 즉 願文의 요지가 『補閑集』에 실려 있거니와,[52] 이 속에는 佛力의 加護에 의해 후백제를 평정케 되었음을 부처님께 감사드리고 있는 것이다.

이상의 고찰로서 開泰寺는 太祖의 신앙에서 비롯된 裨補寺刹로서의 의미는 클지언정 그 존재 자체가 黃山의 위치를 설정하는데 있어, 완전한 근거는 될 수 없다고 하겠다. 오히려 후삼국시대의 黃山·炭峴과 開泰寺는 지리적으로 상호 무관한 것으로 간주할 수 있을 것이다. 따라서 고려 통일기의 黃山·炭峴은 사실을 추적하여 <지도-3> 陝川·居昌 방면에서 찾는 것이 마땅하리라 생각한다.

---

49) 『高麗史』 卷56, 地理1, 連山郡.

50) 太祖 17年의 戰勝에 대해 『補閑集』에서는 "獲河內三十餘郡"이라 기록하였다. 이는 "熊津以北三十餘城"이란 『高麗史』의 기록보다 좀 더 융통성을 가진 표현이라 여겨진다.

51) 『高麗史』 卷2, 世家, 太祖 23年.

52) 『高麗名賢集』 卷5, 東人之文 가운데 「神聖王 親製 開泰寺華嚴法會疏」의 全文이 실려 있다. 이를 『補閑集』에 실려 있는 略文과 비교해 보면 표현상 약간의 차이를 발견하게 된다. 이로 미루어 둘 중의 어느 것인가 후대의 윤색이 가해졌음을 지적할 수 있겠다. 그런데 東人之文에 실려 있는 疏文에는 "願以轅門所住 許開鹿野之基 荅佛聖之維持 酬山靈之贊助 特名司局 創造蓮宮"이라 하여 태조 19년 統一戰때의 兵營자리에 開泰寺를 창건한 양 기록하고 있다. 그럼에도 불구하고 崔滋는 『補閑集』에서 開泰寺의 창건동기를 "長興五年(太祖 17年) 甲午 征百濟大克… …及渤海人皆歸順 乃命有司 刱開泰寺"라 명시하고 있다. 이는 당시 崔滋가 開泰寺의 창건에 대하여 분명한 근거를 갖고 있었기 때문일 것이다.

<지도-3> 高麗軍 進擊路比較

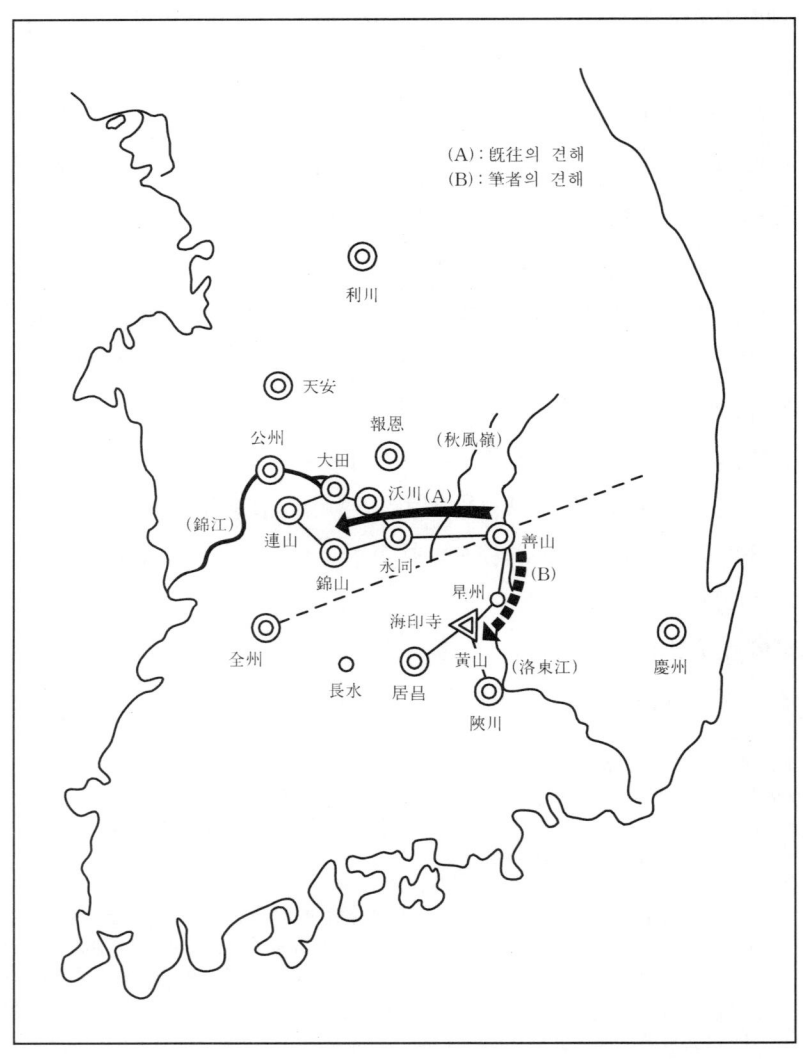

(A): 旣往의 견해
(B): 筆者의 견해

利川

天安

報恩

公州   (秋風嶺)

大田

(錦江)   沃川 (A)

連山   善山

錦山   永同   (B)

星州

海印寺

全州   黃山

長水   居昌   (洛東江)   慶州

陜川

고려초기 지방통치의 재검토

I. 머리말   II. 후삼국 정립기의 지방지배
III. 고려 태조의 지방통제   IV. 고려초기 지방의 권력구조
V. 맺음말

I. 머리말

나말여초의 혼란기 동안 각 지방은 누구에 의해, 어떠한 지배구조 하에서 통치되었는가를 살피는 일은 고려초기 정권의 성격을 밝히는 관건이될 것이다. 그래서 이 기간동안의 지방 지배체제는 그 동안 많은 관심을 받아온 분야이다. 결과적으로 고려초기 지방통치를 둘러싼 의견 가운데, 나말여초 대부분의 지방은 호족에 의해 반독립적으로 통치되고 있었으며, 따라서 후삼국의 통일을 위하여 太祖 王建은 그들 호족과 연합할 수밖에 없었다는 주장이 일찍이 제기된 바 있었다.[1] 그러나 한편에서는 호족연합 정권설을 부정하는 견해도 없지 않았고,[2] 또 다른 한편에서는 고려초기의

---

1) 李基白, 「고려귀족사회의 성립」, 『한국사』 4, 국사편찬위원회, 1981.
   河炫綱, 「高麗王朝의 成立과 豪族聯合政權」, 『한국사』 4, 국사편찬위원회, 1981.
2) 朴菖熙, 「高麗 初期 '豪族聯合政權說'에 대한 再檢討」, 『韓國史의 時角』, 영언문화사, 1984.
   金潤坤, 『高麗 郡縣制度의 研究』, 경북대 박사학위논문, 1983.
   文暻鉉, 『高麗 太祖의 後三國 統一研究』, 영남대 박사학위논문, 1985.
   黃善榮, 『高麗初期 王權研究』, 동아대출판부, 1988.

정권이 호족연합정권임은 부인하면서도 '호족연합적 성격'을 지녔음을 내세우는 수정적인 견해도 제시되었으나,[3] 아직까지는 호족연합정권설이 묵시적으로나마 지배적 의견으로 수용되고 있는 듯한 감이 없지 않다.[4]

물론 여기에는 나말여초 대부분의 지방이 호족들에 의해 반독립적으로 잔존하고 있었음을 그 논거로 하고 있는 것 같다. 당시 지방의 호족들은 스스로 城主·將軍을 자처하면서 독자적 군대와 통치기구를 통하여 일정 영역을 거의 독립적으로 지배해 나갔다는 것이다. 다시 이러한 지배체제는 고려초기에도 계속되었으며, 결과적으로 成宗代의 外官制 확립기에 와서야 비로소 종식되었다는 견해가 아직도 널리 지지되고 있는 것으로 보인다. 사실 『三國史記』나 『高麗史』를 통하여 상황을 추적해 볼 때, 일부 강력한 지방세력이 버티고 있었으며, 따라서 통일을 위하여 태조 왕건은 매우 유화적인 자세로 그들을 회유해 나갔던 측면을 무시할 수는 없을지 모른다. 그러나 시각을 바꾸어 볼 때, 태조와 지방 호족과의 그러한 연합적 관계가 결코 당시의 대세라 할 수는 없다고 본다. 신라말의 혼란을 틈타 한때 독립을 모색했던 지방세력이 있었을지라도 후삼국의 성립기에 들어와서는 지역적 연고에 따라 삼국 가운데 하나의 國籍을 분명히 하고 있었다고 믿어진다.

그럼에도 불구하고 그들 호족들이 새삼 반독립적 세력으로 비치게 된 것은, 태조의 통일정책 추진과정에서 빚어진 전쟁에 따라 그들의 향배가 승패를 결정짓는 변수로 될 수도 있는 특수상황이 전개되었기 때문이라

---

3) 金甲童, 「豪族聯合政權說의 檢討」, 『羅末麗初의 豪族과 社會變動研究』, 고려대 민족문화연구소, 1990.
4) 金光洙, 「羅末麗初의 豪族과 官班」, 『韓國史研究』 23, 1979.
   鄭淸柱, 「新羅末·高麗初 支配勢力의 社會的 性格」, 『新羅末高麗初 豪族研究』, 일조각, 1996.
   金日宇, 「고려초 국가권력의 地方支配와 그 체제」, 『고려초기 國家의 地方支配體系研究』, 일지사, 1998.
   姜恩景, 「高麗初 州官의 形成과 그 構造」, 『한국중세사연구』 6, 1999.

생각한다. 따라서 특정지역의 일시적 현상이 그 시대의 보편적 전형으로 간주되어서는 안될 것이다.

본고는 이러한 관점에서 고려 건국기의 지방지배 실태를 재조명하고, 이를 통해 고려초기 왕권의 성격을 재검토하고자 시도된 것이다. 이를 위해 먼저 후삼국 시대 동안 각 지방이 어떻게 잔존해 나왔는지를 대세론적 견지에서 살펴보고, 다음으로는 고려의 건국기에 고려의 왕실과 지방의 호족이 어떠한 관계를 설정하고 있었는지를 검증코자 한다. 끝으로 고려초기 지방의 통치구조를 분석하여 당시 지방지배의 실체가 어떠했는지에 접근해 보고자 한다. 이러한 작업을 거칠 때 고려초기의 정치적 성격은 더욱 선명해지리라 믿는다.

Ⅱ. 후삼국 정립기의 지방지배

고려초기의 지방통치체제를 이해하기 위하여, 먼저 후삼국이 정립하여 다투는 동안에 각 지방이 어떠한 상황에 처해 있었는지 살펴 볼 필요가 있을 것이다.

주지하는 바와 같이 甄萱은 신라의 9주 가운데 全州·武州·公州를 장악하고는 892년에 스스로 후백제의 왕으로 자처하면서 새로운 통치체제로서 設官分職을 단행했다.[5] 견훤이 차지한 이 지역이 곧 삼국시대의 백제 강역 그대로 임은 길게 말할 필요도 없을 것이다. 그 자신이 신라의 武將 출신이었음에도 불구하고 옛 백제의 땅을 차지한 견훤은 이제 와서 건국의 명분으로 새삼 자기가 백제를 부흥시켜, 義慈王의 숙분을 풀 것을 내세웠다. 이와 관련하여 『三國史記』卷50, 甄萱傳에는,

---

5) 『三國史記』卷50, 列傳, 甄萱. "自稱後百濟王 設官分職".

가) 百濟가 金馬山에서 개국한지 6백년이나 되었는데, 摠章연간에 唐나라 高宗이 新羅의 청을 들어 장군 蘇定方에게 水軍 13만을 거느리고 바다를 건너게 하였고, 신라의 金庾信은 다시 힘을 모아 黃山을 지나 泗沘에 이르러 唐나라의 군사와 합쳐 百濟를 공격하여 멸망시켰으니 이제 내가 어찌 完山에 도읍을 세워서 義慈王의 宿憤을 풀어주지 않을 수 있겠는가?

라 하여 후백제 건국의 당위성을 주장하는 견훤의 말을 적고 있다.

이러한 사정은 옛 고구려의 강역을 차지한 弓裔에 있어서도 마찬가지였다. 옛 高句麗의 강역을 차지하여 북으로는 渤海와 접하고, 남으로는 대략 竹嶺 ~ 淸州로 이어지는 선으로서 신라 및 백제와 국경을 설정하게 되자 이제 궁예도 스스로 칭왕하면서, 그 자신 신라의 왕자출신이었음에도 불구하고, 느닷없이 신라가 고구려를 멸망시킨데 대한 원수를 갚겠다고 부르짖었다. 이어 904년에는 國號를 摩震, 年號를 武泰라 하면서 廣評省 등 통치기구를 갖추게 되었다. 『三國史記』卷50, 弓裔傳에는,

나-①) 지난날 新羅가 唐나라에 請兵하여 高句麗를 격파했기 때문에 平壤의 옛 도읍이 묵은 풀밭으로 되고 말았으니 내가 반드시 그 원수를 갚을 것이다.

②) 天祐 元年 甲子에 나라를 세워 摩震이라 하고 年號를 武泰라 하였으며, 비로소 廣評省 … 등 品職을 설치하였다.

라 하여 궁예의 건국 명분과 통치기구의 정비를 알리고 있다.

이러한 양국의 사례를 통하여 볼 때, 아무리 혼란기라 하더라도 대체로 독립국을 표방함에는 먼저 그럴싸한 건국의 명분이 확립되어야 하며, 더불어 적어도 일정 규모의 영역과 그곳에 거주하는 많은 인민 그리고 강력한 상비군의 유지 및 효율적 관료제를 위한 통치기구의 설치가 요구된다고 하겠다. 이렇게 해서 후백제와 후고구려가 건국됨에 따라 신라는 그 강역

이 통일 이전보다 오히려 더 줄어들어, 겨우 竹嶺 ~ 洛東江 동쪽만을 유지하면서 명맥을 이어 갈 수밖에 없었다.

이들 후삼국은 성립후 한동안 상호간 각축을 거듭했고 그 결과 영역의 확보에 변동이 있기도 하였으나, 태조 왕건에 의해 고려가 건국될 무렵에는 명분상 신라를 종주국으로 하는 후삼국체제가 기정사실화된 가운데 소강 상태가 당분간 지속된 것으로 보여진다.『三國史記』卷50, 甄萱傳에 보이는 太祖의 答書 가운데는,

> 다- ①) … 이에 선린으로 우호 관계를 맺은 다음 … 7~8년 동안 병사들이 편히 쉴 수 있다.
>
> ②) 乙酉年 10월에 이르러 갑자기 사단이 생겨 서로 싸우게 되었다.
>
> ③) 어찌 釁血이 마르기도 전에 못된 버릇이 발작을 일으켜 … 畿甸을 막고 金城을 위험에 빠뜨리며 왕궁을 놀라움에 떨도록 할 수 있단 말인가!
>
> ④) 의리에 의지하여 (周)왕실을 받듦에 과연 누가 桓公이나 文公의 업적에 비길 것인가?

라고 하면서 견훤을 나무라고 있는데, 이 가운데 고려가 건국된 후에까지도 신라를 종주국으로 받들면서 왕건과 견훤이 자신들을 新羅王의 '封建諸侯'에 비기고 있음이 주목된다.

그러나 여기에서 먼저 주의해야 할 것은, 궁예나 견훤이 어떻게 그들의 강역을 확대시켜 나갔으며, 그 과정에서 편입된 지방과는 어떠한 관계를 설정하고 있었을까 하는 문제일 것이다. 궁예나 견훤이 처음으로 건국의 근거지를 마련하려 했을 때만해도, 대부분의 각 지방은 이른바 '豪族'들에 의해 반독립적으로 통치되고 있었을지 모른다. 眞聖女王 이후의 신라말기

에 각 지방에 군림한 호족들은 중앙정부로부터 이탈하려 하였고, 그들 중 일부는 사회의 혼란에 편승하여 강력한 정치세력을 구축하기에 이르렀다고 볼 수도 있겠다.

그런데 여왕대 무렵에 발생한 黑水鞨鞨의 침입은 다시 이들 기왕의 호족에 의한 지방 지배체제를 변화시키는 돌발적 요인이 되었고, 이로 인해 지방세력의 판도에도 많은 변동이 있게 되었다고 본다. 897년에 崔致遠이 쓴 眞聖女王의 讓位表 가운데는,

> 라) 臣이 繼承하여 職을 지킴에 미쳐서는 모든 환란이 한꺼번에 밀어 닥쳐, 처음에는 黑水가 침입하여 독액을 내뿜었고, 다음으로는 떼도적[綠林]이 무리를 지어 다투어 狂氣을 풍기니, 所管 九州와 百郡이 모두 도적의 불난리를 만나 마치 劫灰를 보는 듯 합니다.(『東文選』卷43, 表箋, 讓位表)

라고 하여, 여왕대의 黑水鞨鞨 침입을 계기로 전국 지방이 도적의 소굴로 바뀌고 있음을 적고 있다. 흑수의 침입과 이에 따라 파생된 내전의 혼란은 많은 지역에서 지배세력의 교체를 불가피하게 했을 것으로 추정된다. 그러한 곳은 곧 군사적 실력을 가진 신흥호족에 의해 점거·통치되었을 것이다. 그렇다고 할 때, 당시의 호족들이 모두 토착세력 내지 깊은 지역적 연고를 갖고 있었다고 보기는 어려울 것 같다. 게다가 그때의 사회 혼란에 따라 수많은 유망민의 발생을 상정해 본다면, 대부분의 호족들에 있어 자신이 지닌 재지세력의 기반 자체도 어느 정도 확고했다고는 할 수 없지 않을까 싶다.

이와 같이, 과거에 어떠한 경로를 통해 호족으로 성장했었나를 가릴 것 없이, 결국은 군사력의 우위가 지방지배의 관건이 되었고, 그 위에 다시 견훤과 궁예는 각각 확고한 건국의 명분과 더불어 더 우세한 군사력으로서 그들 지방의 호족을 제압하고 흡수해 나감으로서 마침내 건국의 목표를

달성할 수 있었다 하겠다. 이러한 과정을 잠시『三國史記』卷50, 甄萱傳과
弓裔傳에서 찾아보자면 대략 아래와 같다. 먼저 견훤의 경우,

    마-①) 성장한 다음 軍에 입대하여 서울로 들어가 … 裨將이 되었다.

    ②) 眞聖女王 재위 6년에 … 서울의 서남쪽 州縣을 공격, 武珍州를
    습격하여 스스로 왕이 되었으나 아직 드러내 놓고 왕이라 일컫지는
    못했다.

    ③) 孝恭王 4년에 後百濟王이라 자칭하고 官制를 마련하여 관직자
    를 임명했다.

다음은 궁예의 경우로서,

    바-①) 大順 2년 竹州의 賊 箕萱에 投託했다.

    ②) 景福 元年 原州 賊首 梁吉에 投託하여, 酒泉·奈城·鬱烏·御
    珍 등을 攻取했다.

    ③) 乾寧 元年에 溟洲로 들어가 … 將軍이 되어 猪足·狌川·夫
    若·金城·鐵原 등을 격파하자 浿西의 많은 도적들이 와서 항복했
    다. … 이에 開國稱君할 만하다고 여겨 비로소 內外의 官職을 설치
    했다.

    ④) (같은 해) 王建이 松岳郡으로부터 와서 투항했다.

    ⑤) 乾寧 3年에는 僧嶺과 臨江을 공취했고, 4년에는 孔巖·黔浦·
    穴口 등을 격파했다.

    ⑥) 天福 元年 辛酉에 스스로 왕이라 칭했다.

이상이 견훤과 궁예가 각각 건국하기까지 영역을 확보해 나간 과정이다. 여기에서 보듯이 무엇보다 각 지방은 군사력에서 견훤이나 궁예의 적수가 될 수 없었다. 따라서 견훤과 궁예가 차지한 강역은 그 상당부분이 선점하고 있던 도적 떼를 소탕하거나 攻取한 지역이었고, 그 바탕 위에 인근의 지방을 지배하던 호족의 歸附로서 영역을 더욱 확대시켜 나갔다고 할 수 있겠다.

당시 대부분의 재지세력은 군사적 모험을 무릅쓰고 자신의 지배 지역을 독립적으로 유지하려하기 보다는, 그들의 지배권을 확고히 보장해 줄 수 있는 王權의 선택을 모색하고 있었음에 틀림없어 보인다. 그러나 실제 선택의 과정에서 고민하게 된 호족은 거의가 후삼국의 세력이 충돌하는 국경지대 부근의 일부 호족에 국한될 뿐, 나머지 내륙에 위치한 각 지역은 선택의 여지도 없이 지역적 연고에 따라 後百濟 및 後高句麗(泰封)에 臣屬할 수밖에 없었을 것이다. 이렇게 함으로서 그들은 國籍을 분명히 한 가운데 지방지배자로 거듭나게 되었다고 하겠다. 松嶽의 호족세력으로 간주되는 王建의 집안 또한 지역 연고에 따라 弓裔의 泰封을 택할 수밖에 없었다고 본다.

후백제·후고구려의 건국은 곧 신라말에 야기되었던 지방세력의 분열상을 일단 종식시키고 이제 재편성의 과정에 들어섰음을 뜻한다고 보아도 지나치지 않을 것이다. 그러한 관점에서, 후삼국의 시대는 종래 독립을 지향하는 호족의 시대라기보다는 오히려 분산된 지방세력이 각각의 구심점으로 수렴되는 통합의 시대라 봄이 더 옳을 듯하다.

또 한편으로 891년경의 후삼국성립으로부터 고려가 건국되는 918년까지에 걸친 27년 내외의 시차가 무시될 수 없다고 본다. 이를 간과하고 이 기간 중에 야기되었던 각 호족들의 향배를 평면적으로 파악해서는 안될 것이다. 가령 당초에 후백제나 태봉의 강역 가운데서 일부 복속을 거부하는 호족이 있었다 치더라도, 이 정도의 기간이면 견훤이나 궁예가 군사적 실력을 바탕으로 그들을 제압해 나가기에 충분했다고 상정된다. 바꾸어 말해, 당시 약 30년의 세월은 어느 호족에 있어서든 자신의 지역을 독립적으로 유지해 나가기에는 너무나 긴 시간이었다는 것이다. 반면에 이 기간 동안 견훤과 궁예는 각각 안정된 전제왕권의 구축에 성공하고 있었다.

한편 901년에 궁예가 木浦·羅州 등 후백제의 후방을 기습하기까지 두 나라간의 직접적 충돌은 거의 없었다. 사실 처음부터 견훤과 궁예는 상호 마찰없이, 건국의 명분에 따라 진격의 방향을 달리하고 있었다. 이렇게 하여 영역을 평정한 다음, 이제 상호간의 전쟁에 나서게 되었다.

먼저 도발을 일으킨 쪽은 궁예의 泰封이었다. 궁예는 왕위에 오른 뒤에도 왕건을 앞세워 정복활동을 계속했다. 그 결과 淸州 및 尙州까지 영역을 확대시키게 되었고,[6] 이에 따라 후백제와 신라의 긴장도 더욱 높아져 갔을 것이다. 이러한 상황에서, 다른 두 나라에 대한 궁예의 적대감은 커져 갔다. 그는 신라를 '滅都'라 부르면서, 아마도 신라에서 파견한 사신으로 보여지는 사람들을 모두 죽여버렸다.[7] 한편 후백제 쪽에 대해서는, 王建을 앞세워 바로 유례없는 일대 군사작전을 펼친 끝에 후백제의 남부에 羅州를 중심으로 중요한 거점을 확보했다. 이로써 궁예와 견훤의 충돌이 잦아지게 된다. 이와 같이 견훤과 궁예는 강력한 군사력으로서 지방세력을 복속시키면서 끝내는 상호 패권을 다툼에 이르게 되었던 것이며, 그러한 과정에서 반독립적으로 잔존할 수 있었던 지방호족의 존재는 찾아보기가 어렵다.

후백제와 후고구려를 건국한 견훤과 궁예는 여태까지 자신들이 쌓아올린 현상에 안주하면서 더 이상의 통일을 실현하려 하지 않았다. 그들의 강역안은 평온하였고, 이 바탕 위에 그들은 專制權을 강화시키면서 끝내는 사치와 방탕에 흐르고 있었다. 한편 후백제와 태봉은 한동안 상호 각축을 계속 벌이다가, 다시 안정을 찾아 현상을 굳히면서 명분상 신라와 더불

---

6) 『三國史記』 卷50, 列傳, 弓裔.
7) 위와 같음.

어 공존을 모색했던 것으로 보여진다. 그러한 상황에서 왕건이 쿠데타를 일으켜 고려를 건국하게 되자 신라와 후백제는 각각 의례적으로 축하 사절을 보냈던 것이다.[8]

곧 이어 후삼국은 다시 혼란에 빠져 들게 된다. 그러한 균형을 깨뜨린 동기는 내부 지방세력의 이탈이 아니라 갑작스런 고려의 건국과 이에 따른 태조 왕건의 통일의지에서 비롯된 고려 측의 공세라 하겠다. 왕건의 쿠데타는 한때 중앙의 정치권에 큰 파문을 일으켰고, 그러한 하극상은 종래 궁예에 신속하던 지방의 지배층에도 충격을 주게 되자, 이제 갓 즉위한 왕건으로서는 한동안 "후한 禮物과 겸손한 言辭"로서 그들을 회유해 나갈 수밖에 없었을 것이다.[9] 그러나 이런 상황이라 해서 고려초기의 왕권이 지방의 지배자(호족)들과 제휴하지 않으면 안될 정도로 미약했다고는 말하기 어렵겠다. 몇 차례의 모반 음모와 변방지역의 이탈이 없지 않았으나, 이러한 사정은 쿠데타 직후의 일시적 현상에 불과한 것이었다고 본다. 곧 이어 태조는 강력한 상비군과 효율적 관료제를 바탕으로 다시 지방의 제압에 성공하고 있었다.

고려 건국 직후 한때 소원해졌던 지방들도 다시 충성을 다짐하는 가운데,[10] 대체로 태조 5년경에는 옛 태봉의 강역을 모두 평정하여 왕건과 지방의 지배자간에는 새로운 군신관계가 설정되었으며, 이러한 기반 위에서 이제 태조는 통일의 실현에 나서게 되었다고 본다. 그 시기까지 새삼 독립을 지향했거나, 신속을 거부했던 지역은 고려의 강역안에서 더 이상 존재하지 않았다.

다만 고려 태조의 攻勢에 따라 당시 전화를 피할 수 없어 직접적으로 전장이 되었거나, 그 인접한 지역에서는 다시 생존과 지배권의 유지라는

---

8) 『高麗史』 卷1, 世家, 太祖 3年.
9) 『高麗史』 卷1, 世家, 太祖 元年 8月 己酉.
10) 태조 원년 8월에 來投한 鶻岩城帥 尹瑄과 태조 5년 7월에 투항한 溟州將軍 王順式이 대표적인 예가 될 것이다.

차원에서 자신의 主君을 선택함에 향배를 달리할 수밖에 없는 절박한 사정에 직면하게 된다. 즉 위기에 처한 지방의 지배자들은 먼저 주위의 상황을 파악하고 나서 어느 편에서는 것이 자신에게 유리할 것인가를 판단하게 되었을 것이고, 이에 대해 패권을 다투는 정복자들은 그들에게 보다 좋은 조건을 제시하여 피 흘리지 않고 유리한 전략거점을 확보하려 했을 것이다. 이러한 상황은 언제 어디에서나 戰時마다 발생되고 있는 사례일 뿐, 그것이 특별히 나말여초만이 갖는 시대적 특성이라 규정되기는 어려울 것이라 믿는다.

그럼에도 불구하고 이들 전장과 관련된 호족들의 거취를 당시의 전형적 실태로 파악하는 경향이 없지 않다. 나아가 이들 호족과 태조와의 관계가 곧 고려초기 정권의 호족연합적 성격을 뒷받침하는 논거로 되고 있는 실정이다. 그러나 이를 그 시대의 대세로 볼 수는 없지 않을까 싶다. 『高麗史』世家, 太祖條의 초기 기록에 보이는 지방호족을 유형별로 나누어 본다면, 먼저 왕건의 쿠데타 후에 한때나마 복속을 주저하다가 결국은 태조와의 충성관계를 새로이 하게 된 부류를 들 수 있겠고, 다음으로 나머지 거의 모두는 전쟁의 와중에서 또는 조국의 멸망에 임하여 비로소 자신의 거취를 결정한 부류들이라 지적할 수 있을 것이다. 이들의 관심은 자신의 연고지에 대한 지배권의 확보일 뿐, 중앙의 정치나 군사상의 지위에까지 그들의 야망이 미쳤다고 볼 여지는 찾기 어렵다고 하겠다.

후삼국의 통일과정에서 태조와 이들 호족과의 관계가 적지 않게 사료상에 나타나지만, 어디까지나 통일전쟁과 관련된 특수한 상황이 그 배경이 되었음을 고려하지 않으면 안될 것이다. 달리 말해, 전쟁 속에서 일시적으로 드러난 豪族의 위상을 두고, 그것을 곧 고려초기 호족의 존재양태 자체로 보기는 어렵다는 것이다. 나아가 사료에 보이는 이들 호족과 태조와의 관계도 재검토되어야 할 부분이 적지 않다고 믿는다. 이제 節을 바꾸어 태조와 이들 귀부호족과의 관계를 좀더 깊이 살펴보고자 한다.

Ⅲ. 고려 태조의 지방통제

　고려를 건국한 왕건은 한동안 王權의 안정에 주력하였다. 하극상이라
할 수 있는 그의 쿠데타는 다른 야심가들에 대해서도 큰 자극제가 되기에
충분했을 것이다. 따라서 즉위 직후부터 연이은 역모를 진압하는 한편,
지방의 통치자에 대하여는 우선 重幣卑辭로서 그들을 회유해 나가지 않을
수 없었다. 그러나 곧 안으로 통치체제의 정비를 끝냄과 더불어 이제 후백
제에 대하여 강력한 공세를 펼치기 시작했다.

　후백제와의 전쟁이 치열해진 발단은 태조 3년에 있었던 신라 사신의
來聘에 따른 사태의 전개가 아닐까 싶다. 아마도 그때 신라는 적극적으로
태조를 자기편에 끌어 들여 후백제의 위협에서 벗어나려 한 듯하다. 고려
또한 친신라정책을 강화하면서 후백제를 견제하려 한 것 같다. 고려와 신
라의 이러한 연합이 후백제의 견훤에게는 큰 위협이 아닐 수 없었을 것이
다. 급속히 전개되는 신라와 고려의 이러한 화친을 가리켜 견훤이 "작은
자라가 큰 자라 소리에 따르는 꼴"에 비유한 것11)은 유명한 이야기이다.

　견훤의 공세는 태조 3년(920) 10월 大良・仇史 2군의 침공에서부터 비롯
되었다.12) 이보다 한달 앞서 견훤은 태조에게 사신을 보내어 孔雀扇과
지리산의 竹箭을 바쳤는데,13) 아마도 이는 고려에 대해 적의가 없음을
전하고 아울러 자신의 신라 침공에 간섭하지 말 것을 뜻함일 것이다. 그러
나 태조는 신라의 구원요청을 받기가 무섭게 전쟁에 개입하게 된다. 이로
써 후백제의 침공은 더욱 격하게 진행되었으나, 아직도 고려는 후백제의
표적이 아니었다. 따라서 당시의 전선은 洛東江을 사이에 두고 후백제와
인접한 신라지역이 될 수밖에 없었다.

　이러한 전쟁의 소용돌이 속에서 인근의 지방 지배자들은 자신의 거취와

---

11) 고려 태조 10년 12월에 견훤이 보낸 편지 가운데, "昨者 新羅國相金雄廉等將召足下入京
　　有同鼈應黿聲"(『高麗史』 卷1, 世家, 太祖 10年 12月)이 보인다.
12) 『高麗史』 卷1, 世家, 太祖 3年 10月.
13) 『高麗史』 卷1, 世家, 太祖 3年 9月.

관련하여 심각한 고민에 빠지지 않을 수 없었을 것이다. 결과적으로 대부분의 그들은 신라와의 관계를 명분으로 내세워 후백제보다는 고려를 선택했던 것으로 보여진다.[14] 태조에 대한 낙동강 주변지역 호족의 歸附가 잦아지게 된 것은 바로 이러한 사정 때문이라 하겠다.

다음의 <표-1>은 『高麗史』에 기재된, 태조 즉위이래 통일 이전까지 귀부한 지방세력을 정리한 것이다. 먼저 <표-1>에서 후백제와의 전쟁과 관련없이 고려에 귀부한 지방세력은 1의 尹瑄과 6·7·8의 王順式·長命·官景 뿐이다. 이들은 모두 옛 태봉의 강역 안에 들어있던 朔方과 溟洲지역의 지배자들로서, 한때 태조의 쿠데타에 대하여 반감을 가졌다가 마침내는 고려에 다시 복속하게 된 것으로 파악된다. 그 중 鶻岩城主 尹瑄은 태조의 즉위 두 달이 채 못 가서 귀순하였으나, 명주의 王順式 일행은 태조 5년 6월에 가서야 귀부하게 된 것으로 보아 아마도 그는 왕건의 쿠데타에 자극받아 한 동안 명주지방을 기반으로 독립을 모색했을 가능성도 없지 않다 하겠으나, 결국은 태조 앞에 굴복할 수밖에 없었다고 보겠다.

그렇다고 해서 왕순식 등이 명주지방의 호족출신으로서 확고한 재지적 기반을 지니고 있었다고 단정하기는 어려울 것 같다. 무엇보다 명주지방은 일찍이 진성여왕 8년(894)에 궁예가 쟁취한 이래 태봉의 全時代에 이르기까지 궁예의 세력기반으로 남아 있었던 지역이었다.[15] 왕순식이 명주의 本州將軍으로 되어 있었던 것도 궁예가 나중에 임명했거나, 공인한 결과

14) 安東의 權幸이 좋은 예가 될 것이다. 『安東邑誌』人物條에 의하면 견훤이 신라에 쳐들어와 왕을 시해하게 되자, 권행은 그 치욕을 갚고자 왕건에게 귀부하게 되었다고 한다.
15) 金甲童은 「羅末麗初 地方勢力의 動向」, 앞의 책, 63~71쪽에서, 궁예가 6백명의 군사를 이끌고 명주를 침공할 당시 왕순식은 2,900명의 명주 군사를 거느린 토착세력이었음에도 불구하고 저항없이 궁예에게 협력하게 되었다고 주장하고 있으나 이에 얼른 동의하기는 어렵겠다. 『三國史記』卷50, 弓裔傳에 보이는 바와 같이, 궁예가 명주를 점령한 것은 우세한 군사력 때문이었다고 본다. 또 궁예가 그곳에서 3,500명의 군사를 14대로 나눈 것도 왕순식과는 관계없이 강력한 징병의 결과로 간주된다. 당시 왕순식이 명주를 지배하고 있었던 근거도 보이지 않는다.

일 것이다. 그러한 만큼 왕순식은 궁예의 지지세력으로서 쉽사리 왕건에게 복속할 수 없는 처지였겠지만, 고작 5년을 버티고 나서 태조의 회유책을 받아들일 수밖에 없었던 것이다.

<표-1> 태조대 귀부한 지방세력

番號	(姓)名	本據地	身 分	歸附時期	太祖의 待遇	出典
1	尹 瑄	朔 方	鶻岩城帥	원년 8월		世家 1
2	阿字蓋	尙 州	賊 帥	원년 9월	降使를 儀式으로 맞음.	〃
3	閏 雄	康 州	將 軍	3년 1월	質子 一康을 元尹에 임명 遣使慰勞.	〃
4	宮 昌 明 權	百濟人		4년 12월	田宅支給	〃
5	元 奉	下枝縣	將 軍	5년 6월	元尹 除授 下枝縣을 順州로 昇格	〃
6	順 式	溟 州	將 軍	5년 7월	王氏 賜姓, 大匡 除授, 本州將軍에 任命	〃
7	長 命	溟 州	順式의 아들	5년 7월	王氏 賜姓 元甫 除授	列傳 5
8	官 景	溟 州	小 將	5년 7월	王氏 賜姓 大丞 除授	〃
9	李悤言	碧珍郡	(將 軍)	?	本邑將軍에 任命 手札을 주고, 丁戶를 지급	〃
10	洪 術	眞 寶	城 主	5년 11월	아들 王立에게 元尹 除授 遣使慰諭	世家 1
11	城 達	命旨城	將 軍	6년 3월		〃
12	良 文	碧珍郡	將 軍	6년 8월	甥 圭奐에게 元尹 除授	〃
13	能 玄	買曹城	將 軍	8년 9월		〃
14	能 文	高蔚府	將 軍	8년 10월		〃
15	興 達	高思葛伊城	城 主	10년 7월	靑州祿과 田宅 支給	列傳 5
16	俊 達	高思葛伊城	興達의 아들	10년 7월	珍州祿과 田宅 支給	〃
17	雄 達	高思葛伊城	興達의 아들	10년 7월	寒水祿과 田宅 支給	〃
18	玉 達	高思葛伊城	興達의 아들	10년 7월	長淺祿과 田宅 支給	〃
19	廉 昕	百濟人	一吉干	12년 10월		世家 1
20	善 弼	載岩城	城 主	13년 1월	尙父로 삼음	列傳 5
21	金宣平	古昌郡	城 主	13년 1월	大匡 除授	世家 1
22	權 行	古昌郡		13년 1월	大相 除授	〃
23	張 吉	古昌郡		13년 1월	大相 除授	〃
24	朴允雄	河曲	郡人	13년 2월	興禮府로 昇格	地理 2
25	萱 達	北彌秩夫	城 主	13년 2월		世家 1
26	龔 直	燕山	將 軍	15년 6월	大相 除授, 白城郡祿 支給 아들에게 佐尹 除授	列傳 5
27	朴英規	百濟人	甄萱의 사위	19년	佐丞 除授, 田 千頃 支給	〃

<표-1>에 나타나 있는 지방세력은 모두 후백제와의 쟁패과정에서 고려 쪽으로 국적을 바꾼 인물들이다. 그들 가운데 4의 宮昌·明權과 19의 廉昕, 26의 龔直 및 27의 朴英規는 백제에 소속되어 있다가 고려로 귀부한 사람들이고, 나머지는 모두 옛 신라의 지방관으로 있다가 후백제의 침공을 당했거나 전쟁의 위험이 닥침에 따라 신라에서 고려로 귀부한 사람들이다. 그 전에도 그들은 모두 후삼국의 어느 하나를 조국으로 받들고 있다가 이제 와서 상황에 따라 대부분은 고려로, 또 일부는 후백제로 국적을 바꾸었을 뿐이다.

한편 태조는 이들 귀부하는 세력을 우대하였다. 그들에게는 元尹 이상의 官階를 주어 고려의 고급 관인층에 편입시켰으며, 또 대부분의 그들을 本州將軍이거나 本邑將軍의 관직으로 연고지에 仍封하여 지방 지배권을 공인하였다. 그러나 이러한 우대책은 어디까지나 귀부에 대한 고려 태조의 은전일 뿐, 그것이 귀부의 조건이 될 수는 없었다. 오히려 귀부하는 세력들은 엄격한 臣屬의 의무를 다해야만 했다. 다음의 사료들은 이에 관련된 것들이다.

사-①) 비록 天命을 도울만한 힘은 없으나 신하된 자의 절개는 다하게 되기를 바라나이다.(『高麗史』卷92, 列傳, 龔直)

②) 康州將軍 閏雄이 그의 아들 一康을 인질로 보냈다.(『高麗史』卷1, 世家, 太祖 3年 正月)

③) 견훤의 遺將이 順州를 쳐서 함락시킨 다음 人戶를 약탈하고 돌아가자 王(태조)은 바로 順州로 거동하여 그 城을 수리하고 將軍 元奉을 문책했다.(『高麗史』卷1, 世家, 太祖 13年 正月)

④) 견훤이 … 烏於谷城을 함락하자 … 將軍 楊志·明式 등 6명이 항복하였다. … 王(태조)은 그들 6명의 妻子를 諸軍 앞에 조리돌리

고 모두 목을 베었다.(『高麗史』卷1, 世家, 太祖 11年 11月)

⑤) 太祖가 神劍을 토벌하게 되자 順式은 溟洲로부터 군사를 이끌
고 와서 참전하였다.(『高麗史』卷92, 列傳, 王順式)

위의 사-①은 태조 15년 6월에 공직이 歸附하면서 한 말이다. 이는
하나의 전형적인 사례일 뿐으로 모든 귀순자들이 신속을 맹세함은 가장
중요한 요소라 하겠다. 이들 귀순자들은 충성을 담보하기 위해 가족 중의
누군가를 인질로 맡겨야만 했다. 사-②는 태조 3년에 康州 將軍 閏雄이
귀순할 때 아들을 인질로 잡히는 모습이지만, 이 또한 당시의 관행이라
할 수 있을 것이다. 심지어는 태조가 신라를 방문하고 돌아 올 때 신라국왕
마저 堂弟 金裕廉을 인질로 보내기까지 했다.[16] 이와 같이 인질을 세우는
제도는 통일 후에도 지속되다가 成宗때에 들어 비로소 外官이 가족과 함
께 부임할 수 있도록 바뀜으로서 개정되었던 것이다.[17]

한편, 사-③은 지방세력이 귀순했다 하더라도 그에게는 전쟁동안 관할
지역을 지켜내어야 할 의무가 있었음을 알려준다. 태조 5년(922)에 下枝縣
의 장군 원봉이 귀순하자 태조는 원봉에게 元尹의 官階를 내리고 더불어
하지현을 순주로 승격시켜 주었다. 그러나 태조 12년(929)에 있었던 후백
제와의 古昌전투 과정에서 원봉은 그러한 守城의 임무를 완수하지 못한
채 도망치고 말았다. 이듬해 대승을 거둔 후 태조는 다시 순주를 탈환하고
는 이제 원봉을 문책하고자 했다. 그 때 원봉은 지난날의 전공 덕분으로
죽음만은 면할 수 있었으나, 순주는 다시 하지현으로 강등되고 말았다.[18]
이와 같이 수성의 의무를 다하지 못했을 때, 그들이 당하는 처벌은 가혹

---

16) 『三國史記』卷12, 新羅本紀, 敬順王 5年.
17) 『高麗史節要』卷2, 成宗 5年 8月에 "始令 十二牧 挈妻子赴任"의 기사가 보인다. 이로
    미루어 성종 2년에 12牧이 설치되고 外官이 파견된 다음에도 한동안 가족을 데리고 부임할
    수 없다가, 성종 5년 8월에 가서야 비로소 가족동반이 허용되었음을 알게 된다.
18) 『三國史記』卷12, 新羅本紀, 敬順王 3年.

한 것이었다. 사-④)는 그러함을 나타내는 한 예가 될 것이다. 태조 11년 (928) 11월에 견훤이 烏於谷城을 함락시킴에 그곳을 지키던 장군 양지와 명식 등 6명이 견훤에게 항복하게 되자 태조는 그들 6명의 처자를 제군 앞에 조리돌린 다음 棄市해 버렸다. 당시 배반자들에 대하여, 인질이나 다름없는 처지에 있던 그의 가족들의 운명은 오직 주군의 자비에 달려 있었을 뿐이었다. 이러한 점은 견훤에게 있어서도 마찬가지였다. 태조 15년 6월에 燕山의 장군 공직이 고려에 귀순하자 견훤은 인질로 잡고 있던 공직의 아들과 딸을 가두고 단근질하여 다리의 힘줄을 끊어 버렸던 것이다.[19]

또 사-⑤)를 통해 볼 때, 당시 지방의 지배자들은 중앙정부에 대하여 필요한 경우 군사적 협찬을 해야만 할 의무가 있었음을 짐작케 한다. 태조 19년에 후백제와의 통일을 건 전쟁을 벌일 때 溟州大匡 王順式이 참전하고 있음은 그러함에 대한 방증이 될 것이다. 그 때는 왕순식만이 아니라 黑水·達姑·鐵勒 등 북변의 이민족 군대까지도 고려 중앙군의 지휘하에 편제되어 참전하고 있었다.[20] 이로 미루어, 태조는 필요한 경우 지방군을 재편성하여 지휘할 수도 있었음을 알게 된다. 이에 앞서 碧珍郡의 이총언이 귀순해 왔을 때, 태조는 이총언을 본읍 장군으로 임명함과 아울러 이웃 고을의 丁戶 229를 더 하사하고 忠·原·廣·竹·提州의 창고 곡식 2,200석과 소금 1,785석을 내린 바 있었는데,[21] 여기의 丁戶·곡식 및 소금은 모두 군사작전에 소요되는 것들임에 틀림없을 것이다.

이상 몇 가지 실례를 통하여 살펴 볼 때, 태조와 귀부 호족과의 관계는 수직적인 主君과 諸侯의 관계라 할 수는 있을 망정, 정치적으로 태조가 귀부 호족과 연합할 수밖에 없었다고 볼 상황은 상정하기 어렵다고 하겠

---

19) 『高麗史』卷92, 列傳, 龔直.
20) 『高麗史』卷2, 世家, 太祖 19年 9月.
21) 『高麗史』卷92, 列傳, 李悤言.

다. 어디까지나 귀부하는 지방세력은 태조에 대하여 충성을 서약하였고, 태조는 그에 대한 답례로서 그들의 지방 지배권을 공인해 주는 주종관계의 설정 그 자체였던 것이다.

한편 전쟁 과정에서 귀순을 거부하고 고려군과 군사적으로 조우하게 된 지방세력들도 없지는 않았다. 그때 귀부나 항복을 거부한 그들은 대부분 고려에 의해 정복되지만 간혹 고려군을 물리치고 끝내 후백제의 편에 섰던 지방도 있었다.[22] 이와 같이 쌍방간 정복과 탈환이 되풀이되는 가운데 종래 그 지방의 통치자였던 호족의 성격도 달라질 수밖에 없었을 것이다. 아마도 정복한 지역은 고려의 중앙 정부에서 임명한 지방관에 의해 통치되었다고 보여진다. 뿐 아니라 주요한 전략 거점에도 중앙정부가 지방관을 파견하여 다스렸다. 다음의 사료들은 그러함을 말해 준다.

> 아-①) 命하여 前侍中 金行濤를 … 知牙州諸軍事로 삼았다.(『高麗史』 卷1, 世家, 太祖 元年 8月)
>
> ②) 知基州諸軍事 相國 康公萱.(「普提寺 大鏡大師玄機塔碑」, 『韓國金石全文』 中世上)
>
> ③) 前侍中 具鎭을 羅州道 大行臺 侍中으로 삼았다.(『高麗史』 卷1, 世家, 太祖 元年 9月)
>
> ④) 大丞 弟弓을 天安都督府使로 삼고, 元甫 嚴式을 副使로 삼았다.(『高麗史』 卷1, 世家, 太祖 13年 8月)

위의 아-①~④) 에서 보는 바와 같이, 주요 지역에는 (前)侍中·相國·

---

22) 예컨대 고려 태조 11년 정월에 고려의 元甫 金相과 正朝 直良 等이 康州를 구하고자, 草八城을 지나다가 城主 興宗에게 패하여 金相이 전사하게 된다(『高麗史』 卷1, 世家, 太祖 11年).

大丞 등 중앙의 고위관료들이 파견되어 그 지방을 군사적으로 통치해 나갔다. 특히 知州諸軍事의 직함이 신라말 이래 고려 건국기의 전형적인 지방통치자 명칭이었다고 보인다.[23] 이러한 형편에서 당해 지방의 종래 호족이 누릴 수 있었던 지위의 한계는 자명할 것이다.

사실 태조의 지방통치에 대한 관심은 즉위와 더불어 제도로서 구현되기 시작했다.『高麗史』卷1, 太祖 원년 6월에,

> 자) 朕이 듣건대 전 임금이 신라의 품계 관직과 郡邑의 이름을 모두 비루하다 하여 새로운 제도로 고쳐서 시행한지 여러 해가 되어도 백성들이 익혀 알지 못하여서 惑亂하게 되었으니, 이제 모두 신라의 제도를 따르게 하되 그 명의를 알기 쉬운 것만은 신제를 따르도록 하라.

고 하여, 태조가 즉위하자 곧 지방의 명칭을 정비하는 조치를 단행했음을 적고 있다. 이어 재위 중에 지방제도의 개편이 계속되었으니, 만약 州·府·郡·縣으로 편제된 당시의 지방이 호족에 의해 할거되어 있었고, 따라서 중앙 권력이 미칠 수 없었다면 이러한 지방의 개혁은 무의미한 구호에 불과했을 것이다.

그러나 태조는 자신이 개편한 州·府·郡·縣을 간섭없이 그대로 놓아두지 않았다. 그러한 만큼 고려 건국기부터 지방은 중앙 권력에 예속되거나 통제될 수밖에 없었던 것이다. 이와 관련되는 사례를 몇 가지 부문으로 나누어 추적해 보면 다음과 같다.

첫째, 행정적인 면에서 다음의 사료들이 주목된다.

> 차-①) 不壞古都에 … 마땅히 백성을 옮겨 … 藩屛을 굳게 하라.(『高麗史』卷1, 世家, 太祖 元年 9月)

---

23) 全基雄,「羅末麗初의 地方社會와 知州諸軍事」,『慶南史學』4, 1987, 15~22쪽.

②) 烏山城을 禮山縣으로 고치고, (洪)儒와 大相 哀宣을 보내어 流民 5백餘戶를 安集시켰다.(『高麗史』卷92, 列傳, 洪儒)

③) 下枝縣將軍 元奉이 … 태조에게 항복하자 원봉의 本城을 順州로 승격시켰다.(『三國史記』卷12, 新羅本紀, 景明王 6年)

④) 淸州가 順逆을 분명히 하지 못하고 訛言이 자주 일어나자, 친히 행차하여 위무하고 그곳에 성을 쌓도록 명하였다.(『高麗史』卷1, 世家, 太祖 2年 8月)

⑤) 郎中 撰行을 보내어 邊邑을 순시하고 백성을 위무케 했다.(『高麗史』卷1, 世家, 太祖 4年 9月)

⑥) 太祖 26年 淸道郡 界里審使 順英 … 柱貼公文에 雲門山禪院의 長生標는 남쪽이 阿尼岾이고, 동쪽은 嘉西縣….(『三國遺事』卷4, 寶壤梨木)

차-①~⑥)에서 보는대로 태조는 백성들을 특정 지역으로 徙民시키거나, 관료를 파견하여 流民을 安集시켰다. 그 뿐 아니라 郡邑의 격을 올려주기도 하고 강등시키기도 했다. 또 스스로 州郡을 순행하거나 중앙의 관료를 시켜 지방을 순시하고 백성을 돌보게 했다. 나아가서는 각 지방에 界里審使를 보내어 관할 범위를 설정해 주기까지도 한 모양이다. 대략이나마 이러한 상황을 통해 당시 왕권과 지방과의 관계를 상정해 볼 수 있게 된다.

둘째, 군사적 측면으로 다음의 사료들을 살펴 볼 필요가 있겠다.

카-①) 남자는 모두 전쟁에 나섰고 여자가 오히려 부역에 종사함에, 그 노고를 참지 못하여 혹은 산림에 도망쳐 숨고, 혹은 관부에 호소하는 자가 얼마나 많은지 알 수가 없다.(『高麗史』卷2, 世家, 太祖 17年 5月)

②) (정월 갑진) 서경에 행차하여 北鎭을 歷巡하였다. (5월 을사)
禮山鎭에 행차했다.(『高麗史』卷2. 世家. 太祖 17年)

위의 카-①)에서 남자들이 모두 전쟁터에 나감에 따라 부녀자들이 요역
을 질 수밖에 없는 사정은 아마도 당시 징병이 실시되었거나, 강제동원의
조치가 시행된 결과라 볼 수 있을 것이다. 물론 이러한 조치는 중앙뿐
아니라 고려의 모든 영역 내에서 실시되었음을 짐작케 한다. 다음 카-
②)에서 태조는 필요한 지역에 군사기지를 설치하거나 단속할 수 있었다.
지방에 대한 중앙의 통제력이 강하지 않았다면 물론 이러한 조치는 단행될
수 없었을 것이다.

셋째, 收取와 給與의 측면에서 다음 사료를 보기로 하겠다.

타-①) 太祖는 즉위하자 먼저 田制를 바로잡고 백성으로부터 收取함에
법도가 있게 하였다.(『高麗史』卷32. 食貨1. 序文)

②) 百辟과 群僚의 祿은 나라의 대소에 따라 정제된 것이니 함부로
增減하지 말라.(『高麗史』卷2. 世家. 太祖 26年(「訓要10條」중 제
9조)

위의 타-①)에서와 같이 이른바 고려시대 取民有度의 수취원칙은 태조
때 확립된 것이다. 또 타-②)는 百辟 즉 諸侯에 비견되는 지방관의 國祿조
차 제도적으로 정해져 있었음을 알려주고 있다. 이는 곧 수취나 급여에
있어서의 원칙이라 할 바로서, 그 범위도 고려의 전영역으로 보아야 할
것이다. 따라서 수취에 대한 지방 지배자의 재량권이란 제한적일 수밖에
없을 것이다.

이상에서 행정·군사·수취 및 급여의 부문에 걸쳐 태조의 지방지배
실태를 살펴보았다. 그 실상을 보건대 고려초라 할지라도 이러한 통제하에

서 지방의 호족이 반독립적으로 잔존했을 여지는 거의 없어 보인다.『高麗
史』에는 成宗 2년에야 비로소 외관을 파견하게 되었다고 쓰고 있으나,
이는 어디까지나 제도상의 문제이지 정치적 이유는 아니었다고 믿는다.
행정·군사·수취 등 분야에서 가해질 수 있는 이보다 더한 통제책이란
외관제가 확립되는 성종조 이후라한들 더 이상 기대하기 어렵다고 말해도
지나치지 않을 것이다.

Ⅳ. 고려초기 지방의 권력구조

이제 시각을 바꾸어 고려초기 지방이 누구에 의해, 어떠한 구조를 통하
여 통치되었는지 검토해 보기로 하겠다. 이 문제에 관한 기왕의 지배적
의견은 앞에서 본 성주·장군 등 지방세력이 마치 독자적으로 官制를 마련
하여 각 지방을 독립적으로 통치했던 것으로 이해하는 견해라 하겠으나,
이 또한 동의하기 어려운 주장이라 하겠다. 몇 가지 사례를 통하여 이에
관련된 문제를 살펴보고자 한다.

『三國史記』·『高麗史』 등 일부 문헌과 몇 가지 금석문에서 고려초의
각 州에 州官이 구성되어 있었고,[24] 그 가운데 侍郎·執事郞中·員外·色
執事 등 흡사 신라의 최고 관부인 執事省을 연상케 하는 호칭이 사용되고
있음을 볼 수는 있다.[25] 또 兵部卿·倉部卿 등의 명칭이 지방관제에 나타
남을 미루어, 중앙의 兵部나 倉部의 조직이 지방에도 임의로 설치된 듯
보여질 수 있을지 모른다.[26]

그러나 지방에서 보는 이들 관직자들은 스스로가 '州官'임을 자처하는

---

24) 「興法寺 眞空大師塔碑」·「境淸禪院 慈寂禪師凌雲塔碑」, 『韓國金石全文』 中世上.
25) 「地藏禪院 郎圓大師悟眞塔碑」, 위의 책.
26) 이러한 견해가 현재 지배적 의견으로 정착된 듯한 감이 있다. 호족연합정권설을 주장하거
    나 따르는 대부분의 논문에서 공통적으로 수용되고 있는 내용이라 하겠다.

바와 같이, 어디까지나 지방제도의 일환으로서 '知州諸軍事'로 대표되는 지방관에 예속된 존재일 뿐이다. 물론 중앙과 지방이 동일한 관부의 명칭을 사용하고 있다는 데서 당시 정치제도의 미숙성을 지적할 수는 있을 것이다. 그러나 관부의 명칭이 같음을 두고 그것으로 독립의 방증으로 삼을 수는 없다고 믿는다. 아마도 그것은 직무의 유사성 내지는 동일직무의 연장선상에서 계통에 따라 부쳐진 명칭으로 신라말 이래 제도로서 정착됨에 따라 파생된 혼란에 불과하다고 본다. 이제 몇 가지 측면에서 과연 나말여초의 호족들이 독자적 통치기구를 만들어 지방을 지배했었다고 볼 수 있을 것인지 좀 더 검토해 보기로 하겠다.

첫째, 신분적인 측면이다. 가령 각 지방의 호족이 독립을 목표로 독자적 통치기구를 만들어 사용했다면, 이런 경우 맨 먼저 골품제라는 경직된 신분제의 질곡을 타파하지 않았을 리가 없었을 것이다. 그럼에도 불구하고 고려초의 지방에서도 골품제를 근간으로 한 신라의 官等制가 종전과 다름없이 사용되고 있음을 보게 된다. 이와 관련하여 고려 태조 23년에 건립된 「興法寺 眞空大師塔碑」의 陰記 말미부분[27]을 다음과 같이 제시한다.

> 파) 在家弟子 (中缺) 州官
>   通玄上坐　郎中 旻會朵　廣休長老　金舜朵
>   侍郎　興林朵 惠泰長老 秀英朵
>   上朵　信希朵.

위의 사료는 「興法寺 眞空大師塔碑」의 건립에 참여한 原州의 州官이 자신들의 관직과 관등을 나타내고 있는 부분이다. 여기에서 郎中職에 있던 旻會는 奈麻의 官等을 가졌고, 侍郎 興林은 大奈麻[28]의 관등을 가졌음

---

27) 『韓國金石全文』 中世上.
28) 碑文에 가끔 보이는 '朵'字의 판독과 관련하여, 河日植은 「新羅 統一期의 王室 直轄地와 郡縣制」, 『東方學志』 97, 1997, 24~27쪽에서 이를 '大朩'로 판독하여 大等이라 해석하고

을 알게 된다. 물론 奈麻·大奈麻는 신라의 관등제에서 각각 11위와 10위에 해당하는 5두품 계급의 전유물이라 할 것이다. 한편 중앙관제에 비겨볼 때 郎中은 舍知에서 奈麻까지가 맡을 수 있는 관직이므로 달리 이상할 것이 없다 하겠으나, 侍郎은 執事省의 次官에 해당하는 요직으로서 비록 법제상으로는 奈麻에서 阿湌까지의 관등이 맡을 수 있도록 되어있다 하더라도 사실상 阿湌 이상의 6頭品이 맡는 관직이다.[29] 그 밖에도 여러 명의 지방 관직자가 보이긴 하지만 대나마 이상의 관등을 가진 사람은 하나도 없다. 다시 光宗 13년에 조성된 「龍頭寺鐵幢竿記」[30]의 일부를 살펴보기로 하겠다.

> 하) 檀越兼令金希一正朝 …
>   前侍郎孫熙奈   前兵部卿慶柱洪大奈 學院卿韓明
>   寒奈 前司倉慶 奇俊大舍 學院郎中孫仁謙 ….

위의 사료 하)에는 앞서 본 侍郎이나 郎中말고도 兵部卿·學院卿의 존재를 보여 주고 있다. 신라의 중앙관제에 볼 때, 이들 병부경이나 창부경 또한 시랑이나 마찬가지의 요직으로서 모두 6두품 이상의 관원이 맡게 된다. 그러나 위에 보이는 前侍郎 孫熙와 前兵部卿 慶柱洪의 관등은 나마 및 대나마로서 모두가 5頭品級에 해당된다. 여기의 學院卿과 司倉은 신라의 중앙 관부에 들어 있지도 않는 부서이다. 하여간 이에 나열된 사람들의 경우에도, 檀越兼令 金希一이 '正朝'의 고려초기 官階를 가진 것 말고는 모두가 대나마 이하의 관등을 가졌을 뿐이다. 위에 제시된 두 사례를 통하여 신분제적 관점에서 당시 州官의 한계를 알게 된다.

있고, 또한 姜恩景은 앞의 논문에서 이에 따르고 있으나, 필자로서는 '大末' 즉 대나마로 보는 종래의 판독에 따른다.
29) 李基白, 「新羅 六頭品硏究」, 『新羅政治社會史硏究』, 일조각, 1981, 38쪽.
30) 『韓國金石全文』 中世上.

둘째, 官府의 규모에 대해서이다. 사료상으로 볼 때 당시 각 지방에서 호족들이 과연 독자적으로 중앙과 비슷한 규모의 관부를 따로 설치하였을지에 의심이 간다. 현재 나타난 바로는 執事(省)·兵部·倉部 등 몇 개의 官府와 여기에 종사했다고 보이는 소수의 관직자 정도에 불과한 실정이다. 사료상에 나타나는 지방의 관부들은 그 명칭이나 기능으로 보아 모두가 제한된 범위내에서 지방행정과 관련된 집행부서에 국한된다. 반면에 독립체의 관제에서 있음직한 궁중조직 계통이거나 회의기구, 또는 통치권자의 신변보호 장치 따위는 찾을 수가 없다. 물론 독자적 군사작전을 가능케 하는 작전기구도 없었고, 지역 방술의 범위를 벗어나는 상비군의 편성도 없었다고 여겨진다. 이러한 특성을 도외시하고 명칭의 유사성만을 독자적 통치의 방증으로 취함은 옳지 않다고 믿는다.

한편 지방의 관직에서 侍郎과 卿 이하의 관직만 확인될 뿐 중앙관부의 侍中이나 令은 보이지 않는다. 게다가 소속 관원의 수도 그리 많지 않은 것 같다. 신라 중앙관제에서 본다면, 執事省에는 侍中 1인·侍郎 2인·郎中 2인·貝外郎 2인 및 史 20인이 정원으로 되어 있다.[31] 병부·창부 또한 거의 비슷한 수의 관원이 소속되어 있는 중요 부서들이다. 이에 비해 지방의 관직자들은 직급도 낮았거니와 수적으로도 소수에 불과한 편으로, 심지어는 한 사람의 담당자가 하나의 부서명을 칭하고 있었던 예도 찾아진다.[32]

만약 당시 지방이 중앙과 마찬가지로, 侍中(또는 令)-侍郎-郎中-貝外郎-史의 체계를 갖춘 여러 관부들이 설치되어 있었다고 가정한다면, 단연 엄청나게 비대한 조직을 상정하지 않을 수 없게 된다. 이것만이 아니다. 사료를 추적해 보면 중앙에도 없는 학원 등 여럿의 부서가 지방에

---

31) 『三國史記』卷38, 官職, 執事省.
32) 앞의 「龍頭寺鐵幢竿記」에 보이는 '前司倉慶奇俊大舍'의 경우 司倉은 곧 部署名임과 동시에 官職名이다. 이는 한 사람이 하나의 부서를 맡고 있음을 뜻할 것이다.

더 있었다. 아무리 혼란기라 하더라도 일개 지방의 통치에 과연 그 정도의 기구가 필요했을지 크게 의심되는 바이다. 지방관이 관할하는 영역의 범위라던가 호구의 수를 상정해 볼 때, 이를 바탕으로 하는 당시 지방행정이란 그리 복잡한 것이 아니었을 것이다. 따라서 지방의 관제에 '執事郎中'의 관직이 보인다고 해서 그것이 곧 집사성의 설치를 증거할 수는 없다고 본다. 병부·창부의 경우에도 비록 관부명을 들고 있지만, 소속된 인원은 소수에 불과했던 것으로 간주된다.

셋째, 명칭과 편제의 획일성에 대해서이다. 앞에서 살편 바와 같이 고려 초 각 지방관제는 州·府·郡·縣에 따라 약간의 차이는 있다하더라도 대체로 같은 명칭에 동급의 관등을 나타내고 있었다. 이는 곧 신라말 이래의 지방제도 개편에 따라 부쳐진 명칭이라 볼 수 있겠다. 물론『三國史記』官職志의 外官條에는 각 州의 관원으로서 都督·州助(州輔)·長史(司馬)·外司正이 기재되어 있으나, 이는 신라말의 실정과 부합되지 않는다.

만약 당시 각 지방에 독립을 지향하는 여러 호족이 있었고, 또 그들이 각각 독자적 통치기구를 제정하였다면 그 명칭이나 편제는 훨씬 다양하였을 것이다. 그럼에도 불구하고 여러 지역에서 동일한 명칭과 편제를 지적할 수 있음은 그것이 곧 제도의 일환이었기 때문이라 하겠다. 가끔 지방관제에 沙湌의 관등이 보이고 있으나 대체로 집사시랑 및 병부경·창부경 등 지방의 卿級은 대나마였으며 郎中은 奈麻가 맡고 있음이 보통이었다. 이러한 획일적 편제를 통하여 나말여초 지방행정체계의 기본 구조를 보게 된다.

이상 세가지 측면에서 검토한 바와 같이, 금석문에 보이는 몇몇 관직 명칭만으로 고려초기 호족들의 독자적 통치기구를 인정하기는 어렵다고 본다. 물론 나말여초기에 지방관의 재량이 컸던 점을 부정하려는 것은 아니다. 그러나 이를 당시의 제도적인 측면을 무시한 채 정치적 사정의 결과로만 보아서는 안될 것이다.

한편 고려초에 각 지방을 통치하던 호족들이 통일 이후에는 점차 鄕吏層으로 轉化되었다는 견해가 있으나,[33] 필자로서는 나말여초의 지방 지배세력을 향리와 동일시하는 이러한 시각에 동의하기가 어렵다. 앞에서 언급된 성주·장군 등의 지방세력가는 적어도 고려초의 향리층과는 그 신분의 격이 확연히 다른 상위 계층이라 본다. 앞의 <표-1>을 통해 본 城主·將軍들은 단연 지방 통치구조의 정점에서 향리들을 지휘하던 지방관들이었다. 아무래도 향리라면 신라말의 촌주 이하에 비견되는 계층이라 하겠는데, 이들은 어디까지나 州·府·郡·縣의 행정사무를 담당하는 존재일 뿐, 지방 통치와는 무관한 존재라 할 것이다.

다만 그러한 가운데서도 이들 村主가 지방행정에 참여하는 가운데, 위임받은 범위 안에서 향촌의 실력자로서 어느 정도 지배권을 행사했던 것만은 사실이라 하겠다. 그렇다고 해서 촌주를 나말여초의 호족 계열에 포함시킬 수 있을 지는 극히 의문스러운 바이다. 물론 '豪族'이라면 다소 막연한 감도 없지는 않지만, 아무래도 촌주는 앞에서 본 성주·장군들과 신분의 격이 서로 다른 존재로 보아야 할 것 같다. 신라말의 복잡한 상황아래, 촌주가운데서도 호족으로 성장한 부류가 있었음을 상정해볼 수는 있다. 그러나 실제로 이러한 단계를 거친 사례는 찾을 수가 없으며,[34] 만약 있었다 하더라도 그는 이미 촌주의 범위를 벗어난 것으로 이해해야 옳을 것 같다.

반면에, 앞의 <표-1>에서 본 바와 같이, 고려초에 귀부한 성주·장군 등의 지방세력은 태조로부터 거의 모두가 元尹 이상의 官階를 받았다. 원윤은 통일이전의 고려초기 관계에서 제5위에 해당하는 고위직으로, 이 元尹과 그 아래 관계인 佐尹간에는 현저한 신분적 단층이 존재한다.[35]

---

33) 호족연합정권설을 수용하는 전 논문에서 공통되는 견해이다. 따라서 개별 논문의 나열은 생략한다.

34) 鄭淸柱, 「豪族의 대두」, 앞의 책, 36쪽.

35) 武田幸男, 「高麗初期の官階」, 『朝鮮學報』 41, 1966, 32~35쪽.

그리고 公服制에서 볼 때, 元尹까지가 紫衫層을 형성한다.

이에 비해 이전의 촌주에 비견될 수 있는 戶長層의 官階는 모두가 제
7위인 正朝이하였다.[36] 또 正朝의 公服色은 丹衫이다. 이러한 차이점을
들어 원윤과 정조의 관계를 굳이 비유한다면, 골품제에 있어서의 진골과
6두품의 차이라고 해도 지나치지 않으리라 믿는다. 이러한 관계를 나타낸
것이 <표-2>이다.

<표-2> 新羅 官等과 高麗初期 官階

新 羅		順 位	高 麗	
服 色	官 等		官 階	服 色
紫	伊伐湌	1	大 匡	紫
	伊 湌	2	大 丞	
	迊 湌	3	大 相	
	波珍湌	4	元 甫	
	大阿湌	5	元 尹	
緋	阿 湌	6	佐 尹	丹
	一吉湌	7	正 朝	
	沙 湌	8	正 位	
	級伐湌	9	甫 尹	
靑	大奈麻	10	(軍 尹)	(綠)
	奈 麻	11	(中 尹)	
黃	大 舍	12		
	舍 知	13		
	吉 士	14		
	大 烏	15		
	小 烏	16		
	造 位	17		

고려초기의 公服制에 신분적 요소가 강하게 내포되었음[37]을 상기할 때,
<표-2>에서 원윤과 좌윤은 公服의 면에서도 그 신분이 확연히 구분되는
계층이다. 국초 태조에게 귀부한 지방의 성주와 장군들은 모두 원윤 이상

---

36) 武田幸男,「高麗時代の鄕職」,『東洋學報』47-2, 1964, 8쪽.
37) 黃善榮,「高麗初期 公服制의 成立」,『釜山史學』12, 1987, 18쪽,<본서 제9장 참조>.

의 자삼층에 편입되었고, 재래의 촌주층에서 전화된 것으로 보여지는 호장
들은 단삼층에 속하고 있었던 것이다. 물론 초기의 성주나 장군이라 해서
나중에 신분의 강등을 상정해 볼 수 없는 것은 아니다.

　그러나 그러한 실제의 사례는 찾을 수도 없거니와, 오히려 고려초의 歸
順城主들은 통일 후에 공신으로 추대된 경우가 더 많았다. 『新增東國輿地
勝覽』 卷24, 安東大都護府, 人物條에,

　　거-①) 權幸 : 本姓은 金氏로 新羅 大姓이다. … 마침내 고려 태조에
　　　　항복하니 태조는 … 權氏姓을 하사하고 安東郡을 승격시켜 府로
　　　　삼았다.

　　②) 金宣平 : 太祖의 功臣이다. 지위가 亞父에 이르렀다.

　　③) 張 吉 : 太祖의 功臣.

이라는 기사로 보아, 고려에 항복한 권행 이하 안동의 지배세력에 대해
태조는 賜姓·昇格 등의 조치와 더불어 공신으로 임명하여 우대한 것 같
다. 또 『高麗史』 卷78, 食貨1, 功蔭田柴에는,

　　너) 景宗 2년 3월에 開國功臣과 向義歸順城主 등에게 勳田을 下賜하였다.

라고 하여 景宗代에 들어서도 그들은 여전히 우대되고 있었으며, 나아가
三韓功臣으로서 길이 추앙되었다.[38] 따라서 그들이 戶長層으로 강등되었
다고 볼 수 있을지 극히 의문스럽다.

　그런데 고려초기의 鄕史職制에 호장을 중심으로 하는 호족통치의 잔존
형태가 보이는 듯 연상할 수 있는 만큼 이제 이 점을 검토해 보고자 한다.

---

38) 金光洙, 「高麗太祖의 三韓功臣」, 『史學志』 7, 1973, 45~54쪽.

『高麗史』卷29, 選擧3, 鄕職에는,

> 더) 州·府·郡·縣의 吏職을 고쳤다. 兵部는 司兵이라 하고 倉部는 司
> 倉이라 하였다. 堂大等을 戶長이라 하고 大等을 副戶長이라 하였다. 郎中
> 을 戶正이라 하고 員外郎을 副戶正이라 하였다. 執事는 史라 하였다. 兵部
> 卿을 兵正이라하고 筵上을 副兵正이라 하며 維乃를 兵史라 하였다. 倉部卿
> 을 倉正이라 하였다.

라고 하여, 향리 직제의 개정 내용을 싣고 있다. 사료 너)를 검토해 볼 때, 먼저 成宗이전의 고려초 각 州·府·郡·縣에는 兵部와 倉部 그리고 이름은 알 수 없지만 堂大等을 필두로 하는 또 하나의 부서 등 3개의 부서가 기본적으로 설치되어 있었음을 알게 된다. 이를 다시 계통별로 정리하면 아래의 <표-3>과 같이 될 것이다.

<표-3> 高麗初期 鄕吏職制의 構造

<표-3>이 고려초 지방행정의 전모를 보이고 있는지에 대해서는 다소 의문의 여지가 없지 않겠지만, 지방행정의 주된 범위가 租稅의 부과나 力役의 동원 또는 지역 방위 정도에 미친다는 점에서 전체의 윤곽은 어느 정도 들어내고 있다고 본다. 다만 당대등 및 대등 등의 호장계열 조직은 신라의 촌주제나 마찬가지로 읍락의 존재형태에 따라 한 지방에 여러 벌이 들어 있었다고 간주된다.

그런데, 이러한 지방행정구조의 윤곽은 태조 24년에 건립된 「鳴鳳寺
慈寂禪師凌雲塔碑」의 '輔州官班'[39] 편성에서 이미 나타나고 있었다. 아래
의 <표-4>는 이를 도해한 것이다.

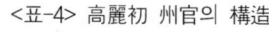

<표-4> 高麗初 州官의 構造

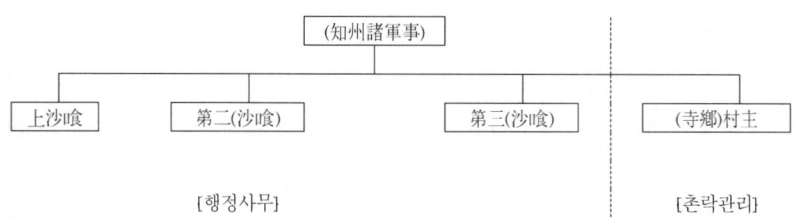

이러한 편성은 같은 비문의 '縣官班'[40] 조직과도 일치한다고 본다. 굳이
차이를 지적해 보자면, 輔州官班의 경우 村主로서는 寺卿村主 한 사람만
이 들어있음에 대해, 縣官班 쪽에는 세 명의 촌주가 보이고 있다는 점이다.
이는 아마도 보주관반 쪽에서 여러 촌주 가운데 사원의 관리와 관계있는
사경촌주[41] 하나만을 나타낸 탓이라 여겨진다. 따라서 구조적으로 볼 때,
두 경우 모두 상사찬 등 3명의 사찬이 소수의 부하들을 데리고 집사(부)・
병부・창부 등의 지방행정을 나누어 맡았을 것이고, 호구 또는 관할의 촌
락은 촌주들이 각각 분할하여 맡았을 것이다.

따라서 당시 지방통치 구조의 특징은 주로 중앙정부의 지시를 받드는

---

39) 여기의 '輔州官班'에 대해 종래 州政을 輔佐하는 지방행정 담당조직 정도로 이해하여 왔으
   나, 이를 鳴鳳寺가 소재하고 있는 경북 醴泉郡의 당시 지명인 '甫州'로 보는 견해가 새로
   나왔다(北村秀人, 「高麗初期の在地支配機構管見」, 『人文研究』 36-9, 1984, 581~582쪽 및
   윤경진, 「고려 태조대 군현제 개편의 성격」, 『역사와 현실』 22, 1996, 166쪽). 필자는 新說에
   따르고자 한다.
40) 『韓國金石遺文』에 '輔州官班'과 따로 '官班'으로 표기되어 있는 부분에 대해 이를 '縣官
   班'으로 판독하여, 비가 소재한 赤牙縣에 비기는 새로운 견해에 따른다(윤경진, 앞의 논문,
   165쪽).
41) 金光洙, 앞의 논문, 126쪽.

등의 일반적 행정 사무부서와 촌락을 관리하는 촌주라는 2원적 체제를 근간으로 한 구조라 볼 수 있을 것이다. 이러한 점에서 輔州의 것과 赤牙縣의 관반조직은 서로 동일한 형식이라 해도 좋겠다. 물론 輔州의 조직은 知輔州諸軍事 예하의 것일 것이고, 縣官班의 것은 知赤牙縣事 예하의 행정조직일 것이다. 이와 같이 주·현이 똑같은 통치구조를 갖고 있음으로 미루어, 아마도 이러한 편성은 보주와 적아현의 경우만이 아니라 당시 전역에서 실시된 지방제도의 일환이라 여겨진다.

그리고 드러난 관부의 명칭이나 관등제의 사용을 볼 때, 이는 사실 신라의 제도였다고 할 수 있을 것이고, 그 제정 시기를 추측하건대 아마도 知州諸軍事制가 성립되었을 당시 그 하부구조로서 함께 제정되지 않았을까 싶다.[42] 그 후에 곧 닥쳐온 후삼국의 시대를 거쳐 성종 2년에 이르는 동안에 호칭상에 어떤 변화가 있었을지는 불명하지만, 그 기본구조는 그대로 존속되었다고 보여진다.[43] 이러한 관점에서, 다시 「龍頭寺鐵幢竿記」에 보이는 관직자들을 정리해 보면 <표-5>과 같이 나타낼 수 있을 것이다.

<표-5> 高麗初 淸州의 地方行政 構造

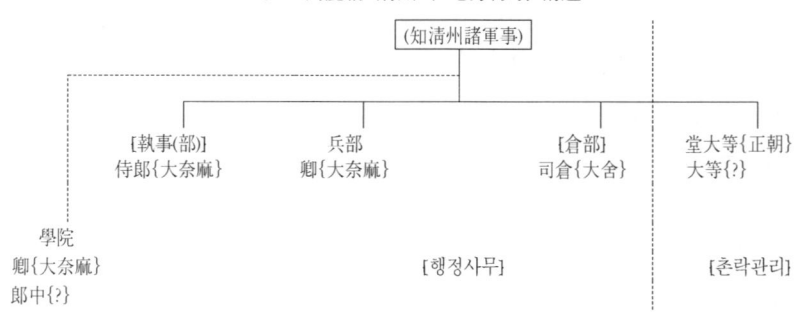

* [   ] 안은 가정한 관부, {   } 안은 관등.

---

42) 全基雄은 앞의 논문, 19쪽에서 知州諸軍事의 성립시기를 眞聖女王 말기로 잡고 있다. 官班 조직 또한 知州諸軍事體制의 下部構造인만큼 동시에 제정되었을 가능성이 크다고 본다.

43) 全基雄은 위의 논문에서 知州諸軍事의 소멸시기를 신라 멸망기로 보고 있으나, 고려초에도 계승되었을 가능성이 크다고 본다.

<표-5>는 곧 光宗 13년경의 청주지방 鄕吏職制라고도 할 수 있을 것이다. 이 가운데서 드러난 가장 큰 특징은 곧 당대등의 존재라 하겠는데, 이는 앞의 향리직 개편에서 호장으로 바뀌는 만큼 이전 신라제의 촌주급에 넣을 수 있다고 본다. 다만 여기에서 당대등 金希一이 유달리 正朝라는 고려의 初期官階를 갖고 있다는 점이 특이하지만 그 연유는 잘 알 수 없다. 또 하나, 學院의 존재가 주목되는데 이는 다른 지역에서 보이지 않던 관부라 하겠다. 아마 청주에 특별히 학원이 설립되어 있었음[44]에 따라 마련된 별정직 정도로 이해할 수 있지 않을까 싶다. 그 밖에도 '司倉'이 위의 <표-3>에서는 관부명으로 나오고 있음에 대해, 여기에서는 관직명으로 표기되고 있는 점에서 다소 의아한 부분이 남아 있으나, 지방행정사무와 촌락 관리라는 구조적 윤곽은 앞에서 본 지방의 통치구조를 벗어나지 않고 있다고 여겨진다.

한편 <표-3>의 성종 2년 鄕吏職制를 보건대, 앞서 보이던 집사(부) 등의 지방 행정 부서가 하나쯤 빠져있는 듯 한 점에서 그 이전에도 한차례 이직의 개편이 있었지 않았나 싶지만[45] 전체적으로는 <표-4>와 같은 종래의 구조를 유지하고 있다고 보아도 크게 어긋나지 않을 것 같다. 물론 <표-3>의 정점에는 당연히 당해 지역의 지방관이 있었을 것이다. 그가 知州諸軍事였던 知郡事였던 간에 그는 여전히 이러한 향리직제를 통하여 지방을 다스려 나갔을 것이다. 다시 말하자면 지방 통치의 기본적인 구조는 과거의 신라제에 비해 크게 달라진 것이 없다는 것이다. 따라서 이때의 향리직 개정이란, 단순히 부서나 관직의 명칭 변경에 불과한 것이었다. 그 까닭은 중앙과의 중복되는 관부나 관직의 명칭을 구분함으로서, 관제상 중앙과

---

44) 金光洙, 「羅末麗初의 地方學校問題」, 『韓國史研究』 7, 1972.
45) 앞의 제시 사료 너)와 이를 나타낸 <표-3>에서 볼 때, 종래의 執事(部)계열이 빠져 있음을 알게 된다. 이로 미루어 이전에 한차례 吏職개편이 있었던 듯 간주되기도 한다. 다만 성종 2년의 개편과정에서 郎中이 戶正으로 執事가 史로 바뀌고 있는 점에서 執事(部)의 잔재를 보게 된다.

지방의 격을 확실히 구분하기 위함이었을 것이다.

그럼에도 불구하고 위의 기구를 군이 당대등 및 대등의 예하에 두려는 견해가 있으나 이는 따르기 어려운 주장이다. 심지어는 당대등을 정점으로 한 편제를 만들어 그것이 마치 고려초기 각 지방의 독자적 통치를 증거하는 구조로 인용되고 있으나,[46] 사실과는 거리가 멀다고 본다. 그러한 견해는 고려 초의 당대등을 지방 지배자로서의 호족과 동일시하려는 데서 나온 오해의 결과가 아닐까 싶다.

제한적인 사료만으로서 고려초기 당대등의 전모를 잘 알 수는 없으나, 성종 2년에 들어 그 명칭이 호장으로 바뀌고 있음을 보아, 당대등은 처음부터 별로 높은 신분의 직책은 아니었다고 보여진다. 게다가 현종때의 경우이긴 하지만, 지역에 거주하는 丁의 수에 따라 한 지방에는 최소한 2명에서 8명까지의 호장이 있었다.[47] 따라서 이 경우 호장 1인의 세력범위란 고작 50丁, 또는 40여호에 불과했다고 산정된다. 아마 고려초기 당대등의 모습도 이와 크게 다르지 않았을 것이다. 이러한 점에서 당대등은 신라말의 촌주급에나 비견될 수 있을지언정, 앞에서 본 성주·장군 등 지방관과는 엄연히 구분되는 존재라 하겠다.

---

46) 李基白은「新羅私兵考」, 앞의 책, 266쪽에서 위의 사료 너)의 이직 개편 내용을 정리하여 다음과 같은 일람표를 제시했다.

堂大等 (戶長)	大等 (副戶長)	[戶部]	---	郞中 (戶正)	-	員外郞 (副戶正)	-	執事 (史)
		兵部 (司兵)	---	兵部卿 (兵正)	-	筵上 (副兵正)	-	維乃 (兵史)
		倉部 (司倉)	---	倉部卿 (倉正)				

그런데, 여기에서 왜 이러한 체제가 당대등의 예하에 들어가야 되는지에 대해서는 아무런 설명이 없다. 앞의 사료 너)를 분석해 볼 때, 당대등과 대등이 병부나 창부의 상위조직이라 볼 근거는 찾아지지 않는다.

47)『高麗史』卷29, 選擧3, 鄕職.

실제 사료상으로도 당대등과 지방관의 신분적 차이는 드러난다. 「龍頭寺鐵幢竿記」에 보이는 堂大等 金希一은 正朝의 官階와 丹銀魚袋 즉 丹衫의 공복을 입고 있었다. 이는 당시 당대등의 신분적 위치를 잘 보여주고 있는 사례라 하겠다. 그는 처음부터 元尹 이상의 官階를 갖고, 紫色의 公服을 입은 지방관을 받드는 향리의 범주를 벗어나지 못했던 것이다. 물론 당대등이 「龍頭寺鐵幢竿記」의 표현대로 '州里의 豪家'이며 '鄕閭의 冠族'일 수는 있다. 그러나 고려초의 호족이라면 그 세력이 이미 州里나 鄕閭의 범위를 넘어서고 있었다. 그리하여 그들은 고려의 지방관으로서 관할하는 지방의 읍락 규모나 향촌의 분포상에 따라, 예하에 여러 명의 당대등을 두고 있을 수도 있는 그러한 존재였다. 이러한 상황에 비추어, 당대등을 지방통치기구상의 최고위직으로 보는 기왕의 견해는 마땅히 재고되어야 하리라 믿는다.

고려초기의 지방관이 그 어느때 보다 많은 재량권을 가지고 지방을 통치한 것으로 보여질 수는 있다. 성종 2년(983)에 12牧이 설치되고, 그곳에 외관이 파견될 때까지 각 지방의 통치는 마치 봉건제후를 방불케 하는 지방관에 의해 통치되었다. 그 동안에 국가는 고작 守有·租藏 등으로 불린 사신을 파견[48]하여 지방과의 관계를 유지해 나간 듯 여겨지기도 한다. 그러나 이러한 사정은 신라말 이래의 느슨한 제도적 모순이 나말여초의 전쟁상황을 맞이하여 심화된 가운데 빚어진 일시적이고 국지적인 사정이었을 따름이라 본다. 태조는 형식상 지방의 통치를 지방관에 위임한 듯하면서도, 실제로는 전국에 걸쳐 기본적이고 획일적인 향리제도를 유지해 나갔던 것이다.

---

48) 『高麗史』 卷77, 百官2, 外職.

V. 맺음말

지금까지 검토한 바를 결론삼아 요약하면 다음과 같다.

먼저 후삼국시대를 겪는 동안 각 지방이 어떠한 정치적 상황에 놓여 있었던가를 대세론적으로 살펴보았다. 신라말의 혼란 가운데서 성장한 지방의 호족들은 일시적으로 자신의 지배영역을 반독립적으로 유지할 수는 있었으나, 후삼국 체제에 들면서 그들은 지역 연고에 따라 삼국중의 하나를 조국으로 선택할 수밖에 없었다. 따라서, 후삼국시대는 호족에 의한 분열의 시대라기보다는 분열되었던 지방이 세 개의 구심점을 향해 수렴되는 시대로 볼 수 있을 것이다.

견훤과 궁예는 뚜렷한 건국의 명분과 더불어 우세한 군사력으로 일정 영역 내의 호족세력을 제압해 나갔고, 궁예를 이은 왕건 또한 그러했다. 이러한 가운데서 전쟁에 휩싸이게 된 지방의 호족들은 자신의 지배권을 보장해 줄 主君을 찾는데 더 많은 관심을 기울였다. 반면에 전쟁의 승리를 위하여, 견훤과 왕건은 서로 지방세력을 자기편으로 끌어들이기 위한 유인책으로서 일부 호족들에게 많은 특권을 약속할 수밖에 없었던 경우도 있었다.

그 결과, 이러한 일은 언제 어디서나 전쟁상태 하에서 흔히 나타날 수 있는데도 불구하고, 고려초기에 지방통치가 不備한 가운데서 대부분의 지방은 호족들 임의로 통치되었다는 견해가 널리 수용되었다. 그러나 이는 전시하의 특정지역에 한하여 인정될 수는 있을지언정, 대세로 보아 고려의 초기에도 강역내 대부분의 지방은 강력한 왕권의 통제하에서 벗어나지 못하고 있었다.

다음으로 태조와 지방호족의 관계를 실증적으로 살펴보았다. 태조는 자신에게 귀부하는 호족에게 지배권을 공인한 외에도 여러 가지 특권을 부여하였으나 여기에는 어디까지나 충성의 서약이 전제되었고, 고려의 지방관에 편제된 이들은 고려의 신하로서 지녀야 할 의무에 충실하지 않으면 안되었다. 나아가 태조는 고려 영역내의 어디에라도 자신의 뜻에 따라 軍鎭을 설치한다던가 사찰이나 학교를 건립하는 등 시책도 펼칠 수 있었고, 때로는 중앙의 관리를 지방관으로 파견하여 특정지역을 통치케 하기도 했다. 이러한 사실은 고려초기 왕권과 지방관의 관계를 어떻게 보아야 할 것인지를 시사해 준다고 하겠다.

끝으로 고려초기 지방통치 구조를 분석해 보았다. 나말여초의 지방은 호족들이 독자적 통치기구를 마련하여 반독립적으로 통치되었다는 견해가 지금까지의 지배적 의견으로 보여지고 있으나, 구조의 분석을 통해 볼 때, 구조상 어떠한 독립적 특성도 찾을 수 없었다. 그리고 당시의 지방통치기구 역시 호족이 임의로 만든 것이 아니라 신라말 이래 전국의 州·府·郡·縣에서 일률적으로 시행되던 지방 행정기구였다. 이 기구 가운데서 중앙의 것과 중복되는 명칭을 가진 부서가 있었다 하더라도, 낮은 직급의 향리가 맡고 있는 획일적 편제라는 점에서 호족이 독자적으로 설치한 관부로 볼 수 없다.

고려초기 지방 통치구조는 신라제를 이어 지방행정을 담당하는 부서와 촌락을 담당하는 부서로서의 2원적 체제로 편제되었다고 볼 수 있다. 물론 이러한 기구의 정점에는 지주제군사로 대표되는 지방관이 있었다. 일부 금석문에서 보게 되는 지방의 관부와 관직은 모두 이러한 범주에 포함된다.

이러한 향리직제는 성종 2년에 가서 개정되는데, 그 주된 목적은 종래까지 중앙과 중복되던 명칭을 격하시켜 중앙관제와의 차별을 뚜렷이 하려는 정도의 것이었다. 이때의 직제 분석을 통해서, 그것이 구조상 종래의 지배구조와 크게 다를 바 없음을 알게 되는데, 그럼에도 불구하고 마치 이 기구가 호족을 대표하는 堂大等에 예속된 지방통치의 전형인 듯 인용되고 있음은 아무래도 수긍키 어려운 바라 하겠다. 당대등의 전모가 확실히 밝혀지지는 않고 있지만, 성종 2년의 향리 직제 개정에서 호장으로 전화되는 것으

로 보아 신라말의 村主級에나 비겨볼 수 있는 존재로서 향촌의 유력한
토호세력이라 할 수는 있을지언정, 知州諸軍事 등 지방관과는 신분적으로
뚜렷이 구분되는 향리에 불과한 직급이라 보아 지나치지 않을 것이다.

　고려초기 지방통치가 일견 느슨해 보일 수도 있겠지만, 그 원인을 당시
의 정치적 사정으로만 돌릴 수는 없을 것이다. 신라말기 지방제도 자체가
독립성이 강한 지방분권적 요소를 갖고 있었다. 그 위에 다시 후삼국의
쟁패라는 시대상이 전개됨에 따라 고려초기의 지방통치는 더욱 불완전한
양 비춰지게 되었다고 본다. 그러한 가운데서도 고려 태조는 이러한 신라
말 이래의 기본적이고 획일적인 향리제도를 통하여 지방관의 통치를 통제
해 나갔다고 하겠다.

고려초기 役分田의 성립

Ⅰ. 머리말

太祖 23년(490)에 제정된 役分田은 景宗 원년(976)이래 전시과체제가 정비될 때까지 36년 동안이나 고려 토지제도의 기본으로서 기능하였다. 태조 王建은 즉위한 다음, 한 동안 신라제도를 답습한 泰封의 토지제도를 승계하여 이른바 나말여초의 호족들과 고급 관료들을 우대하는 토지정책을 취하였다. 그러나 태조는 19년(936)에 後三國을 통일한 후 이제는 통일국가의 체제에 알맞는 정치·경제상의 개혁을 모색하게 되었고, 그 결과로 성립된 토지제도가 곧 역분전이라 하겠다.

그럼에도 불구하고 고려의 토지제도라면 응당 전시과체제 중심으로 논급될 뿐으로, 역분전에 대한 연구성과는 아직 미흡한 수준에 머물러 있는 형편이다.[1] 그러한 중에도 역분전은 전시과 성립의 전단계로서, 단지 후삼

---

[1] 고려초기의 역분전에 대하여는 다음의 논문들이 참고된다.

　洪承基,「高麗初期의 祿邑과 勳田」,『史叢』20·21, 1977.

　姜晋哲,「建國 직후의 상태와 役分田의 設置」,『高麗土地制度史研究』, 고려대출판부, 1980.

　南在祐,「羅末麗初 豪族의 經濟的 基盤」,『慶南史學』4, 1987.

국 통일과 관련한 논공행상적 土地 賜與의 일환 정도로 이해되고 있음이 지배적 견해로 되어 있는 듯 하다. 그러나 이러한 시각만으로서는 결코 전시과체제 이전 고려 건국기의 토지제도 실상에 접근하기 어렵다고 믿는 다. 또한 역분전이 단순히 논공행상에 따른 토지 급여체계였다면, 경종 원년의 시정전시과가 光宗代의 그토록 치열했던 정치적 변혁이 채 가라앉 기도 전에 문득 생겨날 수도 없었을 것이다. 바꾸어 말해, 시정전시과는 당시의 관료층이 이미 역분전 체제에 익숙해 있었기 때문에 쉽게 정착될 수 있었지 않았나 하는 것이다.

이러한 관점에서 본고에서는 먼저 고려 통일기 이전의 토지제도 운용형 태를 살펴본 다음, 통일 이후 새로운 토지제도로서 역분전이 설립되게 된 정치적 배경을 생각해 보고자 한다. 그리고 역분전의 성격을 규명해 보고 나아가 역분전과 시정전시과의 관계에 대해서도 해석을 가해 보기로 하겠 다. 이러한 과정을 거칠 때 役分田의 이해에 좀더 접근할 수 있으리라 믿는다.

II. 建國期 토지제도의 운용

1. 食邑・祿邑 및 田宅

고려 건국기에 토지제도가 어떠한 체제를 갖추고 출발했는지는 잘 알려 지지 않고 있다. 다만『高麗史』卷78, 食貨1, 冒頭에,

> 가)三國末期에는 經界가 바르지 못하였고 조세의 부과에도 표준이 없
> 었다. 고려 태조는 즉위하자 먼저 田制를 바로잡고 백성으로부터 收取함에

盧明鎬,「羅末麗初 豪族勢力의 경제적 기반과 田業科體制의 성립」,『震檀學報』74, 1992.

법도가 있게 하여 農桑에 정성을 다하였으니 가히 근본되는 바를 알았다고
하겠다.

라고 적어, 건국에 따른 통치제도의 수립과정에서 종래의 토지제도와 수취
제도를 크게 정비했음을 강조하고 있다. 다만 이 때는 새로운 제도의 제정
이라기 보다는 태봉시대이래 지속되었던 토지 및 수취제도상의 모순을
바로잡는 정도의 정치적 개혁이 추진되어 나갔던 것으로 여겨진다. 즉 弓
裔의 虐政 下에서 "賦役은 번거롭고 課稅는 과중하여, 인구는 줄어들고
국토는 황폐해진" 현실을[2] 바로 잡는데 주력했던 것으로 보인다. 이것이
곧 고려 건국의 가장 큰 명분이었기 때문이다.

그러나 당시의 토지제도가 어떻게 운용되고 있었는지는 잘 알 수가 없
고, 다만 신라하대이래 유지되어 오던 食邑과[3] 祿邑의[4] 지급방식이 고려
건국기에도 존속되고 있었음은 확인되고 있다. 이 가운데 먼저 태조 시기
동안 식읍과 관련된 사료를 보면 다음과 같은 것들이 있다.

> 나 - ① (태조 원년) 나라를 다스림에는 마땅히 절약하고 검소함에 힘
>   써야 할 것이다. … 內庄 및 東宮 食邑에 저장한 곡식들은 해가
>   오래되었음에 따라 필시 손실이 많을 것이니 內奉郎中 能梵을 審穀

---

2) 『高麗史』卷1, 世家, 太祖 元年 6月 詔書.
3) 姜晋哲은「新羅 統一期의 土地制度」, 앞의 책, 14쪽에서 식읍에 대해, 특별한 공로에 대한
   보수 혹은 은상의 뜻으로 최고의 귀족들에게 하사되는 토지라는 점에서 관직 복무의 대가,
   보수로 지급되는 녹읍과 구분된다고 하였다. 그러나 식읍은 녹읍에 비해 그 규모가 클 뿐,
   경제적 지배 내용은 양자가 비슷할 것으로 보고 있다. 그밖에 식읍과 관련하여 河炫綱,
   「高麗食邑考」,『歷史學報』26, 1965. 및 李景植,「古代·中世 食邑制의 構造와 展開」,『손보
   기박사정년기념 한국사학논총』, 1988 등의 논문이 참고된다.
4) 고려초기의 녹읍에 대하여는 신라의 녹읍제를 해명하는 과정에서, 또 나말여초 호족의 경제
   적 기반을 구명하는 과정에서 각각 다루어진 가운데 비교적 많은 연구성과를 거두고 있다.
   그 중 고려초의 녹읍이 신라의 녹읍과 계통적으로 연결된다고 보는 견해가 지배적이다.
   이와 관련하여 姜晋哲,「高麗 前期의 公田私田과 그의 差率收租에 대하여」,『歷史學報』
   29, 1965. 및 全德在,「新羅 祿邑制의 性格과 그 變動에 관한 연구」,『역사연구』창간호,
   1992. 그리고 김영두,「高麗 太祖代의 祿邑制」,『韓國史研究』94, 1996 등의 논문이 참고된다.

使로 삼아 이를 조사케 하라.(『高麗史』卷1, 世家, 太祖 元年 6月 乙丑)

②) (태조 18년) 甄萱을 尙父라 칭하여 … 그 자리를 百官의 위에 두고 楊州를 식읍으로 주었다.(『高麗史』卷2, 世家, 太祖 18年 12月)

③) (태조 18년) 金傅를 政丞으로 삼고 그 자리를 太子보다 위에 두었으며 해마다 祿 1,000碩을 주고 … 그 侍從者들을 모두 收錄하여 田祿의 지급에서 우대하였으며 新羅國을 없애 慶州로 만들어 그의 食邑으로 삼게 하였다.(『高麗史』卷2, 世家, 太祖 18年 12月)

위 나-①)은 태조가 즉위한지 겨우 열흘을 넘긴 태조 원년(918) 6월 을축일에 내린 조서 가운데의 일부분이다. 여기에서 보는 "東宮 食邑"은 바로 泰封 제도 그대로일 것이다.5) 그리고 나-②)와 나-③)은 통일 직전인 태조 18년(935) 6월과 11월에 후백제 견훤 및 신라 경순왕이 고려에 항복해 옴에 대하여 태조가 내린 예우 가운데의 일부로서, 이 때에도 식읍이 주어지고 있었음을 알 수 있다. 즉 견훤에게는 尙父라는 명예로운 호칭과 백관보다 높은 지위를 주었으며 楊州를 그의 식읍으로 삼게 했다. 또 敬順王 金傅에 대해서는 정승으로 삼고 태자보다 더 높은 지위에다 1,000석의 歲祿을 내렸으며 慶州를 그의 식읍으로 삼게 했던 것이다. 이와 같이 고려초기 특별한 신분관계를 기초로 賜與되던 식읍제는 그 이후로도 고려의 전시대에 걸쳐 존속되었다.6)

한편 이들 식읍과 함께 녹읍 또한 고려 건국기의 주요한 토지제도의

---

5) 남재우, 앞의 논문, 15쪽에서 弓裔 政權下에서도 녹읍의 광범한 賜與가 있었고, 그것이 고려 太祖代로 계승된 것으로 보고 있다. 필자 또한 같은 생각이며 나아가 식읍의 경우도 마찬가지라 본다.

6) 河炫綱, 앞의 논문. 그런데 이들 식읍은 특정 인물에 대해 명예적으로 賜與되는 토지이긴 하나, 고려초기의 경우 그 실질적 토지지배의 측면에서 녹읍과 큰 차이를 발견할 수 없으므로 본고에서는 더 이상의 식읍에 대한 추적은 생략코자 한다.

일환으로 운용되었다. 다음의 것들은 이에 관련된 사료들이다.

다-①) (태조 10년) 興達은 甄萱의 부하로서 高思葛伊城主였는데, 太祖가 康州를 거쳐 그 성을 지나게 되자 그의 아들을 보내어 귀부하였다. … 태조는 기뻐하여 興達에게 靑州祿을, 아들 俊達에게는 珍州祿, 雄達에게는 寒水祿, 王達에게는 長淺祿을 주고 또 田宅을 내려 포상하였다.(『高麗史』 卷92, 列傳, 王順式 附 興達)

②) 龔直은 燕山 昧谷人이다. 어려서부터 용감하고 지략이 있었는데 신라말에는 本邑將軍이 되었다. … (태조)15년에 龔直이 그의 아들 英舒를 데리고 來朝함에 … 태조는 기뻐하여 大相에 임명하고 白城郡祿과 廐馬 3필 및 비단을 하사했다. 또 그 아들 咸舒를 佐尹에 임명하고는 貴戚인 正朝 俊行의 딸을 英舒의 처로 삼아 주었다.(『高麗史』 卷92, 列傳, 龔直)

③) 李恩言 … 신라말에 碧珍郡을 보유하고 있었다. … 태조가 사람을 보내어 힘을 합쳐 화란을 평정하고자 달래니 총언이 글을 받고 기뻐하면서 그의 아들 永으로 하여금 병사를 이끌 태조의 정벌에 따라 나서게 하였다. … 태조는 … 총언을 本邑將軍으로 삼고 傍邑의 丁戶 229戶를 하사하였다. 또 忠·原·廣·竹·堤州의 倉穀 2,200石과 소금 1,785石을 주었다.(『高麗史』 卷92, 列傳, 王順式 附 李恩言)

이상이 태조대의 녹읍과 관련된 기사이다. 먼저 다-①)에서, 태조는 10년(927)에 귀부한 高思葛伊 城主 興達과 그의 아들들에게 녹읍을 하사하고 있다. 즉 흥달에게는 靑州祿을, 그리고 그의 아들 俊達에게 珍州(珍山)祿, 雄達에게는 寒水祿, 玉達에게 長淺(長湍)祿을 각각 내렸던 것이다. 여기에서 보는 ○○祿이 실제로 祿邑을 가리킨다고 보아 무리가 없을 줄로 안다. 이 점은 다-②)에서도 마찬가지이다. 태조는 15년(932)에 귀순한 燕山 昧谷의 本邑將軍 龔直에게도 白城郡(安城)祿을 하사했던 것이다.

여기에서 홍달과 공직은 과거 견훤의 휘하에 있다가 태조에게 귀부한 사람들이다. 태조는 이들 귀부해 온 성주·장군들을 우대함에 가장 중요한 경제적 반대 급부로써 녹읍을 내려 주고 있었다. 이로 미루어 아마도 녹읍제가 당시로서는 가장 중심적 토지제도였다고 심증된다.[7] 그러한 만큼 비단 귀순해 오는 호족들에 대해서만이 아니라 원래부터 태봉이나 고려의 고급관원들에게도 기본적으로 녹읍이 지급되고 있었을 것이다.

그런데, 녹읍이 일정한 지역에 사는 인민들에 대한 租稅·貢賦·力役 등의 수취권을 행사할 수 있는 경제적 지배권을 의미한다고 볼 때,[8] 위의 사료 다-①과 다-②에서 보는 바와 같이 고사갈이 성주 홍달과 그의 아들들이 청주·진주·한수·장천 등 지역적으로 그들과 별로 연고가 없어 보이는 것들을 녹읍으로 받았고, 연산 매곡의 장군이었던 공직 또한 멀리 떨어진 백성군을 녹읍으로 받고 있음이 주목된다. 물론 이에 대하여는 여러 가지 추리가 가능하다.

먼저 홍달이나 공직에 대하여, 당초 그들의 본거지인 고사갈이성 및 연산 매곡에 대한 지배권이 인정된 위에 다시 위의 여러 지역이 귀순의 대가로 더 주어진 것이라 볼 수도 있겠다.[9] 또는 그들이 귀순한 다음 開京으로 올라가 정착하게 됨에 따라 본거지와는 다른 지역을 녹읍으로 받게 된 것이 아닐까도 추리할 수 있을 것이다.[10] 필자로서는 후자 쪽을 지지하고 싶다. 왜냐하면 고사갈이성과 연산 매곡의 지리적 위치가 문제시되기 때문이다.

흔히 고사갈이성을 경북 聞慶에 비정하고 있으나 위의 다-①에서 보는 대로, 홍달의 귀부는 태조가 10년(927)에 康州(경남 晉州)를 순행하는 과정에서 이루어진 일이고 보면 문경과 진주는 서로 너무도 동떨어진 사이라

---

7) 고려초기의 녹읍제에 대하여서는 註 1) 및 3), 4)에서 제시된 논문들이 참고된다.
8) 姜晉哲, 앞의 논문(1965), 13쪽.
9) 姜晉哲, 「建國 직후의 상태와 役分田의 設置」, 앞의 책, 23~24쪽.
10) 洪承基, 위의 논문, 158~159쪽.

하지 않을 수 없겠다. 『高麗史』 卷1, 太祖條에도,

　　라) (10년 8월) 王이 康州 高思葛伊城을 巡行하매 성주 興達이 귀부하
　　였다. 이에 百濟의 여러 城主가 모두 항복하였다.

라고 하여 고사갈이성이 강주에 있다고 적고 있다. 그러한 만큼 고사갈이
성을 문경에 비정하기보다는 진주 부근에서 다시 찾는 것이 옳을 것 같다.
당시 강주 일대는 격전지이었다. 고려와 후백제간에 여러 차례나 뺏고 빼
앗김이 계속되다가 끝내는 통일이 될 때까지 후백제의 강역으로 남아 있었
던 지역이다. 이러한 전략적 가치 때문에 태조는 귀부한 홍달의 일가를
개경 또는 녹읍이 주어진 지역으로 옮기게 하고는, 보다 미더운 부하 장군
을 보내어 상비군을 지휘케 하지 않았을까 싶다.[11]
　다시 공직의 경우로, 원래 그는 후백제 견훤의 부하로서 燕山 眛谷(懷仁)
의 본읍장군이었다. 그런데 여기에서 연산 매곡을 충북 회인으로 볼 경
우[12] 이 지역은 당시 후백제의 국경에서 보다 남쪽에 위치했거나 전투가
계속되던 접경지이었을 가능성이 큰 지역이라 본다. 즉 당시 고려와 후백
제간의 북쪽 국경은 청주와 홍성을 잇는 선이었다.[13] 그후 고려가 一牟山
城 즉 청주일대를 뺏은 때는 공직의 투항이 있고 난 바로 다음 달인 태조
15년(932) 7월로서 태조의 親征에 의해서였다.[14] 또 고려가 熊州(公州) 이
북의 30여 성을 차지하게 된 시기는 보다 늦은 태조 17년 9월로서, 이때도
태조 스스로 군사를 거느리고 運州에서 싸워 대승을 거둔 결과이었다.[15]

---

11) 『高麗史』 卷1, 世家, 太祖 11年 5月에 '康州 元甫 珍景'이 甄萱軍에 패하여 전사했고 '將軍
　　有文'은 견훤에 항복했음을 적고 있는데, 이들은 고려 중앙군의 무장으로 추측된다.
12) 『新增東國輿地勝覽』 卷16, 忠淸道 懷仁縣. "本百濟 未谷縣 新羅改 眛谷爲燕山郡領縣"이
　　라 적혀 있다.
13) 『高麗史』 卷1, 世家, 太祖 11年 正月의 견훤이 고려 태조에 보낸 답서 내용과 같은 해
　　6月 丙辰의 전투 기사 및 『高麗史』 卷2, 世家, 太祖 17年 9月 丁巳의 전투 기록.
14) 『高麗史』 卷2, 世家, 太祖 15年 7月. "秋七月 親征 一牟山城".

따라서 龔直의 귀순 동기를 "밝으신 주군에게 歸附하여 弊邑을 보존코자"[16]함에 있었다고 하나 실제로 귀부한 다음 이제는 고려편의 본읍장군으로서, 아직 견훤의 지배 하에 있는 연산 매곡을 어떻게 지킬 수 있었을까는 극히 의문스러운 바이다. 공직의 귀순이 있고 난 후 고려는 마치 康州의 예에서와 마찬가지로 우선 중앙군의 장수를 보내어 전투에 대비케 했을 것이다. 그후 고려측이 승리를 거둠에 따라, 아마도 공직이 다시 연산 매곡의 본읍장군직을 회복한 시기는 태조 17년경으로 추정된다. 귀순이 있은 직후 공직에게 白城郡(安城)을 녹읍으로 준 데에는 이러한 전황의 배경이 있었기 때문이었을 것이다. 따라서 공직 또한 홍달의 일가와 마찬가지로 이주를 전제로 타지역을 녹읍으로 받았다고 봄이 더 자연스러울 듯 하다.

그런데 위의 다-③)에서, 이총언의 경우는 홍달이나 공직과 조금 다른 측면을 보이고 있다. 여기에서 이총언은 귀순에 대한 포상으로 태조로부터 본읍장군에 임명되었고, 아울러 방읍의 정호와 제주의 창곡 및 많은 소금을 받고 있다. 이 가운데서 직접적으로 녹읍의 지급을 확인할 수는 없으나, 그가 태조에 의해 '本邑將軍'에 임명되었고 아울러 '傍邑의 丁戶 229戶를 하사'받았다는 점이 결코 녹읍과 무관하지 않을 것이다. 이러한 사실은 벽진군이 곧 이총언의 녹읍으로 고려에 의해 공인되었고, 이에 더하여 방읍의 일부를 추가하여 그의 녹읍을 더 넓혀 준 것으로 보여진다.

이와 같이 이총언이 귀순 즉시 태조에 의해 자신의 본거지인 벽진군의 본읍장군이 되었다는 점은 홍달이나 공직에게서는 찾아 볼 수 없는 사실인 것 같다. 즉 그는 다른 곳으로 이주하지 않았던 것이다. 이는 이총언이 보유한 군사력 덕분이라 여겨진다.

이총언은 신라말 이래 碧珍郡을(아마도 본읍장군으로서) 군사적 기반으

---

15) 『高麗史』 卷2, 世家, 太祖 17年 9月. "自將征運州與甄萱戰 大敗之 熊津以北三十餘城 聞風自降".
16) 『高麗史』 卷92, 列傳, 龔直.

로 도적들로부터 또는 後百濟로부터 지켜낸 만큼, 태조에게는 믿을 수 있는 무장을 영입한 것이나 마찬가지였을 것이다. 특히 벽진군, 즉 경북 星州 지역은 新羅의 都城에 이르는 길목으로서 전략적 가치가 어느 곳보다 월등히 높았을 것임은 길게 말할 필요도 없겠다. 그러므로 태조는 이총언을 이제 벽진군을 지키는 고려의 본읍장군으로 임명함과 아울러 방읍을 그의 녹읍에 편입시켜 주었던 것이다. 아울러 벽진군의 전략적 가치와 이총언의 지휘능력을 인정한 태조는 충주·원주·광주·죽주·제주 등지의 창고에 보관중이던 곡식 2,200석과 소금 1,785석을 군량으로서 더 보내 주었던 것으로 파악된다. 다시 말해 충주·원주… 등 여러 州의 창곡과 다량의 소금은 태조가 이총언 개인에게 준 것이라기보다는 장차 이 지역에서 벌어질 고려와 후백제간의 싸움에 대비하여 미리 확보키로 한 군량의 성격으로 봄이 옳을 듯 하다. 그리하여 과연 이총언은 "軍丁을 단결시키고 資糧을 저축하여 외로운 城으로 羅·濟 간의 쟁탈하는 곳에 기재하면서도 홀연히 東南方의 聲援이 되었다"고 한다.[17]

다른 한편, 태조는 귀순자들에게 '田'·'田祿' 또는 '田宅'을 하사하는 때도 있었다. 이러한 경우 그것이 녹읍이나 마찬가지로 관료에 대한 급여의 성격을 갖는다고 보아야 할 것인지 아니면 특정 인물을 대상으로 하여 그의 공로에 대한 포상의 형태로 주어지는 것인지를 가려 볼 필요가 있겠다.

앞의 나-③)에서 제시된 바와 같이 태조 18년에 경순왕 김부가 귀순해 왔을 때 그를 따라 온 사람들을 모두 등록하고 '田祿'을 후하게 주었다 한다. 여기에서 '田祿'이 구체적으로 무엇을 가리키는지는 명확하지가 않지만, 이를 '田(土地)'과 '祿(祿俸)'으로 나누어 볼 수 있지 않을까 한다. 여하간에, 이 경우의 '田祿'은 관직의 복무에 따른 급여의 성격임에는 틀림이 없을 것이다.

---

17) 『高麗史』 卷92, 列傳, 王順式 附 李悤言.

그렇다면 이는 경순왕을 따라온 신라의 관리들을 이제 고려에의 臣屬을 전제로 새로운 급여체계에 포함시킨다는 뜻이 되겠다. 아마도 그들 가운데 의 일부 고관에게는 녹읍과 다름없는 '田'을 지급하였을 것이고, 일부 하급 관리들에게는 녹봉으로서의 '祿'을 주었다고 생각할 수 있겠다.

다음으로 고려 건국기의 토지제도 운용에 있어 '田宅'을 사여하는 사례 도 자주 보인다. 용례로 볼 때, '田宅'은 급여와는 다른 포상의 뜻으로 사용된 듯하다. 먼저 위의 ㉱-1)에서와 같이 태조 10년에 고사갈이 성주 홍달이 귀부했을 때, 홍달과 그의 아들들에게 녹읍과 함께 '田宅'을 상으로 내린 바 있었다. 여기에서의 '田宅'은 반드시 관직과 연관된 것으로 보기 어려울 것 같다. 이로 미루어, 녹읍이 관직과 결부된 토지지배 형태임에 비해 여기의 '田宅'지급은 공로에 대한 포상으로서의 성격을 강하게 나타 내는 듯 하다. 아래의 사료에서도 비슷한 예를 볼 수 있다.

> 마-①) (태조 4년) 百濟人 宮昌과 明權 등이 來投해 옴에 田宅을 하사 하였다.(『高麗史』卷1, 世家, 太祖 4年 12月)
>
> ②) 王順式은 溟州人으로 本州의 將軍이었는데 오랫동안 복속치 않아 태조가 근심하였다. …(태조 11년)順式이 드디어 長子 守元을 보내어 귀부하자 王氏 姓을 하사하고 아울러 田宅을 내려주었다. …태조가 神劍을 토벌할 때 順式이 溟州로부터 군사를 이끌고 會戰 하여 이를 파했다.(『高麗史』卷92, 列傳, 王順式)
>
> ③) (태조 17년) 7월에 渤海國의 世子 大光顯이 무리 수만명을 이끌 고 來投하자, 姓名을 王繼라 내려주고 宗籍에 올리게 하였으며, 특 별히 元甫를 제수하고 白州를 지키면서 그 祭祀를 받들게 하였다. 그의 僚佐에게는 爵位를 내리고 군사에게는 田宅을 차등있게 지급 하였다.(『高麗史』卷1, 世家, 太祖 17年 秋 9月)

위의 마-①)에서, 태조 4년에 투항해 온 宮昌과 明權 등은 아마도 후백

제의 고관이었던 것으로 보여지는데, 태조는 '田宅'의 지급으로 이들을
포상하고 있다. 또 마-②)에서, 王順式이 溟州(江陵)의 본주장군으로 있다
가 태조 11년(928) 고려에 귀순해 오자 태조는 먼저 그의 아들 守元에게
王氏姓을 내려 일족으로 대우함과 아울러 '田宅'을 하사하였다. 귀순 이후
그는 태조에 의해 다시 溟州의 본주장군에 임명되었고 이에 따라 명주를
녹읍으로서 지배했다고 보여진다. 또 태조가 순식의 장자 수원에게 내려
준 '田宅'은 위에서 본 흥달 및 궁창 등의 경우나 마찬가지로, 공로에 대한
포상의 성격으로 볼 수 있겠다.

그리고 마-③)에서와 같이, 태조는 발해로부터 귀순해 온 세자 大光顯
과 그의 관료 및 군사들에 대하여 작위와 전택을 내려 그들을 고려의 관료
체제속에 편입시키고 있는데, 이때 군사들이 받은 전택 또한 급여로서라기
보다는 공로에 대한 포상이라 이해된다.

이와 같이 특별한 공로의 대가로 받은 전택은 식읍이나 녹읍에 비해
대체로 작은 규모의 경작지에 지나지 않았을 것이다. 그러나 녹읍이 원칙
적으로 관직과 연관되고 또 재직기간 내지는 당대에 한하여 지급되었을
것임에 대하여, 전택은 특별한 은급이었던 만큼 私的 소유의 의미를 갖는
다고 보겠다. 이러한 점에서 '田宅'은 신라하대의 사적 토지소유 형태로
존재했던 '田莊'과 유사한 성격으로 보아 좋을 듯 하다.[18] 또 나중의 전시
과체제에 비한다면 공음전과 비슷한 형태로도 볼 수 있겠다.

이상과 같이 고려의 건국기로부터 통일에 이르기까지의 시기에 식읍·
녹읍 및 전택이 토지제도의 근간으로서 존재하였음을 살펴보았다. 그러나
이러한 것들은 모두 신라하대이래 존속되어 온 제도로서 사실상 신라제도

---

18) 姜晉哲은 「新羅 統一期의 土地制度」, 앞의 책, 11~16쪽에서, 신라의 田莊을 귀족들의
私的인 대토지소유를 의미하는 것으로 보고 있다. 이에 비해 태조대의 田宅은 규모면에서
왜소했던 것으로 간주되지만, 사적 소유분일 것이란 점에서 田莊과 유사한 성격이라 보겠
다.

그대로였다고도 할 수 있겠다.[19] 잘 알 수는 없지만 이러한 사정은 견훤의 후백제에 있어서도 마찬가지였다고 여겨진다.[20] 그러한 만큼 후삼국이 쟁패를 다투는 과정에서 토지가 어떤 형태로 점유되었던 간에 명목상으로는 관직에 상응하는 녹읍과 포상 형태로서의 田宅이 중심적 토지제도로 지속되어 왔다고 하겠다. 王建은 즉위한지 두 달을 지나 功臣을 책봉하는 詔書에서 먼저,

> 바) 人臣으로서 天時을 도우는 寄略을 운용하고 세상을 뒤덮는 높은 功勳을 세운 자들에게는 茅土를 나누어 주고 후한 秩祿과 높은 品階로서 포상함이 百代의 常典이요 千代의 宏規이다.(『高麗史』 卷1, 世家, 太祖 元年 8月)

라고 했다. 여기에서 공신에게 모토를 나누어 줌이 백대의 상전이자 천대의 광규라 하고 있는데, 바로 이 모토로써 지급된 토지가 곧 食邑·祿邑 및 田宅이었던 것이다.

2. 建國期의 정황과 토지지배

태조가 즉위하자 먼저 "田制를 바로잡고 收取함에 법도가 있게 하여 農桑에 정성을 다 하였다"[21]고 한다. 바로 이 일이 곧 그가 궁예를 타도하고 새 왕조를 열게 된 명분으로 될 것이다. 그러나 실제로 쿠데타를 통하여 집권하게 된 그가 당장 얼마나 안정된 정치적 기반 위에서 이러한 개혁을 추진할 수 있었을까는 극히 의심스러운 바이다. 오히려 한동안 연이은 馬

---

19) 姜晉哲, 위의 논문, 앞의 책.
20) 후백제의 경우 통치구조는 거의 신라제를 답습한 것이었다. 이점 태봉의 경우도 비슷하다 하겠으나, 그 가운데 태봉이 명칭만이라도 바꾼 것이 적지 않음에 비해 후백제는 관등제조차 최후까지 신라제를 그대로 썼다(『三國史記』 卷50, 列傳, 甄萱 및 『高麗史』 卷1, 世家, 太祖).
21) 『高麗史』 卷78, 食貨1, 田制 序文.

軍將軍들의 반역에 시달렸고,[22] 그런 가운데 남쪽 국경의 일부지방은 후백제 쪽으로 귀부해 버리기까지 했다.[23] 이러한 정세에 따라 태조는 우선 녹읍의 지배자들이라 할 지방호족들의 환심을 사기 위하여, "후한 폐백과 겸손한 말씀(重幣卑辭)"으로 대처할 수밖에 없었다.[24]

그러나 이런 일은 즉위 초 잠시였을 뿐, 초기의 왕권은 우수한 상비군과 효율적 관료제를 기반으로 곧 안정을 찾아 나갔다.[25] 이러한 토대 위에서, 즉위후 두 달을 넘기고 부터 일부 지방의 호족들이 고려에 귀순하기 시작했고, 후백제에 대한 공세가 강화된 태조 3년 이후부터는 각 지방 호족의 연이은 귀부를 보게 된다. 다음의 <표-1>은 태조의 즉위이래 통일 이전까지 귀부한 지방호족과 그들에 대한 태조의 처우를 정리한 것이다.

<표-1>에 나타난 바와 같이 태조는 귀부해 오는 지방의 호족들에 대하여,

  (1) 元尹 이상의 官階를 주었다(3, 5, 6, 8, 10, 15, 19, 20).
  (2) 本州將軍 또는 本邑將軍에 임명하여 본거지의 지배권을 공인하였다 (6, 7).
  (3) 祿邑 및 田宅을 사여하였다(4, 6, 13, 20).
  (4) 王氏로 사성하였다(6).
  (5) 본거지를 승격시켰다(5, 16).
  (6) 귀부해 올 때 각별한 의식으로 맞이하거나 중앙의 관료를 보내어 위유하였다(2, 3, 8, 12).

---

22) 『高麗史』卷1, 世家, 太祖 元年 6月 庚中 및 己巳.
23) 『高麗史』卷1, 世家, 太祖 元年 8月 癸亥.
24) 『高麗史』卷1, 世家, 太祖 元年 8月 己酉.
25) 黃善榮, 「高麗 太祖代의 中央權力構造」, 『高麗初期 王權研究』, 동아대출판부, 1988.

<표-1> 지방 호족의 귀부

番號	時期	(姓)名	本據地	身分	太祖의 待遇	出典
1	원년 8년	尹瑄	朔方	鶻岩 城帥		世家1
2	〃 9년	阿字蓋	尙州	賊帥	降使를 儀式으로 맞이	〃
3	3년 1월	尹雄	康州	將軍	質子 一康에게 元尹제수, 使臣을 보내 慰諭	〃
4	4년 12월	宮昌 明權	百濟人		田宅의 사여	〃
5	5년 6월	元奉	下枝縣	將軍	元尹제수, 下枝縣을 順州로 승격	〃
6	〃 7월	順式	溟州	將軍	王氏 사성, 大匡 제수, 본주장군에 임명 장자 守元에게 전택사여, 아들 長命에게 元甫 제수, 小將 官景에게 王氏 사성 및 大丞 제수	世家1 및 列傳5
7	?	李恩言	碧珍郡	將軍	本邑장군에 임명, 傍邑의 丁戶229호 하사, 忠州 등 諸州의 倉穀 2,200 및 소금 1,785석 하사, 친 필 手札로써 信義 표시	列傳5
8	5년 11월	洪術	眞寶	城主	사신을 보내어 위유, 아들 王立에게 元尹에 제수	世家1
9	6년 3월	城達	命旨城	將軍		〃
10	〃 8월	良文	碧珍郡	將軍	조카 圭奐을 元尹에 제수	〃
11	8년 9월	能玄	買曹城	將軍		〃
12	〃 10월	能文	高鬱府	將軍	노고를 위로, 侍郎 盃近 등을 인질로 억류	〃
13	10년 7월	興達	高思葛伊	城主	靑州祿 사여, 전택급여, 아들 俊達에게 珍州祿 사여, 아들 雄達에게 寒水祿 사여, 아들 玉達에 게 長淺祿 사여	列傳5
14	13년 1월	善弼	載岩城	將軍	尙父라 부르고 후대	
15	〃	金善平	古昌郡	城主	大匡에 제수, 權幸을 大相에 제수, 張吉을 大相 에 제수	世家1
16	13년 2월	朴允雄	河曲	軍人	河曲을 興禮府로 승격	地理2
17	〃	萱達	北彌秩府	城主		世家1
18	〃	(미상)	南彌秩府	城主		〃
19	15년 6월	龔直	燕山昧谷	將軍	大相에 제수, 白城郡祿 사여, 아들 咸舒를 佐尹 에 임명, 아들英舒를 貴戚 俊行의 딸과 결혼	世家1 및 列傳5
20	19년 2월	朴英規	後百濟	甄萱의 사위	佐丞에 제수, 토지 1천頃 하사	〃

* 출전은 『高麗史』임.

따라서, 태조가 귀부호족에게 베푼 이러한 예우를 두고 본다면 당시의 정권형태를 '호족연합정권'이라 불러 좋을지도 모르겠다. 그러나 귀부호족의 처지에서 그들은 태조에 대하여,

　　(1) 충성을 서약해야 했다.[26]
　　(2) 자식이나 측근을 고려에 인질로 잡혀야 했다.[27]
　　(3) 본거지에 대한 守城의 의무가 있었고, 때에 따라 태조의 군사 작전에 협찬해야만 했다.[28]
　　(4) 이러한 의무를 다 하지 못했을 때 그들은 처벌되었고, 때로는 인질이 처형되기도 했다.[29]

는 사실을 상기할 때, 태조와 호족의 관계는 마치 主君과 諸侯인 듯, 종속 관계를 분명히 하고 있음을 알게 된다. 지방의 호족은 태조에 대하여 신하로서 충성을 다할 것을 서약하였고, 이에 대한 답례로 태조는 主君으로서 그들의 지방 지배권을 인정해 주었다는 것이다. 뿐만 아니라 태조는 필요한 곳 어디에나 '府' 또는 '鎭'을 설치하여 군사기지로 쓸 수 있었고,[30] 때로는 학교와 사찰을 뜻대로 건립할 수도 있었으며,[31] 때에 따라 군·읍의 명칭을 변경하거나 읍격의 승강까지도 임의로 행할 수 있었다.[32]

---

26) 가장 일반적인 경우로 보여지는데, 특히 『高麗史』 卷92, 列傳, 龔直. "雖無助天之力願竭爲臣之節"은 당시 귀부호족들이 태조에 충성을 맹세하는 전형적 사례가 되었다.
27) 『高麗史』 卷1, 世家, 太祖 3年 正月. "康州將軍 尹雄 遣其子 一康 爲質".
28) 『高麗史』 卷92, 列傳, 王順式. "太祖討神劒 順式自溟州 率其兵會戰".
29) 『高麗史』 卷1, 世家, 太祖 11年 11月. "甄萱 …攻拔烏於谷城 …將軍 楊志 明式 等 六人出降王 …以六人妻子 徇諸軍 棄市"라는 기록이 참고된다.
30) 『高麗史』 卷1, 世家, 太祖 元年 9월 丙申條에 平壤을 大都護로 삼는 기록이 보이고, 그밖에 禮山鎭이나 天安府도 태조에 의해 설치된 군사기지이다.
31) 『高麗史』 卷74, 選擧2, 學校에 "太祖 十三年 幸西京 創置學敎"가 보인다. 또 太祖 19年 12月에는 廣興寺를 비롯한 여러 사원이 창건됨을 世家에 적고 있다.
32) 『高麗史』 卷57, 地理2, 豊山縣에는 풍산현이 당초 下枝縣이던 것이 (장군 元奉의 귀순으로) 태조 6년에 順州로 승격되었다가 태조 13년에는 (원봉의 패전에 따라) 다시 하지현으로 강등되었음을 적고 있다.

이러한 점에서, 명목상 각 지방이 호족들의 녹읍으로 되어 있었다 하더라도 실제 그들이 임의로 지배권을 행사할 수 있는 범위는 얼마되지 않았으리라 여겨진다. 나머지는 아마도 民田 위에 설치된 국가 收租地로서, 이를 관할하는 호족은 收租權을 대리행사하는데 그쳤거나, 만약 그 땅이 경작지가 아니었다면 관리권을 위임받아 행한데 불과했을 것이다. 바꾸어 말해, 각 지방이 녹읍으로서 호족들에 의해 점거되었다기 보다는, 오히려 더 많은 부분이 중앙정부에 의해 처분 가능한 지역으로 남겨지고 그 나머지 제한된 구역만이 호족들에 의한 녹읍으로서의 수취가 가능하지 않았을까 하는 것이다. 군사기지를 비롯한 학교·사찰 등은 이러한 중앙정부 몫 위에 건립된 시설들일 수도 있을 가능성이 더 크다고 본다.

한편 호족의 처지에서, 자신의 녹읍에서조차 함부로 수취를 자행할 수도 없었다. 아래의 사료는 그러함에 대한 좋은 방증이 되겠다.

사) (태조 17년) 禮山鎭에 행차하여 詔書를 내렸다. 지난날 新羅의 정치가 쇠퇴하여지니 뭇 도둑이 다투어 일어났고 백성들은 사방으로 흩어져 황야에 해골을 들어내었다. 전 임금이 분쟁하는 무리들을 굴복시켜 邦國의 터전을 열긴 했으나 말년에 이르러 해독을 下民에 끼쳐 社稷을 전복시키게 되었다. 朕은 그 위급한 뒤 끝을 이어 받아 새 나라를 이룩하였으니 상처받은 백성을 勞役케 함이 어찌 짐의 본의이겠는가. … 마땅히 그대들 公卿將相으로서 國祿을 먹는 사람들은 내가 백성 사랑하기를 아들 같이 여기고 있는 뜻을 잘 알아 그대들 녹읍의 백성들을 불쌍히 여겨야 할 것이다. 만약에 무지한 家臣의 무리를 녹읍에 보낸다면 오직 긁어 들이기에만 힘쓰고 제 마음대로 빼앗아 간들 그대들이 어찌 다 알겠는가. 혹 이를 알았다 하더라도 禁制하지 않고, 백성중에 억울한 사정을 호소하는 자 있어도 官吏가 사정에 끌려 숨기고 두호하니 원망과 비방의 소리가 일어남은 바로 이 때문이다. … 그대들은 나의 훈계를 준수하고 나의 상과 벌에 복종하라. 죄 있는 자는 귀천을 막론하고 벌이 자손에까지 미칠 것이며 공이 많고 죄가 적으면 상벌을 요량하여 행할 것이다. 만약 잘못을 고치지 않으면 그 녹읍을 추탈하고 혹 1년 2, 3년 5, 6년으로부터 종신토록 班列에 참여치 못하게

할 것이다. 만약 뜻이 奉公에 간절하고 시종 허물이 없으면 살아서는 榮祿을 누리고 사후에는 名家로 불리울 것이며 자손에 이르기까지 우대하여 표창과 상이 내릴 것이니 이는 다만 오늘뿐만 아니라 만세의 규범으로 전하여지게 될 것이다.(『高麗史』 卷2, 世家, 太祖 17年 5月)

위의 사)는 고려의 녹읍과 관련하여 자주 인용되어 온 사료이다. 여기에서 볼 때, 먼저 고려 건국기에 녹읍을 지급받을 수 있었던 계층으로, 지방의 성주나 장군말고도 중앙의 고위관료 즉, '公卿將相'급이 포함된다는 사실이 주목된다. 이들 중앙 관료의 녹읍, 또한 광범위한 지역에 설치되었을 것이다. 또 한편 위의 사)는 지방의 성주나 장군은 말할 것도 없고, 녹읍을 가진 중앙의 관료들도 자신의 家臣들을 녹읍에 파견하여 직접 收租하거나 力役을 부과했음을 나타내고 있다. 이 과정에서 때로 무자비한 수탈이 자행되어 현지농민의 조세저항에 봉착한 경우가 자주 있었던 모양이다. 위의 사)로 보아, 태조는 이러한 폐단을 없애기 위해 녹읍에서의 수취에 관한 법령을 마련하고 있었던 것 같은데, 아마도 앞서 본 '取民有度'를 원칙으로 하는 구체적 기준과 이에 관련된 상벌이 아울러 제정되어 있었던 듯 하다. 그럼에도 불구하고 건국기의 불안한 정세하에서, 더구나 후삼국이 패권을 다투는 전쟁 상태 하에서 그러한 법령이 祿邑主들에 의해 얼마나 준수되었을지는 의문시 된다.

그러나, 고려의 승세가 굳혀진 태조 17년경부터 녹읍주에 대한 통제가 한층 강화되기 시작했다. 태조는 녹읍을 가진 모든 관료들로 하여금 자신이 제정한 상과 벌에 복종할 것을 강조하고 있다. 이를 위반할 경우 그 죄가 자손에까지 미치게 될 것이며, 죄의 경중에 따라 녹봉이 추탈되고 심한 경우 종신토록 반열에 참여시키지 않겠다는 것이다. 여기에서 고려초기 녹읍에서의 수취에 대한 녹읍주의 한계를 발견하게 된다. 이러한 점은 보통 호족이라 불리우는 지방의 성주나 장군들에 있어서도 마찬가지였다고 믿는다.

Ⅲ. 役分田의 제정

1. 통일기의 정치상황과 역분전

그간 반세기에 걸쳐 대립과 항쟁을 계속하던 후삼국 시대도 태조 19년 (935) 후백제 정벌에 따라 종언을 고하고, 모든 것이 이제 통일 고려의 체제 속에 용해되어 갔다. 또한 지난 날의 고려가 지녀왔던 모든 제도가 이제 통일국가의 체제에 맞추어 개혁되지 않으면 안되었다. 역분전은 바로 이러한 통일직후의 정치적 상황 하에서 개혁된 토지제도라 하겠다. 그런데,『高麗史』卷78, 食貨1, 田制에는 役分田의 설치와 관련하여,

> 아) (태조 23년) 처음으로 役分田을 정하였는데 통합시의 朝臣과 軍士
> 들에게 官階를 논하지 않고 人性과 행동의 선악 및 공로의 크고 작음에
> 따라 차등있게 나누어 주었다.

라고 하여 역분전이 마치 통일전쟁에 관련된 논공행상의 일환으로 제정된 양 적고 있고, 오늘의 연구자들도 대체로 그대로 따르는[33] 듯 보여지나, 필자로서는 이에 얼른 동의하기가 어렵다. 과연 당시의 역분전이 官人의 公的 서열체계를 무시하고, 극히 추상적인 "人性이나 행동의 선악 및 공로의 대소에 따라" 전체 朝臣과 군사에게 골고루 분배될 수 있었을까 극히 의심스럽기 때문이다. 태조 23년이라면 통일을 이룬지 4년을 경과한 해이다. 이때에 와서 새삼 통일의 공을 따져 포상적으로 토지를 나누어 줄 필요가 있었을지도 의문시된다. 만약 그 당시의 토지 분배가 논공행상의

---

33) 姜晋哲은 앞의 책, 28쪽에서 "役分田은 다분히 논공행상적인 성격을 지니기는 하였으나 역시 官僚에 대한 分地制度로서 田柴科의 先驅가 되는 것"으로 보고 있다. 또 李基白은 「高麗의 軍事組織」,『한국사』5, 국사편찬위원회, 1981(『高麗貴族社會의 形成』, 일조각, 1990, 재수록), 176쪽에서 "役分田은 후삼국을 통일한 뒤에 실시된 논공행상의 성격을 다분히 지니고 있었다"라고 적고 있다.

일환으로 이루어진 것이라면 굳이 그 명칭을 '役分田'이라 하지도 않았을 것이다.

물론 역분전의 '役'이 공로를 가리키는 '功役'의 뜻으로도 해석될 수도 있을 것이나,[34] 위의 사료에 보이는 '役分'이란 '職役'의 의미로 보는 것이 옳지 않을까 싶다. 즉 官職者의 職級을 가리키는 말로 보여진다는 것이다. 이와 관련하여 좀 나중의 일이긴 하지만 科田法의 성립을 앞두고, 恭讓王 3년(1391)에 趙浚 등이 올린 上疏文의 일부가 그 개념의 해명에 도움될 것 같다. 당시 大司憲 趙浚이 토지제도를 바로 잡기 위한 상소를 올리면서,

> 자-①) 땅을 주고 거두는 법이 점차 해이해지자 간사하고 교활한 자들
> 이 그 틈을 타서 속이고 숨기기에 끝이 없으니, 이미 벼슬하고 있거
> 나 결혼을 한 자들이 아직도 閑人田을 받아먹고, 군대에 가 본 일도
> 없는 자가 함부로 軍田을 받았으며 … 이미 役分田을 타 먹고서도
> 또 閑人田을 받아 먹으며 나아가 軍田까지 먹고 있습니다.
>
> ②) 토지를 나눠 주고 받아 들이는 관원은 그가 이미 현직 관리로서
> 마땅히 役分田을 타 먹을 자인지, 아직 벼슬이 없고 결혼하지도 않
> 은 자로서 마땅히 閑人(田)을 타 먹어야 될 자인지를 묻지도 않고
> 있습니다.(『高麗史』 卷78, 食貨1, 田柴科, 恭讓王 3年 7月)

라고 하여 고려말 토지제도의 문란과 운용의 부패상을 열거하는 내용을 싣고 있다. 여기에서 役分田이 현직 관리를 대상으로 하는 '職田'을 가리 킴은 길게 설명할 필요도 없을 것이다. 특히 자-②)에서는 현직 관리가 역분전의 수급대상임을 분명히 나타내고 있다. 趙浚은 위의 사료에서 役分 田을 田柴科 또는 나중의 科田과 같은 뜻으로 쓰고 있을 따름이다.

태조 23년의 '役分田' 또한 바로 이와 같은 뜻으로서, 현직 관리를 대상

---

34) 『高麗史』 卷2, 世家, 光宗 卽位年 秋8月에 "命 大匡朴守卿等 攷定 國初 有功役者 賜四役者米 二十五石 三役者二十石 二役者十五石 一役者十二石以爲例食"이라 기록하고 있다.

으로 하고 있었음이 확실시된다. 다만 국초에는 위의 자 - ①)에서와 같이, 말기에 보이는 閑人田 · 軍人田 … 등의 세부적 분화가 마련되기 전으로서, 보다 포괄적 의미를 갖는다고 보아 좋을 듯 하다. 무엇보다 당시 역분전의 지급대상이 '통합시의 朝臣과 軍士들'로서, 나중의 軍人田이 役分田 속에 포함되고 있음을 보아서이다. 그 밖에 '어떠한 방식으로든 국가의 요구에 부응하는 어떤 기능에 참여하는 것으로서, 사무적 · 기술적 직무 이외 군인의 軍役 · 雜業 · 胥吏 · 工匠 같은 기술직'을 다 포함시켜 이해[35] 하는 것이 국초 역분전의 원래 취지에 더 가까이 접근하는 길이라 믿는다. 나아가 賤役에 종사하는 公奴婢의 경우까지도 포함시켜 크게 어긋나지 않을 것 같다.[36]

이렇게 볼 때 태조대의 역분전은 現職官僚 · 軍人 · 胥吏 · 工匠 등 雜業 종사자 및 公奴婢까지를 포함한 國役 담당자에 대한 경제적 반대급부로 보아야 되겠다. 다만 당시로서는 아직 外官이 파견되지 않았던 시기인 만큼 地方官 · 鄕吏 등 지방행정에 종사하는 부류들은 '朝臣'의 범주에 넣기 어려울 것이고, '軍士'의 경우도 나중의 軍人田 지급대상이 그러했듯이 京軍 소속의 일부 군인들에 한정되었을 것이다.[37] 따라서 결과적으로, 역분전은 고려 태조가 후삼국을 통일한 다음 중앙정부 안의 모든 公職者 와 京軍 소속의 軍人들을 대상으로 세운 급여체계라 할 수 있겠다.

한편 그러한 급여체계를 수립할 수 있는 기준은 바로 官階일 것이다. 다시 말해 官階를 무시한 급여체계란 있을 수 없다고 믿는다. 관계는 바로 관인사회의 가장 중요한 공적 질서체계이기 때문이다.[38] 이러한 공적 질서를 무시하고 극히 추상적인, 人性이며 행위의 선악 따위로써 급전의 기준으로 삼는다는 것은 생각하기 어려운 일이다. 만약 이런 일이 있었다고

---

35) 李基白, 「高麗時代 身分의 世襲과 變動」, 앞의 책, 90쪽.
36) 李基白, 위의 논문.
37) 위와 같음.
38) 武田幸男, 「高麗初期の官階」, 『朝鮮學報』 41, 1966, 31쪽.

가정할 때, 그 공직 사회는 불신과 불만에 휩싸여 결과적으로 혼란 밖에 더 남는 것이 없을 뿐 국가 발전에 아무런 도움도 주지 못했을 것이다.

또 다른 측면에서, 수많은 조신들과 군사들에 대하여 官階를 떠나, 일일이 인성이며 선악으로 판별하여 차등화한다는 것도 실제는 불가능에 가까운 일이라 하겠다. 결국 특별히 두드러진 공훈이 있는 경우를 제외하고는 관계 또는 계급에 따른 분류가 고작이었을 것이다. 따라서 통상 모든 급여는 공적 질서로서의 官階에 의하여 차등화될 때 비로소 객관적으로 공정성을 확보하게 된다고 본다.

이렇게 해서 수여된 관계는 그것을 받은 사람의 인품과 공로를 투영하고 있을 것이다. 반대로 인격이나 공로를 떠난 官階의 사여는 생각하기 어려운 일이 되겠다. 실제 태조는 즉위한 직후 단행한 인사에서 "稟性이 端正하고 일의 처리가 공정하며 성실하여 創業의 시초부터 천명받은 임금을 輔佐하는 功動을 다한 사람들"로서 侍中 및 각 部의 令으로 삼았는데 이들의 官階는 모두 韓粲 이상이었다.[39] 또 "일찍부터 사무에 숙달하고 清廉謹慎하며 가히 奉公에 태만함이 없고 민첩한 사람"들을 侍郎과 卿의 職에 임명하였는데, 대체로 그들은 官階에서도 아직은 前者에 미치지 못하는 중견 관료층이라 보여진다.[40]

이와 같이 당시 관인의 공적 질서체계로서 운용되던 官階가 이른바 '高麗 初期官階'이다. 이미 연구된 바와 같이 이 初期官階에 있어, 태조 19년 이전에는 9계 밖에 그 용례를 찾을 수 없던 것이 통일 후 16계 체계로 나타남은 주목되는 일이다[41][<표-2> 참조].

---

39) 『高麗史』卷1, 世家, 太祖 元年 6月 辛酉.

40) 위와 같음.

41) 武田幸男은 앞의 논문에서, 용례로 보아 후삼국 통일 이전까지는 元尹 이상의 5階와 이하의 4階 등 모두 9계의 초기관계만이 사용되다가 태조 19년 이후 점차 16단계로 확대됨을 논증했다. 이에 대해 필자는 통일이전에도 원윤 이하에 6계의 관계가 설치되었을 것으로 보아 합계 11계의 관계가 통일이전의 고려 초기관계라 추정된다(黃善榮, 「高麗 初期官階의 成立과 變遷」, 앞의 책, 233쪽).

<표-2> 고려초기관계표

統一前		統一後	
順位	官階	順位	官階
		1	三重大匡
		2	重大匡
1	大匡	3	大匡
		4	正匡
2	大丞	5	大丞
		6	佐丞
3	大相	7	大相
4	元甫	8	元甫
		9	正甫
5	元尹	10	元尹
6	左尹	11	佐尹
7	正朝	12	正朝
8	正位	13	正位
9	甫尹	14	甫尹
(10)	(軍尹)	15	軍尹
(11)	(中尹)	16	中尹

이러한 초기관계의 확대야말로 역분전의 제정에 선행하여 재편성된 통일에 따른 논공행상의 결과라 보아야 할 것이다.[42] 그리하여 종래 5계에 불과하던 元尹 이상의 관계가 점차적이었다고 여겨지긴 하지만, 태조 19년 10월 이후에 들어 9계로 불어나고 있음을 보게 되는데, 官階가 오를 때마다 이에 부응하여 경제적 급부 또한 증대되었음은 물론일 것이다.

한편, 위에서도 언급한 바와 같이, 고려가 후삼국을 통일한 것은 역분전이 제정되기 4년 전의 일이다. 그 통일 과정에서 공을 세웠던 사람들은 4년을 기다릴 것도 없이 통일직후 모두 포상되었을 것이다. 태조는 건국에 공이 있었거나 귀부하는 호족이 출현할 때마다 관계를 높이 주고 더불어 녹읍·전장 등 경제적 혜택을 주어 왔다. 앞에서 제시되었던 사료 바)에서와 같이, 그는 즉위한지 얼마 되지 않아 내린 조서에서 "人臣으로서 천시를

---

42) 武田幸男, 앞의 논문.

도우는 기략을 운용하고 세상을 뒤덮는 높은 공훈을 세운 자들에게는 茅土를 나누어 주고 후한 秩祿과 높은 品階로서 포상함이 百代의 常典이자 千代의 宏規이다"라고 하여 관료들에 대한 포상의 원리를 천명하고 있고, 또 끝내 이러한 원리에 충실했던 것 같다. 그러한 만큼 태조가 정책의 시의성을 무시하고, 후삼국을 통일한지 4년이나 경과하여 새삼 당시의 공로를 따져 토지를 지급했다고 볼 수는 없을 것이다.

오히려 역분전이 제정된 태조 23년이라면 이제 국가체계를 재정비하여 새로운 발전을 모색하는 단계에 들었다고 볼 수 있겠다. 실제 태조 23년은 역분전 말고도 지방제도를 개편하는 등 정치개혁이 단행되던 해였다.『高麗史』卷2, 太祖 23년에는,

차) 春 3월에 州·府·郡·縣의 名號를 고쳤다.

라고 하여 짤막히 지방제도의 개편을 적고 있으나, 사실상 이때의 지방제도 개편은 통일된 고려에서 왕권전제화를 목표로 군사상의 거점을 확보하고 더불어 지방세력을 견제하기 위한 방향에서 전국적으로 광범위하게 추진된 정치상의 개혁으로 볼 수 있겠다.[43) 이와 더불어 初期官階의 확대도 이러한 개혁의 선상에서 이해될 수 있을 것이다. 보다 세분화된 공적 서열체계를 확립하여 관직자의 위계질서를 엄정히 유지하고자 했음이다.

통일국가의 경영을 위해 추진된 이러한 정치 개혁 가운데의 다른 하나가 바로 역분전의 제정이라 보여진다. 그 동안 고려에 있어 토지제도의 기본은 앞에서 살핀 대로, 녹읍제라 하겠고 이에 더하여 특별한 공로의 대가로 전택이 사여되는 체계이었다. 종래의 이러한 체제가 통일후 태조 23년에 들어 이제 역분전 체제로 바뀐 것이다. 국초의 사료상에 자주 나타나던

---

43) 李義權,「高麗 郡縣制度와 地方統治政策」,『高麗史의 諸問題』, 삼영사, 1986.
　　黃善榮,「高麗統一期의 地方統制」, 앞의 책, 109쪽.

녹읍의 지급에 대한 기록이 이후에 단 한 건도 발견되지 않음은 바로 이 때문일 것이다.[44]

이로 미루어 태조 23년은 통일국가의 발전을 위해 중요한 정치 개혁이 단행된 해이고, 이러한 개혁의 일환으로서 토지제도에 있어서도 중대한 변화가 있었으며 그 결과로 성립된 것이 바로 역분전체제로서, 이후 景宗 원년(976)에 田柴科가 처음으로 제정될 때까지 36년동안에 걸쳐 고려초기 토지제도의 근간을 이루었던 것이다.

2. 役分田의 성격과 始定田柴科와의 관계

이와 같이 역분전은 통일후의 국가체제를 정비하는 과정에서 종래의 녹읍제와 대치된 토지제도였다. 이를 계기로 아마도 그 이전에 존속되던 녹읍 이외의 여러 가지 토지 지급형태 또한 이제 모두 역분전 속에 통합된 것으로 간주된다. 먼저, 앞에서도 보았거니와 일부 京軍 소속의 군인을 대상으로 급전했던 군인전이 역분전 체제에 흡수된 것 같다. 이 점은 역분전의 지급대상이 朝臣과 軍士라는 점에서 보아 확실시된다.

다음으로 종전 공로의 대가로 수시 지급되던 田庄이나 田宅도 역분전의 범주내에 들게 된 듯하다. 이와 관련하여『高麗史』卷92, 朴守卿傳에는,

> 카) 朴守卿 … 勃城의 싸움에서 태조가 적에게 포위당했을 때 守卿이 힘을 다하여 싸운 덕으로 빠져 나올 수 있었다. 또 태조를 따라 神劍을 토벌 하였다. 그 후에 役分田을 制定함에 … 守卿에게 田 200結을 特賜하였다.

라고 적어, 박수경이 통일전쟁에서 세운 공로를 참작하여 태조가 역분전 제정시 그에게 모두 200결에 달하는 토지를 특별히 사여했음을 보이고 있다.

---

44) 洪承基, 앞의 논문 및 南在祐, 앞의 논문.

여기에서 200결의 토지가 박수경에게 '特賜'되었다는 점이 주목된다. 이 말은 곧 박수경이 뛰어난 공로로 해서 소정의 기준보다 더 많은 토지를 특별히 받았다는 것이다. 생각하건대, 만약 어떤 객관적인 기준이 서 있지 않고서야 '特賜'란 말은 별다른 의미를 가질 수가 없을 것이다. 그러므로 박수경에게 특별한 공적이 인정될 수 없었다면 아마도 그는 자신의 직급에 따라 책정되었을 기본양만을 받는데 그쳤을 것이다. 이와 같이 역분전은 그 규모를 잘 알 수는 없으나, 소정의 직전을 기본으로 하고 그 위에 특별한 공로에 따라 과거에 지급해 오던 전택이나 전장 등의 토지를 또 포함하는 체제가 아닐까 싶다. 이에 더 나아가 추정컨대, 역분전은 관직자를 대상으로 하여 그 이전에 운용되던 모든 토지의 지급형태를 통합한 종합적으로 단일화된 토지제도로 보는 것이 더 옳을 것 같다.

이와 더불어 아마도 이전에 박수경에게 지급되었던 녹읍 및 전택은 모두 이 역분전으로 대체되었음에 틀림없겠다. 이러한 사정은 다른 관료에게도 마찬가지였을 것이다. 그리하여 그들 관료들은 모두 과거에 지녀왔던 녹읍이며 전택들을 내어놓고 대신 역분전을 받았다고 보아야겠다. 이상 역분전의 구성을 간략히 나타내면 다음과 같다.

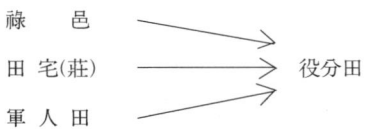

이렇게 볼 때 태조 23년의 역분전 제정은 그 자체 토지제도의 혁명이라 할 만 하겠다. 더불어 이러한 개혁을 단행한 태조의 의도가 무엇인지도 자명해 질 것이다. 곧 전제왕권을 확립하여 국가에 의한 토지지배를 강화하겠다는 목적을 엿볼 수가 있겠다. 사실 그 동안의 녹읍제 하에서는 '領域

支配'[45]라 할만큼 녹읍주들은 자신의 녹읍 내에서 인민에 대한 자의적 收取를 행하여 왔다. 이에 따라, 그 녹읍에 편제된 인민들의 고통이 어떠했는지는 앞의 사료 사)에서 제시한 禮山鎭 詔書를 통하여 잘 알 수 있다. 이러한 모순을 시정하기 위해 태조는 즉위이래 맨 먼저 토지제도를 바꾸면서 '取民有度'를 표방했다 하나 통일을 이루기까지는 여러 가지 禁制의 목소리를 높였을 뿐 기어이 녹읍주의 횡포를 근절시킬 수는 없었던 모양이다.

그러나 통일을 완성한 지 4년을 경과하여 이제 태조는 강력한 전제 왕권 하의 중앙집권국가를 지향하는 정책을 추진하기 시작했고, 이러한 정책의 일환으로 토지제도에 대한 일대 혁명적 개혁이 가해졌던 것이다. 아마도 그 정책의 기본 방향은 관료들에게 이제부터는 지급된 토지에 대한 收租權만 부여하겠다는 것으로 관측된다. 따라서 그 이외 인민에 대한 지배권은 국가의 것으로 돌리겠다는 것이다. 이러한 조치는 녹읍을 가졌던 구관료들에 있어 그들의 정치적 세력의 현저한 약화를 가져다 줄 것이고, 반면에 왕권은 그 전제적 성향을 더 한층 증진시키게 될 것이다.

이와 비슷한 사례가 이미 통일신라시대에도 있었음을 잘 알고 있다. 이미 검토된 바와 같이 삼국통일을 완성한 신라에서 神文王 7년(687)에 文武官僚田이 지급되더니 同王 9년에는,

　　타) 春 正月 敎書를 내려 內外官의 祿邑을 파하고 歲租를 차등있게 지급
　　할 것을 恒式으로 삼았다.(『三國史記』 卷8, 新羅本紀, 神文王 9年)

라는 기록에서 보듯이, 관료에 대한 보수체계에 중대한 변화가 있었다. 그 동안 고위관리들에게 지급되던 녹읍이 폐지되고 대신 '歲租'가 지급되게 되었다는 것이다. 물론 그 주된 이유는 국가권력에 의한 토지지배의 강화라는 측면에서 찾을 수 있을 것이다.

---

45) 南在祐, 앞의 논문, 37쪽.

그러나 이 녹읍제도가 혁파된 지 약 70년을 지나, 景德王 16년(757)에 들어서자 다시,

　　파) 3월 內外 群官의 月俸을 없애고 다시 祿邑을 주었다.(『三國史記』
　　卷9, 新羅本紀, 景德王 16年 3月)

라는 기록에서와 같이 신라의 녹읍은 부활되었고, 그것이 고려 초까지 이어져 오면서 토지제도의 근간이 되어 왔던 것이다. 이와 같이 신라에서 녹읍이 부활된 것은 사정이야 어떠했던 간에, 국가권력에 의한 토지지배가 성공하지 못했음을 뜻한다고 볼 수도 있겠다. 그리하여 신라하대는 귀족들에 의한 녹읍지배를 통하여 지방민에 대한 수탈과 착취가 증대되어 갔음에도 불구하고 무능한 중앙정부는 어떠한 견제력도 발휘하지 못했으며, 그 결과 마침내 후삼국이 성립되어 반세기 동안이나 각축을 계속했던 것이다. 녹읍제의 혁파가 신라에서는 실패하였으나 이제 통일된 고려에서는 역분전의 제정을 통하여 성공을 거두게 되었고, 그 결과는 전시과 체제로 계승되었다.

　　이와 같이 역분전은 국가의 토지지배 강화를 주목적으로 개혁된 토지제도라 할 수 있겠으나, 그 제정과 때맞추어 몇 가지 당면 과제를 아울러 해결하려 한 듯하다. 먼저 토지의 지급량에 대한 것으로, 아마도 전반적 지급량이 축소된 듯한 감이 든다. 앞에서 제시되었던 사료 카)에서, 박수경이 받은 역분전의 총액은 전 200결이었다.

　　한편 景宗 원년에 제정된 시정전시과[<표-3>]에서 볼 때 최고위 품계인 紫衫 1品이 받을 수 있는 토지는 田地 110결과 柴地 110결로서 합계 220결이 된다. 박수경의 품계는 紫衫 1品에 비정할 수 있을지는 의문스럽지만, 일단 兩者를 비교해 볼 때 박수경이 받은 토지 200결 모두가 田地라고 한다면 이는 紫衫 1品의 전지 110결보다는 분명히 많은 량이다. 그러나

柴地 100결을 포함하여 자삼 1품이 받은 총 220결의 토지에 비하면 오히려 적은 량이라 볼 수도 있을 것이다.

다른 한편으로, 계량적으로 파악하기는 어렵지만 통일 이전에 귀부하는 호족들에 대하여 태조가 지급한 녹읍의 규모는 '○○군'정도이었다. 이에 대비하여 볼 때 200결의 토지란 매우 왜소한 정도로 밖에 보이지 않는다. 그러므로 역분전 체제는 구관료층에 대하여 과거의 녹읍에 대한 인민의 지배를 종식시키고, 더불어 경제적 반대급부를 오히려 축소 조정하는 방향으로 개혁된 토지제도로 보여진다.

반면에 후삼국을 통일하기까지의 戰役에 종사했던 종사들에 대하여는 이제 역분전이라는 확고한 급여체계 안에 편제함으로써 그들을 우대한 듯 하다. 이전에 병사들에 대한 급여체계가 어떠했는지는 잘 알 수 없지만, 일부 京軍 소속의 직업군인들은 하급관리나 마찬가지로 주로 祿俸에 의존하였을 것이다. 그밖에 특별한 경우 전택을 하사받은 경우도 없지는 않으나 이는 특례로 보여진다. 이러한 처지에 있다가 역분전을 지급받게 된 것은, 곧 군사들에 대한 태조의 각별한 우대책이라 해석될 수 있을 것 같다.

여기에서 좀더 추측을 가하자면, 군사들에 대한 이러한 우대책은 형평상 바로 중앙정부 안의 하급 문관층에까지 미쳤을 것이라 상정해 볼 수도 있겠다. 아니 어쩌면 군사들이나 하급문관에 대한 배려가 동시에 베풀어져 그들이 함께 역분전 체제에 편입될 수 있었다고 보는 것이 더 자연스러울 듯 하다. 만약 그렇다고 할 때, 역분전의 제정에는 과거 녹읍을 받던 고급관료층의 경제적 이익은 줄이는 대신에, 주로 녹봉에만 의존하던 하급 문무관료들의 대우를 개선하려는 목적이 있었음을 아울러 간파할 수 있겠다.

이상 검토한 바와 같이 역분전은 첫째, 녹읍의 폐지와 수조권의 분급을 주된 목적으로 하면서, 둘째 토지 지급량을 축소 조정하여 고관들의 경제적 비대화를 허용치 않으려 의도했었고, 그 대신 하급 문무관료층을 역분전 체제에 편입시켜 비로소 그들에게도 다소나마 수조권을 분급함으로써 문무관료 상하간 급여의 균형을 꾀하고자 했음이 셋째의 목표라 심증된다. 간단히 말하자면 역분전은 바로 통일 이후 태조가 의도한 호족 및 고위관료의 세력 억제책임과 동시에 하급 문무관료층에 대한 경제적 우대책의 소산이라 하겠다. 그럼에도 불구하고 이러한 혁명적 토지제도의 개혁은 별 탈없이 성공을 거두었고, 그 결과 36년 동안 고려 토지제도의 근간으로 유지되다가 경종 원년에 들어 시정전시과로 계승되었다고 본다.

끝으로 역분전과 시정전시과의 관계를 좀더 밝혀 보기로 하겠다. 앞서 살핀 바와 같이『高麗史』는 역분전에 대하여 통합시의 조신과 군사들에게 관계를 논하지 않고, '人性'과 행동의 선악 및 공로의 대소에 따라 차등 지급한 토지제도인 양 기록하고 있는데,『高麗史』撰者들의 이러한 견해는 경종 원년의 시정 전시과에 있어서도 마찬가지이다.『高麗史』卷78, 食貨1, 田柴科에는 역분전의 언급에 이어,

　　하-①) 景宗 元年 11월에 비로소 職·散官 각 品의 田柴科를 제정하였
　　　　는데 官品의 높고 낮음은 논하지 않고 다만 人品으로 이를 정하였다.

　　　　②) 紫衫 이상을 18品으로 나누었다.…(이하 각품에 대한 지급량은
　　　　생략)…
　　　　文班의 丹衫 이상을 10品으로 나누었다.
　　　　緋衫을 8品으로 나누었다.
　　　　綠衫 이상을 10品으로 나누었다.

　　　　③) 殿中·司天·延壽·尙膳院 등 雜業의 丹衫 이상을 10品으로 나누
　　　　었다.
　　　　緋衫 이상을 8品으로 나누었다.
　　　　綠衫 이상을 10品으로 나누었다.

　　　　④) 武班의 丹衫 이상을 5品으로 나누었다.

이하 雜吏들도 人品에 따라 차등지급했다.

라고 하여 田柴科의 始定 내용을 알리고 있는데, 먼저 여기에서 하-①)에서
와 같이 '官品'을 논하지 않고 '人品'으로 지급량을 결정했다는 점이 주목
된다. 이는 바로 역분전의 급전 기준이 '人性'이었다는 점과 조금도 다를
바없는 표현이라 보여진다.

그러나 이미 연구된 바와 같이 시정전시과를 분석해 볼 때, 막연히 '人
品'에 의해 토지가 분배된 흔적은 어디에도 찾아 볼 수 없다.[46] <표-3>은
위의 하-①)에 기록된 職務와 公服의 색깔에 따른 토지 지급액을 정리한
것인데, 한눈에 그것이 직급에 따라 잘 조정된 급여체계임을 알 수 있게
한다. 따라서 여기에서 말하는 '人品'의 뜻은 달리 해석되어야 옳을 것이
고,[47] 역분전에서 말하는 '人性'이란 개념도 같은 맥락에서 이해되어야
할 것이다.

이렇게 볼 때 역분전은 훨씬 더 선명히 전시과체제와의 선후관계를 나타
내게 된다. 『高麗史』食貨志에 얼른 보아 다소 엉뚱한 역분전의 기록이
田柴科條의 머리에 실리게 된 참다운 배경은 바로 이런데서 찾을 수 있다
고 믿는다.

---

46) 姜晋哲은「田柴科制度의 制定 및 그 內容」, 앞의 책, 31~36쪽에서, 시정전시과가 실제에
   있어서는 官品과 人品을 서로 병용한 것으로 보고 있다. 이에 대해 필자는 시정전시과
   표상에 막연한 人品의 요소는 어디에서도 찾을 수 없다고 보았다(「高麗 始定田柴科의
   分析」, 『考古歷史學志』 7, 동아대, 1991, <본서 제11장 참조>).
47) 시정전시과의 '人品'에 대해 黃善榮은 위의 논문에서, '骨品'과 같은 의미로서의 신분계층
   으로 보았다. 즉 전시과 표상에서 紫·丹·緋·綠으로 公服색깔을 달리하는 계층이 곧
   人品이란 것이다. 한편 盧明鎬는 앞의 논문에서 "시정전시과의 '人品'의 '品'은 앞 시기
   新羅의 骨品制의 '品'의 용례나 중국 北魏의 9品中正制의 '品'을 연상케 하는 면이 있다"라
   고 하면서도 시정 전시과에서의 '品'은 신분제 그 자체가 아니라 토지분급의 등급이라
   간주하고 있다.

\<표-3\> 시정 전시과의 구조

順位	紫衫			文班									雜業									武班		
				丹衫			緋衫			綠衫			丹衫			緋衫			綠衫			丹衫		
	品	田	柴	品	田	柴	品	田	柴	品	田	柴	品	田	柴	品	田	柴	品	田	柴	品	田	柴
1	1	110	110																					
2	2	105	105																					
3	3	100	100																					
4	4	95	95																					
5	5	90	90																					
6	6	85	85																					
7	7	80	80																					
8	8	75	75																					
9	9	70	70																					
10	10	65	65	1	65	55							1	60	55							1	65	55
11	11	60	60	2	60	50							2	-	-							2	60	50
12	12	55	55	3	55	45							3	55	45							3	55	45
13	13	50	50	4	50	42	1	50	40				4	50	42	1	-	-				4	50	42
14	14	45	45	5	45	39	2	45	35	1	45	35	5	45	39	2	45	35	1	-	-	5	45	39
15	15	42	40	6	42	30	3	42	30	2	42	33	6	42	30	3	42	30	2	42	32			
16	16	39	35	7	39	27	4	39	27	3	39	31	7	39	27	4	39	27	3	39	31			
17	17	36	30	8	36	24	5	36	20	4	36	28	8	36	24	5	36	20	4	36	28			
18	18	32	25	9	33	21	6	33	18	5	32	25	9	33	21	6	33	18	5	33	25			
19				10	30	18	7	30	15	6	30	22	10	30	18	7	30	15	6	30	22			
20							8	27	14	7	27	19				8	27	14	7	27	19			
21										8	25	16							8	25	16			
22										9	23	13							9	22	13			
23										10	21	10							10	21	10			
(24)	(15)																						

※ 田柴의 단위는 結임.

恭讓王 3년에 있었던, 大司憲 趙浚 등의 상소문 가운데는,

거) 우리 태조께서는 戰功은 뒤로 미루시고 백성을 구휼함을 先次的으로
하셨습니다. … 三韓이 하나로 통일되자 곧 田制를 제정하고 臣民에게 分
給하셨으니, 百官에게는 그 品階를 보아 나누어 주되 죽은 다음에는 회수
하셨습니다. 府兵에게는 20세에 토지를 주고 60세때 돌려 바치게 하셨고,
모든 士大夫로서 토지를 받은 자가 죄를 범할 때 그 토지를 거두셨습니다.
그러므로 사람마다 자중하여 가히 법을 범하지 않았고, 예의가 보급되었으
며 풍속이 아름다워졌습니다. … 그리하여 遼와 金이 천하를 범같이 노리면
서 우리와 국경을 접하고 있으면서도 감히 우리 나라를 삼키지 못한 것은

태조가 三韓의 땅을 臣民에게 나누어 주시어 … 천만대로 이어갈 元氣로 만들었기 때문입니다.(『高麗史』卷78, 食貨1, 田制 田柴科 恭讓王 3年 7月)

라고 하여 토지제도를 바로 세운 태조의 업적을 칭송하고 있는데, 이것이 바로 역분전 제정을 두고 한 말임에 틀리지 않을 것이다. 여기에서 보는 대로 전시과에서의 주요 원칙은 역분전이 제정될 때 이미 다 갖추어진 것이었다. 나아가 과전법의 제정 목적조차도 그러한 태조때의 토지정책을 따르자는데 두고 있음을 알게 된다.

Ⅳ. 맺음말

지금까지 고려초기의 役分田 성립에 대한 정치적 배경과 의의를 살펴보았다. 결론 삼아 그 대강을 요약하면 다음과 같다.

고려 건국기의 토지제도는 옛 태봉의 제도를 답습한 것으로 祿邑의 지급이나 田宅의 賜與가 기본이었다. 태조는 귀부하는 호족들에게 녹읍을 지급하여 일정 영역에 대한 지배권을 인정했고, 때로는 이에 더하여 특정 공로의 대가로 전택을 賜與하기도 했다. 이 점은 지방의 호족들에 대해서만이 아니라 중앙의 고위 관료층에 대해서도 마찬가지로 간주되었다.

그러나 후삼국을 통일한 지 4년을 경과하여, 이제 왕권의 專制化를 더욱 굳건히 하고 강력한 중앙집권국가의 건설을 위한 제도의 개혁에 착수하게 되었고, 이러한 개혁의 일환으로 역분전이 제정되게 되었던 것이었다. 그무렵 지방제도가 개편되고 官階制가 확대되는 것도 이러한 개혁의 차원에서 추진된 시책들이었다.

이렇게 해서 제정된 역분전은 과거 녹읍주로서의 호족 및 고위 관료층에 의한 영역지배를 더 이상 용인하지 않고 그 대신 국가에 의한 토지지배력을 제고시키고자 하는 목표를 갖고 있었다. 따라서 고관들에 대하여는 소정의 田土에 대한 수조권만을 분급해 줌으로써 그들의 정치·경제적 기반을 약화시켰고, 반면에 군사나 하급관료층에 대하여는 종래 녹봉만이 지급되던 수준에서 벗어나, 이제 비로소 토지에 대한 수조권을 분급하여 그들의 경제적 처우를 개선시켜 주었다.

이러한 실질적 기능에 비추어 볼 때, 역분전은 더 이상 고려 통일기의 논공행상에 따라 차등 지급된 토지라는 종래의 견해는 재고되어야 마땅할 것으로 여겨졌다. 오히려 역분전은 전시과체제의 선구로서 고려 토지제도의 기본이 되었으며, 나중의 과전법조차 그러한 역분전의 제정 취지에 복귀할 것을 목표로 하고 있었던 것이었다.

고려 太祖時期의 관료연구

Ⅰ. 머리말

고려초기의 정치구조는 아마도 그동안의 한국사 연구 가운데서 많은
관심을 받아온 분야 중 하나라 하겠다. 그 결과 국사상 가장 예민한 시대이
었던 나말여초기를 대체로 '豪族의 時代'라[1] 간주하였고, 동시에 太祖로
부터 光宗때에 이르는 동안의 고려 정치체제를 '豪族聯合政權'이라[2] 규정
하기에까지 이르렀다. 이러한 이해에 도달하게 된 것은 여러 先學의 각고
를 무릅쓴 연구업적에 힘입은 결과일 것이다.[3]

그러나 한편으로는 대세론에 휩싸인 나머지 고려 건국으로부터, 3省 6部
체제의 확립에 이르기까지의 정치적 발전을 오직 호족과 연계시켜서만
풀이해 온 느낌도 없지 않다. 사실 이와 같이 호족이라는 단계를 설정한다

---

1) 李基白, 『韓國史新論』, 일조각, 1990, 113쪽.
2) 河炫綱, 「高麗王朝의 成立과 豪族聯合政權」, 『한국사』 4, 국사편찬위원회, 1981.
3) 고려초기의 관계논문은 본고의 검토과정에서 필요할 때마다 언급될 것이다.

는 것은, 고려사회가 혼돈에서 정돈으로 발전하는 과정을 부각시키는데는 적절한 효과를 기할 수 있을 것이다. 이로써 고려의 중앙집권화 과정이며, 官制 정비의 설명은 더욱 명쾌해 질 수 있었고, 나아가 公服의 제정이나, 科擧制 실시의 당위성도 한층 진한 설득력을 갖게 되었다.

그럼에도 불구하고 지금까지의 연구성과만으로 과연 초기 고려사회의 성격을 호족연합 일변도로만 단정지울 수 있을 것인가에 대하여는 의문이 없지 않다. 무엇보다도 사료의 뒷받침이 없는 상황에도 불구하고 추측이 곧 정설화되기에 이른 것이 아닌가 생각된다. 따라서 근간에 호족연합정권설에 대한 강력한 비판이 대두됨은[4] 오히려 당연한 귀결이라 보겠다. 이러한 기회에 즈음하여, 그간에 얻은 선입관을 배제한 가운데 초기 고려사에 대한 냉철한 재조명이 거듭 요청됨은 재언할 필요가 없을 것이다.

본고는 이러한 재검토과정의 일부로서 가장 초보적인 대로, 관료라는 인적 측면에 시각을 모아 고려 건국기의 정치적 성격을 파악해 보고자 함을 취지로 한다. 그러므로 지방의 호족은 직접적인 검토대상에서 일단 제외되고, 범위는 중앙정부의 관료에 국한될 것이다. 본고는 이들을 대상으로 하여 먼저 태조 재위 기간동안 활약했던 관료를 왕권과 견주어 살피고, 다음으로 그들 官僚群을 호족과 관련지워 검토하고자 하며, 끝으로 초기 官僚의 재생산과정과 경제적 기반을 아울러 넘겨다 보고자 한다.

이렇게 할 때 고려초기의 정치적 성격에 대한 보다 선명한 이해에 접근하게 될 것이라 믿는다. 다만 이 과정에서 워낙 영성한 사료를 동원할 수밖에 없는 만큼, 상당 부분을 추리에 의존하게 됨은 어쩔 수 없는 일이라 하겠으나, 그 속에서 지나친 억단이나 개입되지 않을지 걱정된다.

---

4) 朴菖熙,「高麗初期 '豪族聯合政權'說에 대한 檢討」,『韓國史의 視角』, 영언문화사, 1984, 13쪽.

Ⅱ. 관료의 구성과 기능

태조 왕건은 즉위한 지 엿새만에 고려의 최고급 官職者에 대한 인사조치를 단행했다.[5] 이로써 새 국가 최초의 관료체제가 구성된 것이다. 이 때 임명된 관직자를 정리하여 나타낸 것이 <표-1>이다.

<표-1> 太祖 元年의 官僚

官府	官階	官職	姓名	官階	官職	姓名	官階	官職	姓 名
廣評省	韓粲	侍中	金行濤	闕粲	侍郎	林積璵	韓粲	郎中	中一
							〃	〃	林寔
內奉省	〃	令	黔剛		卿	能駿		監	姜允珩
					〃	權寔		理決	倪信
徇軍部	〃	〃	林明弼					郎中	劉吉權
兵 部	波珍粲	〃	林曦	闕粲	卿	金堙			
				〃	〃	英俊			
倉 部	蘇判	〃	陳原	闕粲	〃	崔汶			
				〃	〃	堅術			
義刑臺	韓粲	〃	閤萇						
都航司	〃	〃	歸評		卿	林湘煖			
物藏省	〃	〃	孫逈		卿	姚仁暉			
						番南			
內泉部	蘇判	〃	秦勁						
珍閣省	波珍粲	〃	秦靖						
白書省				一吉粲	卿	朴仁遠			
					〃	金言規			
內 軍					〃	能惠			
					〃	曦弼			

그런데『高麗史』는 廣評省의 侍中을 비롯한 각 官府의 令級 임명과 관련하여,

---

5)『高麗史』卷1, 世家, 太祖 元年.

가) 모두 성품이 단정하고 사무 처리가 공평하며, 왕조창업 당시 처음부터 佐命의 공훈을 세운 사람들이었다.(『高麗史』 卷1, 世家, 太祖 元年)

라고 표현하여 그들이 創業에 功勳을 다한 사람임을 강조하고 있다. 또 각 部의 次官에 비길만한 侍郎 및 卿級에 대하여는,

나) 이들은 모두 사무에 능숙할 뿐 아니라 청렴하고 조심성이 있으며, 公務에 태만하지 않고 일처리에 민첩하고 결단이 있어 민들의 신임이 두터운 사람들이었다.(『高麗史』 卷1, 世家, 太祖 元年)

라 하여 그들이 사무에 숙달하고 청렴한 사람임을 나타내고 있다. 여기에서 『高麗史』의 표현이 다소 수사적이란 느낌도 없지 않지만, 그런 대로 太祖의 인사원칙을 추출할 수 있을 것 같다. 장관급에는 功勳, 또 차관급에는 사무능력이 요구된다는 점이 그것이다. 그 위에 또 하나 신분적 요소가 배려되었다고 생각된다.

<표-1>을 보건대 우선 官職者의 구성에서 당시 고려제도가 신라의 骨品制를 답습하고 있음을 살필 수 있다. 즉 令級은 韓粲·波珍粲·蘇判 등 신라의 眞骨에 해당되는 인물이고, 또 卿級은 주로 閼粲 및 一吉粲으로서 신라의 6頭品에 해당되고 있다. 물론 그렇다고 해서 고려 官制가 골품제를 바탕으로 한 신라의 官制를 그대로 도입하였다는 것은 아니다. 후삼국의 정립과 더불어 계층의 이동이 가속화되었음은 주지의 사실인 바이고, 또 고려 官制 성립 자체가 그러한 계층이동의 한 방증이 될 수도 있을 것이다. 그러나 그 구성 형식만은 앞서 본 대로 신라제도를 모방하였음은 분명한 사실로서, 아마도 후삼국사회의 동질성을 입증하는 하나의 사례라 보아도 지나치지 않으리라 생각한다.

이러한 인사원칙에 따라 구성된 최초의 官僚가 곧 위의 표에 올라 있는 인물들이라 하겠는데, 사실은 그들의 대부분이 弓裔 시대의 舊官僚라 여

겨진다.[6] 아마도 太祖는 舊官僚 가운데에서 협력정도에 따라 인망이 높은 인물을 令으로, 또 사무능력이 우수한 인물을 卿으로 뽑았다고 봄이 정확할 것이다. 그러한 만큼 그들은 임명된지 불과 2개월 뒤에 太祖 원년 8월에 있었던 논공행상에서 아마도 1·2等功臣에 들지 못했다. 아마 그들은 3等功臣 2,000여명의 무리 속에 들어 있을 것으로 보인다. 이와 같이 太祖는 즉위와 더불어 황급히 組閣을 서둔 나머지, 미처 측근세력을 한꺼번에 등용할 수는 없었을 것이다. 따라서 시행착오도 적지 않았을 것인 바, 이것이 곧 빈번한 인사이동을 초래하게 된 원인이라 보인다.

한편 위의 官府가 곧 建國期 고려의 중앙조직 전부를 나타내고 있는 것은 아닐 것이다. 최초의 官制는 泰封의 것을 거의 그대로 계승한 것이라 하겠는데, 위의 官府는 수적인 면에 있어서도 泰封의 관부 수보다 적은 숫자이다.[7] 그런데 무엇보다도 武官의 부서가 빠진 것으로 보인다. 물론 국초에 文武班의 확연한 구별은 찾기 어렵다 하더라도,[8] 文武官의 편제는 신라이래 제도적으로 구분되어 있었다고 보아야 합리적일 것이다.[9]

이미 잘 알려진 사실이지만 文武가 다른 班列을 형성한 기록은 景宗 때의 始定田柴科가 처음일 것이다.[10] 그러나 국초에도 文武는 구별되어 있었다고 하겠으니, 예컨대,

---

6) 邊太燮,「高麗初期의 政治制度」,『韓沽劤博士停年紀念史學論叢』, 1981.
7) 『三國史記』卷50, 弓裔傳에 나타나 있는 泰封의 官府는 다음과 같이 모두 19개에 달한다. ①廣評省 ②兵部 ③大龍部 ④壽春部 ⑤奉賓部 ⑥義形臺 ⑦納貨寺 ⑧調位部 ⑨內奉省 ⑩禁書省 ⑪南廂壇 ⑫水壇 ⑬元鳳省 ⑭飛龍省 ⑮物藏省 ⑯史臺 ⑰植貨部 ⑱障繕府 ⑲珠淘省.
8) 李基白,「高麗京軍考」,『高麗兵制史研究』, 일조각, 1981, 52쪽.
    邊太燮,「高麗朝의 文班과 武班」,『史學研究』 11, 1961, 3쪽.
9) 『三國史記』의 職官志 編制에서 볼 때 上·中·下의 구분이 각각 府中, 宮中, 武官에 대응되는 것으로 보인다. 이는 신라의 통치조직이 3班 체제로 구성되었음을 시사하는 것이 아닐까 한다. 이러한 체제가 고려에 계승되어 景宗田柴科에서 文班·雜業(南班)·武班으로 나타난 것이라 보겠다(黃善榮,「高麗始定田柴科의 再檢討」,『釜山史學』 10, 1986, 참조).
10) 『高麗史』卷78, 食貨1, 田柴科, 穆宗 元年 12월에 "改定 文武兩班及軍人田柴科"라는 기사가 '兩班'이란 용어가 최초로 쓰어진 예이나, 보다 앞서 景宗 田柴科에 丹衫이 文班·雜業·武班으로 구분되고 있다.

다) 太祖初 馬軍將軍・大將軍이 있었는데 이는 武職이다.(『高麗史』卷
77, 百官2, 西班)

라는 기록이 그것의 한 증거가 될 것이다. 國初에 文武가 不分했다는 것은
官階가 구분없이 두루 쓰였다는 말에 지나지 않을 것이라 본다.[11] 다만
景宗 때의 始定田柴科에서 볼 수 있는 바와 같이 文武班을 초월한 위치에
따로 紫衫層이 존재하였음을 염두에 둘 필요가 있을 것이다.[12] 즉 최고위
관료급은 文武에 관계없이 임명되고 있음이 초기 고려 관료체제의 특색이
라 하겠다.

그런데 위의 <표-1>에 기재된 官府에는『高麗史』百官志의 西班(武班)
에 해당하는 官府가 하나도 보이지 않는 것 같다. 그러나 외관상 武班의
성격을 지닌 官府가 위에도 셋이나 들어 있다. 즉, 徇軍部・兵部・內軍이
그것이다. 특히 이 가운데서도 徇軍部와 兵部의 비중이 컸다는 것은 주지
의 사실로서, 이들 官府가 武를 대표로 하는 기관이라 여기는 견해도 있
다.[13] 하지만 이들 官府가 군사적 성격을 가졌다고 해서 武를 대표한다고
볼 수는 없을 것이다. 더구나 徇軍部를 "여러 豪族의 군사력을 효율적으로
운용하는 협의체"[14]로 볼 어떠한 근거도 없다.[15] 오히려 武官의 존재는
위의 정치기관에서 찾을 것이 아니라 국초의 兵制에서 찾아야 할 것이다.
그러므로 兵制를 통하여 太祖의 武臣 官僚를 찾아내어 보완하지 않으면
안될 것이다. 그런데 관료라고 여길만한 武官을 찾아내기가 그리 쉽지는
않는 것 같다. 그것은 太祖 당시 군대의 편성에는 중앙의 상비군과 특수부
대 및 城主 휘하의 지방군이 혼재해 있기 때문이다. 이중에서 아무래도

---

11)『高麗史』卷77, 百官2, 西班, 文散階에 "國初 官階 不分文武"라 하여 文武官이 공통으로
   신라의 官等制를 도입・사용하였다.
12)『高麗史』卷78, 食貨1, 田柴科.
13) 李基白,「貴族的 統治機構의 整備」,『한국사』5, 국사편찬위원회, 1980, 18쪽.
14) 李泰鎭,「高麗 宰部의 成立」,『歷史學報』56, 1972, 8쪽.
15) 邊太燮, 앞의 논문, 1981, 173쪽.

중앙군의 지휘관을 武臣官僚로 간주하여야 옳을 것이다. 이를 위하여 잠시 위의 3계열의 군대가 가진 성격을 구분할 필요가 있겠다.

먼저 中央常備軍의 경우인데, 『高麗史』兵志에서 상비군이 확인되는 것은 太祖 2년에 6衛 설치가 최초의 기록이다.[16] 그러나 이 기록은 그대로 믿을 수가 없다.[17] 그렇다고 해서 국초에 상비군이 없었을 리 만무할 것이다. 더욱 국초의 상비군은 통일전쟁을 앞두고 강화·재편성되었을 가능성이 크다고 본다. 그러므로 太祖 19년 後百濟와의 결전 당시의 軍 편성은 곧 발전된 고려의 중앙 상비군을 주력으로 하였다고 믿어진다. 즉, 李基白이 지적한 바와 같이 支天軍·補天軍·祐天軍·天武軍·杅天軍 등의 5軍이 馬軍과 함께 초기 고려의 중앙 상비군의 편제라 하겠다.[18]

다음으로 특수부대의 경우인데, 이는 특정의 정벌 계획에 따라 임시 편성된 합동부대로서, 예를 들자면 太祖 원년 前侍中 金行濤가 '東南道招討使知牙州諸軍事'의 직함으로 인솔한 군대[19]가 그 전형이 될 수 있을 것이다. 또 太祖 10년에 신라를 구원하기 위하여 侍中 公萱이 이끈 1만의 파견군[20]도 이 범주에 넣어도 무방할 것이다. 그런데 이들 경우는 前侍中 또는 侍中이 총사령관이 된다는 점을 특색으로 한다. 생각컨대 이는 군사의 지휘권을 侍中級이 가졌기 때문이 아닐까 한다. 또 한편으로는 각 상비군을 지휘하는 將軍의 官階가 의외로 고위였기 때문에,[21] 합동작전의 경우 侍中級만이 왕을 대신하여 그들을 효율적으로 통제·조정할 수 있었기 때문이 아닐까도 생각해 볼 수 있을 것이다.

끝으로 각 지방의 城主(將軍)가 이끄는 군대가 또 있다. 『高麗史』에서

---

16) 『高麗史』 卷81, 兵1. "太祖二年 正月 置六衛".
17) 李基白, 앞의 논문, 1981, 50쪽.
18) 李基白, 앞의 논문.
19) 『高麗史』 卷1, 世家, 太祖 元年 8月.
20) 『高麗史』 卷1, 世家, 太祖 10年.
21) 新羅의 예로 보건대 여러 軍官 가운데 將軍은 '位自眞骨級飡至角干爲之'로 되어 있다(『三國史記』 卷38, 職官下).

볼 때 이들 지방군이 중앙군의 군사작전에 합류하는 경우도 있으나,[22] 城主를 포함한 지방군의 장군은 일단 官僚에서 제외시켜 검토함이 편리할 것이다. 무엇보다 太祖 자신이 "百辟(諸候)과 群僚"[23]를 구분하고 있는 것이다. 사실 지방군은 防禦·守城이 주된 임무일 것이고, 太祖의 조정에 대하여는 諸候軍으로서 군사적 협찬을 하는 정도라 보인다.

이상 太祖시대의 武臣官僚를 구분하여 골라 보았다. 결과적으로 국초에 文武가 분리되지 않았다는 종래의 여러 학설은 재고되어야 할 것이라 믿는다. 여기에서 중앙군의 지휘관으로 太祖의 武臣官僚라 믿어지는 중요인물을 찾아 정리한 것이 아래의 <표-2>이다. 이 표를 통하여 太祖때에 막강한 존재로 활약했던 많은 인물들을 만나게 된다. 간단히 말해서 대부분의 개국공신은 바로 이들 武官인 것이다. 그런데 <표-2>에서 보는 바와 같이 이들 功臣은 거의가 관직없이 官階만 가진 것으로 보일 수도 있을 것이다. 이러한 사실과 관련하여 국초의 功臣계열이 관직없이 실권을 장악하였다는 견해가 있다.[24] 그러나 이러한 주장에는 동의하기 어려운 바라 하겠다. 官職없이 官階만 가진 채 실권을 행사한다는 것은 생각할 수 없다고 본다. 官階만 있고 職事가 없다면 곧 散官이란 뜻과 마찬가지로 되겠는데, 散官의 위치에서 국가정책을 좌우한다는 것은 모순된다고 생각한다. 오히려 太祖는 바로 그들을 開國功臣으로 삼는 詔書에서,

> 라) 신하로서 특출한 책략으로 창업을 돕고, 높은 공훈을 세운 자에 대하여서는 토지를 나누어 주고 높은 품계와 벼슬을 주어 그를 표창하는 것은 百代의 올바른 법이요, 千古의 훌륭한 규칙이다.(『高麗史』卷1, 世家, 太祖 元年)

---

22) 대표적인 경우가 太祖 19年 後百濟와의 결전이 될 것이며, 이때 地方軍이 참여하고 있다 (『高麗史』卷2, 世家, 太祖 19年).
23) 『高麗史』卷2, 世家, 太祖 21年,「訓要 10條」가운데 第9條의 記錄.
24) 邊太燮, 앞의 논문, 1981.

라 하여 그들에게 높은 官職으로 등용할 것을 약속하고 있다.

<표-2> 高麗 太祖의 武官(主要人物)

官 階	官 職	姓 名	備 考
	馬軍將軍	桓 宣 吉	謀叛, 伏誅
大 相		洪 儒	一等功臣, 統一戰 參加
大 匡		裵 玄 慶	〃
		申 崇 謙	〃 公山桐藪에서 戰死
		卜 智 謙	〃
	將 軍	堅 權	二等功臣
		權 愼(信)	〃
		廉 相	〃 太祖顧命宰臣
元 甫		金 樂	〃 公山桐藪에서 戰死
正朝→元甫		連 珠	〃
		麻 煖	〃
大相→大匡	征西大將軍	庾 黔 弼	太祖廟 配享功臣
大 相	將 軍	朴 述 希	惠宗廟 〃
大 相		朴 守 卿	統一戰 參加
	海軍將軍	英 昌	} 康州攻擊
		能 式	
正 朝		索 湘	碧珍郡에서 戰死
元 尹		金 相	} 康州救援失敗(金相戰死)
正 朝		道 良	
	將 軍	楊 志	} 烏於谷城에서 甄萱에게 降服
		明 式	
元 尹	支天軍大將軍	能 達	統一戰 參加
〃	補天軍大將軍	三 順	〃
	佑天軍大將軍	貞 順	〃
	天武軍大將軍	宗 熙	〃
	杆天軍大將軍	金 克 宗	〃
大 相	大 將 軍	公 萱	〃
	將 軍	王 含 允	〃
大 相		金 鐵(哲)	〃
大 相		皇甫金山	〃
元 尹		康 柔 英	〃

그러므로 그들의 官職을 잘 알 수 없는 것은 기록상의 누락일 뿐, 역할로 보건대 중앙 상비군의 장군이거나, 후에 中樞 官府의 장관으로 승진된 것은 분명한 사실이라고 하겠다.[25]

이와 같이 하여 太祖의 文武官僚를 대강 고를 수 있게 되었다. 그러나 앞에서도 말한 바와 같이 太祖의 잦은 인사이동으로 말미암아 새로운 고위 관직자가 『高麗史』에 많이 등장하고, 또 열전에서도 더러 중요 官僚가 찾아지는 만큼 끝으로 이들을 정리하면 <표-3> 및 <표-4>와 같다.

<표-3> 太祖 元年의 後續 人事移動

時期	姓名	前任官職	新任官職	時期	姓名	前任官職	新任官職
6月	朴質榮	(韓粲)	侍　中	9月	玄　律	徇軍郞中	兵部郞中
	尹　珩	內奉員外郞	內奉郞中		具　鎭	前侍中	羅州道大行臺侍中
	李　矜	內奉史	內奉員外郞		柳問律	廣評郞中	破職, 귀양
	直　晟	白書省孔目	白書郞中		景　訓	徇軍郞中	廣評郞中
	閔　剛	徇軍郞中	內軍將軍		金篆榮	前內奉監	內　軍　卿
7月	能　寔	廣評郞(中)	徇軍郞中		能　惠		內　軍　卿
	列　評	兵部卿	廣評侍郞		列　評	廣評侍郞	平壤大都護府鎭守
	職　預	前兵部卿	廣評侍郞		柳陟良	珍閣省卿	廣評侍郞
8月	韓中一	-	廣評侍郞	10月	能　律	守義刑臺卿	廣評侍郞
	萱　寔	兵部卿	內奉卿		職　預	廣評侍郞	內侍書記
	柳問律	倉部郞中	廣評郞中				

<표-4> 太祖의 官僚(追補)

官　階	官　職	姓　名	備　考
元　尹		王(朴)儒	太祖 5年 眞寶城主 慰諭
大　相		王仲儒	太祖 15年 遣後唐使
元　甫	內奉卿	崔　凝	太祖 15年卒, 太祖廟配享功臣
	侍郞→侍中	柳權說	
		王　規	
		邢　順	太祖 20年 遣後晉使
大　相	侍　中	公　宣	統一戰 參加
	學　士	金　岳	太祖遺詔草
元甫→大相		朴守文	太祖顧命宰臣
大　相	翰林學士	崔彦撝	惠宗 元年卒
	(供　奉)	崔知夢	惠宗 2年 司天官, 景宗 5年 內議令

---

25) 기록상 官階만 있고 官職이 표시되지 않는 예는 많이 있다. 宰臣이라 볼 廉相·王規·朴守文도 구체적인 官職은 찾을 수 없다.

먼저 <표-3>의 인사이동 내용을 볼 때 廣評省이나 徇軍部가 호족의 협의체가 아니라 王權에 예속된 정치기구중의 하나임을 알게 된다. 또 <표-4>를 통하여 몇몇의 유명인사들을 만나게 된다. 특히 崔凝·崔彦撝 라던가 王規 등이 대표적인 인물일 것이다.

이상으로 太祖의 文武官僚들을 성격 검토에 별로 지장이 없을 만큼 골라내게 되었다. 이제 이들의 역할이 어떠하였으며, 또 太祖는 이들을 어떻게 대하여 왔는지 살펴보기로 하겠다. 말할 것도 없이 文武官僚에 있어서, 소속관부의 분장업무가 곧 그들의 소임일 것이다. 다만 다음과 같은 것들이 조금은 특이한 사례에 속하는 일이라 지적될 수 있겠다.

먼저 侍中은 때때로 합동작전의 총사령관을 맡는 경우가 있다. 그것은 앞에서도 본 바와 같으나, 또 하나의 예로서, 前侍中 具鎭이 '羅州道大行臺侍中'의 직을 마지못해 맡아 떠난 일을 들 수 있을 것이다.26) 羅州는 弓裔 때 太祖 자신에 의해 經略된27) 이래 後百濟의 배후에 설치된 교두보로서 전략상 최대 요충지라 할만한 곳이었다. 그러므로 이 지역에 '大行臺' 가 설치되었던 모양이다. 또 侍中級이 大行臺를 맡았다고 보겠는데, 여기서도 가장 중요한 임무는 군사일 것이다.

다음으로 주목해야 할 것은 당시 관료체제에서 차지하는 외교업무의 비중일 것이다. 고려로서는 대중국 외교는 물론이려니와,28) 우선 당면한 후삼국간 및 대호족 외교전에서도 승리하지 않으면 안되었다. 그러므로 군사작전 못지 않게 외교전도 총력을 기울여 치루어 나간 것으로 보인다.

---

26) 『高麗史』卷1, 世家, 太祖 元年 9月.

27) 『高麗史』卷1, 世家, 太祖. "天復三年 癸亥三月 率舟師 自西海 抵光州界攻錦城郡 拔之 擊取十餘郡縣 仍改錦城爲羅州 分軍戍之 而還". 여기의 天復 3년은 신라 孝恭王 7년(903) 이 된다.

28) 『高麗史』世家, 太祖條에 의하면 9년에 張彬을 後唐에 보낸 이래 10년에는 林彦을, 또 15년에는 王仲儒를 後唐에 보내었다. 한편 太祖 16년 後唐에서 太祖를 高麗王으로 책봉한 다음으로부터 天授 年號를 폐지하고 後唐의 년호를 쓰게 되었다. 다시 太祖 20년부터는 後晋에 사신을 보내게 되었다.

예컨대,

> 마) 己酉에 群臣에게 論示하기를 "朕은 諸道의 도둑들이 朕의 卽位함을
> 듣고 혹시 邊患을 기도할까 염려하여 單使를 나누어 보내어 幣帛을 후하게
> 주고 언사를 낮추어(重幣卑辭) 惠和의 뜻을 보냈더니 歸附하는 者가 과연
> 많았다."(『高麗史』卷1, 世家, 太祖 元年 8月)

에서 볼 수 있는 '重幣卑辭'정책도 그러한 외교전의 한 전술이라 할 것이다.
　외교전을 효율적으로 치루는데는 무엇보다 관료체제의 강화가 선행되
지 않으면 안될 것이다. 외교문서의 작성은 전문적 文翰官의 양성과 확보
를 필요로 하게 될 것이며, 파견되는 '單使'는 자질에 있어 힘을 배경으로
하는 호족출신이 아니라, 학문적 교양과 함께 세련된 예절을 구사할 수
있는 전문관료에 더 적합했을 것이다. 이러한 외교문제는 고려뿐 아니라
후백제나 신라로서도 결코 소홀히 할 수 없는 국가정책인 만큼, 이것이
전반적으로 후삼국사회에서 관료체제를 발달시키는 계기가 된 것으로 믿
는다.
　한편 太祖는 유교적 왕도정치를 통치의 기본방향으로 하였다.[29] 그러므
로 官僚의 등용에는 '賢能'을 최우선으로 하였고, 특히 君臣의 예절을 강
조하여 『政誡』와 『誡百僚書』를 손수 지어 頒布하였다.[30] 그러면서도 한편
으로는 자신을 보좌하는 官僚에 대하여 각별한 신뢰와 애정을 가졌던 것으
로 믿는다. 하나의 예로서, 건국직후 靑州가 背叛을 일삼아 太祖가 고심한
바 컸었는데, 이때 靑州人이 歸附의 조건으로 京都에 있는 勤謙·寬俊
및 金言規 등의 제거를 요구하였다. 太祖는 이에 대하여,

---

29) 尹南漢,「儒學의 性格」,『한국사』6, 국사편찬위원회, 1980, 223쪽 ; 李基白,「新羅統一期
　　及 高麗初期의 儒敎的 政治理念」,『大東文化研究』6·7, 1970, 153~154쪽.
30) 『高麗史』卷2, 世家, 太祖 19年. "王旣定三韓 欲使爲人臣子者 明衿禮節 遂自製 政誡一卷
　　誡百寮書八篇 頒諸中外".

바) 朕의 마음은 사람을 죽이지 않는데 있다. 비록 죄있는 자라도 오히려
  용서하려 하거늘 하물며 이 사람들은 모두 다 자기의 역량을 다해 扶衛의
  功이 있는 者들이다. 그러므로 한 州를 얻고자 충성스럽고 어진 사람을
  죽이는 일은 朕이 하지 않겠다.(『高麗史』卷92, 列傳, 堅金)

라고 하면서 단호히 이 제의를 거절한 바 있다. 위의 세 사람중 金言規는
바로 白書省의 卿으로 임명[<표-1> 참조]되었던 사람이다. 이들은 '賢忠'
했기 때문에, 출신지로부터 버림 받았음에도 불구하고 太祖의 官僚가 될
수 있었으며, 또 그럼으로써 그토록 太祖에게 소망스러운 靑州와도 바꾸
지 않게 되었던 것이다. 여기에서 官僚에 대한 太祖의 깊은 信愛를 보게
된다.

  그러나 다른 한편으로 그는 때에 따라 폭군이 되기도 하였다. 太祖 11년
11월에 있었던 일로서, 당시 전략 요충지이었던 烏於谷城을 지키던 將軍
楊志와 明式 등 6명이 패하여 甄萱에게 항복하게 되자, 太祖는 諸軍을
毬庭에 모은 다음, 가엾은 6명의 妻子를 이들 앞에 조리돌리고 나서 棄市
에 處해 버렸다.[31] 이것이 一罰百戒를 위한 太祖의 고육책임은 모를리
없지만, 官僚의 운명은 오직 太祖의 자비에 달려 있었던 일면을 더불어
엿볼 수 있겠다.

  이상 太祖와 官僚의 관계를 간략히 살폈으나, 사료 어디에서도 太祖의
왕권행사가 官僚에 의하여 제한되거나 저지된 예를 찾을 수 없다. 太祖
역시 동양적 전제군주의 한 사람일 따름이었다. 만약 그의 통치에 소극적
인 면이 있었다면 그것은 오직 자신의 품성으로서, 스스로 근신한 결과일
뿐이라 할 것이다. 다른 한편으로 太祖의 官僚가 호족 세력과 연계되었다
고도 생각되지 않는다. 이 점은 다음 節에서 상세하게 언급되겠지만, 미리
말해서 太祖의 官僚는 豪族으로서가 아니라 賢能을 바탕으로 임용된 전문

---

31) 『高麗史』卷1, 世家, 太祖 11年. "冬十一月 甄萱 選勁卒 攻拔烏於谷城 殺戌卒一千 將軍楊
  志明式等六人 出降 王命集諸軍于毬庭 以六人妻子 徇諸軍 棄市".

적 직업관료가 그 주축을 형성하고 있었다. 따라서 "그의 생애의 마지막 날까지 호족들과의 연합정권을 조심스러이 유지해 나간"[32] 어떠한 흔적도 발견할 수 없다. 고려말 李齊賢은 太祖에 대하여,

> 사) 살리는 것을 좋아하고 죽이는 것을 싫어하여 공이 있으면 상을 주고 죄가 있으면 반드시 처벌하였다. 성심껏 功臣을 대접하되 권세를 맡기지 않았으며, 王業을 창건하여 王統을 드리움은 진실로 법도와 같이 하였다. (『高麗史』 卷2, 世家, 太祖 李齊賢贊文)

라고 찬양하였다. 즉 성심으로 功臣을 대접하되 결코 권세를 맡기지는 않았던 것이다.

Ⅲ. 太祖時代 관료의 성격

지금까지 太祖때의 관료구성과 그 기능을 살펴보았다. 이제 文武官僚의 개별적 出自를 검토하여 그들이 형성한 관료체제의 성격을 엿보고자 한다. 이는 태조 시대의 정치가 갖는 특성도 동시에 밝혀 줄 수 있을 것이라 믿는다.

먼저 太祖 원년 6월의 인사조치에 나타난 인물부터 살펴보기로 하였다. 앞에서 제시한 <표-1>에는 令級 10명과 卿級 14명 및 郎中 이하 5명 등 29명의 인물이 올라 있다. 그러나 이 중에서 자신의 활약상을 기록에 남긴 이는 별로 없는 것 같다. 앞에서도 언급한 바와 같이 최초의 정부관료 는 대부분 舊泰封때의 官僚로부터 仍用된 사람들이다. 그러므로 그 뒤에 자주 인사이동이 뒤따르게 된 결과, 처음의 그들은 점차 史에서 사라지게

---

32) 李基白, 앞의 논문, 1970, 153쪽.

된 것 같다.

그 가운데서 金行濤는 고려 최초의 侍中이 된 영광을 안게 되었지만, 두달 뒤인 8월에는 이미 '前侍中'으로서 '東南道招討使知牙州諸軍事'직을 맡고 있었다.[33] 그런데 그가 太祖에게 두 딸 즉 大西院夫人과 小西院夫人을 바친 金行波와 동일인이거나, 동족관계일 것으로 보는 견해가 있다.[34] 이는 그들의 성씨와 항렬 및 '波'와 '濤'가 가진 뜻의 연관성을 통한 추측에서 나온 것인데, 얼핏 그럴싸한 견해인 것 같기도 하다. 그러나 金行波는 중앙의 관직 생활을 겪지 않았다고 보아지는 洞州人으로서, 太祖가 金姓을 賜姓한 사람이고,[35] 金行濤는 泰封때부터 高官을 지낸 사람으로, 太祖 즉위 6일만에 侍中이 된 사람이다. 만약 두 사람을 동일시한다면, 太祖가 즉위하자 바로 그를 불러 賜姓하고, 또 侍中에 임명한 것으로 밖에 되지 않을 것 같다. 이는 심히 부자연스럽게 느끼지 않을 수 없을 것이다. 따라서 사료대로 두 사람을 별개로 생각한다면, 金行濤는 앞서 본대로 '東南道招討使'로 떠난 것이 마지막이었다. 또 金行波는 太祖 5년에 왕명에 의해 西京으로 옮겨간[36] 후, 두 딸을 太祖에게 바친 다음 소식이 끊기고 말았다.[37] 이 점은 金行濤의 후임자라 생각되는 前侍中 朴質榮도 마찬가지이다. 즉 그들은 서로 가족을 이끌고 평양으로 동행했던 것이다.[38] 그밖에 白書省卿에 임명된 金言規에 대하여는 앞에서 잠깐 언급이 있었으나 그것이 그에 대한 표면상 마지막이었다.

다만 한가지 <표-1> 전체를 놓고 볼 때 最初의 閣僚 29명중 5명이

---

33) 『高麗史』 卷1, 世家, 太祖 元年 8月.
34) 邊太燮은 동일인으로 간주하고 있고(앞의 논문, 1981), 李樹健은 同族視하고 있다(「高麗前期 支配勢力과 土姓」, 『韓國中世社會研究』, 일조각, 1984, 164쪽). 또 崔柄憲은 兄弟關係로 추정하고 있다(「新羅下代 社會의 動搖」, 『한국사』 3, 1981, 482쪽).
35) 『高麗史』 卷88, 列傳, 后妃 小西院夫人.
36) 『高麗史』 卷1, 世家, 太祖 5年.
37) 『高麗史』 卷88, 列傳, 后妃 大西院夫人 및 小西院夫人.
38) 『高麗史』 卷1, 世家, 太祖 5年.

고려 太祖時期의 관료연구   235

林氏 姓을 가졌다는데 주목된다. 혹 太祖와 그들 사이에 어떤 특수한 관계라도 없을까 궁금하다. 5명의 林氏 가운데서도 兵部令 林曦는 나중에 惠宗의 妃父가 된 사람이다.[39] 또 徇軍部令 林明弼도 太祖의 肅穆夫人의 父 大匡 '名必'과 동일인일 가능성이 크다.[40] 그렇다고 한다면 이들은 泰封 때부터 저명한 官僚 가문을 형성한 이래 고려에 들어와 점차 姻戚勢力을 형성해 가고 있었다고 보겠다.

그 밖의 인물에 대하여는 전혀 알 수가 없다. 생각건대 이러한 일은 초기의 官僚가 그만큼 비정치적 인물이었던 탓이 아닐까 여겨진다. 太祖의 인사원칙에서 본 바와 같이 대부분의 그들은 오직 자신의 능력을 기반으로 고급관료로 진출할 수 있었다고 하겠다. 이상과 같이 최초의 각료에 대하여 살펴 보았으나 그들이 지방의 호족과 연계된 흔적은 찾아내기가 힘들다.

다음으로 開國功臣을 중심으로 한 武臣官僚에 대하여 알아보겠다. 아마도 太祖때의 권력의 핵심은 바로 이들 武臣官僚에서 찾아야 될 것 같다. 1·2等開國功臣의 자리를 거의 독점한[41] 이들 武官의 활약은 특히 통일기까지의 『高麗史』에서 빛나고 있다. 그들은 오직 太祖를 위하여 싸웠고, 또 더러는 戰場에서 죽어갔다. 사실 王建이 왕위에 오를 수 있었던 것도 바로 이 武將들에 의한 쿠데타의 덕분이었다. 그런데 이들 武官은 泰封때부터 자신의 무예나 무공을 통하여 지위를 다져온 인물들인 만큼 재지적 기반은 극히 빈약했던 것으로 보인다. 특히 4명의 1等功臣은 한결같이 功臣이 되고 나서야 비로소 本貫을 갖게 되었고, 또 各 姓氏의 시조가 되었다.[42] 이러한 경우는 太祖廟의 配享功臣 가운데 한 사람인[43] 名將

---

39) 『高麗史』 卷88, 列傳, 后妃 惠宗 義和王后.

40) 全基雄, 「高麗 景宗代의 政治構造와 始定田柴科의 성립기반」, 『震檀學報』 59, 1985, 38쪽, 註26)참조.

41) 2等功臣 가운데 能寔은 太祖 元年 7月에 廣評郎(中)에서 徇軍郎中으로 이동하였다. 따라서 혹 文官일 가능성이 크다.

42) 李樹健, 앞의 논문, 124쪽.

43) 『高麗史』 卷60, 禮2, 吉禮大祀, 太尉復命條에 太祖室 配享禘祫功臣으로서 裵玄慶·洪

庾黔弼의 경우도 마찬가지였다.[44]

더구나 申崇謙의 경우는 本貫조차도 太祖가 賜貫할 정도였다.[45] 한가지 흥미로운 사실은 이들이 차례로 馬軍將軍職을 역임했다는 점이다.[46] 이로 미루어 볼 때 馬軍은 고려 상비군의 주력으로서, 그것이 곧 太祖의 세력기반이 되었던 것으로 보인다. 간혹 馬軍將軍이 모반하는 경우가 보이는 것도 그만큼 馬軍의 실력이 강한데서, 반역의 성공률이 높을 것으로 오판되었기 때문일 것이다.[47] 그러한 만큼 太祖는 친위세력으로 그 지휘관을 삼아왔던 것이다.

다음, 2等功臣 7명에 있어서도 能寔을 뺀 나머지 6명이 모두 武官이었던 것 같다. 이들 중 貫鄕을 알 수 있는 사람은 金榮뿐이다. 국초의 1·2等功臣은 아니었지만 武功으로서 나중에 다시 功臣이 된 金哲(鐵)은 바로 金樂의 아우인데, 그들은 中和 金氏로 알려지고 있다.[48] 그러나 이 경우도 金哲이 中和 金氏의 시조가 되고 있을 뿐이다.[49] 이렇게 볼 때 2等功臣 역시 재지적 기반은 빈약하다고 여길 수밖에 없을 것이다. 그들 또한 1等功臣이나 마찬가지로 자신의 무예를 바탕으로 지위를 확보했던 것이라 보겠다.

그 밖에 太祖의 武臣으로서 빼놓을 수 없는 인물이 朴述熙(希)와 朴守卿일 것이다. 이 두 사람은 비록 1·2等功臣에는 들지 못하였으나 괄목할 만한 활약을 역사에 남긴 사람들이다. 그 중에서 먼저 朴述熙는 泰封 시대부터 弓裔의 衛士로 있었던 만큼,[50] 앞에서 본 1·2等功臣이나 다를 바

儒·卜智謙·申崇謙·庾黔弼·崔凝 등 6명이 올라 있다.

44) 李樹健, 위의 논문, 125쪽.

45) 李樹健, 위의 논문.

46) 『高麗史節要』卷1, 太祖 元年 7月 및 9月.

47) 『高麗史』卷1, 世家, 太祖 元年 6月. 馬軍將軍 桓宣吉이 謀叛하다가 伏誅된 후, 다시 馬軍大將軍 伊昕巖이 謀叛하다 棄市되었다.

48) 李樹健, 위의 논문, 125쪽.

49) 李樹健, 위의 논문.

50) 『高麗史』卷92, 列傳, 朴述熙. "朴述熙 槥城郡人 … 年十八 爲弓裔衛士".

없이, 武臣官僚로서 출세하였을 뿐, 재지적 기반은 보잘 것이 없었다.[51] 다만 그는 武臣으로서 太祖의 忠僕이었다. 주지하는 바와 같이 그는 太祖로부터「訓要 10條」를 親受하였으며,[52] 또 太祖의 遺志를 받들어 惠宗을 옹립함에 공헌[53]하였으나, 끝내 王規와의 불화로 죽임을 당하였다. 그러나 그와 같은 길을 걷게 된 것도 군부내에서의 실력이 배경을 이루었던 까닭이라 볼 것이다. 즉, 지난날의 1·2等功臣이 거의 다 죽고 난 다음[54] 군부의 향배가 그에게 달려있었던 탓이라 봄이 더 옳은 관측이 아닐까 한다. 따라서 "朴述熙도 가장 유력한 호족세력의 하나로서 강대한 세력기반을 가지고 있었던"[55]것이란 추측은 용납될 여지가 없을 것 같다.

한편 朴守卿은 경우가 조금 다른 것으로 보인다. 그는 兄 朴守文과 더불어 平州를 세력기반으로 하는 호족가문 출신임에 틀림없어 보인다.[56] 그렇다고 해서, 그들이 가문을 업고 발호한 흔적은 찾을 수 없으며, 특히 朴守卿은 太祖에게 出仕한 이래 오직 용열하고 權智 많은 武將으로서 功勳을 세웠기 때문에 끝내 大匡에까지 오르게 되었고, 또 그 덕분에 兄 守文도 승진할 수 있었다.[57] 이러한 사실로 미루어 보더라도 그들은 武臣官僚일 뿐, 더 이상 호족일 수가 없을 것이다. 오히려 太祖에게 충성을 다함으로써, 중용된 결과 그들의 가문은 새로이 중흥되었던 것이다.[58] 다만 그들 형제

---

51) 李樹健, 앞의 논문, 294쪽.
52) 『高麗史』 卷2, 世家, 太祖 26年.
53) 『高麗史』 卷92, 列傳, 朴述熙.
54) 『高麗史』卷1 및 卷2의 世家, 太祖條에서 볼 때 1等功臣 가운데 申崇謙이 太祖 10년에 전사했고, 裴玄慶은 太祖 19년에 죽었다. 또 配享功臣 庾黔弼은 太祖 24년에 죽었다. 다만 洪儒과 卜智謙의 죽은 해는 잘 알 수 없다.
55) 河炫綱,「高麗王朝의 成立과 豪族聯合政權」,『한국사』4, 국사편찬위원회, 1980, 49쪽.
56)「朴氏山墓誌」,『韓國金石文追補』, 143쪽. "朴氏之先雞林人也 盖新羅始祖 赫居世之裔也 新羅之季 其孫察山侯積古之子直胤大毛達 從居平州管八心戶爲邑長 故自直胤而下爲平州人 直胤之子 三韓功臣 三重大匡遅胤 遅胤之子 三韓功臣 大尉兼侍中守卿…".
57)『高麗史』 卷92, 列傳, 朴守卿.
58)「朴景仁墓誌」,『朝鮮金石總覽』上, 303쪽. "(朴景仁) …其先北京都尉赤鳥 自新羅入竹州 爲察山侯又入平州 置十谷城等十三城 歸于弓 裔主 厥後子孫蕃昌 自我太祖 統合時至于今

는 다같이 太祖에게 딸을 바쳐 姻戚이 되었다. 즉 太祖의 后妃 중 27번째의 月鏡院夫人이 朴守文의 딸이고, 28번째의 夢良院夫人이 朴守卿의 딸이다.[59] 이들 부인의 서열로 볼 때, 혼인조차도 太祖가 그들이 호족세력임을 전제로 하여 행한 정략결혼[60]이라 보기 힘들 것이다. 사실 지리적으로 보더라도 平州는 開城과 멀지 않는 곳으로 처음부터 王建의 친위세력이나 마찬가지였다고 보아 지나치지 않으리라 믿는다.[61]

그 밖에 太祖의 官僚로서 사료에 나타난 인물은 거의 다 위에서 언급한 범위를 벗어나지 못하고 있는 것으로 보인다. 다만 王規에 대하여서는 그가 미친 영향을 고려하여 성분을 좀 검토해 볼 필요가 있겠다. 『高麗史』 卷101, 王規傳에 의하면, 그는 廣州 출신으로 太祖를 섬겨 大匡이 되었다고 한다. 또 그는 두 딸을 太祖에게 바쳐 각각 15妃 廣州院夫人과 16妃 小廣州院夫人이 되었으며 그 중 16妃가 廣州院君을 낳았다 한다.[62] 다시 王規는 한 딸을 惠宗에 바쳤으니 後廣州院夫人이 곧 그의 딸이다.[63] 이러한 관계가 바로 王規 亂의 배경이 되겠는데, 지금 본 바와 같이 그는 호족으로서가 아니라 姻戚의 권세로서 마침내 亂을 일으키게 된 것이다. 반면에, 그가 호족이었기 때문에 姻戚이 될 수 있었다고 추리해 볼 수도 있겠으나, 그러한 추리를 뒷받침 할만한 근거는 역시 찾을 수가 없다. 廣州 출신이었다는 것 말고는 전혀 그의 出自를 알 수가 없다. 설령 定宗 원년에 逆謀로 해서 그의 일족이 몰락했다 하더라도,[64] 그가 대호족가문 출신이었다면 그의 방계라도 후세에 잔존되었을 것인데, 王規 이후 廣州 王氏는 아무런 흔적도 없는 것 같다. 또한 廣州는 지리적으로 보더라도 그 당시

不絶繼嗣".

59) 『高麗史』 卷88, 列傳, 后妃1.
60) 金哲埈, 「後三國時代 支配勢力의 性格」, 『韓國古代社會研究』, 지식산업사, 1975, 266쪽.
61) 李基白, 앞의 논문, 1981, 47쪽.
62) 『高麗史』 卷88, 列傳, 后妃1.
63) 『高麗史』 卷88, 列傳, 后妃1, 惠宗 後慶州院夫人.
64) 李樹健, 앞의 논문, 131쪽.

강력한 호족이 반독립적으로 버틸 수 있을 만한 곳이 되지 못한다. 즉, 廣州는 弓裔시대 초기에 이미 王建에 의해 평정된 곳[65]으로, 중앙의 통치권이 직접 미칠 수 있는 지역이라 할 것이다. 그러므로 成宗 2년에 지방관이 파견될 때에도 가장 먼저 해당된 지역이었으며, 더구나 關內道의 소속으로 있었던 적도 있다.[66]

다만『高麗史』世家 太祖條에서 볼 때 王規는 太祖 20년에 邢順과 더불어 사신으로 晋에 다녀온 적이 있다.[67] 대체로 太祖때에 중국으로 파견되는 사신은 주로 侍郎이나, 卿이 맡았으므로, 당시 그의 관직도 文官의 차관급 정도에 비겨 볼 수도 있을 것이다. 그후 太祖 말년에는 宰臣의 한사람으로서 廉相·朴守文과 더불어 太祖의 顧命을 받은 바 있다.[68] 또 하나, 그의 列傳에는 "太祖를 섬겨 大匡이 되었다"[69]고 하나, 惠宗 원년에 건립된「興寧寺 澄曉大師寶印塔碑」에는 이 당시 그의 官階가 佐承으로 나타나 있다.[70] 지금까지 살핀 것이 王規의 대략적인 면모이나, 이렇게 보건대 王規 또한 호족이라 볼 수 없을 것이다.

이상과 같이 太祖의 文武官僚에 대한 성격을 호족과 관련시켜 살펴보았다. 요컨대 太祖는 강력한 친위세력인 상비군의 武力과 賢能을 기준으로 하여 구성한 관료체제를 양대 기반으로 삼은 위에서 전제정치의 형태로 왕권을 행사했다고 보아야 되리라 믿는다. 따라서 이러한 바탕 앞에 어떠한 호족세력도 開京 안에서 반독립적으로 존재할 수 없음은 물론이라 하겠다. 동시에 이는 太祖가 왕권 확보를 위하여 어떠한 호족세력과도 제휴해야 할 하등의 이유가 없음을 과시하는 것이라 보겠다. 이제 끝으로 太祖때의

---

65)『三國史記』卷50, 列傳, 弓裔. "孝恭王 4年 又命太祖伐 廣州·忠州·唐城·青州·槐壤等 皆平之 以功授太祖 阿湌之職".
66)『高麗史』卷56, 地理1, 廣州.
67)『高麗史』卷2, 世家, 太祖 20年.
68)『高麗史』卷2, 世家, 太祖 26年 5月.
69)『高麗史』卷127, 列傳, 王規.
70) 許興植,『韓國金石全文』中世上.

권력의 추이를 지적한다면 통일이전까지는 개국공신계열의 무장세력이 권력의 핵심으로 있다가, 그 후 평화의 회복과 더불어 점차 戚人세력 쪽으로 옮아간 것으로 볼 수 있을 것이다. 그러므로 惠宗때 이후의 정변은 호족에서가 아니라, 戚人의 권력투쟁에서 그 원인을 구하여야 될 줄 믿는다.

Ⅳ. 관료의 등용

太祖 때에도 文武官僚가 따로 존재하였으며, 官僚가 될 수 있는 요건으로서 文官의 경우는 사무능력이, 武官의 경우는 무예가 요구됨을 알게 되었다. 이제 어떠한 방식과 절차를 통하여 官僚가 등용되었는지 살펴볼 차례이다. 이는 곧 고려의 科擧前史를 엿보는 셈이 되겠는데, 사실 이 분야만큼은 의지할 사료가 너무나 빈약한 실정이다. 얼핏 보아서는 별다른 절차없이 막연히 데려다 쓴 듯한 생각조차 든다. 아니면 호족자제들을 인질삼아 적당히 안배하지 않았나고도 생각될지 모르겠다. 실제로 신라말에 가까워지면서 많은 문인들이 경주로부터 도망쳐 나오고 있었다. 『三國遺事』는 이에 대해,

> 아) 『語法集』에 그때 산신이 춤을 추고 노래를 부르되 '智理多都波都波'라 한 것은 대게 지혜로 나라를 다스리는 사람이 사태를 미리 알고 많이 도망쳤으므로 도읍이 장차 파괴된다는 것을 말함이다.(『三國遺事』 卷2, 紀異2, 處容郎 望海寺)

라 하여 『語法集』의 말을 인용하여 당시의 사정을 전하고 있다. 즉 吏讀인지, 讖言인지 모를 "智理多都波"란 말이 당시 지식인의 逃避에 대한 풍자로서 유행된 것으로 보인다. 崔彦撝나 崔承老의 아버지도 그러한 계열로서 太祖를 찾게 되었다고 보겠다. 또한 朴儒·崔知夢 등의 예에서 보는

바와 같이 太祖가 불러 등용한 경우도 있었다.[71] 그러나 적어도 유교적 통치이념을 내세워 한나라의 정치체제를 갖추었다면, 독자적 官僚의 양성과 재생산의 수단이 강구되지 않았을리 만무할 것이다.

기록상으로 본다면 고려의 科擧制는 光宗 9년(958)부터이고,[72] 蔭敍制는 成宗 년간부터이다.[73] 더욱 武科는 고려말에나 가서야 그 격식이 갖추어진 것이다.[74] 그렇다면 太祖이래 光宗 때까지의 40년간은 관리선발에 있어 커다란 공백기간이 되고 만다. 이는 단순히 전쟁이라던가 개국 초창기라는 이유만으로 메꿀 수 없는 기간이다. 오히려 太祖때부터 官僚의 등용에 대한 제도적 장치가 마련되어 있었다고 봄이 타당할 것이다. 이점을 이제 살펴보아야 할 것이다.

太祖는 즉위하자 맨 먼저 官僚의 등용에 따른 고민에 봉착하게 되었다. 즉,

> 자) 官制를 정하고 職務를 나누는 것은 유능한 사람을 임명하는 길이요, 풍속을 이롭게 하고 백성을 편안하게 하는 데는 현명한 사람을 고르는 일이 급한 것이다. 진실로 관직에 소홀함이 없으면 어찌 政事가 거칠어짐이 있으랴. 짐이 외람되어 景命을 받아 큰 經綸을 펼치고자 함에 높은 자리에 앉아 안일해서는 안될 것이며 용렬하고 헛된 정치가 무서움을 생각하게 된다. 다만 사람을 알아봄에 밝지 못하고 官을 살핌에 실수가 많아 어진 사람이 등용되지 못했다는 탄식을 하거나, 깊이 선비를 얻는 사리에 어긋날까 두려워하는 바, 자나깨나 간절한 생각은 오직 이것 뿐이로다.(『高麗史』卷1, 世家, 太祖 元年 6月)

라고 하여 최초의 고려 정부를 성립시킴에 따른 현능한 官僚의 선임이

---

71) 『高麗史』卷92, 列傳, 王儒 및 崔知夢.
72) 『高麗史』卷2, 世家, 光宗 9年.
73) 朴龍雲, 「高麗時代 蔭敍制의 實際와 그 機能」, 『韓國史研究』36・37, 1982.
74) 『高麗史』卷74, 選擧2, 武科.

자나깨나 가장 난제였음을 고백하고 있다. 이는 太祖가 관료체제에 그만큼 큰 기대를 걸고 있었기 때문일 것이다. 다시 太祖는 말을 이어,

> 차) 내외 백관들이 다 자기 직무를 충실히 이행한다면 다만 정치가 잘
> 될 뿐 아니라 족히 후대에까지 칭송을 받게 될 것이다. 마땅히 列辟을 登庸
> 하고 群公을 歷試하여 精選에 힘써서 모두 고르게 할 것이니 中外가 다
> 朕의 뜻을 알지어다.(『高麗史』 卷1, 世家, 太祖 元年 6月)

라 하여 등용의 방침을 밝혔으니, 여기에서 "登庸列辟 歷試群公"이라 말에 특히 주목할 필요가 있을 것이다. 이것이 고려 전시대를 통하여 가장 널리 활용되었던 蔭叙와 科擧를 상징하는 것이 아닌가 여겨진다. 이중에서 列辟(諸侯＝豪族)을 등용한 예는 太祖 때의 『高麗史』에서 흔히 볼 수 있는 바로서, 대체로 그들은 武官으로 출세했던 것으로 보인다.[75] 반면에 群公을 '歷試'한 예는 잘 보이지 않는 것 같다.

한편 『高麗史』 卷73, 選擧1, 序文에 의하면,

> 카) 三國 이전에는 科擧法이 없었고 고려 태조가 처음으로 학교를 세웠
> 으나 과거로 인재를 뽑는 데까지는 이르지 못하였다. 광종이 雙冀의 의견을
> 받아들여 과거로 인재를 뽑게 하였으며 이때부터 文風이 일어나기 시작하
> 였다.

라 하여 光宗 이전에는 科擧制가 실시되지 않았음을 지적하고 있다. 그러나 앞에서도 말한대로, 국초라 하더라도 蔭叙나 遺逸의 천거[76]만으로는 필요한 인재를 확보할 수 없었다고 본다. 후삼국이 항쟁기간중 각 國이 당면한 막중한 외교문제를 담당할 관료 확보의 필요성은 말할 것도 없거니

---

75) 예컨대 龔直이나 洪述이 典型일 것이다.
76) 『高麗史』 卷73, 選擧, 序文.

와 통치이념을 구현시킴에 있어서도 적재적소의 관료 확보는 아마도 국가 최우선의 과제라 해도 지나치지 않을 것이다. 또한 아무리 말단에 속한 官僚라 하더라도 文臣의 경우 유교적 교양은 필수적이었다고 생각된다. 그런데 이 유교적 교양은 장기간의 교육과정을 거쳐야만 갖출 수가 있는 것이다. 그러므로 太祖가 '首建學校'하였다는 것은 바로 官僚의 양성을 목적으로 한 것이라 보아야 하겠다.

기록상으로는,

타) 太祖 13年 西京에 행차하여 學校를 설치하였다.(『高麗史』卷73, 選
舉2, 學校)

가 학교설립에 대한 최초의 것이나, 이미 그 이전부터 학교는 있었다. 사실 신라 이래 중앙의 국학을 비롯한 각급 학교가 고려초에 이르기까지 존재하였음이 확인되는 만큼,[77] 弓裔시대에서도 이 학교를 통한 官僚의 선발이 행해져 왔다고도 볼 수 있을 것이다. 다만 崔承老의 경우로서, 太祖는 아버지를 따라 귀부해 온 당시 12살의 承老를 元鳳省의 학생으로 삼은 일이 있으니, 한때 開京에서는 元鳳省이 학교의 역할을 겸하고 있었던 것 같다. 또 나중의 光宗代에는 光文院이 중앙의 교육기관 구실을 하였던 것도 잘 알려진 사실이다.[78] 이와 같이 國子監 설치[79] 이전에도 국초부터 학교가 있었음에 미루어 고려 자체의 관리양성체제가 갖추어졌음을 알겠는데, 학교를 거쳤다 하더라도 실제 임용에는 따로 어떤 고과절차를 마련하였을 것으로 상정된다. 아마도 이 또한 신라의 讀書三品科를 모방하지 않았나 추측한다.

---

77) 金光洙, 「羅末麗初의 地方學校問題」, 『韓國史研究』 7, 1972.
78) 『高麗史』 卷93, 列傳, 韓彦恭. "彦恭性敏好學 光宗朝 年十五 屬光文院書生 未幾爲本院 承事郎".
79) 『高麗史』 卷76, 百官1, 成均館. "成宗置國子監".

주지하는 바와 같이 신라하대에 들어 讀書三品科가 설치된 이래 신라의 官僚는 이 절차를 거쳐 임용되었다.[80] 따라서 이를 科擧制의 한 형식이라고 보아도 좋을 것이다. 그런데 흔히 신라가 골품사회임을 전제한 나머지 讀書三品科의 역할을 과소평가하는 경향이 있는 것 같다.[81] 또 그것이 6頭品의 전유물인양 해석되기도 하였다.[82] 그러나 사료를 통하여 보건대 그와 같이 추정할 근거는 아무데도 없는 것 같다. 오히려 진골이라 할지라도 이 과정을 거쳐 등용되는 것이 정규절차라 하겠고 또, 4頭品 이하라 하더라도 賤民 부류에 들지 않는 한, 한정된 범위에서나마 수학의 길이 열려 있었다고 봄이 합리적일 것이다. 왜냐하면 신라 또한 유교적 통치이념을 구현하려 한 이상 官僚의 유교적 소양이 필수적일 것이기 때문이다. 학교교육이 아니고서는 그러한 교양을 얻기 어려울 것이다. 이렇게 볼 때 신라에서도 蔭敍보다는 讀書三品科를 통한 선발이 더 일반적이었을 것이란 생각이 든다. 이와 관련하여 관리 임용의 한 예로서,

> 파) (元聖王 5年) 9月 子玉을 楊根縣 小守로 삼으니 執事史 毛肖가 논박
> 하여 말하기를 자옥은 文籍으로 등용되지 않았으니 지방 관직을 맡길 수
> 없다.(『三國史記』 卷10, 新羅本紀, 元聖王 5年 9月)

란 기록은 신라의 관리임용 원칙을 전해 주는 것이라 보아야 할 것이다. 한편 唐의 賓貢科 급제출신은 물론 渡唐留學生의 경우도 이와 동등한 자격을 인정하였다 하겠으니 앞의 사료에 이어,

> 하) 시중이 의논하여 말하기를 "비록 문적으로 등용되지는 않았지만 일

---

80) 『三國史記』 卷10, 新羅本紀, 元聖王 四年. "始定讀書三品科出身 … 前祇以弓箭選人 至是改之".
81) 許興植, 「高麗科擧制度의 成立과 發展」, 『高麗科擧制度史研究』, 일조각, 1981, 4쪽.
82) 李基白, 앞의 논문, 1970, 7쪽.

찍이 당나라에 들어가 학생이 되었으니 써도 좋지 않겠는가" 하니 왕은
이 말을 좇았다.(『三國史記』 卷10, 新羅本紀, 元聖王 5年 9月)

라는 기록에서 보는 바가 그것이다. 子玉은 入唐學生이었기 때문에 국학
출신과 동등한 대우를 받아 小守職에 임명될 수 있었던 것이다. 그럼에도
불구하고 위의 사료로 보건대 渡唐留學의 경우보다는 국내의 국학출신이
거쳤다고 믿어지는 讀書三品科가 더 우선했다고 보인다.

바로 이 讀書三品科가 고려에서 건국이래로 시행되었다고 생각된다.
적어도 이러한 고과과정없이 賢能을 판정한다는 것은 불가능하다고 해도
과언이 아닐 것이다. 국초부터 이러한 선발시험에 익숙했기 때문에 光宗
때의 과거실시가 별다른 거부 반응없이 쉽게 정착할 수 있었다고 하겠다.
그러므로 光宗때 "科擧制度의 도입은 재래의 중앙관리 등용법을 보강하
려는 것이었지, 이를 代替하려 한 것이 아니었다"고 해석한 견해[83]는 타당
하다고 생각한다. 다만 한가지 유념할 것은 과목으로 보아 讀書三品科는
明經 중심이었다.[84] 말하자면 오직 유교경전의 암송이나 해석이 관리등용
에서 가장 중요시되었던 것이다. 이는 光宗 때의 科擧에서 製述業이 중
시[85]된 것과 좋은 대조를 이룬다. 그러므로 光宗 때의 科擧制 실시의 의의
는 종래의 明經 중심, 즉 經學 위주에서 製述 중심 즉 詞章 위주로 변질된
것에서 찾아져야 할 것이다. 물론 光宗代 이후 知貢擧의 선임과 더불어

---

83) 姜喜雄, 「高麗初 科擧制度의 導入에 관한 小考」, 『韓國史論文選集(高麗篇)』, 일조각, 1976,
81쪽.
84) 『三國史記』 卷10, 新羅本紀, 元聖王 4년의 讀書三品科 내용을 정리하면 다음과 같다.

品　等	科　目
下　品	曲禮, 孝經
中　品	曲禮, 論語, 孝經
上　品	春秋左氏傳, 禮記, 文選, 論語, 孝經
特　品	五經, 三史, 諸子百家

85) 「柳邦憲墓誌」, 『朝鮮金石總覽』上, 265쪽의 "光宗始尙製述 以詩賦取人"이라는 기록도 그
러한 사실을 말해 주거니와 실제 사례의 분석에서도 확인된다(許興植, 「高麗禮部試의 諸業
別 出題와 及第者의 追出」, 앞의 책, 91쪽).

시험의 격식이나 절차가 새로이 정비된 것은 틀림없다고 보겠으나 그 이후에도 明經業의 선발방법은 전과 다름없이 讀書・暗誦 과정 그대로였다고 보인다.[86] 그러다가 점차 明經業은 쇠퇴해 갔다. 이와 같이 製述業이 중시된 이유는 시대적 추세로서, 고루한 경전의 해석보다는 우아한 문장의 驅使가 더 높이 숭상된 조류에 기인한 것일 것이다.[87]

아무튼 太祖때부터도 明經 중심이긴 하지만 학교교육과 시험을 거쳐 官吏에 임용될 수 있었다고 보겠고, 따라서 앞에서 본 官僚들은 대부분 이러한 과정을 거쳐 자신의 능력을 인정받았던 사람들이라 하겠다. 또 이것이 太祖가 말한 '歷試'의 첫 단계라 여겨도 좋을 것이다.

V. 관료의 祿俸과 土地

이제 끝으로 太祖때의 官僚들이 국왕으로부터 어떠한 처우를 받았으며, 무엇이 그들의 경제적 기반이었는지 살펴보기로 하겠다. 앞에서 검토한 바와 같이 대부분의 그들은 지방의 호족과 무관하였으며, 또 스스로 재지적 기반을 갖지 않았다. 대체로 그들은 자기의 교양과 능력을 바탕으로 하여 오직 官僚로서 출세함으로써, 오히려 자신의 가문을 중흥시킨 그러한 인물들이었다. 그러므로 太祖 때의 文武官僚들은 거의가 無田無土한 士類이거나 軍人 출신이었다. 따라서 太祖에 仕宦한 대가로 받은 祿俸과 祿邑, 또는 賜田이란 명목으로 지급된 토지가 그들의 경제적 기반이 될 뿐이었다.

그러한 만큼 건국기 고려의 祿俸制나 토지제도가 곧 官僚의 처우문제 그 자체라 할 것이다. 이 문제를 차례로 살펴보기로 하겠는데, 한 가지 유의해야 할 것은 이 경우에도 중앙관료와 귀부호족을 분리하여 검토해야

---

86)『高麗史』卷73, 選擧1, 科目.
87) 許興植, 위의 논문, 98쪽.

될 것이라는 점이다. 왜냐하면 대부분의 귀부호족은 太祖에 의해 연고지에 仍封됨으로서, 일정 지역에 대한 지배권이 공인된 만큼, 토지 및 인민의 지배라는 측면에서 볼 때 그들은 봉건제후적 존재로서 중앙의 官僚와 같을 수가 없기 때문이다. 다만 귀부호족이라 하더라도 그들이 관할 지역으로부터 수취할 수 있는 범위는 원칙적으로 제한되어 있었다고 보겠고,[88] 또 收取分 가운데 소정의 몫을 왕실에 바치도록 규정되었던 것으로 여겨진다.[89]

祿俸制를 중앙 관료에 한정하여 살펴본다면, 먼저 『高麗史』食貨志에 비교적 자세한 녹봉체계가 적혀 있으나, 이는 文宗때에 정해진 것임을 염두에 두어야 할 것이다. 그러나 太祖 때에도 녹봉이 지급된 것은 분명한 사실이라 하겠으니, 예컨대 太祖의 「訓要 10條」 가운데 第9條에,

> 거) 百辟와 群僚의 祿은 나라의 대소에 따라 전제된 것이니 함부로 증감
> 하지 말라.(『高麗史』 卷2, 世家, 太祖 26年)

이러한 것이 그것이다. 이 「訓要 10條」가 이루어진 시기는 太祖 26년으로서 다소 나중이라고도 하겠으나 '以爲定制'라는 말로 미루어 그 전부터 祿俸制가 제정·실시되었음은 확실하다 하겠다. 다시 좀더 구체적인 사례로서,

> 너) 崔承老 … 총명하고 민첩하며 학문을 즐겨하고 글을 잘 지었다. 12歲
> 때 태조가 불러서 『論語』를 읽혀 보고 심히 가상히 여겨 鹽盆을 주었으며
> 원봉성의 학생으로 둘 것을 명령하고 鞍馬를 주었으며 例食 20석을 주도록
> 하였다.(『高麗史』 卷93, 列傳, 崔承老)

---

88) 『高麗史』 卷2, 世家, 太祖. "十七年 夏五月乙巳 幸禮山鎭詔".
89) 『高麗史』 卷77, 百官2, 外職에 "今有 租藏 並外邑 使者之號 國初有之 成宗 2年罷"라 있고,
   이 今有·租藏이 貢賦·租稅의 징수를 위하여 파견되는 관원일 것이다(李丙燾, 『韓國史
   (中世篇)』, 진단학회, 21쪽).

에서 보는 '例食'이 곧 초기 祿俸의 한 형태라 보인다.[90] 이 例食의 지급은 光宗 때까지도 계속되었다. 즉,

> 더) (光宗 元年 8月) 大匡 朴守卿 등에게 명하기를 국초에 공로가 있은 자들을 정하여 四役者에게는 쌀 25석, 三役者에게는 20석, 二役者에게는 15석, 一役者에게는 12석을 각각 例食으로 주도록 하였다.(『高麗史』卷2, 世家, 光宗 即位年)

의 기록을 볼 때 功役의 기준이 무엇인지는 不明하지만 여기에서도 '例食'이 지급되었음을 알 수가 있다.

그런데 이 例食은 현물급여체계로서, 아마도 功役者와 하급관료들에게 주어진 것이 아닌가 한다. 반면에 고급관료들에게는 祿邑이 주어졌다. 즉, 소정의 지역에 대한 지배권을 직접 그들에게 준 것이다. 아래의 사료는 이러한 사실을 입증해 준다.

> 러) (太祖 17年 5月) 禮山鎭에 가서 조서를 내려 말하기를 … 公卿將相으로서 나라의 녹을 먹는 자들은 마땅히 民들을 자기 자식과 같이 사랑하는 나의 뜻을 충분히 알고 자기 祿邑 編戶들을 사랑해야 할 것이다. 만일 무지한 부하 사람들을 녹읍에 파견한다면 오직 과렴하기에 치중하여 착취를 함부로 하더라도 너희들이 어찌 다 알겠는가.(『高麗史』卷2, 世家, 太祖 17年)

위의 기록에서 '公卿將相'이 祿邑을 갖고 있는 사실을 알 수가 있다. 여기에서 '公卿將相'이라면 고급관료라 보겠는데, 하급관료와의 구분이 어디에 있을지는 不明하다.[91]

---

90) 崔貞煥, 「高麗祿俸制의 成立過程」, 『大丘史學』 15 · 16, 1978, 11쪽.
91) 洪承基는 祿邑을 받을 수 있는 官階의 하한을 元尹까지로 보았다(「高麗初期의 祿邑과 動田」, 『史叢』 21 · 22). 또 崔貞煥은 祿과 官階를 결부시킴에 반대하고 있다(앞의 논문). 필자로서는 洪承基의 견해를 지지하고 싶다.

한편 文宗 이후의 고려제도에서 본다면, 官僚는 田柴科로서의 土地와 祿俸을 이원적으로 받도록 되어 있다.[92] 이러한 이원적 급여체계는 더 일찍 신라에서도 갖추어져 있었고,[93] 또 太祖때에도 시행된 예가 있다. 즉,

머) 신라왕 金傅가 侍郞 金封休를 보내어 入朝하기를 청하니 … 김부를 除拜하여 政丞으로 삼고 태자의 上位에 두어 歲祿 千碩을 주었으며 … 그의 侍從者들도 아울러 收錄하여 田祿을 넉넉히 賜하였다.(『高麗史』 卷 2. 世家, 太祖 18年)

이라는 기록에서 보는 '田'과 '祿'의 지급이 그것이다. 따라서 官僚에 대하여 土地와 祿俸이 함께 지급되는 것이 고려에서도 원칙으로서 설정되어 있었음을 알 수 있겠다. 그러나 고려 건국기에 그와 같은 이원적 급여가 軍士를 포함한 모든 官僚에게 지급되었을시는 극히 의문시된다. 특히 통일이전은 영토개념 자체가 불확실할 뿐 아니라 전쟁의 수행에 따른 군량미 확보라는 측면을 고려할 때 더욱 그러하다.

위에 제시된 예는 귀부해 오는 新羅王을 수행한 자에 대한 特賜의 경우라 봄이 옳을 것 같다. 또 이 경우에도 지급된 토지에 대한 수조권 이상의 지배도 생각할 수 없을 것이다. 나아가 官收官給制가 시행되었을 가능성도 배제하기 어려울 것 같다. 그렇다면 '田祿'이란 것도 現物 祿俸이나 다름이 없을 것이다. 金傅의 수행자말고도 귀부해 온 渤海王子 大光顯의 幕僚에 대해서 토지가 지급된 일도 있으나,[94] 역시 같은 뜻으로 보아야 할 것이다. 이와 같이 볼 때, 太祖 당시에는 어떤 官階를 기준으로 하여

---

92) 『高麗史』 卷78, 食貨1, 田柴科 및 食貨3, 祿俸.
93) 崔貞煥,「高麗祿俸制의 變遷」,『大丘史學』 18, 1980, 1쪽.
94) 『高麗史』 卷2, 世家, 太祖 17年 7月. "渤海國世子 大光顯 率衆數萬來投 賜姓名王繼 附之 宗籍 特授元甫 守白州 以奉其祀 賜僚佐爵 軍士田宅有差".

祿邑과 祿俸 가운데의 하나가 구분 지급되었다고 추정된다. 그리고 기준
이 되는 官階는 아마도 元尹이 아닐까 싶다.[95]

다른 한편으로, 太祖때에 지급된 토지로서 食邑이 있으나, 이 食邑이
수혜대상은 官僚가 아니라, 宗室을 포함하여 封爵된 사람에게 한정되었다
고 보인다.[96] 祿邑과 食邑이 어떻게 구분될 수 있는 것인지는 아직 不明한
상태라 해야 하겠다. 여기에는 아마도 '명목상의 구별'로서 "경제적 지배
내용에는 별 차이가 없었을 것"이란 견해[97]가 타당시된다. 국초의 中央官
僚가운데서 食邑을 받은 사람은 찾아지지 않는다. 이는 官僚로서 封爵된
사람이 없었기 때문일 것이다.[98]

이상 살핀 바와 같이 통일이전까지는 하급관료에 있어서 그들의 유일한
생계수단이 現物 祿俸이었다고 하겠고, 또 고급관료는 祿邑이 그들의 경
제적 기반이었다고 볼 수 있을 것이다. 이러한 급여체계가 크게 변혁된
것은 役分田의 제정과 더불어이다.

주지하는 바와 같이 고려의 토지제도사적 관점에서 볼 때, 太祖가 마련
한 役分田은 田柴科체제의 성립과정으로서 의의가 적지 않을 것이다. 그
럼에도 불구하고 이것을 단순히 논공행상적으로만[99] 파악하여서는 올바
른 이해라 할 수 없을 것이다. 이 점 다시 검토되어야 마땅하리라 생각한다.
『高麗史』卷78, 食貨1, 田制, 田柴科에 의하면,

95) 元尹이 高麗初期의 官階에 있어, 분수령의 기능을 하였음은 武田幸男의 논문에서 충분히
   논급되고 있다(「高麗初期の官階」, 『朝鮮學報』41, 1966).
96) 『高麗史』卷77, 百官2.
97) 姜晉哲, 「建國직후의 상태와 役分田의 設置」, 『高麗土地制度史研究』, 고려대출판부, 1981,
   22쪽.
98) 國初에 있었던 것으로 확인되는 食邑은 東宮의 食邑(『高麗史』卷1, 世家, 太祖 元年)과
   新羅 敬順王 金傅에 지급한 食邑(『高麗史』卷2, 世家, 太祖 18年 12月) 및 後百濟의 甄萱에
   게 지급한 食邑(同上, 太祖 18年 6月) 등이나, 이들은 모두 앞에서 정의한 바의 관료에
   포함시킬 수 없을 것이다.
99) 末松保和, 「高麗初期の兩班について」, 『東洋學報』36-2, 3쪽.

버) 太祖 23年 처음으로 役分田을 정하고 삼국 통합 때 朝臣軍士들에게
그 官階의 높고 낮음을 논하지 않고, 그 사람의 인품과 性行의 善惡, 그리고
功勞가 크고 작음에 따라 차등있게 지급하였다.

라 하여 役分田의 지급을 극히 단편적으로 전해주고 있다. 또 이와 관련된
사실로서 朴守卿의 경우에는,

서) 太祖를 쫓아 神劍을 토벌하였다. 후에 役分田을 정함에 … 특별히
守卿에게 田 200結을 하사하였다.(『高麗史』卷92, 列傳, 朴守卿)

이라 하여 朴守卿이 200결의 役分田을 지급받았음을 적고 있다. 이러한
기록을 통하여 볼 때, 이미 관측된 바와 같이 논공행상적 성격을 가졌다는
점은 부인할 수 없을 것이다. 그러나 보다 중요시되어야 할 것은 役分田
지급의 원칙이 관료에 대한 토지급여라는 보편성에 있다는 점을 간과하여
서는 안될 것이다. 따라서 이 役分田의 지급범위는 朝臣과 軍士, 즉 중앙의
文武官僚에 한정된 것으로 믿는다. 다시 말해 각 지역에 산재한 지방의
호족에게는 給田되지 않았다고 생각된다는 것이다. 이 같은 조치는 아직
지방의 호족이 일정지역의 토지지배권을 보유하고 있음을 전제로 한 것이
라 하겠다.

太祖는 통일기까지, 중앙의 官僚보다는 귀부해 오는 호족을 더 우대해
왔다. 그러나 통일후에는 거꾸로 官僚를 더 우대하기 시작했다.[100] 役分田
의 지급은 이러한 太祖의 정책에서 빚어진 것이라 하겠다. 이로써 종래
無田無土의 士類가 이제 토지를 갖게 된 반면, 지방 호족은 점차 지배지역
의 축소의 강요받게 되고, 마침내는 田柴科의 변천과 더불어 한정된 수조
권만 갖게 되는 위치로까지 전락되어 갔다고 하겠다.[101]

---

100) 黃雲龍,「高麗王朝의 成立과 閥族」,『高麗閥族에 關한 硏究』, 동아대출판부, 1978, 44쪽.
101) 『高麗史』卷78, 食貨2, 文宗田柴科에서 볼 때 국초의 호족은 鄕職者로 격하되어 大相이

한편 役分田의 제정과 더불어 종래 고급관료에 지급되었던 祿邑도 폐지된 것으로 보인다. 그 이유로서 役分田 제정이후에는 다시 더 이상의 祿邑 급여 사실이 찾아지지 않기 때문이다.[102] 생각컨대 호족은 물론이려니와 官僚라 할지라도 祿邑을 통한 지역의 지배를 줄여나가겠다는 太祖의 정책의 일환이었다고 여겨진다. 役分田의 지급으로서 이제 관료층으로부터 지역의 지배는 종언을 보게 되었고, 다시 나중에는 호족이 같은 길을 걷게 되었다고 하겠다.

또 하나, 役分田이 단순히 논공행상에만 그친 것은 결코 아닐 것이다. 役分田은 일회용으로 끝나는 논공행상이 아니라 원칙적인 官僚의 급여체계로서, 景宗 때의 始定田柴科가 마련될 때까지 그 역할을 다했다고 보아야 할 것이다. 물론 논공행상적 요소는 배제할 수 없겠으나, 그것은 朴守卿의 예에서 본 바와 같이 '特賜'라는 예외적 조치를 통하여서이다. 사실 朝臣과 軍士 개개인의 공로를 따진다는 것부터가 불가능한 일일 것이다. 그러므로 사람이 아니라 官階나 官職을 기준으로 책정될 수밖에 없었다고 보아진다. '役分'이란 명칭부터가 그러한 시사를 주고 있다. 다만 두드러진 戰功者에게는 特賜의 명목으로 더 얹어 주었을 것임은 물론일 것이다. 이렇게 볼 때 役分田 제정의 의의는 고려 최초의 官僚를 대상으로 한 급여체계 확립이란 데서 찾아져야 될 줄 믿는다.

VI. 맺음말

고려초기의 정치구조는 대체로 호족연합적 성격으로 이해되어 왔다. 이러한 통설에 반론이 제기된 것은 최근의 일이다. 초기 고려사회의 성격을

12科, … 元尹이 14科에 해당되는 토지를 받을 뿐이다.
102) 崔貞煥, 앞의 논문, 1978, 9쪽.

도외시한 채 고려시대를 논급할 수는 없을 것인 만큼, 새삼 고려초기의 재조명은 절실한 과제로 부상되었다 해도 좋을 것이다.

필자는 이러한 관점에서 고려 건국기의 중앙관료로서, 太祖의 측근에서 활동했던 인적 측면을 검토하여, 고려초기의 정치적 성격을 파악해 보고자 시도하였다. 결론삼아 앞에서 살핀 바를 요약하면 다음과 같다.

먼저 건국기부터 고려의 官制에는 文武가 구분되어 있었다. 太祖는 賢能 위주의 文臣官僚로 구성된 관료체제와 친위적 개국공신 세력을 주력으로 하는 중앙의 상비군을 양대 기반으로 한 위에서 전제적 왕권을 행사하였다. 반면에 太祖의 文武官僚들이 호족세력 자체이거나, 또는 지방의 호족과 관련되어 있는 흔적은 찾아 볼 수 없었다. 또 그러한 관료제와 상비군의 체제 안에서 어떠한 호족세력도 개입될 수 없었다. 따라서 종래의 호족연합정권설은 이러한 점에서도 재고되어야할 것이다.

다음으로 고려초기부터 전문관료의 양성기구가 설치되어 있었던 것으로 판단되었으며, 또 소정의 고과절차를 거쳐 임용됨이 일반적이었다고 추정되었다. 그것은 신라 이래의 國學과 讀書三品科의 계승을 뜻하는 것으로 보였다. 그런데 讀書三品科는 성격상 明經 중심, 즉 經學 위주로 官吏를 임용하는 방식임에 비하여 光宗代의 科擧制에서는 製述 중심, 즉 詞章 위주로 官吏를 등용하는 것이었다. 따라서 光宗 때의 科擧制 실시의 의의는 여기에 있다고 하겠다.

끝으로 官僚에 대한 祿俸과 土地의 급여를 살펴보았다. 통일기에 이를 때까지 하급관료는 現物 祿俸을, 또 고급관료는 祿邑을 지급받았다. 그후 役分田의 제정과 더불어 급여체계가 개편되었으니, 이제 軍士와 더불어 하급관료도 토지를 지급받게 된 반면 고급관료는 役分田을 받는 대신 종전의 祿邑을 잃게 되었다. 특히 지방의 호족에게는 役分田이 지급되지 않은 것으로 보아졌다.

이상이 본고에서 검토한 바의 대강이다. 필자로서는 시종 실증적 고찰이란 점에 유의하였음에도 불구하고, 마치 나무에 집착한 나머지 숲을 못 본 것과 같은 어리석음을 범한 것이 아닐지 두려운 바이다.

고려초기 公服制의 성립

Ⅰ. 머리말

고려초기의 公服制度는 고려 관계의 표상으로서 정치사적으로 큰 비중을 지닐 뿐 만 아니라, 경제사적으로도 田柴科체제의 해명에 있어 원초적 관건이 될 것이다. 따라서 公服制는 그동안 많은 관심을 받아 왔고, 연구성과 또한 적잖게 거두었다고 하겠다.[1]

그럼에도 불구하고 아직까지 고려 公服制의 성격이 규명되었다고 하기에는 미흡한 실정에 머무르고 있다하여도 지나치지 않으리라 생각한다. 대체로 그 동안의 연구방법은 문헌사료 중심으로서 자의 해석에 치우친 감이 없지 않으며, 또 公服制 성립과정으로서의 역사성을 소외시킨 가운

---

[1] 고려의 公服制를 다루고 있는 주요 논문으로서 다음과 같은 것들이 있다.
　末松保和, 「高麗初期の兩班について」, 『東洋學報』 36-2, 1953.
　武田幸男, 「高麗初期の官階」, 『朝鮮學報』 41, 1966.
　姜晉哲, 「高麗 田柴科 制度下의 土地制度」, 『한국사』 5, 국사편찬위원회, 1975.
　申虎澈, 「高麗 光宗代의 公服制定」, 『高麗光宗研究』, 일조각, 1981.
　黃善榮, 「高麗 始定田柴科의 再檢討」, 『釜山史學』 10, 1986.

데, 오직 光宗에 의한 제도의 도입과 정착이라는 쪽으로 시각을 모으고 있는 것 같다. 따라서 구조적으로도 公服의 각 服色帶가 官階에 대응하여 계층적으로 구성된 것이라 간주되어 왔다.

이에 대하여 필자는 景宗代의 田柴科를 재검토하는 과정에서 부분적이나마 고려의 公服制가 골품제적 신분제를 기반으로 하여 형성된 것이라 보았고, 그러한 만큼 服色帶의 구조는 신분제와 대응한 병렬적 형태라 주장한 바 있다.[2] 그러나 당시에 충분한 논거가 제시되었다고는 생각되지 않는다. 본고는 이러한 필자의 견해를 보완하는 의도를 겸하면서 公服制라는 창구를 통하여 이른바 나말려초에 걸친 격동의 한 시대를 조망함을 목적으로 시도된 것이다.

그런데 사실 公服制 속에는 때와 장소 및 지위에 따른 각양의 형식과 服色·冠帶·佩物 등등에 걸쳐 까다로운 服飾이 포함된다. 따라서 가능한 한 服飾史的 측면에서도 조명되어야 마땅할 것이나, 이 분야에 별로 見識이 없는 필자로서, 이 일은 능력 밖의 것이라 고백하지 않을 수 없다.[3] 그러므로 본고에서 다루고자 하는 부분은 부득이 服色과 魚袋에 국한될 것이다. 그나마 워낙 零星한 사료를 동원할 수밖에 없는 제약은 차치하고라도, 서투른 논리로서 오히려 혼란이나 더하지 않을까 걱정된다.

Ⅱ. 신라의 公服制

고려초기의 公服制를 살피고자 함에 있어, 먼저 이전의 泰封이나 新羅의 公服制를 살펴봄이 순서일 것이다. 그러나 泰封 제도는 현존하는 사료

---

2) 黃善榮, 앞의 논문.
3) 服飾史的 측면에서 고려 公服制를 상론한 논문은 다음과 같다.
　權兌遠, 「高麗史 輿服志考」, 『高麗史의 諸問題』, 삼영사, 1986.
　金東旭, 「興德王 服飾 禁制의 硏究」, 『東洋學』 1, 1971.

로써 詳考할 길이 없다. 다행히 新羅制는 단편적이나마 『三國史記』를 통하여 살필 수 있으니, 이를 정리해 보면 다음과 같다.

가- ①) 新羅初의 衣服 제도에서 그 색채를 상고할 수 없다. 法興王 때에 비로소 6部 사람 服色의 尊卑 제도를 정하였다.

②) 眞德王 在位 2年에 이르러 金春秋가 당나라에 들어가 당나라의 의례에 따를 것을 청하니, 唐 太宗황제가 조서로써 이를 허가하고, 아울러 衣帶를 주었다. 이에 돌아와 시행하니 衣冠이 중국 것과 동일하게 되었다.

③) 우리 太祖가 천명을 받고 난 뒤 대개 국가 법도는 신라의 옛 것을 많이 따랐으니, 지금(고려) 조정 士女의 의상도 역시 춘추가 청하여 가지고 온 것의 遺制가 아닌가 한다.

위의 기록은 『三國史記』 卷33, 色服의 序文을 정리한 것인데, 이에 의하면 法興王 때에 6部의 사람에 대하여 服色으로서 존비를 구분하는 제도가 마련되었고, 그후 金春秋가 唐制를 도입한 이래 신라의 公服이 중국화되어 고려초까지 계승되었다는 것이다. 다시 眞德王 3년에,

나) 봄 正月 비로소 중국의 衣冠을 착용하였다.(『三國史記』 卷5, 新羅本紀. 眞德王 3年)

이라 하여 唐의 公服制가 채택된 사실을 적고 있는데, 그렇다고 해서 服色까지 그대로 唐의 것을 채택하였을까 하는데는 의문이 있다. 당시의 唐制는,

다) 貞觀 4年에 또 제정하기를 3品이상은 紫, 5品이상은 緋, 6品·7品은 綠, 8品·9品은 靑色으로 하였다.(『舊唐書』 卷45, 興服志)

로서 다음에 말할 신라의 것과 크게 다르다. 생각컨데 무엇보다도 官僚制가 확립된 唐나라와 骨品制를 기반으로 하는 신라사회의 성격이 본질적으로 다른 만큼, 唐制의 채택이란 양식적인 服飾에 불과한 것일 것이고, 服色이나 그 적용범위는 法興王 이래의 것이 그대로 계승된 것이라 보인다. 그러므로,

> 라) 法興王때의 제도에서 太大角干부터 大阿湌까지는 紫衣이고 阿湌에
> 서 級湌까지는 緋衣인데 모두 牙笏를 가졌다. 大奈麻·奈麻는 靑衣, 大舍
> 부터 先沮知까지는 黃衣였다.(『三國史記』 卷33, 雜志2, 色服)

라는 기록은 法興王이래 신라말까지의 전시대에 걸친 公服色을 일컫는 것이라 보아야 할 것이다.[4] 그런데 위의 기록만으로 본다면, 신라의 服色인 紫·緋·靑·黃도 唐의 경우와 마찬가지로 官等과 직결된 것이라 생각될 수 있을 것이다. 이는 언뜻 신분을 전제로 6部 사람들의 服色을 정한 취지와 서로 어긋나는 것 같다. 한편 成宗 당시의 崔承老는 그의 「時務28條」 가운데서,

> 마) 新羅 때에는 公卿·百僚·庶人의 의복·신발·버선에 각각 品色이
> 있었습니다.(『高麗史』 卷93, 列傳, 崔承老)

이라 하여 服色을 거론하고 있는데, 여기에서 말하는 '各有品色'이란 곧 신분에 의한 服色 구분임을 가리키는 것이라 해석해야 되지 않을까 한다. 말하자면 眞骨은 비록 初仕職이 下位官等이라 하더라도 紫色의 公服을, 또 6頭品은 緋色을, 그리고 그 이하의 골품도 각각 해당 복색을 입는 등 그들의 品色에 따라 착용하지 않았나 하는 것이다. 사실 이렇게 보더라도

---

4) 金東旭은 신라의 服色이 말기에 가서 紫·緋·綠·靑으로 바뀌었을 것이라 추정했다(앞의
   논문, 19쪽).

위의 法興王 定制 服色과 서로 모순되지는 않을 것으로 여겨진다. 즉, 大阿湌 이상은 眞骨만이 할 수 있는 官等이고, 이하 동일한 개념으로서 6·5·4頭品의 官等 한계를 나타내고 있는 만큼, 紫衣는 眞骨의 표시로, 또 緋·靑·黃은 각각 6·5·4頭品의 品色 표시로 보는 것이 타당할 것이라 생각된다. 이와 관련하여 金哲埈은 "公服 구분은 곧 骨品 구분의 반영으로서 나타나는 것"[5]으로 해석하였는데, 여기에 대하여 반론이 없는 바는 아니지만[6] 필자로서는 氏의 견해에 전적으로 동의하고자 한다.

이와 같이 신라의 服色을 신분과 결부된 것으로 본다면, 그 구조 또한 官等에 의한 계층적인 것이 아니라 병렬적인 형태가 될 것이다. 아래의 표는 이러한 두 가지의 경우를 각각 나타내고 있다.

<표-1> 並列 構造로 본 服色

官等＼骨品	眞骨	六	五	四
伊伐湌	紫			
伊湌	紫			
迊湌	紫			
波珍湌	紫			
大阿湌	紫			
阿湌	紫	緋		
一吉湌	紫	緋		
沙湌	紫	緋		
級湌	紫	緋		
大奈麻		緋	靑	
奈麻		緋	靑	
大舍			靑	黃
舍知			靑	黃
吉士				黃
大烏				黃
小烏				黃
造位				黃

<표-2> 階層 構造로 본 服色

官等＼骨品	眞骨	六	五	四
伊伐湌	紫			
伊湌	紫			
迊湌	紫			
波珍湌	紫			
大阿湌	紫			
阿湌	緋	緋		
一吉湌	緋	緋		
沙湌	緋	緋		
級湌	緋	緋		
大奈麻	靑	靑	靑	
奈麻	靑	靑	靑	
大舍	黃	黃	黃	黃
舍知	黃	黃	黃	黃
吉士	黃	黃	黃	黃
大烏	黃	黃	黃	黃
小烏	黃	黃	黃	黃
造位	黃	黃	黃	黃

---

5) 金哲埈, 「高句麗·新羅의 官階組織의 成立」, 『韓國古代社會硏究』, 지식산업사, 1982, 148쪽.
6) 申虎澈, 앞의 논문.

실로 고려초기 公服制는 신라제를 기본으로 하고 있는 만큼[사료 가
- ③) 참조] 신라의 服色 구조파악이 곧 고려 公服制의 구조해명에 있어
관건이 될 것이다. 그러므로 거듭 심고가 요청되는 바이나, 제시된 몇 가지
단편적 사료만으로 단정짓기에는 다소 불안한 감도 없지 않다.

그렇다고 달리 어떤 결정적 단서가 될만한 자료는 아직 나타나지 않는
것 같다. 다만 다음의 사료는 간접적이긴 하지만 혹, 服色과 어떤 관계를
갖고 있는 것이 아닌가 여겨지므로 나름대로 해석을 가해 보고자 한다.
다름아닌「皇龍寺 九層木塔刹柱本記」중 第3板外面의 기록으로서,

바) 成典
　　監脩成塔事守兵部令平章事伊干臣金魏弘
　　上堂前兵部大監阿干臣金李臣
　　倉府卿一吉干臣金丹書
　　赤位大奈麻臣新金賢雄
　　靑位奈麻臣新金平矜　　　奈麻臣金宗猷
　　奈麻臣金歆善　　　　　　大舍臣金愼行
　　黃位大舍臣金兢會　　　　大舍臣金勛幸
　　大舍臣金審卷　　　大舍臣金公立(黃壽永,『韓國金石遺文』, 162쪽)

이 그것이다. 위의 사료에서 문제시될 만한 것이 바로 '赤位'·'靑位'·'黃
位'라는 色彩의 의미일 것이다.『三國史記』卷38, 職官上에 의하면 '上
堂'·'赤位'·'靑位'는 官職으로서 각각 卿·監·主簿[7]에 해당되거나, 또
는 副使·判官·錄事[8]의 이칭이라 하겠는데, 感恩寺 成典을 비롯한 각
"成典"에 주로 배속되고 있음이 특색이라 하겠다.[9] 또『三國史記』에는

---

7)『三國史記』卷38, 職官上, 四天王寺成典.
8)『三國史記』卷38, 職官上, 感恩寺成典.
9)『三國史記』卷40, 武官, 將軍條에 그 자격으로서 "位自眞骨上堂至上臣爲之"라 규정한데서
　또 하나 上堂의 용례를 볼 수 있다. 그러나 이 경우 관직인지 신분인지 확실치 않다.

위의 皇龍寺 木塔成典에 대한 기록은 없으나, 刹柱本記로 보아 景文王 12년경에 成典이 설치되었음을 알겠고, 동시에 배속관원으로 미루어 皇龍 寺 木塔의 복구를 위한 成典의 규모를 짐작할 수 있을 것이다.[10] 더욱 여기에는 기록상 다른 成典에서 볼 수 없었던 '黃位'까지도 배속되어 있었 음을 알 수가 있다.

그런데 정작 주의해야 할 것은 色彩 개념으로서, 하필이면 왜 赤·靑· 黃을 成典의 관직명으로 채택하였을까 하는 점이다. 위의 사료중 '上堂'은 달리 해석되어야 하겠지만 赤位의 '赤'은 곧 '緋'色과 바로 통하는 용어라 생각된다. 즉 '붉은색' 또는 '붉게 물들인 비단'이 바로 '緋'인 것이다.[11] 그러므로 成典의 赤·靑·黃은 신라의 公服色에서 紫色을 제외한 緋· 靑·黃色 그대로의 구성이라 하겠다. 뿐만 아니라 사료-사)에서 보듯이 官等의 상하에 대응하여 色相의 서열이 赤·靑·黃으로 정해져 있는 점도 公服의 구성과 일치한다고 보겠다. 이는 결코 우연한 일로 보기 어려울 것 같다. 설령 '赤位'·'靑位'가 각각 判官·錄事에 해당하는 관직이라 하더라도 그들의 頭品과 어떤 관계가 있지 않을까 생각된다. 더욱『三國史 記』卷33, 色服에는 전술한 '法興王制云云'에 이어,

　　사) 伊湌·匝湌은 錦冠이고, 波珍湌·大阿湌·衿何는 緋冠이며, 上堂
　　大奈麻·赤位大舍는 組纓을 매었다.

이라 하여 冠에 대한 규정을 들고 있는 바, 여기에서 다시 '上堂大奈麻'와 '赤位大舍'를 만나게 된다. 이 기록으로 볼 때, 이들은 단순히 관직자라기 보다는 소위 冠族의 일부를 구성하는 신분층이라 봄이 어떨까 한다. 만약 '上堂'이라던가 '赤位'라는 관형어가 없다면 大奈麻는 5頭品, 大舍는 4頭

---

10) 黃壽永,「新羅 皇龍寺 九層木塔 刹柱本記와 그 舍利具」,『東洋學』3, 1973.
11) 張三植,『大漢韓辭典』(新訂版), 1985, 1367쪽.

品의 下位官等으로 밖에 될 수 없을 것이다. 그러므로 추리하건대 '赤位'는 6頭品, '青位'는 5頭品으로서 아직 下位官等에 머무르고 있는 사람이거나 아니면 최소한 다음 단계로 진급될 수 있는 예정자가 아닐까 여겨진다. 즉 赤位·青位·黃位는 각각 6·5·4頭品의 品色에서 연유된 별칭이라 하겠다.[12] 위의 사료 바)에서 볼 때 아마도 赤位에 있는 大奈麻 金賢雄과 青位에 있는 大舍 金愼行이 그러한 대상자가 아닐까 싶다.

이러한 추리가 용납될 수 있다면, 그들은 赤位·青位 등의 관형어를 앞세워 下位官等에 머물러 있었음에도 불구하고 자신의 品色에 맞추어 公服을 입었다고 볼 수 있을 것이다. 따라서 신라의 公服色은 官等보다 신분과 더 깊은 관련을 가졌다고 하겠고, 또 같은 신분일 경우 같은 服色을 입었다 하더라도 冠制에서 보는 바와 같이 서로 치장을 달리하여 지위의 상하를 구분하였다고 보겠다. 요컨대 위의 사료를 통하여 적어도 紫·緋·青·黃이 신라말기까지 존속된 색채상의 서열로서, 신분제와 무관하지 않을 것이라는 점을 알 수 있을 것이다.

다른 한편으로 이번에는 시각을 달리하여 신라 公服制의 특별한 사례를 살펴보기로 하겠다. 신라의 公服色이 반드시 신분에 대응되는 것만은 아닌 것 같다. 그렇다고 해서 자기신분보다 服色을 낮추어 입었다는 말이 아니라 오히려 6頭品에 속한 사람이 眞骨의 독점물인 紫色公服을 입을

---

12) 사료-사)의 冠制는 그 자체 불완전한 대로 6頭品 이상의 경우만 나타낸 것으로 보인다. 『三國史記』色服志에 기재된 興德王의 禁制에서 볼 때 婦人服의 경우에 있어서도 6頭品 이하는 冠이 없다. 이와 같은 사실은 赤位가 6頭品과 일치함을 방증한다고 하겠다.
한편 사료-사)는 근간에 骨品制의 기원과 관련하여 새롭게 주목되기 시작했다. 특히 武田幸男과 木村誠 등 日人學者들은 이 사료로써 신라의 骨品制가 6세기 이전에 성립된 증거로 삼고 있다. 그러나 이들의 骨品制 성립에 대한 논지는 「上堂大奈麻赤位大舍組罌」의 기록에 대하여, 해당 官位를 '上堂'·'大奈麻'·'赤位大舍'로 구분 해석하고 있는데서 벌써 차질이 드러난다. 위의 「皇龍寺 木塔刹柱本記」에 비추어 '上堂大奈麻'와 '赤位大舍'의 2階로 구분함이 옳을 것이다. 또 이들은 6세기 당시 官等의 최하위로서 '赤位大舍'를 지목하였으나 大舍에는 赤位만이 아니라 青位·黃位도 있었다는 점을 고려치 않고 있는 것 같다(武田幸男, 「新羅骨品制の再檢討」 및 木村誠, 「6世紀 新羅における骨品制の成立」).

수 있었던 몇 가지 특별한 사례가 잡힌다는 것이다. 후술하겠지만, 고려시대의 것은 말할 것도 없거니와 신라말기경의 碑文 가운데서 간간이 '賜紫魚袋' 또는 '賜緋魚袋' 등의 용어가 씌어진 예를 찾을 수 있다. 바로 이 魚袋가 중국의 唐・宋에서나 高麗에서 公服制의 중요한 일부였으며, 특히 服色과는 밀접한 관계를 가졌다는 사실을 이미 필자가 밝힌 바 있다.[13] 그런데 신라 또한 魚袋를 公服의 일부로서 채택했던 것으로 믿어진다. 중복되는 감이 없지 않지만 魚袋와 公服의 관계를 잠시 정리해 두고 넘어가기로 하겠다.

魚袋는 唐에서 비롯된 服飾으로, 宋代를 거쳐 明代에 들어와 소멸되기까지 중국의 경우 公服에 있어 없어서는 안될 잉어모양의 服飾이었다.[14] 특히 『舊唐書』 卷45, 輿服志에는,

> 아) 恩典으로 緋紫의 公服을 賞줄때는 魚袋를 例兼하였으니 이를 일러 章服이라 하였다.

이라 하여 公服과 魚袋를 합쳐 '章服'으로 부른다는 점을 명시하고 있다. 그런데 이 章服은 하위의 官員에 특별히 내려진 예도 적지 않으나, 대체로 當者의 職級에 맞추어 賜與 되는 것이 일반적이었다.[15] 한편 章服을 하사한다는 것은 그것을 받는 사람이 착용할 수 있다는 것을 공인하는 것이라 보아야 할 것이므로, 설사 특별한 사례로서 緋色의 지위에 있는 사람이라 할지라도 紫色 신분의 것을 받았다면 그의 公服은 곧 紫色이 될 것이다. 이러한 사실에 대하여 『高麗史』 卷72, 輿服, 公服條에는,

---

13) 黃善榮, 앞의 논문.
14) 『宋史』 卷150, 志103, 輿服. "魚袋之制 始於唐 蓋以爲符契也 其始曰 左一右一 左者進內 右者隨身 刻官銜姓名 出入合之 因盛以袋 故曰魚袋 宋因其制 以金銀飾爲魚形 公服則繫 於帶而垂於後 以明貴賤".
15) 다음의 기록이 하나의 예증이 될 것이다. "宋初 因五代舊制 每歲諸臣皆賜時服 … 歲過端 午 十月一日 文武群臣將交皆給焉"(『大學寅義補』 卷98, 備規制, 章服之辨).

자) 毅宗때 詳定하니, 文官 4품 이상은 紫色 옷에 붉은 띠를 띠고 金魚를 차며 常參官 6품 이상은 緋色 옷에 붉은 띠를 띠고 銀魚를 차는데 관직이 아직 6품 이상 되지 못했더라도 왕명으로 특별히 허가받은 자는 이에 구애 되지 않는다. 9품 이상은 綠色 옷을 입고….

라 하여 그러함을 나타내고 있다. 그러므로 금석문에서 볼 수 있는 魚袋는 곧 그 임자의 服色과 같다고 보아 틀림없을 것이다.

사료를 통하여 볼 때, 바로 이 章服制가 신라에서도 채택되었음이 확인 된다. 즉 眞德王 2년에 金春秋가 入唐하였을 때,

차) 춘추는 또 章服을 고쳐 중국의 제도에 따를 것을 청하니, 이에 내전에 서 진귀한 옷을 꺼내 춘추와 그를 따라 온 사람에게 주었다.(『三國史記』 卷5, 新羅本紀, 眞德王 2年)

의 기록에서 보는 바와 같이 중국 章服의 견본을 받아 왔던 것이다. 따라서 앞서 본 眞德王 3년의 '始服中朝衣冠'은 바로 이에 의거한 것이라 하겠다. 그런데 신라하대에 이르러도 계속 이 章服制가 시행되었음을 입증하는 사료가 있다. 제시하건대,

카) 教하기를 "淸海鎭 大使 弓福은 일찍이 군사로서 돌아가신 나의 아버 지를 도와 조정의 큰 賊을 없앴으니 그 공적을 잊을 수 있겠는가" 그리고는 鎭海將軍으로 삼고, 아울러 章服을 내려 주었다.(『三國史記』 卷11, 新羅 本紀, 文聖王 元年 八月)

이라는 기록이 그것의 한 증거가 될 것이고 또,

타) (景明王 8年) 旦越 成碣西□大將軍 着紫金魚袋 蘇判 阿叱彌.(「鳳 巖寺 智證大師寂照塔碑」, 『朝鮮金石總覽』上, 96쪽)

의 기록으로서 다시 확인된다. 그러므로 신라말기에까지 章服制가 채택되었다고 믿어도 좋을 것이다. 특히 弓福의 경우 진골만이 할 수 있는 將軍[16]으로 임명된 사실로 보아 신분자체가 진골로 상승된 것으로 믿어진다. 따라서 그에게 하사된 章服은 紫金魚袋이었을 것이다. 이와 같이 弓福은 그의 군사력을 배경으로, 出自 不明의 상태[17]로부터 일약 진골의 위치에까지 뛰어 오르게 된 것이다. 또 大將軍 阿叱彌라는 인물도 官等이 蘇判이었음을 보아 진골임은 틀림없겠으나 아직도 그의 성씨가 없는 것으로 미루어 出自가 매우 의심스럽다. 아마도 신라말의 한 호족으로서 스스로 大將軍이라 칭했던[18] 것이 결국 왕실로부터 묵인 내지 추인된 것이 아닌가 여겨진다.

하여간 이와 같이 진골이 紫公服을 입는다는 것은 지극히 당연한 일로서 하등 문제가 될 수 없다. 그런데 다음 몇 가지의 경우 신분은 당장 알 수 없으나 魚袋를 통하여 服色만은 알아 낼 수 있다.

파-①) 朝淸郞 守定邊府司馬 賜緋魚袋 臣金穎.(「寶林寺 普照禪師彰聖塔碑」,『朝鮮金石總覽』上, 60쪽)

②) 前兵部侍郞人朝使殿中大監 賜紫金魚袋 金彦卿.(「寶林寺 普照禪師彰聖塔碑」,『朝鮮金石總覽』上, 64쪽)

③) 前西國都統巡官 承務郞 侍御史內供奉 賜紫金魚袋 臣崔致遠.(「雙谿寺 眞鑒禪師大空塔碑」,『朝鮮金石總覽』上, 66쪽)

---

16) 『三國史記』卷40, 職官下, 武官條에 의하면 '侍衛府'를 제외한 '諸軍官'의 '將軍'은 진골만이 될 수 있었다.
17) 『三國史記』卷44, 列傳, 張保皐에 "張保皐・鄭年 皆新羅人 不知鄕邑父祖 皆善戰鬪"로만 되어 있어 그의 出自는 알 수 없다. 단, 李基白은 張保皐를 6頭品의 인물로 보고 있다(「新羅六頭品研究」,『新羅政治社會史研究』, 일조각, 1981, 50쪽).
18) 旗田巍,「高麗王朝 成立期의「府」와 豪族」,『法制史研究』10, 1960 ;『朝鮮中世社會史의 研究』, 法政大學出版社, 1972 재수록, 5쪽.

④) 儒林郞 守兵部郞中兼崇文舘直學士 賜緋魚袋 臣金薳.(「沙林寺弘覺禪師碑」,『韓國金石全文』古代編, 202쪽)

⑤) 朝淸大夫 守執事侍郞 賜紫金魚袋 臣崔彦撝.(「興寧寺 證曉大師 寶印塔碑」,『朝鮮金石總覽』上, 157쪽)

이상의 예는 신라말경에 건립된 碑文의 撰者 또는 書者 가운데서 뽑은 것인데, 여기에서 다시 紫魚袋와 함께 緋魚袋를 보게 된다. 위의 사람들은 유달리 官階를 中國式 文散階로만 표기하였을 뿐이기 때문에 新羅官等에 의한 品階는 알 수가 없다. 그러나 최치원이라던가 최언위 등이 6頭品[19] 이하에 속한 인물이란 것을 잘 알고 있다. 그럼에도 이들은 紫金魚袋의 소유자인 것이다. 이는 곧 진골만이 입을 수 있었던 紫色公服을 그들도 입었다는 사실을 나타내고 있는 것이다. 한편 緋色公服을 입었던 金穎이나 金薳 등도, 崔致遠이나 崔彦撝 등과 마찬가지로 일찍이 入唐하여 賓貢科에 급제한 인물이란 것도 이미 알려진 사실이다.[20] 그러므로 이러한 급제 사실 때문에 그들이 표방한 文散階가 중국에서 받은 것으로만 간주되기도 하였고,[21] 따라서 '수사적인 것'에 지나지 않는 것처럼 규정되기도 하였으나,[22] 이는 옳은 견해라 할 수 없을 것이다. 아무리 그들이 賓貢科에 급제했다 해서 碑文上의 官階조차 반드시 중국의 것이라 단정할 수는 없을 것이다. 다만 위에 든 인물 가운데서 金穎의 경우 '定邊府司馬'라는 官職은 중국의 것 그대로 일지 모른다.[23]

그러나 그의 官職은 이것으로 고착된 것이 아니라 轉遷되고 있으며,

---

19) 李基白, 앞의 논문.
20) 李基東,「新羅下代 賓貢及第者의 出現과 羅唐 文人의 交驩」,『新羅骨品制 社會와 花郞徒』, 일조각, 1984, 291쪽.
21) 武田幸男, 앞의 논문.
22) 末松保和, 앞의 논문.
23) 李基東, 앞의 논문.

崔致遠의 경우도 마찬가지이다.[24] 그런데도 그들은 여전히 文散階와 魚袋로서 자신을 나타내고 있을 뿐이다. 더구나 신라는 중대 이래 중국과의 빈번한 교섭에서 많은 사람이 唐으로부터 文散階를 받아왔다.[25] 그럼에도 불구하고 文散階의 사용이 확인되는 시기는 惠恭王代 이후부터이고,[26] 특히 광범위한 예를 볼 수 있는 시기는 말기 가까운 시대에 들어서이다. 百步를 양보하여 그들의 文散階나 魚袋를 唐에서 받은 것이라 치더라도 그것이 신라사회에서 공인되었거나, 채택되지 않았다면 결코 그와 같이 나타낼 수는 없었을 것이다. 신라하대, 특히 말기에 가까워지면서 中國式 文散階의 표출과 함께 6頭品에게 紫色公服을 賜與했다는 것은 아무래도 그때의 시대적 배경을 떠나서 생각할 수 없을 것이다.

다시 말해 이때에 와서 그들이 느닷없이 文散階를 쓰고 또 紫色公服을 입을 수 있었던 것은, 그것이 중국에서 취득한 것인 때문이 아니라 신라 내부의 사정에 기인하는 것일 것이다. 즉 후삼국의 성립에 즈음한 시대적 한계상황 때문에 신라인 스스로가 골품제의 질곡을 깨뜨리지 않을 수 없었던 고민의 결과라 보는 것이 더 합리적일 것이라 믿는다.

아마도 신라는 하대의 난세를 맞이하여 弓福과 같은 실력있는 武將에게는 진골의 지위도 서슴없이 주었고, 또 후삼국의 성립을 눈앞에 둔 定康王 무렵부터는 6頭品에게도 紫魚袋의 公服을 공인하였거나, 더욱 수여조차 하였을 것이다. 이러한 사실은 바로 신라 골품사회 내부에서도 신분을 초

---

24) 金穎은 眞聖王 4년에 '守錦城郡太守'로 되었다(「月光寺 圓朗禪師大寶禪光塔碑」, 『朝鮮金石總覽』上, 83쪽). 또 崔致遠은 景明王 8년에 '入朝賀正兼 廷奉皇花等使 朝請大夫 前守兵部侍郎充瑞書院學士'가 되었다. 특히 崔致遠은 그의 文散階가 朝青大夫로 뛰어 올랐다(「鳳巖寺 智證大師寂照塔碑」, 『朝鮮金石總覽』上, 88쪽).

25) 『三國史記』新羅本紀에 자주 散見되며, 특히 聖德王 이후 더욱 빈번하다. 예컨대 "(聖德王 13년) 遣級湌朴裕入唐賀正 唐賜朝散大夫員外奉御 還之"라는 기록이 그것이다.

26) 金石文上에 文散階를 나타낸 최초의 예가 「聖德王神鐘」銘文의 撰者인 것 같다. 즉 그는 "朝散大夫□太子□議郎 翰林郎 金□□"로 自身의 階司職을 나타내고 있다(『朝鮮金石總覽』上, 38쪽).

월하여 관료제를 지향하는 방향으로 수정되어 가고 있었음을 입증한다고 보겠다. 이와 관련하여 李基白은 "6頭品이 정치적 출세를 위하여 왕권과 결탁하였으며", "6頭品 귀족들이 국왕과 결합하여 골품제 자체를 타파하려 하였다"[27]라고 한 주장은 옳은 견해라 하겠는데, 생각같아서는 오히려 국왕편이 더 능동적으로 6頭品 이하에 대하여 그와 같은 禮遇를 베푼 것이 아닌가 여겨진다. 신라말기의 6頭品 동향에 대하여 대체로 반신라적인 것으로 이해해 왔다.

그러나 실력있는 武將은 말할 것도 없거니와 崔致遠·崔彦撝 등 학자관료에 대하여, 신라의 제도가 오히려 이들을 포용하기 위하여 수정되고 있음을 볼 수 있었다. 그러므로 결과적으로 볼 때 신라가 그들을 버린 것이 아니라 그들이 신라를 차버린 것이라 하겠다. 이상 장황하게 하대의 예를 들었지만, 요컨대 신라말기에 대두되는 중세지향적 성격을 公服制의 特例를 통하여 엿볼 수가 있었다.

Ⅲ. 고려초기의 公服制

고려초기의 公服制는 바로 신라제도가 밑바탕이 되었다. 『高麗史』卷 72, 輿服, 序文에 의하면,

> 하) 우리 나라는 三韓시대부터 儀章과 服飾제도에서 土風을 그대로 지켜왔다. 신라 태종 때에 이르러 唐나라의 제도를 도입하기로 한 뒤로부터 冠服제도가 점차 중국과 비슷하게 되었던 것이다. 고려 태조가 나라를 세울 때 모든 일에 새로 시작하는 것이 많아서 관복 제도도 우선 신라에서 물려받은 그대로 두었다. 광종 때에 와서 비로소 백관의 公服을 제정하였는바 이때부터 귀천과 상하의 차별이 명확해졌다. 그러다가 현종이 南行함에

---

27) 李基白, 앞의 논문, 62쪽.

미쳐서 文籍들이 분산, 유실되어 그 제도와 실시 정형을 자세히 알 길이
없게 되었다.

라 하여 개국초에는 신라제도를 쓰다가 光宗 때부터 고려 고유의 것을
쓰게 되었다고 한다. 한편 더 구체적으로,

> 거) 光宗 11년 3월에 백관의 공복을 규정하였는데, 元尹 이상은 紫衫,
> 中壇卿 이상은 丹衫, 都航卿 이상은 緋衫, 小主簿 이상은 綠衫을 착용하도
> 록 하였다.(『高麗史』卷72, 輿服, 冠服 公服)

라 하여 公服의 服色과 그 적용 범위를 들고 있다. 그러나 이 사료에 대하
여서는 그대로 믿기에 앞서 고증을 통한 비판이 가해져야 할 것이다. 그
이유로서 뒤에서 자세히 검토할 것이지만, 금석문상의 魚袋를 통하여 볼
때 고려 4色公服 가운데 紫·丹·緋衫의 존재가 太祖 때부터 확인되기
때문이다. 특히 丹衫은 고려 특유의 것인 만큼, '丹魚袋'의 출현이란 곧
고려 公服制 성립의 증거가 될 것이다. 한편 '中壇卿以上 丹衫'이라던가,
'都航卿以上 緋衫'의 기록도 그대로 믿기 어렵다 하겠으니, 무엇보다도
이들은 官階가 아니라 不明의 官職이기 때문이다.[28] 이와 같이 公服制의
성립 시기라던가 적용 범위에 혼란이 생기게 된 것과 관련하여 사료 파)의
'현종이 南行함에 미쳐서 文籍들이 분산, 유실되어 그 제도와 실시 정형을
자세히 알 길이 없었다'란 말을 상기해 볼 필요가 있을 것이다. 즉 顯宗
이전의 公服制度에 대하여는 『高麗史』撰者부터가 이미 자신을 잃고 있는
것이다.

　그러나 光宗때에 있었던 한가지 중요한 사실로서,

---

28) 黃善榮, 앞의 논문.

너) (光宗 7年) 周나라에서 將作監 薛文遇를 보내어 왕을 책봉하고 …
동시에 백관들의 복식을 중국 제도와 같이 하게 하였다.(『高麗史』 卷2.
世家)

라는 기록을 분석해 볼 필요가 있겠다. 이 기록을 근거로 光宗 11년의
公服 제정이 中華制에 따른 것이라 보는 견해도 있다.[29] 그러나 앞 節에서
金春秋이래 신라의 公服制가 외관상 중국의 그것과 같아졌다는 사실을
사료 가- ② · ③)을 통하여 이미 살펴 본 바 있다. 그렇다면 光宗代에 들어
오기까지 華制와 다른 점이 남아 있었다면 무엇이었겠는가를 찾아 볼 일이
다. 생각컨대 신라 제도와 비교하여 光宗代 이후의 고려 제도에 있어 가장
큰 차이점은 아마도 下位 官等의 服色인 靑色이나 黃色이 綠衫으로 대치
된 것이 아닌가 한다. 그 중에서도 특히 黃色이 公服制에서 제외된 것이
흥미롭다. 이와 같이 추정하는 근거로서, 약간 후대의 기록이지만 다음의
사료를 제시코자 한다. 文宗때 國王의 視朝服을 마련함에 관하여,

더) 건국 초기에 柘黃袍를 제정하여 사용하였는데 文宗 12년 4월 禮司에
서 아뢰기를 … 이제 살펴보건대 律曆志에는 黃色은 중앙을 상징하는 것으
로서 '임금의 옷 빛이다'라고 하였고 唐史에는 황제의 옷은 赤黃色을 사용
하기로 되어 있어 士庶들은 3黃色의 사용을 금지하였다 하였으며….(『高
麗史』 卷72. 興服. 冠服. 視朝之服)

이라고 한 기록이 보인다. 이에 의하면 黃色은 君主의 服色이므로 唐代부
터 士庶가 黃色 옷을 입지 못하도록 금지되었다는 것이다. 그럼에도 불구
하고 신라제도에 있어서는 관인신분 가운데 최말단에 속하는 4頭品의 品
色이 바로 黃色이었다. 아마도 여타의 服飾을 제외하고 볼 때, 光宗代에
들어서기까지 華制와 가장 큰 차이가 있었다면 바로 이것일 것이다. 비단

---

29) 申虎澈, 앞의 논문, 86쪽.

華制에 구애되지 않았더라도 왕권강화의 상징이라 할 수 있는 光宗에 있어서 黃色이 君王의 색임을 아는 이상 결코 그것을 하급 관리의 服色으로 쓰도록 놓아 둘 리 없었을 것이다. 이러한 추리가 용납될 수 있다면 光宗 때의 公服制定이란 것은 국초에 제정되었던 公服制의 실시를 재강화한 것이거나, 고래의 靑·黃을 綠衫으로 개편한 정도가 아닌가 한다.

그나마 고려의 公服制는 成宗代에 이르기까지도 제대로 시행된 것 같지 않다. 崔承老는 자신이 光宗 이래 成宗때까지의 시대를 직접 겪은 사람인데도 그의 「時務 28條」 가운데 9條에서,

> 러) 우리 太祖 이래로 貴賤은 논하지 않고 任意로 옷을 입어서 官이 비록 높더라도 집이 가난하면 능히 公襴을 갖추지 못하고, 비록 관직이 없어도 집이 부유하면 綾羅錦繡을 사용하였습니다 … 원하건대 백관으로 하여금 조회에는 한결같이 중국과 新羅의 제도에 의거하여…. (『高麗史』卷 93, 列傳, 崔承老)

라 하여 새삼스레 公服制의 시행을 촉구하고 있는 것이다. 다만 위의 사료에도 '公襴'이란 말이 있음을 통하여 국초부터 公服制가 있었다는 것만은 거듭 확인할 수 있겠는데, 다시 魚袋를 통하여 이 국초의 公服制를 살필 수가 있는 것이다.

우선, 太祖때의 금석문 가운데서 대표적인 服色을 魚袋로서 식별·나열하면 다음과 같다.

> 머-①) (太祖 22年) 正朝 上柱國 賜丹金魚袋 臣李桓樞. (「菩提寺 大鏡 大師玄機塔碑」, 『朝鮮金石總覽』上, 130쪽)
>
> ②) (太祖 23年) 太相 檢校尙書守執事侍郞左僕射兼御史大夫 上柱 國 知元鳳省事 賜紫金魚袋 臣崔彦撝. (「地藏禪院 朗圓大師悟眞塔 碑」, 『朝鮮金石總覽』上, 140쪽)

③）（太祖 26年）沙粲 前守興文監卿 賜緋銀魚袋 臣具足達.(「淨土
寺 法鏡大師慈登塔碑」,『朝鮮金石總覽』上, 150쪽)

이상의 예만 보더라도 고려의 4色公服과 일치하는 紫·丹·緋色을 찾
을 수 있다. 단 하위 관원의 服色으로서 靑·黃(또는 綠色)이 보이지 않는
것은 魚袋의 성격상 하위 관원들에게는 魚袋가 주어지지 않기 때문이다.
그런데 여기에서 또 하나 주의해야 할 것은 紫·丹·緋色이 고려의 건국
초부터 公服色에 포함되어 있었을까를 판단해 보는 일이라 하겠다. 지금
까지의 문헌사료를 본다면 고려 開國初의 公服色은 紫·緋·靑·黃의 신
라제도를 그대로 채택하였다는데[사료 하)] 금석문에서 찾아낸 紫·丹·
緋色은 신라의 그것과 부합되지가 않는다. 이제 이 점이 해명되어야 할
것이다.
금석문에서 볼 때 服色이 나타나는 가장 빠른 시기는 太祖 22년으로서
통일후 4년이나 경과한 다음이다. 그러므로 이 때를 建國初라고 보기에는
시대적으로 좀 떨어진 감이 있다. 그런데『高麗史』卷1, 太祖 원년 6월에,

버) 隱士 朴儒가 와서 왕을 뵈옵거늘 冠帶를 하사하였다.

라 하여 건국과 더불어 이미 公服制가 있었음을 나타내고 있다. 그렇다면
이 당시의 服色은 문헌사료에서와 같이, 아마도 신라제도 그대로가 아니었
을까 추측된다. 그러나 그와 같은 흔적은 찾을 길이 없고 다만 위에서
본대로 시대가 좀 떨어져, 금석문을 통하여 紫·丹·緋가 찾아질 뿐이다.
여기에서 하나 문제시되어야 할 것이 곧 公服制의 도입과정일 것이다.
이미 신라의 靑·黃色이 光宗代에 綠衫으로 바뀌게 된 경위를 추리하는
바 있다. 따라서 靑·黃色을 일단 검토에서 제외한다면, 나머지 중 신라제
도와 비교하여 가장 큰 변화가 있었던 부분이 바로 丹衫과 緋衫일 것이다.

다시 말해서 무슨 까닭으로 신라제도에 없던 丹杉이 고려에 들어와 緋杉 위에 설정되었겠는가를 살펴 볼 일이라 하겠다. 물론 이러한 관계를 나타 내 주는 자료는 있을리가 없다. 그러므로 부득이 추리해 보는 방법 밖에는 별도리가 없겠는데, 이를 위해 먼저 색채 개념으로서 丹과 緋를 비교해 보기로 한다.

앞에서 緋色을 赤色과 마찬가지로 본 바 있다.[30] 그렇다면 丹色과 赤色 은 또 어떻게 구분될 수 있겠는가? 이는 아무래도 '붉은색(赤)'이라는 동일 색채 개념으로 밖에 해석될 수 없지 않을까 생각한다. 물론 丹色과 緋色 사이에 짙고 연한 농도의 차이가 있었다고 상정해 볼 수 없는 것은 아니다. 중국의 경우를 예로 들자면,

> 서) 上元 元年 8月에 또 制하기를 … 文武 3品 이상은 紫色의 공복을 입으며 金玉帶를 두른다. 4品은 짙은 緋色을 입고 5品은 연한 緋色을 입으 며 모두 金帶를 두른다. 6品은 짙은 綠色을 입고 7品은 연한 綠色을 입으며 모두 銀帶를 두른다. 8品은 짙은 靑色을 입고 9品은 연한 靑色을 입으며 모두 鍮石帶를 두른다.(『舊唐書』卷45, 輿服)

라 하여 한때 唐에서 色의 深淺을 세분하여 각 品마다 적용시키려 한 적이 있었다. 그러나 이 경우에도 貞觀 이래의 紫·緋·綠·靑이라는 색상의 서열과 적용 범위의 원칙[사료 – 다]은 지켜진 것이었다. 그러므로 고려가 문득 紫·丹·緋·綠을 채택한 것과는 경우가 다르다고 하겠다. 그나마 唐制에 있어서 服色의 세분이 얼마나 준행되었는지 조차 극히 의심스러운 바이다. 당시의 염색 기술이라던가, 조광·세탁으로 인한 탈색이나 재염을 감안한다면 결국 구분 자체가 시각적으로 무의미해지고 말 것이다. 이와 관련하여 『高麗圖經』을 撰述한 徐兢은 고려의 胥吏 服色에 대해,

---

30) 주 12) 참조.

어) 吏職의 복색도 庶官들의 것과 다름이 없지만, 다만 綠色 옷이 때에 따라 짙거나 연하게 보이기도 하였다. … 언제나 세탁할 때는 다시 물을 들이는데 그 짙기가 마치 碧色 같았다.(『高麗圖經』卷21, 吏職)

이라 표현하였다. 이러한 일은 비단 綠色만이 아니라 丹·緋사이에서도 능히 발생할 수 있음은 말할 필요도 없을 것이다.

한편 중국의 公服制를 볼 때 隋代이래 紫色(보라) 바로 아래 階層의 色으로서 '빨강'이 채택되어 왔다. 흔히 이 둘을 합쳐 '朱紫'라 표기하여[31] 高官을 가리키는 경우가 많았고, 때로는 '紅紫'라 하기도 한 것 같은데, 宋代의 朱熹는 "紅紫間色不正"[32]이라 하여 '빨강'과 '보라'와의 구분조차 불분명하다고 하였다. 또, 같은 붉은 公服을 가리키면서도 唐에서는 '緋', 宋에서는 '朱', 明에서는 '赤'으로 달리 표기[33]하고 있는데 고려의 경우 같은 붉은색 계통으로서 丹·緋가 함께 채택된다는 것은 公服制의 의의와 서로 모순되는 것이라 하지 않을 수 없을 것이다. 公服에서 服色을 구분하는 것은 "別貴賤하고 辨尊卑."[34]하는데 그 목적이 있는 것인 만큼 이에 비추어 볼 때 고려의 公服色은 극히 비합리적이라 할 것으로, 결과적으로 丹色과 緋色의 구분은 상징적 의미뿐이라 하겠다.

다시 관점을 금석문쪽으로 돌려 고려초기에 실존했던 丹衫과 緋衫의 인물을 찾아 성격을 서로 비교해 보기로 하겠다. 成宗代의 文散階 채택 이후의 것은 舊官階를 알 수 없으므로, 文散階가 전면 실시되기 이전까지의 금석문 가운데 魚袋로 보아 丹衫과 緋衫에 해당한다고 여겨지는 인물을 골라 정리하면 <표-3>과 같다.

---

31) 『三國史記』 卷4, 新羅本紀, 法興王 7年. "始制百官公服 朱紫之秩".
32) 『大學演義補』 卷98, 備規制, 章服之辨.
33) 위와 같음.
34) 『高麗史』 卷93, 列傳, 崔承老.

丹衫(金魚袋)				緋衫(銀魚袋)			
官階	官職	勳	姓名	官階	官職	勳	姓名
正朝 正朝 正衛 正衛	□□兵部大監 □□評侍郎 翰林學士 翰林學士 前守兵部卿	上柱國 柱國	李桓樞35) 柳勳律36) 金廷彦37) 李夢遊38)	沙湌	檢校興文監卿 元鳳省待詔		仇足達39)

위의 표에서 보는 바와 같이 階·司·職名이 확인되는 예가 丹衫의 경
우 네가지 사례인데 비하여 緋衫의 경우 한가지 사례에 불과한 실정이다.
그러므로 이같이 빈약한 자료를 갖고 성격을 추출해 낸다는 것은 아예
무모한 일에 지나지 않을런지 모른다. 그럼에도 불구하고 가능한 범위 안
에서라도 양자를 비교해 보는 것도 전혀 무의미하지는 않을 것이다. <표-
3>을 통하여 대비한 결과를 요약하면 다음과 같다.

(1) 官階 : ① 丹衫이 泰封式 官階를 쓰고 있는데 비하여 緋衫은 新羅
式 官階를 쓰고 있다.

② 新羅官等과 泰封官階를 직접 대비할 자료는 없다. 따라
서 正朝, 正衛와 沙湌의 서열 관계는 알 수 없다.

(2) 官職 : ① 丹衫의 官職은 兵部卿·廣評侍郎·兵部大監·翰林學
士로서, 이 가운데 兵部卿·翰林學士가 文宗 이후의 高麗
官制上 正4品 官職으로 확인되나 나머지는 不明이다. 그런
데 이들을 오히려 新羅官制를 비추어 보면서 바로 奈麻에서
阿湌가지의 官等이 맡는 職級으로서,40) 일반적으로 6頭品

---

35) 「毗盧庵 眞空大師普法塔碑」 및 「菩提寺 大鏡大師玄機塔碑」, 『朝鮮金石總覽』上, 134쪽
및 130쪽.
36) 「無爲寺 先覺大師遍光塔碑」, 위의 책, 169쪽.
37) 「玉龍寺 洞眞大師寶雲塔碑」, 위의 책, 189쪽.
38) 「鳳巖寺 靜眞大師圓悟塔碑」, 위의 책, 196쪽.
39) 「地藏禪院 朗圓大師悟眞塔碑」, 위의 책, 140쪽 및 「淨土寺 法鏡大師慈燈塔碑」, 위의 책,
150쪽.

의 차지이다.

② 緋衫의 興文監은 新羅官府로 추측될 뿐,[41] 『三國史記』
에 나타나지 않으며, 元鳳省은 高麗 翰林院의 전신이지만
待詔의 官職은 알 수 없다. 다만 확실한 것은 沙湌이 新羅의
6頭品이고 卿의 職級 또한 6頭品의 자리란 점이다.

(3) 勳 : ① 丹衫 4사례 가운데 正朝의 2사례가 上柱國 및 柱國의
勳을 갖고 있다.

② 緋衫은 勳이 없다.

(4) 魚袋 : ① 丹衫은 金魚袋이다.[42]

② 緋衫은 銀魚袋이다.

이와 같이 비교할 때 官制上으로 보더라도 丹衫과 緋衫의 성격 차이는
극히 애매하다는 사실 밖에 알 수가 없다. 만약 위에 든 丹衫의 官職者를
신라 官制에 적용시켜 본다면 그들은 모두 6頭品에 해당되고 말 것이다.
이상과 같이 色彩로 보아서나, 官制로 보아서도 초기 고려의 丹衫과 신라
의 緋衫은 同級이란 점 말고는 구분이 불가능하다고 해야 될 것 같다.
굳이 가장 큰 차이를 지적하자면 丹衫이 正衛·正朝로서 泰封 官階를 가
졌음에 대하여 緋衫은 沙湌으로서 신라 官階를 가졌다는 점과, 勳이나
魚袋가 다르다는 정도일 뿐이다. 그럼에도 불구하고 고려 公服制에서 丹
衫과 緋衫을 서열로서 구분한 데는 달리 설명되어야 할 이유가 분명히
있을 것이다.

논리의 비약일지 모르겠지만 다시 추리하건대, 太祖가 公服制를 제정할
당시 신라제도를 바탕으로 하였으되[사료 하)] 신라의 緋色을 고려측에서
는 丹衫이라 호칭하지 않았나 한다.[43] 즉, 중국의 예에서 본 것처럼 緋는

---

40) 『三國史記』卷38, 職官上.

41) 李基東,「羅末麗初 近侍機構와 文翰機構의 擴張」, 앞의 책, 257쪽.

42) 丹衫이 銀魚袋를 가진 하나의 예외가 보인다. 즉「龍頭寺幢竿記」,『朝鮮金石總覽』上, 195
쪽에 "堂大等正朝賜丹銀魚袋□金希一"이라는 기록이 그것이다. 어떠한 까닭으로 그렇게
되었는지에 대하여는 아무런 근거를 찾을 수가 없다.

赤으로도, 朱로도 될 수 있기 때문에 이렇게 생각해서 크게 모순되지 않을 줄 안다. 그 결과 신라의 紫·緋·靑·黃이라는 복색구분이 고려에 들어오면서 紫·丹·(靑)·(黃)으로 불러진 것이라 상정할 수 있을 것이다.

후삼국의 상황 아래서 이와 같이 명목상 서로 다른 두 계통의 公服制가 신라와 고려에서 병존해 오다가[44] 드디어 통일을 맞게 되었다. 이에 따라 公服制 또한 하나의 제도 속으로 개편되지 않으면 안되었을 것이나, 이 과정에서 이전의 동급이었던 고려의 丹衫과 신라의 緋色을 용해시키지 않은 채, 서로의 계통을 그대로 유지케 한 결과 紫·丹·緋·(靑)·(黃)이라는 상징적이고 과도적인 公服制가 성립된 것이 아닐까 한다. 미약하나마 이와 같이 추리할 수 있는 단서는 고려초기의 관계체계를 살펴보는 데서 얻어질 것이다.

잘 아는 사실이지만 成宗 이전까지의 초기 官階는 官等制와 태봉 官階및 중국식 文散階가 사용되었다. 그러나 주의깊게 보건대 이들 3계통의 서로 다른 체계가 사용된 데에는 결코 혼동이라 할 수 없는 일정한 질서가 있었다고 여겨진다. 여기에서는 일단 文散階를 젖혀 두고 신라 官等과 태봉 官階의 두 계통을 대조해 보겠는데,『高麗史』卷76, 百官 序文에 의하면,

> 저) 高麗 太祖는 나라를 세운 초에 新羅·泰封의 제도를 참작하여 관청
> 을 설치하고 직무를 분담하여 모든 사무를 처리하였다. 그러나 그 관직의
> 명칭에는 간혹 方言을 섞어 쓴 것도 있었다. 이것은 국가 창립의 바쁜 시기
> 였기에 미처 고칠 겨를이 없었던 때문이다.

라 하여 고려 官制가 신라와 태봉의 제도를 함께 參用하여 제정된 것으로

---

43) 혹은 개국 초에 紫·緋·靑·黃을 그대로 쓰다가 통일 후 신라의 緋衫과 구별하기 위하여
   丹衫의 개념을 채택하여 緋衫 위에 설정하였을 가능성도 있다.
44) 後百濟의 경우는 전혀 추리할 단서가 없는 만큼 검토에서 제외될 수 밖에 없는 형편이다.

나타내었고, 또『高麗史』卷77, 百官, 文散階條에 보면,

처-①) 國初에 官階가 文武로 나누어지지 않고 大舒發韓·舒發韓·夷
粲·蘇判·波珍粲·韓粲·閼粲·一吉粲·級粲이라고 하였는데
이것은 신라의 제도였다.

②) 大宰相·重副·台司訓·輔佐相·注書令·光祿丞·奉朝判·
奉進位·佐眞使는 태봉의 제도였다.

③) 太祖는 태봉의 임금(궁예)이 제 마음대로 제도를 고쳤기 때문
에 백성들이 익숙하게 알지 못한다 하여 모두 신라의 제도를 따르게
하고 다만 그 이름과 뜻이 알기 쉬운 것들만 태봉의 제도를 따르게
하였다. 뒤이어 大匡·正匡·大丞·大相이라는 벼슬 이름을 쓰게
되었다.

라 하여, 다시 국초에 3가지의 다른 官階體系가 있었음을 들고 있다. 그러
므로 마치 각계통의 官階가 국초부터 혼동된 양 느낄 수도 있을 것이다.
그러나 주의깊게 보건대, 약간의 예외로 보이는 경우가 없지 않으나, 太祖
3년까지는 新羅式 官等만이 사용된 듯 하고, 또 太祖 5년 이후 統一期까지
는 泰封式의 大匡 … 元尹 등의 官階만이 사용된 것으로 보인다.45) 따라서
이때까지 官階의 호칭상 혼란은 없었다고 하겠다. 그러다가 정작 통일
후가 되자, 금석문에서 보는 바와 같이 新羅·泰封의 두 계통 官階가 뒤섞

---

45) 武田幸男은 太祖 원년 6월 이후부터 泰封式 官階가 사용되었다고 보았다(武田幸男, 앞의
논문, 26쪽). 그러나 이렇게 볼 경우 "康州將軍 閏雄 遣其子一康爲質 拜一康阿粲"이라는
『高麗史』世家의 기록과 모순된다. 氏는 이 점에 대하여 一康에 준 '阿粲'의 官階를 고려
공적인 官階로 인정하지 않았다. 이에 대하여 필자로서는 전체 문맥으로 볼 때 도로 이것이
太祖 3년 당시까지 新羅式 官階가 사용된 증거로 생각된다. 다만『高麗史』卷92, 列傳,
洪儒에는 太祖 2년 당시 洪儒와 裵宣이 大相인 것으로 표기되고 있으나, 이 경우 大相은
차라리 그들이 최종관직이거나 追贈職으로 보아진다.『高麗史』世家를 통하여 泰封式
官階 使用이 확인되는 시기는 太祖 5년부터이다.

여 나오게 된다. 말하자면 太祖 5년 이후 고려관제에서 소멸되었던 新羅의 官等이 다시 등장하게 되었다는 것이다. 이는 물론 제도의 부활이라 할 수 없을 것이다. 생각컨대 이 또한 통일 후에 들어와서도 이전의 신라 官等을 고려의 단일체제에 흡수시켜 재편성하려한 것이 아니라, 고려 관제 안에 新羅系를 포용하면서도 이전의 신라 官等 그대로의 사용을 공인한 결과라 봄이 타당할 것 같다. 아마도 이러한 일은 太祖 자신의 신라제도에 대한 동경과 합병후의 혼란을 극소화시키기 위한 정책적 배려에 기인하는 것일 것이다.[46) 그 결과 통일 후의 금석문에서 두 계통의 官階가 뒤섞여 나옴을 보게 되는데 예를 들자면,

> 커 - ①) (太祖 24年) 佐承秀文 佐承王忠 太相英會 … 補州官班 上沙喰
> 元吉.(「鳴鳳寺 慈寂禪師凌雲塔碑」, 『韓國金石遺文』, 103쪽)
>
> ②) (惠宗 元年) 英章正匡 王景大承 … 金鎰蘇判 … 王規佐承 …
> 金奐阿喰 … 式榮韓喰 … 賢逢元甫 … 廉相海喰 … 憲邕元尹 師尹
> 一哲喰.(「興寧寺 澄曉大師寶印塔碑」, 黃壽永, 『韓國金石遺文』,
> 105쪽)

등의 기록이 그것이다.[47) 위의 예에서 보는 대로 병합 후에도 泰封系(原高麗系)는 그들의 官階를 또 新羅系는 종전의 신라 官等을 여전히 쓰게 되었다고 하겠다. 다만 필요에 따라 승진시킬 경우이거나 협력 정도에 따라 태봉 官階가 부여되기도 한 것으로 추리되는데, 崔彦撝나 金廷彦의 경우가 그러한 예의 전형이라 할 수 있을 것이다.[48)

---

46) 이러한 過程의 前段階로서 "고려 太祖는 귀부하여 오는 호족들에게 그들이 從來부터 갖고 있던 地位를 仍封하였다. 그들이 종전의 職位로 고려에 의해 仍封되어지는 것은 고려의 官職으로서 그 의미가 새로워지는 것이다"라고 한 嚴成鎔의 견해는 옳게 보인다(「高麗初期 王權과 地方豪族의 身分變化」, 『高麗史의 諸問題』, 삼영사, 1986, 54쪽).

47) 그 밖에는 금석문으로 볼 때 光宗 14년까지도 新羅式 官等의 용례를 찾을 수 있다(武田幸男, 앞의 논문, 30쪽).

官階가 이러한 만큼 그것과 표리관계를 이루는 公服制 또한 병존하게 될 것은 오히려 당연한 현상일 것이다. 단 고려의 丹衫層은 그들의 勳에서 보는 바와 같이 太祖를 보좌한 건국주체의 일부인 만큼, 동급이었던 新羅系의 緋衫보다 근소한 우위를 획득하였을 것이다. 따라서 이러한 조치는 고려 관료체제 내부에서 볼 때 상대적으로 緋衫層에 대한 집단 강등의 효과를 초래하게 되었을 것이다. 그러한 즉, 이는 곧 服色의 차이라기 보다는 신분제의 재편성으로 볼 것이다.[49] 이 결과가 반영된 것이 바로 景宗 田柴科라 하겠다. 결국 전시과에서 볼 수 있는 바와 같이 丹衫은 토지지급 면에서도 緋衫보다 약간의 우대를 받게된 것은 물론이다. 이와 같은 추리와 관련하여 景宗 田柴科上의 武班에 丹衫 밖에 볼 수 없는 것도 동시에 이해될 수 있을 것이다. 즉 緋衫을 新羅系라 볼 때에 군사에 관한 한 新羅系가 고려에서 잔존할 수 없음은 말할 필요도 없을 것이기 때문이다.

지금까지의 검토를 통하여 이제 어느 정도 丹衫과 緋衫의 성격을 파악할 수 있었다고 해도 좋을 것이라 생각한다. 끝으로 紫衫에 대하여 간단히 살핀다면, 그들은 역시 신라의 진골에 해당하는 신분으로서 그 대상은 丹衫이나 緋衫보다 더 자유롭게 상정해 볼 수 있을 것이다. 가장 먼저 고려되어야 할 것이 왕족을 포함한 고려왕가의 측근세력과 歸順城主일 것이다. 다음으로 신라의 眞骨層이 緋衫의 경우나 마찬가지로 그들의 官等을 그대로 쓰게 한 이상 특별한 사유가 없는 한 紫衫으로 남았다고 생각된다.

---

48) 崔彦撝의 경우는 신라 6頭品(李基白, 앞의 논문)으로부터, 귀부이래 太祖 23년 太相을 거쳤으며 死後 正匡에 追贈되었다. 또 金廷彦은 光宗 9년에 '通直郎 正衛'이었으나 光宗 26년에는 '光祿大夫 太丞'으로 승진되었다(「高達寺 元宗大師慧眞塔碑」, 『朝鮮金石總覽』上, 207쪽).

49) 참고로 신라가 삼국통일 직후 百濟系와 高句麗系를 수용한 내용은 다음과 같다. 대체로 신라는 그들에게 원래 지니고 있던 옛 官階의 高下에 따라 신라의 새 官等을 부여했다. 다만 이때 대폭적인 강등 조치가 있었던 것으로 보이는데 특히 百濟系에 심했던 것 같다. 즉 百濟官等 2,3位이었던 達率과 恩率을 5頭品에 해당하는 大奈麻와 奈麻에 편입시켰다. 고구려의 경우는 보다 관대하여 舊支配層이 대부분 6頭品으로 수용된 것 같다(『三國史記』卷40, 職官下).

한편 후백제의 경우는 일부 협력자를 제외하고는 대폭적인 신분재편성 대상이 되지 않았나 한다. 太祖의 10訓要를 미루어 보건대 아마도 그들은 대폭적인 강등 사태에 휩쓸려 든 것이 틀림없어 보인다.[50] 景宗 田柴科에서 볼 때에 紫衫層은 文武兩班을 초월한 존재이나 통일 후의 급격한 紫衫層의 증가는 결과적으로 고려의 관료체제를 신분에 의한 官階 중심에서 능력에 의한 官職 중심으로 변질시킨 요인이 되었다고 생각한다.

Ⅳ. 四色公服과 人品

太祖 이래 고려의 公服色이 형성되는 과정을 살펴보았다. 이번에는 그러한 결과로 성립된 紫·丹·緋·綠의 服色 구조를 살펴보아야 될 것이다. 즉, 신라의 公服制는 신분과 결부된 병렬구조라 하겠는데 초기고려의 그것은 어떤 구조일까를 검토해 볼 필요가 있다는 것이다. 그러나 이 문제에 대하여도 景宗 田柴科를 제외하고는 달리 직접적인 사료를 찾기 어렵다. 주지하는 바와 같이 『高麗史』卷78, 食貨1, 景宗 元年의 職散官各品田柴科 기록에 의하면,

　　터) 景宗 元年 11월에 비로소 職散官各品의 田柴科를 제정하였는데, 官品의 높고 낮음을 논하지 않고 다만 人品으로서 정하였다. 紫衫 이상을 18품으로 만들고 文班 丹衫 이상은 10품, 緋衫은 8품, 綠衫 이상은 10품으로 만들었다. … 殿中·司天·延壽·尙膳院 等 雜業의 丹衫 이상을 10품, 緋衫 이상은 8품, 綠衫 이상은 10품으로 하였다. 武班으로 丹衫이상을 5품으로 만들었다.

---

50) 太祖의 十訓要 속에 "其八日 車峴以南 公州江外 山形地勢 竝趨背逆 人心亦然 彼下州郡人 參與朝廷 與王侯國戚婚姻 得秉國政 則或變亂國家 或統合之怨 犯蹕生亂 … 雖其良民 不宜使在位用事"(『高麗史』卷2, 世家, 太祖 26年)라는 기록으로 볼 때, 後百濟 遺民 가운데 협력정도가 컸던 일부를 제외하고 사실상 廢錮시킨거나 다름이 없다고 보겠다.

라고 하여 당시의 중앙기구를 나타내면서 全官貝을 이 속에 구분배치하여 해당되는 토지를 지급받도록 하였다. 여기에 나타나 있는 服色帶를 도표화하면 다음 <표-4>와 같다.

<표-4> 服色別 構成

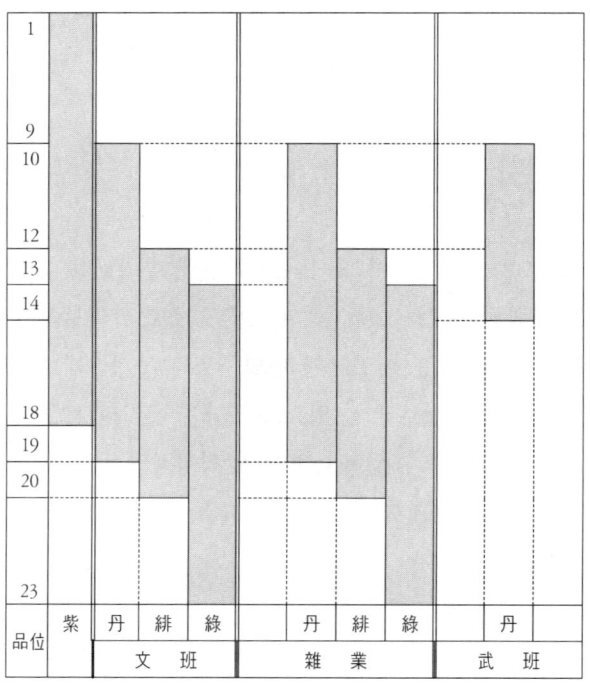

이미 위 사료 – 터)의 자체도 그러했거니와 <표-4>를 통하여 볼 때 무엇보다도 服色의 구조가 병렬적인 것을 주목해야 할 것이다. 또, 이 구조에 속하는 階層은 『高麗史』輿服志에서 말하는 '中壇卿 이상'이나 '都航卿 이상'이 아니라 바로 魚袋의 주인공들일 것이다. 이러한 服色帶의 구조는 신라의 그것인 <표-1>과 너무나 흡사하다고 하겠다. 만약 이를 階層 구조로 본다면 당장 官階에 대응되는 토지지급에 모순이 드러나고 만다.[51]

이렇게 볼 때에 초기 고려의 公服制 역시 신분을 전제로 편성된 것이라 믿어진다. 이 점에 대하여 金哲埈은 "신라시대의 骨品制度의 觀念的 陰影이 그대로 繼續된 것"[52]이라 견해를 밝혔다. 필자로서는 이러한 氏의 견해에 대하여 '觀念的 陰影'이라는데는 다소 불만스러우나, 신분제의 연장이란 관점에는 전적으로 동의하고 싶다. 그러나 이 문제에 대하여는 해석을 달리하는 견해[53]도 강력한 만큼, 服色의 구조가 신분제와 결부되어 있음을 보다 확실히 해 두지 않으면 안될 것이다. 그러나 당장 직접적인 사료를 동원할 수 없는 실정이므로 부득이 초기 고려사회의 성격을 살펴 유추해 볼 방도 밖에 없는 것이 안타까울 뿐이다.

崔致遠을 비롯한 신라말의 6頭品 출신 官僚들에 대하여, 또 일부 무장세력에 대하여 신라사회 스스로가 骨品制를 초월하는 예우를 베푼 사실을 두고 중세지향적 시대상황에 기인한 결과라 이해한 바 있다. 반면에 고려초에는 과도적 현상이긴 하겠지만 여러 방면에서 오히려 骨品制的 잔재를 남기고 있음이 흥미롭다 할 것이다. 즉, 후삼국의 사회 기저에는 어느 정도의 동질성이 깔려 있었다고 보겠다. 특히 신라의 체제가 고려나 후백제[54]의 모범이 된 것은 물론이려니와 고려의 경우는 태봉시대보다 더 적극적으로 신라의 제도를 도입코자 했던 것으로 보인다. 太祖 王建은 건국과 더불어 官職者에 대한 인사조치를 단행하였는데 이 때의 내용을 정리하면 다음 <표-5>와 같다.[55]

---

51) 黃善榮, 앞의 논문.
52) 金哲埈, 앞의 논문.
53) 姜晋哲, 앞의 논문 및 金塘澤, 「崔承老의 上書文에 보이는 光宗代의 '後生'과 景宗元年 田柴科」, 『高麗光宗硏究』, 일조각, 1981, 47쪽.
54) 後百濟도 高麗나 마찬가지로 新羅 官等를 그대로 채택하고 있었다. 더욱이 後百濟는 高麗의 官制 개혁 이후에도, 멸망 때까지 新羅制를 그대로 사용한 것으로 보인다(『高麗史』 卷1, 世家, 太祖).
55) 『高麗史』 卷1, 世家, 太祖 元年 6月.

官府	官職	官階	姓名	官職	官階	姓名	官職	官階	姓名
廣評省	侍中	韓粲	金行濤	侍郎	開粲	林積璵	郎中	韓粲	申一
							"	"	林寔
內奉省	令	"	黔剛	卿		能駿	監		康允珩
				"		權定	理決		倪信
徇軍部	"		林明弼				郎中		劉吉權
兵部	"	波珍粲	林曦	卿	開粲	金堙			
				"		英俊			
倉部	"	蘇判	陳原	"	開粲	崔汶			
				"	"	堅術			
義刑臺	"	韓粲	閻艮						
都航司	"	"	歸評	卿		林湘煖			
物藏省	"	"	孫逈	卿		姚仁暉			
						番南			
內泉部		蘇判	秦勁						
珍閣省	"	波珍粲	秦靖						
白書省				卿	一吉粲	朴仁遠			
				"		金言規			
內軍				"		能惠			
				"		曦弼			

<표-5>에서 볼 때 侍中을 비롯한 각 官府의 長官級이라 할 '令'은 모두
가 신라의 眞骨에 해당하는 韓粲(大阿湌)이상이고, 또 次官級에 해당되는
'卿'의 지위는 韓粲의 몇 예를 제외하고 모두 6頭品 지위인 開粲(阿湌)과
一吉粲의 官階가 차지하고 있다. 이는 바로 骨品을 전제로 한 신라의 체제
그대로라 볼 것이다. 또 太祖때의 이러한 체제는 景宗때까지도 그대로
계승된 것으로 보인다. 즉, 景宗 원년에 있었던, 金傅에 대한 冊尙父誥의
기록56)에 의하면 주요 官府의 명칭부터가 아직도 太祖이래 그대로이고,
주요 官職者에 있어서도 內奉令을 제외하고는 모두 복수로 설정되어 있는
점도 新羅制의 모방이 역력하다 하겠다.

나아가 무엇보다도 太祖 스스로가 신라의 一諸候로 자처한 듯 보인다.

---

56) 『三國遺事』 卷2, 紀異2, 金傅大王의 기록을 정리하면 다음과 같다.

太祖가 즉위 11년 되는 해에 甄萱에게 보낸 答書가운데 일부를 인용해 보면,

> 퍼) 어찌하여 맹세한 피[血]가 마르기도 전에 흉포한 행위가 다시 시작
> 되어 … 畿甸을 가로막고 金城을 窘迫하여 黃屋을 놀라게 한단 말인가.
> 義에 의지하여 周室을 尊尙함에 桓文의 業과 같이한 이는 누구이며, 틈을
> 타서 漢을 도모함에 王莽이나 董卓 처럼 간계를 들어 낸 자는 누구인가.
> 지존하신 임금으로 하여금 足下에게 굽혀 아들이라 칭하게 하니 尊卑의
> 질서를 잃음에 上下가 함께 근심하는 바이다. 생각건대 元輔의 忠純함이
> 아니고서는 어찌 다시 社稷을 편안케 할 수 있겠는가. 나는 마음속에 숨긴
> 악이 없고 뜻은 尊王에 간절함으로 장차 朝廷을 도와서 나래[邦國]의 위태
> 함을 붙들고자 하노라.(『高麗史』卷1, 世家, 太祖 11年)

이라는 글귀가 있음을 볼 때, 이는 영락없이 옛 중국의 春秋五覇가 尊王
攘夷를 표방하던 상황 그대로라 해도 좋을 것이다. 윗 글에서 볼 때 王建은
甄萱을 王莽이나 董卓에다 비겼으며, 또 '畿甸'·'黃屋'·'社稷'·'尊
王'·'朝廷'·'邦國' 등은 모두가 신라왕실을 가리키는 말이다. 물론 이것
은 명분에 불과할 수도 있다. 그러나 太祖는 실제에 있어서도 신라왕실에
대하여 변함없는 외경을 품고 있었다고 할 수 있을 것이다.[57] 이러한 만큼
官制에 있어서도 신라제도에 의지하여 마련하였을 것임은 재언할 필요가

官 府	官職(令級)	官職(卿級)
廣評省	侍 中	侍 郎
	侍 中	侍 郎
內奉省	令	侍 郎
		侍 郎
軍 部	令	卿
	令	卿
兵 部	令	卿
	令	卿

57) 『三國史記』新羅本紀를 통하여 볼 때 王建의 신라왕실에 대한 호의는 각별한 바가 있다.
예컨대 景哀王 2년에 高鬱府將軍이 항복하여 왔을 때도 王建은 "신라의 서울과 가깝다"는
이유로 타일러 보낸 바 있다. 또 敬順王 5년에 신라를 禮訪하였을 때도 王建은 눈물로서
그를 위로하였다.

없을 것이다. 다만 이 과정에서 약간의 신분변동이 있었음은 당연한 일이라 하겠지만, 그 범위란 앞에서 본 바와 같이 군사적 실력을 지닌 호족이거나 학문적 경륜을 가진 일부 학자에 국한된 것으로서, 통일후라 할지라도 근본체제는 신라 이래 그대로 계승되었다고 봄이 옳을 줄 안다.

고려 전시대를 통하여 사회적 신분이 개인의 출세에 중요한 기능을 발휘하여 왔음을 잘 알고 있다. 아무래도 그 근본원인은 바로 이런데서 찾아야 될 것이다. 고려 관료체제에 있어서 官階上 단층이 존재[58]함은 잘 알려진 사실이거니와 이러한 官階의 단층 역시 신분제가 그 바탕이 된 것이며, 國子監의 입학규정은 말할 필요도 없을 것이다.[59] 이러한 官階의 斷層이나 國子監의 입학규정은 구조면에서 公服色의 상부구조와 일치한다고 해도 좋을 것이다. 다음의 <표-6>은 이를 나타낸 것이다.

<표-6> 官階의 斷層과 國子監의 入學資格

	(紫)	(丹)	(緋)	(綠)		學科
宰樞 3품					→	國子學
5품						大學
參上 (6품) 參下 (7품)					→	四門學
9품					→	(雜學)
官品	(紫)	(丹)	(緋)	(綠)		學科

但. ( ) 假想的인 것임.

---

58) 朴龍雲,「高麗時代의 文散階」,『震壇學報』52, 1981, 23쪽.
59) 『高麗史』卷74, 選擧2, 學校. "仁宗朝 式目都監 詳定學式 國子學生 以文武官三品以上子孫 及勳官二品帶縣公以上 幷京官四品帶三品以上勳封者之子爲之 大學生 以文武官五品以上子孫 若正 從三品曾孫 及勳官三品以上 有封者之子爲之 四門學生 以勳官三品以上無封・四品有封 及文武官七品以上之子爲之 … 其律學・書學・算學 皆肆國子學 律書算 及州縣學生 並以八品以上子及庶人爲之".

물론 <표-6>에 나타난 각 요소가 하나 하나 服色帶와 일치한다는 것은 아니다. 그럼에도 이와 같은 구조는 간접적이나마 公服制가 신분과 결부되어 제정되었음을 방증해 줄 수 있을 것이다. 반면에 고려의 蔭敍에 있어서 初任職을 서로 달리하는 점[60]에 있어서나, 특정 계층에 대한 仕路의 한정[61]은 또 公服制의 하부구조와 큰 유사성을 가진다. 아래의 <표-7>은 이를 나타낸 것이다.

이러함에도 불구하고 생각하기에 따라, 그와 같은 일은 신분이 아니라 官職과 결부된 것이라 할 수도 있을 것이나, 원천적으로 官職 자체가 신분제에 의해 규제된다는 사실을 먼저 상기하지 않으면 안될 것이다. 지금까지의 검토를 통하여 볼 때 고려초기의 각 服色은 公服의 제도로서 보다도 오히려 신분의 상징으로 더 큰 역할을 하였다고 해서 지나치지 않을 것이다.

<표-7> 初入仕路 各樣

官品	三品直子	四品直子	五品直子	南班
7 品	↑			
8 品	↑	↑		
9 品		↑	↑	
吏 屬			↑	↑
雜路職				↑

그것은 崔承老의 時務策에서도 보았듯이 成宗代에 이르기까지 公服制는 관념 이상으로 정착되지 못했기 때문이다. 다만 고려의 신분제는 신라의 그것처럼 경직된 것은 아니라 하겠다. 무엇보다도 太祖는 인재의 확보에 고심하였다.[62] 그러므로 文·武 어느 쪽에서든 재능에 따라 신분향상을

---

60) 朴龍雲, 「高麗時代 蔭敍制의 實際와 그 機能(下)」, 『韓國史研究』 37, 1982, 10쪽.
61) 洪承基, 「高麗時代의 雜類」, 『歷史學報』 57, 1973, 89쪽.

顚倒할 수 있었다고 볼 것이다. 고려초기의 공복색은 실로 이와 같이 재편성되어 가는 신분의 기준으로서 구실을 해낸 것이라 하겠다. 이와 관련하여 景宗 田柴科制의 "勿論官品高低 但以人品定之"라는 기록에서 말하는 '人品'이란 바로 이러한 高麗式 신분제를 가리키는 말일 것이다. 필자는 이를 '人性'이라던가 '人格'과 같은 뜻으로 해석할 것이 아니라, '骨品'에 대응하여 설정된 "人間의 等級"으로서, 그 자체 고유명사로 보고 싶을 따름이다.

초기의 公服制는 시대의 흐름과 더불어 차츰 변천을 겪었다. 초기 한때 애매한 채로 緋衫위에 설정되었던 丹杉은 이제 과연 자취를 감추게 되고 마침내 毅宗代에 이르러 "文官四品以上 服紫, 六品以上 服緋, 九品以上 服綠"[사료-자)]으로 정착하게 되었다. 이러한 변천과정에서 유의해야 할 것은 成宗 때 있었던 일련의 官制 개혁과 더불어 公服制도 큰 변혁을 겪게 된 점이다.63) 丹杉의 사라진 시기도 이 때로 보인다.64) 이와 같이 成宗 때를 고비로 그 동안 신분의 상징이었던 服色이 官職의 상징으로 변모하였으니,

> 허) (成宗 7年) 文班으로서 從士한지 오래된 자는 改服하게 하였다.(『高麗史』卷3, 世家, 成宗 7年)

---

62) 『高麗史』卷1, 世家, 太祖 元年. "辛西詔曰 設官分職 任能之道 斯存 利俗 安民選賢之務是急 … 唯慮知人不明 審官多失 俾起遺賢之歎 深乖得士之宜 寢興載懷職此而己."

63) 『高麗史』卷3, 世家, 成宗條의 "元年 春三月 庚戌 改百官號"라던가 2년 5월 "始定 三省六曹七寺" 및 3년 "是歲 始定軍人服色" 등의 일련의 제도 개혁속에 公服制의 개혁이 포함된 것으로 보인다.

64) 「柳邦憲墓誌」에 의하면 그의 행장 가운데에 "雍熙 四年 丁亥 成宗初 踐祚命 儒臣對策 公又中科首 上褰之制可御事右事員外郎 賜緋史舘修撰官 又加起居舍人知制誥 又加禮 部郎中賜紫 統和 十三年 乙未"(『朝鮮金石總覽』上, 265쪽)라고 하여 그의 역임관직과 章服을 언급하고 있는데 '賜緋'의 다음 단계가 '賜紫'로 되어 있다. 즉 成宗 6년부터 成宗 12년 사이의 일이다.

이라는 데서 보는 바와 같이 公服은 이제 신분제로부터 떨어져 나가버렸다. 그 결과 '品'은 고려사회의 관념 속에 잠복하게 되었고, 公服은 새로이 '官品'과 짝을 짓기에 이르게 된 것이라 하겠다. 이는 바로 고려사회의 진보일 것이다.

V. 맺음말

지금까지 소략한 대로 고려 공복제의 성립 과정을 살펴보았다. 결론 삼아 내용을 요약하면 다음과 같다.

고려초기의 공복제는 신라제도를 본따서 太祖 때부터 성립되었다. 그런데 신라의 공복제는 신분제와 결부된 '品色'을 바탕으로 한 것이었다. 신라 말기에 가까워지는 시기에 즈음하여 公服制 운용에도 변질이 생겨났다. 즉 일부 6頭品 계층에 대하여 文散階의 사용과 더불어 紫色公服의 착용이 공인되었으니 이는 신라사회 스스로가 골품제의 한계를 깨뜨리는 중세지향적 성격의 하나로 간주될 수 있었다.

이러한 신라제가 太祖 이래 고려에서 채택되었으니, 당초의 服色은 신라제를 모방하여 紫·丹·靑·黃으로 구성된 것이라 보였으며, 이러한 색깔은 신라에서와 마찬가지로 신분과 결부된 것이었다. 그 후 통일을 맞이하여 신라의 公服制와 초기 高麗制가 융합한 결과 紫·丹·緋·綠이라는 유래없는 특수한 형태로 개편되었으나, 이 역시 신분제의 재편성 결과라 보았다. 다시 光宗代에 들어 종전의 靑·黃色이 소멸되고 새로이 綠色이 채택되었다. 그러나 成宗에 이르기까지 服色은 공복제로서 보다 여전히 신분제의 상징으로서 더 큰 기능을 하였다. 그러한 만큼 景宗 田柴科에 나타난 4色公服은 곧 신분을 가리키는 것이었고, 그 자체가 바로 '人品'이었다. 다시 成宗代에 들어와 官制 개혁과 더불어 공복제도 크게 변혁되었다. 이 때까지 緋杉과 구분짓기 어려운 채 애매하게 존속해 오던 丹杉이 자취를 감추게 되었다. 또 成宗 때를 기점으로 公服色은 신분이 아니라 官職의 상징으로 변모하였으며, 마침내 毅宗代에 이르러 紫·緋·靑의 服色體系가 재확인되기에 이르렀다.

이상과 같이 검토내용을 요약해 보았다. 당초의 생각 같아서는 成宗代의 개혁과정이나 鄕吏의 公服 문제까지도 추적해 보고 싶었으나, 이는 오히려 고려 官制의 연혁을 통하여 살피는 것이 첩경일 것이므로 후일 별도의 논고로 다루고자 한다. 워낙 零星한 사료 탓으로 추리에 의존한 바가 적지 않은 점에 크게 불안을 느끼지 않을 수 없다.

고려 光宗代 정치개혁의 방향

Ⅰ. 머리말

光宗의 재위기간(949~975)동안은 고려초기 정치사에서 하나의 획을 그을 만큼 정치적 개혁이 여러 방면에서 급속히 전개되었고, 그 결과 파급된 효과 또한 지대하였다. 광종은 太祖의 왕자로서 고려의 네 번째 왕이 되지만, 태조를 이은 惠宗의 재위기간이 겨우 2년에 불과했고, 다음의 定宗 또한 재위 4년에 그쳐 어떠한 정치적 개혁도 꾀할 겨를을 갖지 못했음에 비해, 그는 26년이나 왕위에 있으면서 후삼국통일 이후 成宗代에 이르기까지 고려초기 정치의 기틀을 마련할 수 있었다.

따라서 이러한 광종의 정치개혁에 대하여는 그 동안 비교적 많은 연구자들이 관심을 갖고 조명함으로써 적잖은 연구성과를 얻을 수 있었다.[1] 그런데 종래의 주된 연구 시각은 고려초기의 정권이 이른바 豪族聯合政權이었

---

[1] 이 시기의 정치 개혁을 다룬 논문은 일일이 열거하기 어려울 만큼 많은 편이다. 따라서 본고에서는 일괄 게재를 생략하고, 필요한 경우 관계 논문을 제시해 나가기로 하겠다.

음을 전제하고, 광종의 정치개혁 목표는 바로 이 호족연합정권을 타파하기 위한 조치라는데 그 초점을 두고 있는 듯 하다. 즉 광종이 일으킨 피의 숙청을 겪고 나서야 비로소 왕권이 豪族權을 제압할 수 있었다는 것이다.[2]

그러나 처음부터 고려의 정치권력 가운데서 왕권과 대립할 수 있었던 호족권의 존재를 인정하기 어려운 만큼 고려초기 정치개혁의 의미는 마땅히 다른 시각으로 조명되어야 옳다고 믿는다. 이러한 관점에서, 그간 필자는 고려초기 정치사를 재검토해 온데 이어, 본고를 통하여 그 동안 단편적으로 제기했던 광종의 정치개혁과 관련된 문제들을 다시 한번 정리해 보고자 한다.

Ⅱ. 光宗의 초기 정치와 개혁의 방향

1. 초기 정치의 주도세력

光宗은 태조의 셋째 왕자로서, 同母兄 定宗으로부터 내선을 받아 즉위했다. 아마도 그는 즉위 후 한동안 정치 안정을 꾀하는 가운데서 서서히 왕권 강화를 기했던 것 같다. 이를 위해 그는 先王(정종)에 의해 추진되던 西京으로의 천도계획을 포기하고, 통일이후 태조에 의해 확립된 체제를 계승하면서 왕권의 위엄을 높이는데 힘썼다.

그는 항상 『貞觀政要』를 읽어 이상적 유교정치를 실행하려는 의지를 보였으며,[3] '光德'이라 建元하여[4] 국가의 자주성을 과시했다. 대략 즉위 후 8년동안 시행된 이러한 그의 德政에 대하여 崔承老는 成宗에게 올린

---

2) 이러한 견해를 밝힌 주요 논문은 다음의 것들이다.
　　李基白, 「고려귀족사회의 성립 槪要」, 『한국사』 4, 국사편찬위원회, 1981.
　　河炫綱, 「高麗王朝의 成立과 豪族聯合政權」, 『한국사』 4, 국사편찬위원회, 1981.
3) 『高麗史』 卷2, 世家, 光宗 元年.
4) 위와 같음.

上書文 가운데의 五朝政績評에서,

> 가-①) 광종은 … 왕위를 계승한 후 禮로써 아랫사람을 접하였으며 사
> 람을 알아보는데 실수가 없었고 親貴들에게 아부하지 않으면서 強
> 豪들을 억제하였습니다. 또 疎遠하고 미천한 사람이라 해서 버리지
> 않았으며 의탁할 데 없는 외로운 백성들에게도 은혜를 베풀었습니
> 다. 즉위한 해로부터 8년 동안 정치와 教化는 맑고 공평하였으며
> 형벌과 표창은 남발되지 않았습니다.

> ②) 광종 8년 동안의 정치는 가히 三代에 견줄만한 것으로 朝廷의
> 儀式과 制度에서 자못 볼만한 것이 있었습니다. (『高麗史』卷93, 列
> 傳, 崔承老)

라고 하여, 광종의 초기 정치를 칭송하였다. 물론 최승로는 五朝政績評에
서 전체적으로 볼 때, 광종대의 정치를 혹평하면서 이러한 전철을 밟지
말 것을 주장하고 있으면서도 다만 광종의 초기 정치만은 스스로 三代에
비길 만큼 칭찬을 아끼지 않고 있음이 흥미롭다.

즉위 후 8년동안 펼쳐진 이러한 정치는 아마도 왕실과 훈구세력간에
王權과 臣權의 조화를 이룬 가운데서 유교적 이상국가의 건설을 지향하는
그러한 형태를 표방하였을 것이다. 참고로, 단편적이나마 그 당시 정치에
참여했던 인물들을 찾아 정리한 것이 <표-1>이다.

<표-1>에 나타난 인물들이 광종 8년까지의 정치에 참여했던 흔적을
남기고 있는 사람들이다. 물론 이들 몇몇의 면모만으로 광종 초기정치의
주도세력을 밝히기는 어려운 일이다. 더군다나 <표-1> 가운데 ⑩王融
및 ⑪荀質, 그리고 ⑫雙冀 등은 오히려 광종의 정치를 변질시킨 주역들이
나 마찬가지로서, 초기 정치에 대한 참여도는 별로 없었다고 보겠다.

<표-1> 광종초기의 정치참여 인물

番號	姓名	官職(階)	業績	備考	出典
①	朴守卿	大匡	광종 즉위년에 國初 功役者 攷定	광종 15년에 卒	『史』世家2
②	崔知夢	司天(?)	(광종 21년에 貶出)	경종 5년에 大匡 內 議令으로복귀	〃 列傳
③	徐弼	大匡 內史令	光宗廟庭 配享功臣	광종 16년에 卒	〃
④	王咸敏	宰臣			〃 徐弼 列傳
⑤	皇甫 光謙	〃			〃
⑥	植會	元甫	원년에 州縣 歲貢額을 정함		〃 食貨志3
⑦	信康	元尹	〃		
⑧	孫紹	人相 元鳳令	원년에 大安寺 廣慈大師 碑文 찬술		『總覽』上, 174쪽
⑨	徐逢	廣評侍郎	3년 後周에 使行		『史』世家2
⑩	王融	大相	6년 後周에 使行	광종 17년 이후 翰林 學士 知貢擧	〃
⑪	荀質	廣評侍郎	〃	경종 원년에 右執政	〃
⑫	雙冀	元甫 翰林學士	9년에 科擧制 실시 건의	광종 7년에 後周에서 귀화	『史』列傳
⑬	崔承老	學士(?)		성종 원년 正匡行選 官御使	〃
⑭	金岳		16년에 人相 翰林學士	태조 26년 遺詔를 草함	『總覽』上, 230쪽
⑮	劉新城		光宗廟庭 配享功臣		『史』禮志

※ 出典의 『史』는 『高麗史』이고, 『總覽』은 『朝鮮金石總覽』임.

　　그러나 나머지 인물들의 면모를 볼 때, ①朴守卿·②崔知夢·③崔承老·④金岳 등 태조 이래 공신계열의 활약이 두드러진다. 특히 박수경과 최지몽은 혜종 말기에 있었던 정변에서 정종·광종 형제를 도운 이래 광종 초기에도 여전히 武와 文을 대표하는 위치에 있었던 것 같다. 물론 이 두 사람 다 광종의 정치 개혁과정에서 숙청을 당했으나 그것은 나중의 일이었고, 광종 8년까지만 해도 그들은 臣權을 대표하는 위치에서 광종의 초기 정치에 참여하고 있었다고 보여진다.

주지하는 바와 같이 박수경은 그의 형 守文과 함께 태조의 武將으로 활약하는 가운데, 勃城전투에서는 태조를 포위망 속에서 구출한 적도 있었으며, 또 태조와 더불어 神劍의 토벌에 참가한 무장세력의 대표격이다. 이러한 공으로 통일 후 태조 23년(940) 役分田이 제정될 때 토지 200결을 특별히 받았다고 한다. 惠宗 말기의 정변때에 定宗의 즉위를 도운 공으로 그는 大匡에 전임되었으며, 광종 15년(964)에 그의 아들 3형제가 참소로 투옥됨에 홧병으로 죽기까지 그는 功臣系列의 대표적 인물[5]로서 광종의 초기 정치에 깊숙이 관여했다고 믿는다.

한편 ②최지몽은 天文과 卜術에 정통하여 供奉職에 있으면서 태조의 곁을 떠나지 않았다 한다. 혜종 말년에 司天官으로서 王規의 亂이 있을 것을 예언하여 혜종의 목숨을 구한 공으로 나중에 정종에 의해 표창되었으며, 광종 원년에 災變을 막는 방편으로 도덕을 닦도록 권유했던 '司天'도 곧 최지몽이었다고 보여진다. 이러한 권유를 받고 난 다음 광종은 『貞觀政要』를 읽게 되었다고 한다.[6] 그후 광종 20년(969)에 왕을 따라 歸法寺에 갔다가 음주 후 실례를 범하여 11년간이나 귀양에 처해졌다가 경종 5년(980)에 소환되어 大匡 內議令 東萊郡侯 食邑一千戶 柱國의 관작을 받았고 성종 6년(987)에 죽게 되자, 성종은 太子太傅를 추증하고 敏休의 諡號를 내렸으며 경종의 廟庭에 配享되었다.[7] 이러한 그의 생애에서 볼 때, 광종 20년에 귀양가기 전까지 최지몽은 가장 중요한 文臣의 한사람으로서 광종의 초기 정치를 주도했음에 틀림이 없을 것이다.

⑬최승로·⑭김악 등도 태조대이래의 공신계열로써 유교적 정치이념의 확립에 깊이 간여했던 주요 인물들이었다. 특히 최승로는 敬順王이 고려

---

5) 『高麗史』 卷93, 列傳, 朴守卿.

6) 黃善榮, 「高麗 光宗 景宗代의 政治的 推移」, 『高麗初期 王權研究』, 동아대출판부, 1988, 191쪽.

7) 『高麗史』 卷92, 列傳, 崔知夢.

에 귀부할 때 시종했던 殷含의 아들로써 12살때 태조로부터 재능을 인정
받아 元鳳省의 학생이 되었고 이후 文柄을 위임받았다고 한다.8) 광종의
치세동안 최승로가 어떤 역할을 했는지는 잘 알려지지 않고 있으나, 경종
6년(981)에는 正匡 翰林學士職에 있었는데 아마도 이 직함은 광종대부터
갖고 있었다고 보여진다.9) 물론 최승로의 활약상은 그의 유명한 「時務
28條」의 上書 등 성종대에 들어 두드러지게 나타나고 있으나, 광종의 8년
간에 걸친 초기 정치를 중국의 3代에 비긴 점에 비추어 보더라도 그 자신
이 당시의 유교적 이상정치의 구현에 참여하고 있었음이 확실시된다.

또 김악은 신라 景明王代의 文士로써 두 차례나 後唐에 朝貢使로 파견
되었던 인물이었으나 다시 後百濟의 甄萱을 섬기고 있다가 태조 13년(930)
의 古昌전투에서 고려에 포로가 된 후 고려의 학사로 중용되었다. 그는
태조의 측근으로서, 태조 薨去 後 遺詔를 草한 것도 그였다.10) 광종 초에는
大相으로 翰林學士 守兵部令을 지냈음이 확인된다.11) 이로 미루어 김악
또한 공신계열의 한 사람으로써 광종의 초기 정치에 많은 영향력을 행사했
다고 보여진다.

그 밖에 ⑧孫紹도 광종 원년에 大相 守禮賓令 元鳳令兼知制誥 上柱國
의 직함으로 초기 정치를 주도했던 대표적 문신의 한사람임에 틀림없을
것이다.12) 다만 그 이전의 행적에 대해서는 잘 알려지지 않았으나, 신라
6頭品 계열의 유학자로써13) 태조대이래 고려 조정에서 활약해 오던 공신

8) 위와 같음.
9) 李基東, 「羅末麗初 近侍機構와 文翰機構의 擴張」, 『新羅 骨品制社會와 花郎徒』, 1984, 일조
    각, 273쪽.
10) 李基東, 위의 논문, 266쪽.
11) 광종 16년에 건립된 「鳳巖寺 靜眞大師圓悟塔碑」, 『朝鮮金石總覽』上, 197쪽의 銘文 가운
    데 '聖朝光德 □□□ … 翰林學士 太相 守兵部令 金岳宣綸制曰…'이라는 기록이 보인다.
12) 광종 원년에 건립된 「大安寺 廣慈大師碑」, 『朝鮮金石總覽』上, 174쪽에는 바로 孫紹가
    지은 것인데, 여기에서 그는 자신의 官職을 "太相 □守禮賓令守元鳳令兼知制誥 上柱國"
    으로 나타내고 있다.
13) 全基雄, 「高麗成立期 文臣官僚層의 成長」, 『羅末麗初의 政治社會와 文人知識層』, 혜안,

계열의 하나로 보아 별로 어긋나지 않을 것 같다.

⑩王融 또한 광종 6년에 大相의 官階를 갖고 後周에 使行하고 있었던 만큼 광종의 초기 정치에 어느 정도 간여했을 가능성이 적지 않으나, 오히려 그는 ⑫雙冀와 더불어 광종 9년(958)이후의 격렬한 정치개혁에 더 깊이 연관된 인물이라 봄이 옳겠다.[14] 그는 광종 17년(966)부터 성종대에 이르기까지 모두 11회나 科擧에서 知貢擧를 역임하였는데, 바로 科擧는 광종의 개혁에 있어 중요한 방편 가운데의 하나였기 때문이다.

대략 이상과 같이 태조이래 건국과 통일에 공헌을 다한 훈구공신계열이 혜종 말기의 정변을 겪으면서 일부 도태되기는 하였으나, 광종의 초기에도 여전히 기득권을 누리면서 정치 지배세력으로서의 위치를 확고히 다져가고 있었다. 광종 또한 이들과의 타협 속에서 아직도 불안한 초기 왕권을 확립하고자 하였다. 이러한 정책의 일환으로서 광종은 다시 한번 공신계열을 우대하는 정책으로 그들에게 例食을 지급하기 시작했다. 『高麗史』卷2, 光宗 卽位年에는,

> 나) 秋 8月에 大匡 朴守卿 등에게 명을 내려 國初의 功役者들을 조사하
> 여 四役者에게는 쌀 25碩, 三役者에게는 20碩, 二役者에게는 15碩, 一役者
> 에게는 10碩씩 내려줌을 例食으로 삼도록 하였다.

라 하여 국초의 공신들에 대한 예식 지급규정의 제정을 적고 있는데, 아마도 공로의 대소에 따라 四役者로부터 一役者까지를 구분한 다음 각각 예식의 지급을 정하였으니, 이 예식은 곧 녹봉의 성격으로 볼 수 있을 것이다.[15]

이와 같이 광종의 초기 정치는 개국이래의 공신계열을 후대하고 그들을

1996, 174쪽.
14) 全基雄, 위의 논문, 176쪽.
15) 崔貞煥, 「高麗 祿俸制의 成立過程」, 『大丘史學』15·16, 1978.

중용한다는 데서 그 특색을 지적할 수 있겠다. 이러한 훈구세력과의 타협을 특징으로 하는 광종의 초기 정치를 가리켜 최승로가 3代에 비기고 있음을 미루어, 아마 최승로 자신도 新羅系라기 보다는 차라리 고려 훈구세력의 한 사람으로 보는 것이 옳을 것 같다.[16]

2. 정치 개혁의 방향과 훈구세력의 대응

광종의 즉위와 더불어 펼쳐진 공신계열 우대 중심의 통치방식은 최승로의 칭송에도 불구하고 범국가적 왕권 지상주의를 지향하는 광종의 뜻에 맞는 것은 아니었다. 더욱 광종 8년(957) 무렵이라면 고려가 후삼국을 통일한지도 20년을 넘겨 이제 통일이전의 좁은 후삼국적 질서체계를 벗어나, 보다 넓고 포용력있는 통일국가적 질서체계로의 개편이 불가피한 시점에 다달았다고도 할 수 있겠다.

다시 말해 이제 통일국가로서의 고려를 경영함에 있어, 옛 후삼국시대의 家臣的인 '舊臣宿將' 중심의 지배체제만으로는 더 이상 민족의 융화 위에 군림하는 신성한 왕권을 확립하기 어려운 한계에 봉착하게 되었다는 것이다. 어쩌면 혜종 또는 정종 시대쯤 이러한 민족포용정책이나 전제왕권의 확립책이 나왔음직 하겠으나, 워낙 그들의 재위기간이 짧았고 또 정변으로 겨를이 없었기 때문에 결국 광종이 해결해야 될 과제로 넘겨져 왔다고 보아도 좋겠다.

한편 이제 새로이 고려에 복속하게 된 新羅系나 後百濟系에 있어, 여전히 原高麗의 공신계열 중심으로 펼쳐지는 후삼국적 정치질서에 대한 불만이 적지 않았을 것이다. 혹 그렇지 않았다 치더라도, 유구한 문화적 전통을 계승하여 정치력에 있어서나 학예에 있어 우수한 실력을 갖춘 신라계며

---

16) 黃善榮,「高麗初期 政治勢力의 動向과 3省 6部制 成立의 背景」,『釜山女大史學』 10 · 11, 1993, 122쪽,<본서 제12장 참조>.

후백제계를 광종 스스로도 더 이상 외면하기 어려웠을 것이다.

반면에 당시 고려의 정계에는 정치를 주도하던 공신세력 내부에 세대교체가 진행되고 있었다. 건국과 통일에서 공로를 쌓았던 功臣 1세대도 이때쯤 대부분 물러나고 그 後光을 계승한 功臣 2세대가 진출을 서두르고 있었다. 박수경의 아들 삼형제와 崔彦撝의 아들들이 그러함에 대한 구체적 사례가 될 것 같다. 먼저 박수경의 父子關係는 아래와 같다.

```
                        ┌─ 장남 : 承位 (佐丞)
朴守卿(大匡) ──┼─ 차남 : 承景 (佐丞)
                        └─ 삼남 : 承禮 (大相)
              *( ) 안은 官階임.
```

이들 박수경의 네부자는 전형적 공신계열로서 광종의 시대에 들어서도 다 같이 고관을 지냈으나, 광종 15년(964)에 들어 세아들은 모두 투옥되고 박수경은 분사하고 만다.[17] 그들이 끝내 초기 보수정치의 틀을 벗어나지 못했기 때문이었을 것이다.

崔彦撝의 경우 신라말의 文臣으로 唐의 賓貢科 급제를 거쳐 景哀王때에 朝請大夫 守執事侍郎職에 있다가, 태조에 귀부하여 大相 元鳳大學士 翰林院令 平章事의 관직을 역임하는 등 문사로서 이름을 날린 공신의 한사람이다. 그는 혜종 원년(944)에 죽었으나 그의 光胤·行歸·光遠·行宗 등 네아들은 모두 광종 초에 상당한 지위에까지 진출한 듯하다. 이들 중 광윤은 賓貢進士로서 晋나라에 유학하였으며, 행귀 또한 吳越國에서의 유학을 거쳐 고려의 官界에 진출하여 한동안 광종의 총애를 받았으나 끝내 사형되고 말았다.[18] 그 또한 광종의 개혁을 지지하지 않았던 탓이었을 것

---

17) 『高麗史』 卷92, 列傳, 朴守卿.
18) 『高麗史』 卷92, 列傳, 崔彦撝.

이다.

이와 같이 가문을 배경으로 관직에 등용된 功臣 2세대들은 당시 생존해 있던 1세대들과 더불어 勳舊派를 형성하여 통일왕국의 이상과는 달리 정치·경제·사회적 모순을 심화시키는 역기능으로 작용했던 것 같다. 즉 관직의 독점, 토지의 집중 및 과다한 노비의 보유 등이 상정된다. 게다가 통일전쟁이 끝난지 20년이 경과한 가운데 지방에는 아무런 소요 없이 평온하였으며, 중앙에도 혜종 말기의 정변이후 오랫동안 분쟁이 없었던 만큼 당시 훈구세력의 관심은 자연 內政에 쏠렸을 것이고, 또 이것이 국왕의 전제권 행사에 큰 부담이 되었을 것임도 쉽사리 짐작된다.

고려가 통일국가로서, 이제 새로운 범민족적 질서를 수립해야 함이 시대적 요청이었음에도 불구하고 여전히 후삼국적 체제 안에서 기존의 특권을 고집하는 훈구세력이 버티고 있음에 따라, 통일국가의 통치에 걸맞는 전제왕권을 수립하려는 광종으로 하여금 중대한 단안을 내리지 않을 수 없도록 하였을 것이다. 이에 광종은 어느 정도 왕권 안정을 기한 후 이제 훈구세력의 제 특권을 박탈하는 정책을 추진하게 되었고, 이것이 이후 광종의 전시대에 걸쳐 크나 큰 갈등을 일으키는 계기가 되었다고 믿는다.

그 동안 광종의 정치개혁에 대하여 건국이래 고려의 정치체제가 호족연합정권이었다는 전제 하에서, 호족의 탄압과 왕권의 강화라는 상호 대립적 측면에만 시각을 집중시켜 온 것 같다. 심지어는 광종의 정치개혁 이전까지 호족권이 왕권보다 더 강했으며, 광종에 의해 단행된 대숙청을 겪고 나서야 비로소 왕권이 호족권을 압도할 수 있었다는 주장도 제기되어 있는 실정이다.[19]

그러나 신라말기에나 볼 수 있었던 반독립적 호족은 통일 고려에서 중앙은 물론 지방에서도 존재하지 않았다. 흔히 고려초기에 중앙집권적 지배형

---

19) 河炫綱, 앞의 논문 및 李基白, 앞의 논문.

태를 이루지 못한 원인이 마치 지방 호족들이 독자적으로 일정 영역을 지배해 나갔기 때문이라 보아 이를 호족연합정권설의 논거로 삼고 있으며, 따라서 광종의 개혁이 호족연합정권으로부터 중앙집권적 귀족정권으로 넘어가는 과도적 과정인 듯 설명되고 있으나 이는 옳은 견해라 보기 어려울 것 같다.

통일된 고려에서 호족들에 의해 반독립적으로 잔존했던 지방은 찾을 수 없다.[20] 비록 국초에 외관이 파견되지는 않았다 하더라도, 이는 그 시대의 통치제도상의 방법일 뿐, 어느 곳 할것 없이 왕권에 의해 전제적으로 통치되고 있었음이 확인된다. 그러므로 광종이 즉위하자 곧 州縣의 貢賦 歲貢을 책정할 수 있었던 것도 그러한 기반 위에서 가능했던 것이라 본다. 이에 관해『高麗史』卷78, 食貨1, 貢賦, 定宗 4年에는,

> 다) 光宗이 즉위하자 元甫 式會·元尹 信康 등에 명하여 해마다 州縣이
> 바쳐야 될 貢物의 수량을 정하게 하였다.

라 하여 왕명에 의해 조세의 징수가 제도화되는 모습을 보이고 있다. 만약 각 지방이 호족들에 의해 반독립적으로 장악되어 있었다면 이러한 일방적 조치란 생각할 수 없을 것이다.

물론 광종의 정치개혁 목적은 궁극적으로 왕권을 더욱 확고히 하려는데 있었다 하겠으나, 그 지향하는 바는 호족의 탄압을 통해서가 아니라 안으로 통일국가에 걸맞도록 범민족적 융화를 바탕으로 정치체질을 개선하며, 밖으로는 자주성을 제고시킨 가운데 왕실의 존엄성을 높이고자 하는 것이 었다고 할 수 있겠다.

그리하여 아마도 광종은 스스로 皇帝의 길을 택했던 것 같다. 사실 帝國을 건설하겠다는 광종의 의지는 즉위 당초부터 드러나 보이는데, 원년에

---

20) 黃善榮,「高麗 統一期의 地方統制」, 앞의 책, 89~94쪽.

'光德'이란 독자적 연호를 사용한 데서 그러함을 엿볼 수 있게 된다. 뿐만 아니라 정치개혁에 박차를 가하여 百官의 公服制를 정비한 광종 11년(960)에는,

　　　라) (春 3月) 開京을 皇都로, 西京을 西都로 각각 고쳤다.(『高麗史』卷
　　2. 世家. 光宗 11年)

라는 기사에서 보듯이 서울 개경을 '皇都'라 불렀으니, 여기에서도 황제로서 군림하려는 광종의 의지를 알 수 있겠거니와, 더욱 이 해부터 '俊豊'이란 독자적 年號를 사용함으로써 자주성을 과시하려 했던 점도[21] 제국을 건설하겠다는 광종의 포부에서 생성된 정책의 결과임이 분명할 것이다.

　　실제로 이때부터 황제를 칭했던 것도 엄연한 사실로 보여진다. 몇 가지 방증을 들건대, 현존하는 금석문에서 광종 9년 이후 건립된 高僧의 塔碑類에는 그 撰者나 書者들이 '臣 ○○○奉 制撰'[22]이라거나 또는 '臣 ○○○奉 勅撰'[23]이라 적어, 그 이전의 '臣 ○○○奉 敎撰'[24]이라던 표현과 달리하고 있다. 이는 바로 그들이 왕명에 따르는 것이 아니라 황제의 명을 받들고 있다는 표현인 것으로 해석된다. 특히 광종 26년(975)에 건립된 「高達寺 元宗大師惠眞塔碑」의 裏面에는,

　　　마) 乾德 九年 歲次 辛未 十月 二十一日 於元和殿 開讀大藏經時 皇帝陛

---

21) 『高麗史』에는 '峻豊'이라는 년호의 제정 사실을 빠뜨리고 있으나, 광종 연간에 건립된 몇 가지 금석문에서 그 용례가 찾아진다. 예컨대,「龍頭寺幢竿記」,『朝鮮金石總覽』上, 195쪽에 보이는 "維峻豊 三年 太歲 壬戌 三月 二十九日 鑄成"의 기록에서 확인된다. 여기에서 峻豊 3년 임술은 곧 광종 13년임에 따라 준풍 원년은 광종 11년이 됨을 알 수 있다. 이 준풍이라는 연호는 광종 14년 12월에 들어 宋의 년호를 사용(『高麗史』卷2, 世家, 光宗 14年)하게 될 때까지 사용되었음은 확실하다.
22) 광종 9년 건립된 「玉龍寺 洞眞大師寶雲塔碑」,『朝鮮金石總覽』上, 189쪽.
23) 광종 16년 건립된 「鳳巖寺 靜眞大師圓悟塔碑」,『朝鮮金石總覽』上, 196쪽.
24) 광종 5년 건립된 「太子寺 朗空大師白月栖雲塔碑」,『朝鮮金石總覽』上, 181쪽.

下詔曰 ….(『朝鮮金石總覽』上, 214쪽)

이라 하여, 건덕 9년 신미년, 즉 광종 22년에 '皇帝陛下'라 호칭한 사실을
알리고 있다.

이러한 광종의 정치적 이상을 실현함에 있어 가장 큰 장애는 지방 호족
이 아니라 오히려 후삼국적 기득권을 고수하려는 原高麗系의 훈구세력
집단이었다. 따라서 광종의 말기동안 치루어진 가혹한 정치적 숙청에는
통일국가의 민족적 융합 위에서 황제의 길을 지향하려는 광종의 집념과
이에 대해 후삼국적 질서 속에서 기득권을 고수하려는 原高麗係 훈구세력
과의 마찰을 그 배경으로 하고 있었음을 간과해서 안될 것 같다. 그후
이로 인해 증폭된 숙청의 회오리 속에서 일방적으로 피해를 당한 집단도
물론 훈구세력이었다. 당시 왕권, 아니 황제권에 도전할 만한 어떠한 정치
세력도 존재하지 못했기 때문이다.

Ⅲ. 정치개혁의 제시책

1. 奴婢按檢의 실시

광종 7년(956)에 시행된 노비의 按檢은 그 자체가 개혁의 한 과정임과
동시에 전면적 정치개혁의 전단계로서 예비적으로 시행된 조치로 볼 수도
있겠다. 광종의 노비안검에 대해서 『高麗史』光宗 世家에는 그 사실이
빠져 있으나, 최승로의 「시무 28조」 가운데 21조에는,

> 바-①) 本朝의 良人과 賤人에 대한 법규는 그 유래가 오랩니다. 우리
> 聖朝[太祖]께서 창업하신 초기에 여러 신하들 중에는 본래부터 노비
> 를 가지고 있던 자들 말고도, 본래는 노비가 없었으나 혹 從軍하다다

포로를 잡아 노비로 삼기도 하고 혹은 財物로써 노비를 사들이기도
하였습니다. 이에 성조께서는 일찍이 포로들을 석방하여 양민으로
삼아 주려 하셨으나 공신들의 뜻이 동요될까 우려하시어 편리한 대
로 하도록 허락하셨습니다.

②) 광종대에 이르러 비로소 노비를 심사[按檢]하여 그 시비를 분간
케 하였더니 공신들로서 이를 원망하지 않는 자 없으면서도 諫하는
자가 없었는데, 大穆王后께서 간절히 간하였으나 들어주지 않았습니
다. 이에 천한 노예들이 뜻을 얻어 존귀한 사람들을 능멸하고 다투어
거짓을 꾸며 본 주인을 모함하는 자들이 헤아릴 수 없이 많았습니다.

③) 광종은 스스로 화근을 만들어 그 폐단을 끊지 못하였으며 말년
에 이르기까지 심히 많은 사람들을 함부로 죽임으로써 그 덕을 잃음
이 컸습니다.(『高麗史』卷93, 列傳, 崔承老)

라고 하여, 광종대 노비안검의 실시를 비난하고 있다. 또『高麗史』卷88,
大穆王后傳에도,

사) 광종 7년에 노비를 안검하여 그 옳고 그름을 가릴 것을 명하니 종으
로서 주인을 배반하는 자들이 심히 많아, 웃사람을 능멸하는 기풍이 크게
성행하게 되자 사람들이 모두 이를 원망하였다. 이에 왕후가 간절히 간하였
으나 광종은 듣지 않았다.

라고 적어, 노비의 안검이 광종 7년에 행해졌음과 아울러 위의 사료 바)
－②와 비슷한 내용을 전하고 있다.

여기에서 보듯이, 광종이 말년에 이르기까지 많은 사람을 죽인 근본적인
동기가 마치 이 노비안검법에 있는 양 쓰여 있을 정도로 노비의 안검이
당시 훈구세력에 끼친 충격은 매우 컸던 모양이다. 즉, 태조도 해내지 못한
노비안검을 광종은 왕비 대목왕후의 간절한 만류도 듣지 않고 기어이 실시

하였으며, 그 결과 賤隷들이 尊貴를 능멸하고 모함이 들끓어, 이 때문에 말기에 이르도록 많은 억울한 죽음이 발생했다는 것이다.

그렇다면 왜 광종은 훈구세력이 그토록 반대하던 노비안검법을 기어이 실시하려 하였을까? 먼저 훈구세력의 거세에 그 목적이 있었다고 봄이 옳을 것 같다. 주지하는 바와 같이 노비에 관한 한 국가의 이익과 奴主의 이익은 서로 상충된다. 따라서 항상 적정한 노비 수의 유지가 문제로 된다. 따라서 광종의 노비안검법 또한 노비의 수를 조정하려 한 것이었지 노비제 자체를 혁파하려 한 것은 아니었을 것이다. 이 때에 와서 기어이 노비안검법을 실시하려 한 까닭은 당시 훈구세력층이 보유한 노비의 수가 지나치게 많았던 탓도 있었을 것이다.[25]

특히 노비는 유사시 주인의 생명과 재산을 지키는 私兵으로써의 기능을 갖고 있는 만큼, 때에 따라 이러한 기능이 왕실에 대하여 중대한 위협으로 작용할 수도 있음은 길게 말할 필요도 없을 것이다. 그 어느 때보다도 왕실의 존엄을 높이고 황제의 권능을 지향하는 광종에 있어, 그러한 방향에 위협이 될 수 있는 과다한 노비, 즉 지나친 私兵의 존재를 그대로 둘리 없었을 것이다. 반면 훈구세력의 입장에서, 노비를 잃는다는 것은 바로 자신들의 거세를 뜻한다고 여겨질 듯 하겠다. 이렇게 볼 때 아마도 이 노비안검법의 실시 없이 광종의 가혹한 정치개혁이 진행되었더라면 결과는 달라졌을지도 모르겠다. 앞에서 광종의 노비안검법 실시를 가리켜 정치개혁의 한 과정임과 동시에 전면적 정치개혁의 전단계로 본 이유는 바로 이런 데에 있다.

다음으로 노비안검과 관련하여 간과하면 안될 것이, 그것의 강행에는 광종에 의한 군사력의 강화와 더불어 통일 고려의 민족융합을 기하고자 하는 목적도 있었을 것이라는 점이다. 위의 바-①)에서 보아 당시 노비는

---

25) 洪承基, 「高麗前期의 奴婢政策」, 『高麗 貴族社會와 奴婢』, 일조각, 1985.

주로 전쟁포로를 노비로 삼는 戰爭奴隷와 賣買에 의한 購買노예에 의해 형성되었다고 보여지는데, 이 중 후삼국의 쟁패기라는 시대적 배경으로 보아 대체로 전쟁이 더 큰 노비의 공급원이 되었을 것이다. 태조는 즉위 직후 민심수습 차원에서 한때 1,000여명의 노비를 內庫의 布帛으로 贖還시킨 일이 있었으면서도, 공신의 뜻을 상할까 우려하여 더 이상의 放良조치를 취하지는 못했다[사료 바) - ①)]. 그 까닭은 아마도 후삼국의 통일전쟁을 전후한 시기로서 공신들의 회유를 통한 강력한 전력의 유지가 더욱 소망스러운 것이었기 때문일 것이다.

그러나 광종 7년이라면 통일전쟁을 경과한지도 이제 20년이 넘어 안정된 왕권을 앞세워 민족의 융합에 매진해야 될 때가 된 것이다. 그럼에도 불구하고 훈구세력이 지나친 노비를 보유하고 있다는 것은 그 자체가 언제나 평안을 해칠 위험일 수도 있거니와, 노비의 처지에서 전쟁 중 포로가 되었다가 끝내 노비로 전락한 그들의 신분적 불만도 절정에 달하고 있었을 가능성도 높다고 본다. 또 그 무렵은 국가적으로도 契丹의 침입에 대비하여 정종 2년(947)이래 30만의 光軍이 편성되는[26] 등 국군의 강화가 중요한 과제로 되었던 때인 만큼 광종으로서는 훈구세력의 사병보다는 국가의 군대를 양성할 필요가 있었을 것이므로, 노비안검을 통하여 방량된 노비 중 다수는 군대 속에 흡수되었을 가능성이 크다고 하겠다.

뿐만 아니라 정치개혁이 진행되는 동안 광종은 자신의 신변보호에 힘써, 각 州郡으로부터 풍채있는 자를 侍衛軍卒로 뽑아 立侍케 하면서 모두 內廚에서 먹고 자게 했다[27]한다. 이 또한 방량된 노비들이 자신들의 지위를 높일 수 있는 좋은 기회로 되었을 것으로 여겨진다. 그리하여 위의 바 - ②)에서와 같이 "천예들이 뜻을 얻어 존귀를 능멸했다"거나, "노예가 주인을 모함"할 수 있었던 기반은 해방된 그들이 군대 내부에서 일정한

---

26) 『高麗史』 卷81, 兵1, 兵制.
27) 『高麗史』 卷93, 列傳, 崔承老.

발언권을 확보할 수 있었기 때문이었을 것이다.

한편 후삼국의 쟁패 양상을 볼 때, 고려와 적대적 입장에서 전쟁을 치룬 쪽은 주로 후백제이었던 만큼 전쟁노예의 거의 전부는 후백제계의 병사출신들이었을 것이다. 따라서 노비안검을 통해 방량된 대부분의 해방노비들은 곧 후백제계 백성들로 볼 것이므로, 이러한 조치는 바로 후백제계의 포용을 목적으로 하는 민족융합책일 수도 있다는 것이다. 이런 점은 고려 태조가 「訓要 10條」로써 후백제계의 등용을 경계했음에도 불구하고 광종이 科擧制를 통하여 후백제 계통의 인사들을 등용시킨 정책과도 무관하지 않으리라 본다.

이상 살핀 바와 같이 광종 7년에 단행된 노비안검은 광종에 의한 본격적 정치개혁의 서막으로서, 훈구세력의 거세와 동시에 강력한 군사력을 확보하고, 나아가 통일국가에 걸맞게 범민족 위에 군림하는 황제권을 확립하고자 단행된 예비적 조치이었다. 이러한 노비안검을 계기로 그 동안 유지되어 오던 광종과 훈구세력간의 밀월도 끝이 나고, 광종은 이제 개혁을 주도할 새로운 정치세력과의 제휴를 모색하면서 뜻한 바 새로운 통치질서의 확립에 착수하게 되었다.

2. 科擧制의 채택

과거제는 광종 9년(958)에 歸化人 雙冀의 건의에 의해 채택된, 시험에 의한 관료의 선발제도로써 고려는 물론 조선의 전시대에 걸쳐 시행되었던 가장 중요한 정치 입문의 길이다. 그러나 이 과거제가 한국역사상 처음으로 갖게 된 관리선발 시험제도인 것은 물론 아니다. 필기 시험을 통하여 관리를 선발하는 제도는 이미 신라하대 讀書三品科제도의 실시와 함께 정착되어 있었다고 믿는다. 따라서 광종 9년 당시 과거제의 실시로 인한 정치개혁의 파장이나 정치적 충격은 그리 심각한 것으로 보기 어려울 것 같다.

여기에서 종전의 관리 선발방식과 비교해 보아 광종 9년의 과거제에서
는 과목이 明經科와 製述科 및 雜科 등으로 확대되었으며, 특히 漢文章을
다루는 製述科가 중시되었다는 점에서 그 특색을 찾을 수 있을 것 같다.
그 후 製述科, 즉 進士科는 고려의 科擧에서 가장 중요한 과목으로 부상했
다. 이에 비해 종전의 독서삼품과체제는 明經科 중심이었다.[28] 그러니까
광종때 과거제 실시의 의의는 종래의 명경업, 즉 유교 경전 중심의 시험에
서 제술업, 즉 詞章 위주의 시험으로 전환된 데서 찾아져야 할 것이다.
『高麗史』 卷2, 光宗 9年에도,

> 아) 여름 5월에 비로소 科擧를 설치하고 翰林學士 雙冀에게 명하여 進士
> 를 뽑게 하였다.

라 하여, 進士 즉 製述科의 급제자를 뽑았다고 적고 있다.

한편 『高麗史節要』 卷2, 光宗 9年에는 보다 자세하게,

> 자) 여름 5월에 翰林學士 雙冀를 知貢擧에 임명하여 詩·賦·頌 및 時務
> 策으로서 進士를 뽑게 하고, 威鳳樓로 나아가 합격자를 발표하였다. 崔暹
> 등 2명에게 及第를 下賜하고 明經 3人, 卜業 2人을 급제시켰다. 雙冀를 등용
> 하여 처음으로 科擧를 설치하게 되니 이로부터 文風이 비로소 일어났다.

---

28) 『三國史記』 卷10, 新羅本紀, 元聖王 4年에 보이는 讀書三品科 내용을 품등과 과목별로
정리하면 아래와 같다.

下　品 : 曲禮, 孝經.
中　品 : 曲禮, 孝經, 論語.
上　品 : 春秋左氏傳, 禮記, 論語, 孝經, 文選.
特　品 : 五經, 三史, 諸子百家에 능통.

이러한 과목 구성을 볼 때, 독서 삼품과는 明經을 위주로 한 관리선발 시험이라 할 수
있을 것이다. 漢文章과 관련해서는 上品에 겨우 文選이 들어 있음을 보게 될 뿐이다.

라고 적어, 광종 9년의 과거에서 漢文章을 다루는 제술과가 그 중심으로 자리잡았을 뿐 아니라 그러한 경향에 따라 비로소 '文風', 즉 漢文學이 크게 일었음을 알리고 있다.[29]

광종대의 과거제가 갖는 또 하나의 특징은 그 범위가 통일된 고려에서 전국의 州·郡에 걸쳐 개방된 것이었다는 것이다. 이 점에서 응시자격을 國學 등 특수목적으로 설립된 학교출신에만 국한시킨 독서삼품과와의 차이가 지적된다. 따라서 종전의 관리선발시험은 학교가 설치되어 있던 開京이나 西京 등 특정 지역에서만 치루어졌다고 볼 때, 광종대의 과거는 전국에 개방되었다는 점에서 큰 차이를 나타낸다고 보겠다. 이와 같이 광종대의 과거제 실시는 "재래의 중앙관리 등용방법을 보강하려 한 것"[30]으로서 그 자체 제술 중심이란 점 및 지역적으로 개방적이란 점의 두 가지 측면에서 종전과는 크게 다른 특성을 갖는다고 하겠다. 이와 관련하여, 「柳邦憲의 墓誌」에 보이는 다음의 사료가 주목된다.

차) 柳邦憲 : 그의 자는 民이고 全州사람이다. … 甲辰 정월 15일에 출생하였다. 어려서부터 가업을 이어 받아 학문에 열중하였는데 五經과 疏義를 궁구함에 자세히 살피지 않음이 없었다. 나이 17살에 부친의 별세에 따라 삼년상을 치르고 나서 명경과에 응시하였으나 급제하지 못했다. 이때 비로소 광종이 製術을 숭상하여 詩와 賦로써 사람을 뽑게됨에 公은 鄕貢進士에 응시하여 乾元 10년 임신 9월 5일 一擧에 수석으로 급제했다. (『朝鮮金石總覽』上, 265쪽)

위의 사료는 광종대의 과거제에 관련된 많은 의문을 풀어줄 열쇠가 될 것 같다. 먼저 유방헌은 전주 사람이다. 태조의 「訓要 10條」가운데 제8조

---

29) 許興植, 「高麗 禮部試의 諸業別 出題와 及第者의 進出」, 『高麗科擧制度史硏究』, 일조각, 1981.

30) 姜喜雄, 「高麗初 科擧制度 導入에 관한 小考」, 『韓國史論文選集(高麗編)』, 일조각, 1976, 81쪽.

는 "車峴以南 公州江外 사람들" 즉 후백제 출신 인물들을 등용하지 말라는 내용으로 되어 있다.[31] 그럼에도 불구하고 유방헌은 개방된 과거에 급제함으로써 종래의 지역차대를 극복할 수 있었다고 보겠다.

다음으로 과목에 대해서인데 위의 墓誌銘에 의하면 유방헌은 어려서부터 5經과 疏를 공부했다 한다. 이는 아마도 당시 지배계급 자제들의 장래 출세를 위한 일반적 경향으로서, 독서삼품과 이래의 명경과에 대비했기 때문일 것이다. 그러나 그는 부친 3년상을 치룬 후 응시한 명경과에서 낙방했다. 그런데 그 무렵 광종이 비로소 제술을 숭상하여 시와 부로써 사람을 뽑자 그는 鄕貢進士로 응시하여 임신년, 곧 광종 23년(972)에 수석으로 합격했다는 것이다. 이에 따라 광종대의 과거가 종전의 독서삼품과적 제도 하에서 유교경전 중심의 명경과 위주로 관리를 선발하던 방식에 비해, 詩·賦 등 한문장 중심의 제술과 중심으로 운용해 나간 사실을 거듭 확인하게 된다.

여기에서 이러한 과거제가 채택된 배경을 다시 한번 살펴볼 필요가 있을 것 같다. 과거제는 後周에서 귀화한 쌍기의 건의에 의해 채택된 것이었다. 쌍기는 광종 7년(956)에 후주의 前大理評事로 고려에 使行의 일원으로 왔다가, 병으로 머물러 있게 된 다음 광종의 뜻에 따라 고려로 귀화한 인물이다.[32] 이후 그는 고려의 文柄을 맡아, 과거제 뿐 아니라 광종의 정치개혁 전반에 걸쳐 주도적 역할을 한 인물로 여겨진다. 추측컨대 쌍기는 교양을 갖춘 후주의 관료출신으로서 당시 고려사회 내부의 정치세력, 특히 훈구세력과는 별다른 연고를 갖지 않았던 듯 하다.[33] 그러므로 그는 객관적인 견지에서 왕권의 존엄을 지향하는 광종의 개혁을 도우는데 적당했던

---

31) 『高麗史』 卷2, 世家, 太祖 26年.
32) 『高麗史』 卷93, 列傳, 雙冀.
33) 河炫綱은 「豪族과 王權」, 앞의 책, 142쪽에서 광종과 쌍기의 관계를 고려말 공민왕과 신돈의 관계에 비기고 있다. 적절한 비유라 생각한다.

인물로 보여질 수 있었다. 또 광종이 병으로 요양 중인 쌍기를 만나 보고는 후주에 청하여 자신의 관료로 삼을 만큼 왕권강화를 지향하는 자신의 뜻과 쌍기의 정견이 일치했다고도 볼 수 있겠다. 이러한 이유로 광종은 비단 과거제뿐 아니라 자신이 의도하는 개혁을 주도할 인물로 쌍기를 택했던 것 같다.

그러나 쌍기를 내세워 추진한 광종의 개혁은 나중에 격렬한 비판을 받게 된다. 최승로는 다시 그의 五朝政績評에서,

> 카-①) 즉위한 해로부터 8년에 이르기까지 政敎가 청평하고 형벌과 상이 남용되지 않았습니다. 그러나 쌍기를 등용한 후로부터 文士를 받들고 존중함이 지나치게 많아, 이로 말미암아 非才가 濫進하여 차례도 없이 벼슬을 뛰어 올라 한 해가 되기도 전에 문득 재상이 되기도 하였습니다.
>
> ②) 이리하여 南北의 庸人들이 서로 다투며 찾아와 의탁하기를 원함에, 그 지혜있고 재주있음을 논하지 않고 모두 특별한 은총과 예우로 접하니 이런 까닭에 後生이 다투어 나아가고 舊德은 점차 쇠퇴해 졌습니다. 비록 華風을 중히한다 하여도 中華의 좋은 법은 취하지 않았으며, 華士를 예우한다 하여도 中華의 현명한 인재는 얻지 못하였습니다.
>
> ③) 백성들에 대하여는 고혈을 더욱 짜내고 사방에서는 공허한 칭찬을 얻었을 뿐입니다. 이로 인해 더 이상 庶政에는 힘쓰지 않았고 賓僚만 접견하니 猜忌는 날로 깊어가고 都兪는 나날이 막혔어도 時政의 득실을 감히 말하는 자가 없었습니다.(『高麗史』卷93, 列傳, 崔承老)

라고 하여 광종의 정치를 비난하고 있는데, 여기에서 모든 실정의 원인을 쌍기의 등장에 돌리고 있다. 즉, 그는 카-①)에서 쌍기를 등용한 이래

'文士'들이 지나치게 우대됨으로써 '非才'가 함부로 승진하여 1년이 못 가 재상이 되었다는 불만을 나타낸 데 이어, 카-②)에서는 쌍기 이래 중국 으로부터 귀화하는 사람들을 우대함에 따라 '後生'들이 다투어 진출하고 이 때문에 '舊德'이 점차 쇠퇴하게 되었다는 것을 강조하고 있다. 그리하여 카-③)에서는 이후 사방의 칭찬에만 도취하여 올바른 정사를 베풀지 못했 음을 한탄했다.

그런데 여기에서 위의 카-①)에 보이는 문사와 비재는 어떤 성격의 집 단이며 또 카-②)의 南北庸人이니, 後生·舊德·華士 등은 어떤 성격의 부류일까 하는 의문이 제기된다. 먼저 카-①)의 문사와 비재를 혹시 당시 의 과거 급제자로 간주하기 쉬우나, 이미 연구된 바와 같이 광종대의 과거 급제자는 아직 결집된 힘으로 정치세력화한 단계에 이르지도 못했던 것으 로 보여진다.[34] 또 무엇보다 최승로 자신이 과거제를 배척했다고도 보기 어렵겠고, 그 스스로 성종 2년(983)에 급제자를 뽑는 등 과거에 참여하고 있음에 비추어 급제자를 비재라 경멸했을리 만무할 것이다. 또 한 해가 못 가 재상으로 진급한 과거 급제자는 아무도 없다. 그러한 관점에서 한 해가 가기 전에 卿相에 오른 인물이란 바로 쌍기를 두고 한 말일 것 같다.[35]

다음으로 카-②)에 보이는 용어들과 관련하여 여러 갈래 기왕의 견해가 제시되어 있으나, 아마도 이 부분 전체는 중국으로부터 귀화한 華士에 대한 최승로의 비난으로 보아야 옳지 않을까 싶다. 즉 문맥으로 볼 때, 南北庸人이란 바로 華士를 가리킨다고 하겠다. 또 여기에 보이는 後生도 당시의 과거 급제자에 국한시킬 것이 아니라, 이 또한 중국으로부터 귀화 한 문사들 가운데의 일부 신진세력으로 해석하는 것이 더 자연스러울 듯 하다. 하여간 後生이란 학업 도중에 있는 후배 또는 후진이나 마찬가지로 서 신진세력을 가리키는 보통명사로 보아 무리가 없을 듯하고 이에 비해

34) 吳星,「高麗 光宗代의 科擧合格者」,『高麗光宗研究』, 일조각, 1987, 39~46쪽.
35) 河炫綱,「光宗의 王權 强化策과 그 意義」,『韓國中世史研究』, 일조각, 1988, 117쪽.

舊德이란 곧 훈구세력을 지칭하는 용어라 간주된다. 여기에서 신진세력의 등장과 더불어 훈구세력의 조락을 엿보게 된다.

이상과 같이 과거제는 쌍기의 건의에 의해 정치 개혁의 일환으로 채택된 제도로서, 이후 전제왕권을 옹호하는 관료제의 출발점이라고도 하겠으나, 그렇다고 해서 광종대의 과거 급제자가 정치 개혁의 표면에서 활약을 나타낸 예는 찾아지지 않는다. 다음의 <표-2>는 광종대의 과거급제자로서 추적 가능한 인물들을 정리한 것이다.

『高麗史』選擧志의 기록에 의하면 광종대의 과거 급제자는 進士科 27인, 明經科 6인, 卜業 3인 및 醫業 3인 등 모두 39명에 달한다. 그러나 그들 가운데서 그나마 행적을 남기고 있는 사람들은 <표-2>에 보이는 12명에 불과한데, 이들은 모두 진사과 출신들이다.

<표-2> 光宗代의 進士科 급제자

年 月	及第者 姓名	出身地	知貢擧	歷任官職
光宗 9년 5월	崔 暹		雙冀	成宗 15年 翰林學士知貢擧
9년	晋 兢	帶方縣		光文院 小監
11년 3월	崔光範		雙冀	
11년	徐 熙	利川		光宗朝 廣評員外郎 成宗朝 太師 內史令
12년 4월	王 擧		雙冀	
15년 7월	金 策	羅州 光陽	趙 翌	左僕射 翰林學士
17년	崔居業		王 融	
23년	楊 演		王 融	
23년	柳邦憲	全州		成宗朝 禮部侍郎 穆宗朝 門下侍郎平章事
24년	白思柔		王 融	成宗 10年, 14年 翰林學士 知貢擧
25년 3월	韓蘭卿	楊州	王 融	成宗 8年 侍郎 穆宗 10年 平章事
25년	崔 亮	慶州		成宗朝 攻文博士 成宗師友 內史侍郎兼民官御事 同內史門下平章事監修國史

<표-2>에서 보는 대로 그들 대부분이 활약하게 되는 시기는 주로 성종대 이후라 하겠다. 따라서 광종대에 갓 급제한 그들이 정치 개혁에서 중요한 역할을 했다고는 보기 어려울 것 같다. 또 이들 가운데서 특별히 광종의 총애를 받았다거나 단시일에 고속 승진을 한 것으로 보여지는 인물도 주목하기 어려운 것이 사실이다. 위에서 제시했던 카-①·②)에 보이는 '非才' 또는 '後生'의 범주 속에 이들 급제자를 포함시킬 수 없는 이유는 바로 이런데 있다.

이러한 점들로 미루어 볼 때, 과거제가 전제왕권을 옹호하는 관료제의 기반이란 점에서, 광종대의 과거제 실시는 그 자체 정치개혁의 일환이라 볼 수는 있겠지만 그것이 당장 훈구세력을 탄압하는 장치로서 역할했다고는 믿어지지 않는다. 오히려 처음에는 훈구세력들도 과거제의 실시를 환영하지 않았을까 싶다. 예컨대, 위의 <표-2>에서 광종 11년에 급제한 徐熙는 광종대에 內史令으로 있던 徐弼의 아들[36]이란 점으로 미루어 볼 때, 과거가 결코 당시의 훈구세력들로부터 배척되었을리 없다고 하겠다.

그러나 통일된 고려의 범민족위에 군림하는 황제권의 확립을 지상의 목표로 하고 이를 위해 효율적 관료제 창출을 과업으로 하는 광종에 있어, 당장 지배 세력의 교체를 실현시킬 수는 없을지라도 이를 통하여 관인 등용에 있어 능력이 존중되고, 지역과 성분의 편차를 줄일 수 있었다는 점에서 과거제는 중요한 정치개혁의 하나이었음에 틀림없을 것이다. 따라서 과거제는 통일국가로서의 고려가 반드시 지향해야 될 개혁된 관인 등용의 길이었다고 믿는다.

3. 公服制의 실시

광종의 정치 개혁과 관련하여, 광종 11년(960)에 제정된 百官의 公服制

---

36) 『高麗史』 卷94, 列傳, 徐熙.

실시가 매우 중요시되어야 마땅할 것 같다. 『高麗史』卷2, 光宗 11年에는,

타) 春 三月에 百官의 公服을 제정하였다.

라 하여 公服制度 성립을 알리고 있다. 또 『高麗史』卷72, 輿服, 公服條에
는,

파-①) 光宗 11년 3월에 百官의 公服을 제정하였는데,
元尹 이상은 紫衫,
中壇卿 이상은 丹衫,
都航卿 이상은 緋衫,
小主簿 이상은 綠衫을 입도록 하였다.

②) 毅宗 때 詳定하기를, 文官 4품 이상은 紫色 옷에 붉은 띠를
띠고 金魚를 찬다. 常參 6품 이상은 붉은(緋)색 옷에 붉은 띠를 띠고
銀魚를 차는데 벼슬이 아직 이에 이르지 않더라도 특별히 하사받은
자는 여기에 구애되지 않는다. 9품 이상은 綠色 옷을 입는다.

라고 하여 보다 상세히 고려 공복제의 제정과 그 변천을 기록하고 있다.
위의 사료에는 광종 11년(960)에 관원의 신분에 따라 紫·丹·緋·綠色의
公服을 입도록 하다가, 毅宗 때(1147~1170)에 들어와 紫·緋·綠色의 공
복으로 고친 양 되어 있다.

그러나 실제의 용례를 볼 때, 태조 때에도 이미 위의 파-①)과 마찬가지
의 복색으로 된 공복제가 실시되고 있었다. 몇 가지 예를 들자면 다음과
같다.

하-①) (태조 23년) 太相 檢校尙書 前守執事侍郎左僕射兼御史大夫上
柱國 知元鳳省事 賜紫金魚袋 臣崔彦撝.(「地藏禪院 朗圓大師悟眞

塔碑」,『朝鮮金石總覽』上, 140쪽)

②) (태조 22년) 正朝 上柱國 賜丹金魚袋 臣李桓樞.(「菩提寺 大鏡
大師玄機塔碑」,『朝鮮金石總覽』上, 130쪽)

③) (태조 26년) 沙粲 前守興文監卿 賜緋銀魚袋 臣具足達.(「淨土
寺 法鏡大師慈燈塔碑」,『朝鮮金石總覽』上, 150쪽)

위의 사람들은 太祖 때의 문관들로서, 왕명을 받들어 고승들의 업적을
기리는 비문을 지었거나 쓴 사람들이다. 따라서 동 비문에 자신의 공식
직함을 먼저 표기하고 있는데, 여기에는 일정한 법식이 있었다. 즉,

官階(官等) + 官職 + 公服色과 魚袋 + 姓名

의 순이 그것이다.[37)]

위의 사료에서 볼 때, 하-①)의 崔彦撝는 太相의 官階를 갖고 紫色 公服
에 金魚袋를 찬다. 또 하-②)의 李桓樞는 正朝의 官階에, 丹色 公服을
입고 金魚袋를 찬다. 다시 하-③)의 具足達은 좀 특이하게도 아직까지
멸망한 신라의 沙粲이라는 官等에 緋色 公服을 입고 銀魚袋를 차고 있음
을 나타내고 있는 점이 흥미롭다.

이를 통하여 紫·丹·緋·(綠)으로 구성된 고려의 공복제가 태조대부터
시행되고 있었음을 알 수 있겠는데, 물론 이러한 색채의 서열은 紫·緋·
靑·黃色으로 구성된 신라의 공복색과는 뚜렷이 구분된다.[38)] 특히 하-
②)에 보이는 '丹色' 공복의 존재가 초기고려 공복제의 한 특징이라 할
수 있을 것이다. 그러나 이 단색이 하-③)의 '緋色'과 어떻게 구분될 수

---

37) 黃善榮,「高麗初期 官階의 成立과 變遷」, 앞의 책, 248쪽.
38)『三國史記』卷33, 志2, 色服.

있을지 극히 의문스러울 따름이다.

하여간 이러한 고려의 공복제가 태조대부터 시행되고 있었음에도 불구하고, 광종의 정치개혁과 관련하여 새삼 공복제가 제정되었다는 것은, 아마도 이때에 제도상 어떤 큰 변화가 있었음에 기인하는 것이 아닐까 싶다. 그런데 이와 관련하여 좀더 깊이 생각해 볼 것이 있다. '丹衫'과 '緋衫'의 구분에 대해서이다.

색채 개념으로 볼 때 단색과 비색은 모두 붉은 색깔인 바, 혹 농도의 차이로서 서로를 구분할 수 있다고 여겨질지 모르겠지만, 이는 억측일 뿐 아무래도 단색과 비색은 구분이 불가능하다고 봄이 옳을 것 같다. 공복에서 복색을 구분하는 것은 "貴賤을 가리고 尊卑를 판별"[39]하기 위해서 이다. 따라서 하필이면 단색과 비색이라는, 얼른 구분이 불가능한 색깔을 공복색으로 채택하였을리 없었을 것이다. 그럼에도 불구하고 위의 사료에서와 같이 단색과 비색이 같은 시대에 보인다는 것은 필시 어떤 특별한 연유가 있었음에 기인하리라 추리된다.

이러한 관점에서, 필자는 초기 고려의 공복제에 보이는 '緋衫'계층을 신라계의 6두품세력에 비긴 바 있고, 또 '丹衫'계층은 이에 준하는 원고려계의 관료계급에 비정하였다.[40] 사실 고려의 후삼국 통일과정에서 볼 때, 신라와는 경순왕의 귀순에 의해 평화적으로 합병했는데, 이에 대한 고려 태조의 예우는 각별한 것으로서 결과적으로는 마치 고려와 신라의 연합을 擬制한 듯 보여지기조차 한다.

아마도 고려 태조는 신라를 합병하고 나서도 한동안 일부 신라의 관부를 그대로 존속시켰을 뿐 아니라 신라 고유의 관등과 공복까지 그대로 쓰도록 허용했던 것 같다.[41] 그러한 결과 위의 하-③)에서 보듯이, 具足達은 고려

---

39) 『高麗史』 卷93, 列傳, 崔承老. 「時務 28條」 중 제9조.
40) 黃善榮, 「高麗初期 公服制의 成立」, 『釜山史學』 12, 1987, 18~24쪽, <본서 제9장 참조>.
41) 黃善榮, 「高麗初期 官階의 成立과 變遷」, 앞의 책, 240~246쪽.

태조의 명을 받아 「法鏡大師慈燈塔碑」를 쓰면서도 沙粲이란 신라 관등과 興文監이라는 신라 관부를 공적으로 표방할 수 있었다고 여겨진다. 이와 같이 고려초기의 이원적 정치구조에서 신라계 6두품출신들은 그 위상이 애매한 채 고려의 관료아닌 관료로서 차별을 받아왔던 것으로 보여진다.

이와 같은 체제는 아마도 광종의 시대에까지도 이어져 오다가 광종 11년 (960)에 들어 마침내 신라계 비삼층이 정식으로 고려의 관제에서 그 지위를 군힐 수 있었으니, 앞에서 제시한 사료 하-①)의 공복제 제정 기사는 바로 이러한 조치를 뜻하는 것으로 해석된다. 즉 紫·丹·緋·綠의 복색 가운데서, 비색이 바로 신라계 육두품 출신의 관료층으로 간주된다는 것이다. 그러니까 이제부터 비색계층이 비록 원고려계의 단색계층보다 아래이긴 하지만 고려의 관료체제에서 확고한 위치를 차지하게 되었다고 볼 수가 있겠다.

뿐만 아니라 공교롭게도 바로 이 해는 開京을 皇都라 부르고, 俊豊의 연호가 쓰이기 시작한 해이자, 광종에 의한 훈구세력의 탄압이 본격화하기 시작하는 해이기도 하다. 이는 결코 우연한 일로 보기 어려울 것이다. 아마도 광종은 황제가 되려는 자신의 정치적 야망을 달성함에 필요한 지지세력으로서 신라계를 택했지 않았을까 싶다. 물론 이러한 조치는 훈구세력을 매우 불안하게 하였을 것이다. 따라서 훈구세력은 자기들의 기득권을 지키고자 나섰을 것이고, 이러한 과정에서 정치세력들간의 시기와 반목이 증폭되어 마침내 피의 숙청으로 발전되지 않았을까 한다.

앞의 사료 마-①)에서 본대로, 최승로는 광종의 정적을 평하면서 "庚申年(광종 11년)부터 乙亥年(광종 26년)에 이르기까지 16년간 간악한 자들이 앞을 다투어 진출하여 참소와 중상을 크게 일으켜 … 마침내 구신숙장들이 차례로 살육을 당했고 골육과 친척들도 모두 멸망되었다"고 분개하고 있다. 여기에서 말하는 간악한 자들을 모두 비삼계층이라 단정하기는 어렵겠지만, 시기적으로 공복제의 제정과 더불어 훈구세력에 대한 피의 숙청이 있었던 점에 비추어 볼 때, 위에서 추측한대로 아마도 광종은 정치개혁의 주도세력으로서 신라계 비삼층을 택했다고 보여지기까지 한다.

사실 광종의 신라계에 대한 관심은 각별했던 것으로 파악된다. 그 이유와 관련하여, 먼저 광종 자신이 태조의 왕자이면서도 정종을 제외한 다른 왕자들에 비하여 혈연적으로 신라계에 가깝다는 점을 염두에 두어야 할 것이다. 즉 정종·광종의 母后는 태조의 第3妃인 神明順成王太后로서 忠州 劉氏인데, 王太后는 다시 太師 內史令에 追贈된 兢達의 딸이다.[42] 이 긍달은「興寧寺 澄曉大師寶印塔碑」에 나열된 인물 가운데의 '兢達蘇判' 과 동일인임에 틀림없을 것이다.[43] 혜종 원년(944)에 세워진 이 탑비에서 긍달이 자신의 관등을 소판이라 적고 있음을 보아 그가 신라계임을 알게된다. 광종의 외조부는 바로 신라의 진골 출신이었던 것이다.

뿐만 아니라 이 신명왕태후 소생의 樂浪公主, 즉 광종의 친누이가 또 敬順王이 귀순했을 때 그에게 출가했다.[44] 이로써 경순왕이 광종 자신의 매부로 된 것이다. 더 나아가 이번에는 광종과 경순왕이 서로 사돈을 맺었다. 광종의 아들 景宗과 경순왕의 딸 獻肅王后의 혼인이 바로 그것인데,[45] 이는 광종 주변의 親新羅的 분위기로 해서 맺어질 수 있었다고 본다. 이렇게 볼 때, 광종이 신라계에 갖는 애정 또한 각별했을 것으로 여겨지는데 동시에 재기를 노리던 신라계 역시 이러한 분위기를 타게 되었고, 특히 경순왕을 따라 고려에 왔던 옛 신라의 비삼층이 그 속에서 크게 부상할

---

42)『高麗史』卷88, 列傳, 后妃, 神明順成王太后.
43) 李種旭,「高麗初 940年代의 王位繼承戰과 그 政治的 性格」,『高麗光宗研究』, 일조각, 1987, 13쪽.
44)『高麗史』卷91, 列傳, 公主, 安貞淑儀公主.
45)『三國史記』卷12, 新羅本紀, 敬順王 11年 말미 부분에는 "至景宗獻和大王 聘正承公女納 爲王妃 仍封正承公爲尙父令"이라 하여 이 혼인이 경종 즉위 후에 이루어진 양 직고 있으나, 이는 혼인의 결과만을 기록한 탓으로 보여지며, 실제 결혼했던 시기는 광종 16년에 경종이 태자로 책봉된 때 이전으로 추정된다(黃善榮,「高麗 光宗 景宗代의 政治的 推移」, 앞의 책, 208쪽).

계기를 잡을 수 있었다고 추리된다.

그렇다고 할 때, 이러한 광종의 신라계에 대한 우대정책이 훈구세력들에 있어 결코 달가운 일이 될 수는 없었을 것이다. 아마도 그들은 신라계를 견제하려 했을 것이고, 이에 반해 신라계는 더욱 광종에게 밀착하여 훈구세력의 거세에 앞장섰을 것이다. 이러한 정치세력 간의 투쟁에서 크게 손상당한 쪽은 훈구세력이었다. 그리하여 광종의 치세를 끝내고 경종의 즉위를 맞이할 수 있었던 잔존 훈구세력은 최승로의 말대로라면 겨우 40명에 지나지 않았던 것이다.

Ⅳ. 勳舊勢力의 숙청

훈구세력에 대한 광종의 탄압은 광종 11년(960)에 들어 본격화되었다. 『高麗史』卷2, 光宗 11년에는,

> 거 - ①) 評農書史 權信이 大相 俊弘과 佐丞 王同 등이 역모를 꾸민다고 참소함에 따라 그들을 귀양보냈다.
>
> ②) 이때부터 아첨하는 자들이 뜻을 얻어 忠良을 모함하였으며 노비가 자기주인을 고소하고 자식은 자기아비를 모함하니 감옥이 항상 가득 차서 따로 假獄을 설치하게 되었다. 죄없이 잡혀 죽음을 당한 자가 계속 이어졌으며 猜忌는 날로 심해졌다.
>
> ③) 宗族 가운데도 많은 사람이 생명을 보존하지 못했으며 외아들 주마저도 의심을 받아 왕에게 가까이 다가가지도 못하였다.

라 하여, 훈구세력에 대한 탄압의 단서와 경과를 적고 있다.

위의 거 - ①)에서와 같이 사태의 발단은 評農書史 權信의 참소에서 비

롯되었다. 그 때문에 大相 俊弘과 佐丞 王同이 귀양을 가게 되었는데, 그들 가운데 대상 준홍은 당시 內奉令의 관직에 있던 사람이다.[46] 반면에 권신 이 가진 '書史'라는 관직은 아마도 관부의 말단 胥吏급에 불과하다고 여겨 진다. 그 정도의 하위자가 최고위 관료를 귀양가게 했다면 분명 참소라고 보기만은 어려울 것 같다. 아마도 그들의 역모는 사실이었거나, 혹 사전에 계획된 각본에 의한 것은 아니었을지 의심된다. 무엇보다도 시기적으로 의미가 큰 광종 11년인 만큼, 하급관리의 단순한 참소에 의해 최고위에 있던 관료가 귀양가게 되었다는 것이 얼른 납득되지 않기 때문이다.

하여간 이를 계기로 이때부터 사료 거-②)에서 보듯이 참소와 무고가 크게 일어 노비가 주인을 고소하고 아들이 아비를 참소하는 등으로 감옥이 가득 차 가옥을 짓기까지에 이르렀다는 점으로 미루어 볼 때, 훈구세력의 상당수가 역모에 연루되었음이 사실이 아닐까 여겨진다. 게다가 일부 왕족 까지도 훈구세력의 편에 섰거나 의심을 받아 죽음을 당하였고 심지어는 외아들 주[景宗]까지도 의심을 받았다고 거-③)은 전하고 있다.

한편 광종이 얼마나 가혹하게 훈구세력을 탄압했는지와 관련하여 최승 로는 다시 五朝政績評에서,

> 너-①) 庚申年부터 乙亥年에 이르기까지 16년간 간악한 자들이 앞을 다투어 진출하여 참소와 중상을 크게 일으킴에 군자는 몸둘 곳이 없고 소인은 뜻을 얻게 되었습니다. 마침내는 자식이 부모를 거역하 고 노예가 주인을 논박하게 되니 상하의 마음이 서로 이탈되고 君臣 이 한 몸으로 되지 못하였습니다. 옛 신하와 오랜 장수[舊臣宿將]들 이 차례로 살육을 당하였고 골육과 친척들도 모두 멸망되었습니다.

> ②) 광종 말년에 세상이 어지럽고 참소가 일어나 무릇 형벌을 받는

---

46) 崔圭成,「高麗初期 官僚體制와 政治擔當勢力의 變遷」,『藍史鄭在覺博士古稀記念 東洋學 論叢』, 고려원, 1984, 73쪽.

사람 중에 무고한 사람들이 많았는데 역대의 공훈있는 신하와 오랜
장수들[勳臣宿將]도 모두 죽음을 면하지 못하고 없어져 버려, 경종
이 즉위했을 때 옛 신하[舊臣]로서 살아남은 사람은 40여명 뿐이었
습니다.(『高麗史』 卷93, 列傳, 崔承老)

라고 그 참상을 적고 있다.

위의 너 - ①)에서 보이는 '舊臣宿將'이나 너 - ②)의 '勳臣宿將'이란 모
두 원고려계의 훈구세력이라 보아 틀림없을 것이다. 바로 이들이 광종에
의해 탄압되고 거세되었던 것이다. 훈구세력에 대한 광종의 철저한 숙청의
결과 광종대를 무사히 넘기고 경종의 즉위를 맞이할 수 있었던 '舊臣',
즉 문무 훈구세력의 잔존자는 겨우 40인에 지나지 않았다 한다.

여기에서 광종에 의한 숙청대상이 반독립적 존재로서의 호족이 아니라
건국기이래 가신적으로 고려왕조를 섬겨 오면서 갖은 특권을 누리던 훈구
세력임을 거듭 확인할 수 있게 된다. 또 이들과 더불어 일부 왕족들이
도태되었다. 위의 너 - ①)에 보이는 '骨肉과 親戚'은 곧 왕실 내부를 가리
킴에 틀림없을 것이다.

이와 관련하여 당시 훈구세력이 광종에 대항할 수 있었던 한계를 한
번 생각해 볼 필요가 있겠다. 16년간에 걸친 광종과 훈구세력간의 대결아
닌 대결에서, 훈구세력은 광종의 일방적 '처분'에 대하여 한 번도 변변히
맞서보지 못하고 죽어 갔다. 박수경의 경우, 그는 자신의 세 아들이 투옥되
는 등 일족의 몰락을 눈앞에 보면서도 속수무책이었고, 끝내는 자신마저
분사시키고 말았다. 그 밖의 어느 누구도 저항의 흔적을 남기지 못했으며,
功臣의 本貫지역 어디에서도 아무런 저항이나 소요를 일으키지 못했다.[47]
만약 그들이 지방과 연고가 깊은 호족계열이었다면 결코 이와 같이 고스란
히 당하고 있지만은 않았을 것이다.

---

47) 광종의 재위 기간중 지방에서 일어난 반란은 西京居士 緣可가 일으킨 단 한차례에 불과하
다. 그나마 연가는 반란의 모의 단계에서 伏誅되었다(『高麗史』 卷2, 世家, 光宗 25年).

아마도 그들 훈구세력이 강구할 수 있었던 방책이란 고작 왕족가운데의 누구를 옹립하여 광종을 폐위시키려는 정도, 즉 反正의 시도에 불과했던 것 같다. 그러나 끝내 거사해 보지도 못하고 이제 가엾은 몇몇 왕족만을 희생시켰을 뿐이다. 다시 최승로의 五朝政績評에서는 이와 관련하여,

> 더 - ①) 惠宗은 형제간의 우애를 온전히 하였고 定宗은 나라를 보존하였으니 恩義로 논한다면 중하다 하겠습니다. 이들 兩朝는 각각 오직 아들 하나씩 만을 두었는데 그들의 생명마저 보전하지 못하게 하였으니 이는 비단 그 은덕에 보답하지 않았을 뿐아니라 오히려 깊은 원한을 맺은 것입니다.
>
> ②) 또 말년에 이르러서는 자신의 외아들에게까지 의심을 품었습니다. 때문에 경종은 바야흐로 동궁에 있으면서 언제나 스스로 편하게 지내지 못하다가 요행으로 왕위를 계승하게 되었습니다.(『高麗史』 卷93, 列傳, 崔承老)

라 하여 이번에는 숙청의 화가 왕족들에게도 미쳤음을 알리고 있다.

위의 사료 내용으로 보아 혜종과 정종의 외아들이 모두 광종에 의해 희생되었음을 알겠는데, 이는 아마도 일부 훈구세력이 왕위계승상의 명분이나 서열을 의식하여 그들을 추대하려 함에 응하였거나 연루되었다는 혐의가 씌어졌기 때문일 것이다. 심지어 광종은 자신의 외아들[경종]조차 의심하여 아들의 접근을 허락하지 않았고, 아들은 또 아버지[광종]을 두려워하여 서로가 편할 날이 없었던 것이다. 그밖에도 상당수의 왕족이 훈구세력에 의한 무모한 반정계획 과정에서 희생된 것으로 보여진다.[48]

그러나 광종에 의한 훈구세력의 숙청은 그 자체가 원래의 목적이었던 것은 아니라 본다. 그것은 통일국가의 새로운 정치질서를 수립하여 이를

---

48) 『高麗史』 卷90, 列傳, 宗室, 孝隱太子.

기반으로 帝國을 건설하려는 광종의 뜻에 대하여, 수구적 특권을 고집하며 현상에 안주하려는 훈구세력의 견제가 방해로 작용했기 때문이었다. 이러한 방해를 제거하기 위해 광종은 새로운 정치세력과의 제휴를 모색하고, 더불어 새로운 정치제도를 창안하여 자신의 정치적 이상을 실현하려 했던 것이다. 개방된 체제 속에서 과거제를 실시하여 황제권을 지지하는 관료를 양성하고, 신라계를 일으켜 새삼 친위적인 정치세력으로 삼아 훈구세력과 대결케 했던 요인은 바로 이런 데서 찾아질 것이다.

V. 맺음말

고려초기 정치사에서 광종대의 여러 개혁은 전제왕권의 확립이라는 측면에서 큰 의미를 갖는다고 하겠다. 그런데 이에 대한 지금까지 연구자들의 시각은 주로 王權과 豪族權의 대립이라는 측면에 모아졌고, 결과적으로 광종에 의한 정치의 개혁을 겪고 나서야 비로소 고려왕실이 호족연합정권의 굴레를 벗고 왕권 전제화의 길을 열게 된 듯 설명되어 온 감이 없지 않다.

그러나 고려초기라 하더라도 중앙의 官僚群 가운데서 어떠한 호족세력도 발견하기 어려운 것이 사실인 만큼, 중앙정치권 내부에서 야기된 정치개혁의 방향을 결코 호족세력의 타도 쪽으로 돌릴 수 만은 없을 것이다. 본고는 이러한 관점에서, 광종의 정치개혁의 방향을 재조명하고자 시도된 것이다. 결론삼아 앞에서 다룬 내용을 요약하면 다음과 같다.

定宗의 뒤를 이어 왕위에 오른 光宗은 惠宗末의 정변이후 다소 불안했던 왕권의 안정을 기하기 위하여, 한동안 개국 및 통일의 과정에서 활약한 공신과 그 후예들로서의 형성된 훈구세력을 우대하는 정책을 취할 수밖에 없었다. 그러나 이러한 통치방식은 통일된 고려에서 범민족 위에 군림하는 전제왕권, 아니 皇帝權의 확립을 지향하는 광종의 정치적 포부에 맞는 것이 아니었다.

이에 광종은 즉위 후 7~8년을 경과하는 동안 어느 정도 왕권의 안정을 이룬 다음 帝國의 건설에 박차를 가하기 시작했다. 이를 위하여 한편으로는 아직까지 후삼국적 질서 속에서 기존의 특권을 고집하는 훈구세력을 거세해야만 했고, 다른 한편으로는 통일국가에 걸맞도록 옛 신라계는 물론 후백제계까지도 끌어 안는 민족포용정책을 펼쳐 나가야만 했다. 광종 7년의 奴婢按檢法이 주로 전자의 목적을 위한 것이라면 광종 9년의 科擧制는 후자를 위한 것이었다.

광종 11년에 들어 마침내 開京은 皇都라 불려지고 俊豊이라는 연호가 채택된 속에서 광종은 소망하던 皇帝의 자리에 앉게 되었다. 나아가 帝國의 건설을 더욱 확고히 하기 위하여 옛 신라계를 친위세력으로 끌어 들였다. 이때의 公服制定은 신라계의 부상을 알리는 신호였다.

이러한 급변하는 정세 속에서 점차 권력으로부터 소외되기 시작한 훈구세력은 자신들의 기득권 수호에 나서게 되었다. 그러나 그들이 광종에게 대항할 수 있는 한계는 反正의 획책정도에 불과했다. 이러한 그들의 대응에 대하여 광종은 최후까지 무자비한 피의 숙청으로 맞섰으며, 이 과정에서 훈구세력의 편에 섰던 일부 왕족까지도 죽음을 면하지 못했다. 그 결과 무사히 景宗의 시대를 맞이할 수 있었던 잔존 훈구세력은 겨우 40명에 불과했다고 최승로는 절규했다.

이상이 본고의 대강이거니와 워낙 零星한 사료를 동원할 수밖에 없는 한계로서 해서, 혹 무리한 억측이 가해지지나 않았는지 염려스럽다. 그러나 이러한 광종의 정치개혁의 방향 속에서 왕권과 호족권의 대립 흔적은 결코 찾을 수 없었다.

고려 始定田柴科의 분석

Ⅰ. 머리말

景宗 원년(976) 11월에 제정된 '職散官各品田柴科'[1]는 고려초기의 정치 및 경제구조 해명을 위한 근본 사료 가운데 하나일 것이다. 따라서 이 始定田柴科는 이미 여러 선학들에 의해 다각적으로 조명되어 왔다.[2]

그럼에도 불구하고 기왕의 여러 학설에 의하여 고려초기의 정치·경제적 실상을 이해하기에는 아직도 미흡한 형편에 머물러 있을 뿐 아니라 오히려 근본적 사실에 대한 인식에서부터 오류를 범함으로써 결과적으로 고려초기의 정치·경제사 전반에 커다란 혼란과 모순을 야기시킬 수도 있는 빌미를 제공하고 있다는 느낌마저 떨칠 수가 없다.

---

1) 이후 本稿에서 始定田柴科로 부르기로 한다.
2) 末松保和, 「高麗 初期의 兩班について」, 『東洋學報』 36-1, 1953.
　姜晋哲, 『高麗土地制度史研究』, 고려대출판부, 1981.
　申虎澈, 「高麗 光宗代의 公服制度」, 『高麗光宗研究』, 일조각, 1981.
　金塘澤, 「崔承老의 上書文에 보이는 '後生'과 景宗 元年 田柴科」, 위의 책, 1981.
　全基雄, 「高麗 景宗代의 政治構造와 始定田柴科의 성립기반」, 『震檀學報』 59, 1985.

이러한 모순은 기왕의 여러 학설이 한결 같이『高麗史』食貨志의 田制에
관한 기록과 輿服志의 公服 관계 기록을 결합시켜, 구조의 해명을 시도하고
있는 점에서부터 비롯된 것으로 보인다. 그러므로 종래까지 始定田柴科의
구조는 자연히 服色의 尊卑에 의한 階層的인 것으로 파악될 수밖에 없었다.

한편 필자는 기왕의 여러 학설에 대한 모순을 지적함과 아울러 시각을
달리하는 견해을 제시한 바 있다.[3] 이 논문에서 필자는『高麗史』食貨志와
輿服志의 결합에 의한 해석에 동의할 수 없음을 분명히 했으며, 특히 고려
의 公服制는 문헌 사료보다 금석문에 기초하여 재검토 되어야 할 것임을
주장하였다. 따라서 결과적으로 始定田柴科의 구조는 服色別 병렬구조로
파악되어야 된다고 보았다. 이 점 고려초기 정치사의 특수한 한 단면으로
결코 간과할 수 없는 중요한 의미를 지닌다고 믿으며, 나아가 始定田柴科
는 그 자체가 고려초기의 통치기구표적 구성이라는 정치적 위치와 더불어,
改定田柴科 및 更定田柴科의 구조와도 크게 다를 바 없는 경제사적 비중
을 강조하였다.

그러나 당시까지도 이러한 관점에서 이룩된 의지할 만한 연구업적이
거의 전무한 실정이었고, 始定田柴科 자체가 필자의 고려 정치사 연구의
시발점이나 마찬가지였으므로, 돌이켜 보면 논거가 박약했거나, 간혹 바로
잡지 않으면 안될 부분도 없지 않았음에 깊이 부끄러움을 느낀다.

그후 발표한 몇 편의 논문들[4]을 통하여 단편적으로 보완해 오는 동안
始定田柴科에 대한 당초의 인식에 더욱 확신을 가지면서도 결과적으로는
논증이 집약되지 못하고 산발적으로 나열됨에 그치고 말았다고 해야겠다.

이에 필자는 그 동안의 고려초기 정치사 천착을 통하여 나름대로 얻은

---

3) 黃善榮,「高麗 始定田柴科의 再檢討」,『釜山史學』10, 1986.
4) 필자는「高麗初期 公服制의 成立」,『釜山史學』12, 1987,<본서 제9장 참조>을 통하여 服色
   의 측면에서 구조해명을 시도하였으며, 그후『高麗初期 王權研究』(동아대출판부, 1988)에
   서 始定田柴科 성립의 정치적 배경을 다루었다.

성과를 토대로 다시 한번 始定田柴科의 구조를 분석하고, 아울러 초기 고려사에서 그것이 갖는 위치를 새로이 부각시켜 보고자 한다. 그러므로 본고는 필자의 「高麗 始定田柴科의 再檢討」를 보완하여 改作한 것으로 보아도 좋겠다. 다만 이런 가운데서도 일부는 추리에 의존할 수 밖에 없음 은 사료의 한계로 말미암은 어쩔 수 없는 사정이다.

Ⅱ. '人品'과 服色의 해석

1. 기왕의 견해와 그 문제점

먼저 始定田柴科와 관련된 사료를 제시해 두고 이에 대한 기왕의 제견 해와 그 모순점을 지적해 보기로 하겠다.『高麗史』卷78, 食貨1, 田柴科에 는,

가-①) 景宗 元年 11月에 職散官 各品의 田柴科를 始定하였는데 官品 의 높고 낮음은 논하지 않고 다만 人品으로서 정하였다.

②) ㄱ. 紫衫 이상을 18品으로 지었다.(分註 省略)
ㄴ. 文班은 丹衫 이상을 10品으로 짓고(分註 省略)
緋衫은 8品으로 지었으며(分註 省略)
綠衫 이상은 10品으로 지었다.(分註 省略)
ㄷ. 殿中·司天·延壽·尙膳院等 雜業은
丹衫 이상을 10品으로 지었고(分註 省略)
緋衫 이상을 8品으로 지었으며(分註 省略)
ㄹ. 武班은 丹衫 이상을 5品으로 지었다.(分註 省略)
ㅁ. 以下의 雜吏는 人品에 따라 지급함이 같지 아니하였고 이 해의 科等에 미치지 못한 자에게는 모두 田15結을 지급하였다.

라고 하여 田柴科체제의 첫 단계로서 이른바 始定田柴科의 제정을 알리고 있다. 위에서는 내용제시를 생략하였으나, 각 分註에는 服色에 따라 나눈 品等別로 지급될 田柴의 수량이 일일이 적혀 있음은 다 아는 사실이다[<표-1> 참조].

<표-1> 高麗 始定田柴科의 構造

順位	紫衫			文班									雜業									武班		
				丹衫			緋衫			綠衫			丹衫			緋衫			綠衫			丹衫		
	品	田	柴	品	田	柴	品	田	柴	品	田	柴	品	田	柴	品	田	柴	品	田	柴	品	田	柴
1	1	110	110																					
2	2	105	105																					
3	3	100	100																					
4	4	95	95																					
5	5	90	90																					
6	6	85	85																					
7	7	80	80																					
8	8	75	75																					
9	9	70	70																					
10	10	65	65	1	65	55							1	60	55							1	65	55
11	11	60	60	2	60	50							2	-	-							2	60	50
12	12	55	55	3	55	45							3	55	45							3	55	45
13	13	50	50	4	50	42	1	50	40				4	50	42	1	-	-				4	50	42
14	14	45	45	5	45	39	2	45	35	1	45	35	5	45	39	2	45	35	1	-	-	5	45	39
15	15	42	40	6	42	30	3	42	30	2	42	33	6	42	30	3	42	30	2	42	32			
16	16	39	35	7	39	27	4	39	27	3	39	31	7	39	27	4	39	27	3	39	31			
17	17	36	30	8	36	24	5	36	20	4	36	28	8	36	24	5	36	20	4	36	28			
18	18	32	25	9	33	21	6	33	18	5	32	25	9	33	21	6	33	18	5	33	25			
19				10	30	18	7	30	15	6	30	22	10	30	18	7	30	15	6	30	22			
20							8	27	14	7	27	19				8	27	14	7	27	19			
21										8	25	16							8	25	16			
22										9	23	13							9	22	13			
23										10	21	10							10	21	10			

여기에서 가-①의 '人品'에 대한 해석을 먼저 문제로 삼고자 한다. 위와 같이 "官品의 높고 낮음은 논하지 않고 人品에 따라 정하였다"는 기록에 따를 때, 자칫 '人品'을 오늘날의 人格이나 品性의 뜻으로 해석될 여지를 안게 된다. 더군다나 앞서 太祖 23년에 제정된 役分田의 급전기준이 "統合時 朝臣과 軍士들에 대하여 官階를 논하지 않고 性行의 선악과 공로의 大小"[5])에 따른 것이었다고 하는 만큼, 始定田柴科 또한 役分田과 마찬

가지로 인물을 본위로 한 논공행상적 성격을 벗어나지 못한 단계로 해석되기도 했다.[6]

그러나 <표-1>과 같이 始定田柴科의 구조를 圖解해 볼 때 '人品'이 인물 중심으로 막연히 해석될 여지는 조금도 없다고 보며, 오히려 질서 정연한 체계를 갖추고 있는 만큼 그 운용의 객관성을 의심하기란 어려운 일이라 보겠다.

이와 관련하여 姜晋哲은 始定田柴科의 그러한 체계를 인정하여 "실제로는 官品과 人品을 서로 併用하고 있다"고 지적하였다.[7] 그러나 氏는 사료 가-②)의 4色公服에 의한 구별을 官品의 표시라 보았고 각 服色別 分註 부분의 品等을 人品의 표시로 인정하였는데,[8] 이러한 견해는 그후 정설화되어 온 감조차 든다. 始定田柴科의 해석에 관련된 모순의 발단은 바로 이러한 해석 방법에 있다고 하여도 지나치지 않을 것이다. 필자로서는 물론 氏의 견해에 동의할 수가 없다. 즉 4色公服은 官品의 표시가 아니라 소위 '人品'의 표시란 것이다. 따라서 分註로 처리된 品等을 곧 官品의 체계에 비추어 믿을 수가 없는 부분이다.

사실 당장은 4색의 公服을 官品으로 보려는 견해가 더 자연스러울지도 모른다. 중국의 唐이나 成宗 이후의 전 고려시대에 걸쳐 公服色은 곧 계층적으로 구성되어 각각 官品의 상징이 되었음은 분명한 사실일 것이다. 물론 『高麗史』輿服志에는 公服色과 官品이 연계되어 있다. 이에 의하면 官品이 높아 감에 따라 服色도 綠·緋·(丹)·紫의 차례대로 公服을 바꾸어 입도록 되어 있고, 이를 가리켜 改服[9]이라 칭한 것 같다.

그러나 여기에서 간과해서 안될 것이 始定田柴科가 제정된 당시만 하더

---

5) 『高麗史』卷78, 食貨1, 田制, 田柴科.
6) 末松保和, 앞의 논문.
7) 姜晋哲,「田柴科 制度의 制定 및 그 內容」, 앞의 책, 36쪽.
8) 姜晋哲,「田柴科 體制下의 土地制度」, 『한국사』 5, 국사편찬위원회, 1975, 133~144쪽.
9) 『高麗史』卷3, 世家, 成宗 7年. "文班從仕年深者 改服".

라도 고려는 신라의 골품제적 사회구성을 토대로 하고 있었다는 점이다. 신라는 骨品에 따라 관등·관직의 제한과 더불어 服色이 紫·緋·靑·黃으로 구분되어 있었던 것이다.[10] 이 紫·緋·靑·黃은 신라에서 官品의 표시이기도 하였지만 본질에 있어서는 骨과 頭品의 品色이었다.[11] 이러한 신라의 유제가 고려에 들어와 紫·丹·緋·綠으로 服色만이 바뀐 채 지속된 결과 始定田柴科에서 조차도 복색별로 '人品'을 구분하지 않을 수 없었다고 본다. 따라서 4색의 公服을 人品으로 보아야 옳을 것이라 믿는다. 실제로 시정전시과의 해석에 있어 4색공복 문제가 그 관건이 되는 만큼 본고의 주안점도 마땅히 公服에 두어지지 않으면 안될 것이므로 이 문제는 계속 검증될 것이다.

한편『高麗史』卷72, 輿服, 公服條에 의하면,

　　나) 光宗 11年 3月에 百官의 公服을 정하였으니
　　　　　　　元尹이상은 紫衫
　　　　　　　中壇卿이상은 丹衫
　　　　　　　都航卿이상은 緋衫
　　　　　　　小主薄이상은 綠衫으로 하였다.

라고 하여 고려초기의 公服制 성립을 알리고 있다. 즉 고려 공복제는 光宗 11년(976)에 제정되었으며, 官階의 高低에 따라 紫·丹·緋·綠으로 색깔이 구분되어 있다는 것이다. 위 나)의 기록으로 볼 때 元尹을 제외한 中壇卿이라던가 都航卿·小主薄 등은 官階가 아니라 官職일 것이 분명하지만 전체적으로 官品에 따라 紫·丹·緋·綠이 階層을 형성했음을 시사하고 있음이 사실이다. 따라서 이 服色을 始定田柴科와 결합시킬 경우 文班·雜業·武班의 服色은 곧 官品으로 해석될 수밖에 없었을 것이다.

---

10)『三國史記』卷33, 雜2, 服色.
11) 黃善榮,「高麗初期 公服制의 成立」,『釜山史學』12, 1987, 4쪽, <본서 제9장 참조>.

그러나 이와 같이 服色을 계층구조로 보고, 이것과 始定田柴科의 내용을 결합시킬 때 상당한 모순이 야기되고 만다. <표-2>는 服色을 계층구조로 표현하여 이에 대응·지급되는 田柴의 額을 도표로서 나타낸 것이다.

<표-2> 階層構造로 본 官階와 土地給與

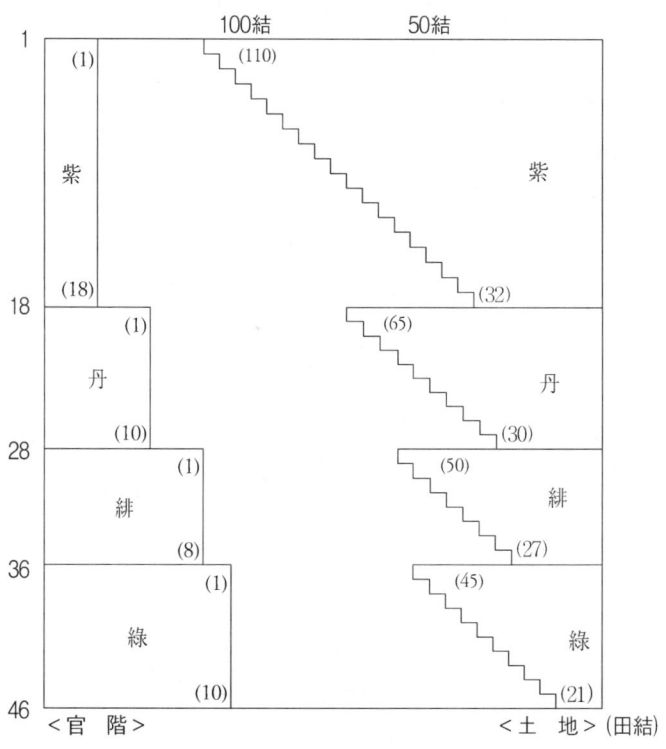

위의 <표-2>를 통하여 가장 먼저 지적할 수 있는 모순은 바로 官階(品) 체계와 토지급여 체계가 일치하지 않는다는 것이다. 가령 田 45결과 柴 35결을 받던 綠衫 1品의 官員이 8階를 뛰어 緋衫 1品으로 승진했을 경우 그에 대한 토지급여는 이전에 비해 겨우 田柴 각 5결을 더 받는데 그칠 것이다. 거기서 다시 11階를 더 뛰어 紫衫 18品으로 승진했을 경우, 이제

그가 받게 되는 토지 급여액은 田 32결, 柴 25결로서 이전의 緋衫시절은 말할 것도 없거니와 綠衫 1品이었을 때보다 오히려 田 7결과 柴 10결을 더 적게 받는 셈으로 되고 말 것이다. 즉 승진에 따라 급여가 증액되어야 마땅할 텐데, 위의 <표-2>에서와 같이 하필 服色別 계층을 뛰어 넘을 때마다 오히려 급여가 줄어들고 있다는 점이다. 이러한 급여체계란 결코 있을 수 없다고 본다.

물론 이러한 추정은 새로운 것이 아니다. 그러므로 몇몇 연구자들은 官階보다 官職을 더 중시한 결과로 보는 것 같다.[12] 이러한 견해는 아마도 사료-나)에서 본 中壇卿・都航卿・小主薄 등이 官職名이었을 것이란 점에서 官職의 중요성을 고려한 때문인 것 같으나 후술한 바와 같이 『高麗史』輿服志의 기록을 그대로 믿고 따르기는 곤란한 일이다. 또 원칙적으로 官階와 官職은 대응관계로서 파악되어야 마땅할 것이다.

다음으로 服色을 계층구조로 파악할 때 당시의 官階체계는 무려 46階 (品)로 늘어나고 만다. 즉 행정의 말단을 담당했던 雜吏는 제외하더라도 당시의 官階는 綠衫 10階・緋衫 8階・丹衫 10階(武班은 5階)・紫衫 18階 등 모두 46階로 셈하여 지는데, 이는 신라의 17官等이나 國初의 16官階[13] 에 비하여 실로 엄청난 品階이다. 이를 도외시하고 그 당시 모든 官職을 46단계로 서열화했다고는 도저히 생각할 수 없는 일이다. 官階를 전제하지 않은 官職의 서열화란 있을 수 없다고 본다.

끝으로 하나 더 생각해 볼 것이 服色의 색채개념이다. 사료-나)에 의거하여 고려초의 공복색을 紫・丹・緋・綠이라 할 때, 이 가운데 '丹'과 '緋'를 어떻게 구분해야 될지 잠시 혼란해진다. 필자의 소견으로는 색채 개념

---

12) 金塘澤, 앞의 논문, 64~69쪽.
13) 高麗에서 後三國 통일 이후부터 文散階 제정 이전까지 16官等制가 시행되었음은 이미 밝혀진 사실이다. 武田幸男, 「高麗初期의 官階」, 『朝鮮學報』 41 및 黃善榮, 「高麗 初期 官階의 成立과 變遷」, 앞의 책, 참조.

상 이 둘의 구분은 불가능하다고 본다. 사전적 의미로 볼 때 '緋'나 '丹'은 모두 붉은 색일 수밖에 없다. 거기에 '朱'·'紅' 등도 역시 붉은 색의 다른 표현이다. 그런 까닭에 중국에서도 唐代에는 '緋'라 불리던 服色이 宋代에는 '朱'로, 또 明代에는 '赤'으로 쓰이기도 했으며,[14] 紫衫·緋衫으로 상징되는 고위의 官品을 '朱紫之秩'[15]이라 일컫기도 했다.

그러한 만큼 고려에서 紫·丹·緋·綠을 계층구조라 전제할 때, 가령 어느 관료가 처음에 초록색(綠衫)을 입다가 승진하여 붉은 색(緋衫)을 입게 되었는데, 여기에서 더 승진하여 또다시 붉은 색(丹衫)으로 공복을 바꿔 입는다고는 생각하기 어려울 것이다. 물론 '丹'·'緋'사이에 어느 정도 색채의 농도를 상정해 볼 수 없는 것은 아니다. 그러나 공복제정의 중요한 목적 가운데 하나는 색깔을 통하여 "辨尊卑하고 別貴賤"[16]하는데 있음이 분명할 것이다. 그럼에도 불구하고 같은 계통의 '丹'과 '緋'를 계층적으로 배치한다는 것은 公服制의 근본 취지와 모순되는 일이라 보지 않을 수 없겠다.

이상 始定田柴科의 圖解를 통하여 기왕의 여러 학설에 대한 문제점을 지적하였다. 요컨대 이러한 문제는 고려초의 公服制를 계층구조로 파악하여 이를 始定田柴科의 '官品'으로 설정한데서 비롯된 것이었다. 그러므로 이를 바로잡기 위해서는『高麗史』輿服志의 기록과 食貨志의 기록을 분리하여 분석하는 일이 선행되어야 마땅하리라 믿는다. 이에 따라 이제 初期 公服制의 재검토를 시도해 보기로 하겠다.

2. 魚袋를 통하여 본 초기 公服制

『高麗史』輿服志에는 百官의 公服制가 光宗 11년부터 시행된 것으로

---

14) 『大學演義補』卷98, 備規制, 章服之辨.
15) 『三國史記』卷4, 新羅本紀, 法興王 7年. "始制百官公服 朱紫之秩".
16) 『高麗史』卷93, 列傳, 崔承老.

되어 있다. 이 점은 오늘까지도 그대로 받아들여지고 있는 실정일 뿐 아니
라 그것이 光宗의 개혁정치를 뒷받침하는 조치의 하나로 인식되어 왔다.

그러나 면밀히 검토해 보면 과연 공복의 제정이 光宗때부터였는지 크게
의심하지 않을 수 없게 된다. 우선 몇 가지 문헌사료를 통해 보더라도
太祖때부터 공복의 개념은 확립되어 있었으며, 철저하지는 못했더라도 공
복제가 시행되고는 있었다. 관계 사료를 다음과 같이 제시한다.

> 다-①) 우리 太祖가 天命을 받아 나라를 세움에 무릇 국가의 제도에서
> 新羅의 옛것을 많이 따랐다. (『三國史記』 卷33, 色服)
>
> ②) 太祖가 開國함에 있어 草創이라 일이 번잡하므로 新羅의 옛것
> 을 그대로 썼다. 光宗이 처음으로 百官의 公服을 정함에 비로소 尊
> 卑와 上下의 等威를 밝히게 되었다. 顯宗이 南으로 피난함에 미쳐
> 文籍이 흩어져 없어졌으므로 制度의 시행에 관하여는 그 상세함을
> 알 수가 없다. (『高麗史』 卷72, 輿服, 序文)
>
> ③) 우리 조정은 太祖 이래로 귀천을 물론하고 마음대로 服裝을
> 차려, 官이 비록 높아도 집이 가난하면 공복(公服)을 갖추지 못하고
> 비록 職이 없어도 富하면 綾羅·錦繡를 썼습니다. … 빌건대 百僚로
> 하여금 朝會에는 한결 중국과 新羅의 制度에 따라 公服과 穿執을
> 갖추도록 하소서.(『高麗史』 卷93, 列傳, 崔承老)

위의 예에서 보듯이 公服制는 太祖때부터 있었다고 보아야겠다. 또 그
원형은 신라의 公服制였다. 다만 국초에 그 제도가 얼마나 확고히 정착,
시행되었는지는 위의 사료로 보아 다소 의문시되는데 이러한 사정은 公服
이 제정되었다고 하는 光宗 11년 이후도 마찬가지였다고 하겠다. 즉, 위의
다-③)은 崔承老의 시무책 가운데 일부로서 成宗초까지도 국초와 다름없
이 公服制가 정착하지 못한 점을 들고 있기 때문이다.

그런데 사료 다-②)에서는 太祖 이래 新羅制를 쓰다가 光宗 때에 들어

비로소 高麗式 百官의 公服이 제정된 양 쓰고 있으나 아마도 이는 『高麗史』撰者 자신들부터 초기의 공복제를 잘못 알고 있었던 증좌로 보인다. 이와 관련하여 "顯宗이 南行함에 文籍이 散逸되어 제도의 시행에 관한 상세함을 알 수 없다"는 구절에 유의할 필요가 있을 것이다.

고려 공복제의 가장 큰 특징은 그 服色의 구성이 紫·丹·緋·綠으로서 新羅制나 唐制와 쉽게 구분될 수 있다는 점이겠다. 신라의 경우 公服色의 구성은 紫·緋·靑·黃이었고, 唐의 것은 紫·緋·綠·靑이었다.[17] 이들과 비교해 보아 '丹'의 服色을 포함하고 있음이 바로 고려 공복제의 특색이라 해야겠다. 그러므로 丹衫의 존재를 확인할 수 있다는 것은 바로 독특한 고려 공복제의 확립을 입증하는 셈이 될 것이다.

바로 이 丹色을 포함하는 몇 가지 중요한 高麗初의 服色을 현존하는 碑文을 통하여 확인할 수가 있다. 먼저 관계 사료를 다음과 같이 제시한다.

라-①) (太祖 22年) 正朝 上柱國 賜丹金魚袋臣李桓樞.(「菩提寺 大鏡大師玄機塔碑」, 『朝鮮金石總覽』上, 130쪽)

②) (太祖 23年) 太相 檢校尙書 守執事侍郎左僕射兼御史大夫 上柱國 知元鳳省事 賜紫金魚袋 臣崔彦撝.(「地藏單院 郎圓大師悟眞塔碑」, 『朝鮮金石總覽』上)

③) (太祖 26年) 沙粲 前守興文監卿 賜緋金魚袋 臣具足達.(「淨土寺法鏡大師慈登塔碑」, 『朝鮮金石總覽』上, 150쪽)

위의 사료를 통하여 4색의 公服과 일치하는 丹·紫·緋色의 존재를 찾을 수 있음은 자못 흥미를 더해준다. 위에 열거된 사람들은 고려초 왕명을 받아, 입적한 고승의 업적을 기리는 碑文을 지었거나 쓴 사람들이다. 당시

---

17) 『舊唐書』卷45, 輿服.

관원들은 공식적으로 자신을 표시함에 일정한 法式이 있었다. 官階·官職·魚袋·姓名의 順이 그것이다.[18] 이 가운데서 魚袋가 다소 생소한 감을 주고 있으나 이 魚袋가 바로 公服의 일부인 것이다.

魚袋의 성격을 파악함에 따라 더욱 분명해지겠지만 위의 라-①·②·③)에 보이는 '丹金魚袋'·'紫金魚袋'·'緋銀魚袋' 등은 公服의 服色과 밀접히 연관되어 있다. 다만 제시한 사료 가운데 綠衫에 해당하는 魚袋가 보이지 않는 것은, 당시의 공복제에 綠衫이 없었기 때문이 아니라 魚袋의 성격상 下級官吏인 綠衫層에게 魚袋가 주어지지 않았던 까닭이다. 이렇게 보아 모순이 없다면, 고려의 4色公服制는 太祖때부터 이미 정착되었음이 확실하다 하겠고 따라서 光宗 때의 공복제정 관계 기록은 달리 해석되어야 마땅할 것이라 믿는다.

사실 公服은 服色만으로 이루어지는 것은 아닐 것이다. 고려의 경우 예를 들자면,

　　마) 毅宗朝에 詳定하기를, 文官 4品 이상은 紫色服과 紅鞓에 金魚를 찬
　　다. 常參 6品 이상은 緋色服과 紅鞓에 銀魚를 찬다. … 9品 이상은 綠色服
　　을 입는다. (『高麗史』 卷72, 輿服, 公服)

라는 기록에서와 같이 公服을 구성하는 요건으로서 服色과 紅鞓과 魚(袋)가 포함되고 있다. 또 위의 사료에서와 같이 대체로 紫色公服에는 金魚袋가, 緋色公服에는 銀魚袋가 수반되었다. 이제 公服의 일부로서 구실했던 魚袋를 검토함으로써 高麗初의 공복제에 더욱 접근할 수 있을 것이므로 이를 위해 魚袋의 성격을 좀더 살펴보기로 하겠다.

魚袋는 중국의 唐에서 비롯된 服飾으로서 宋代에도 시행되었으며 明代에 들어와 소멸되었다. 몇 가지 관련 사료를 통하여 그 성격을 살펴보고,

---

18) 黃善榮, 「高麗初期 官階의 成立과 變遷」, 앞의 책, 240～246쪽.

또 公服과의 관계를 검토해 보면 다음과 같다.

> 바-①) 魚袋의 制度는 唐에서 비롯된 것으로 符契를 말한다. 처음에
> 魚符를 左에 하나, 右에 하나로 만들어 左의 것은 大內에 바치고
> 右의 것은 몸에 지니는데 官職과 姓名을 새겼다. 大內에 출입할 때
> 는 左·右의 것을 합해야 했다. 이에 주머니로써 치장하여(魚符를
> 넣어 두었으므로) 魚袋라 한다. 宋이 그 制度를 따랐는데 金銀으로
> 장식하여 魚形을 만들어 公服의 허리띠에 매달아 뒤로 늘어뜨려 貴
> 賤을 분명하게 했다.(『宋史』 卷153, 輿服)
>
> ②) 唐 高祖가 魚符를 나누어 주어 지니게 하였는데 3品이상은 金으
> 로 장식한 것이었고, 5品 이상은 銀으로 장식한 것이었다. … 神龍初
> 에 紫色(公服)을 下賜할 때는 金魚를 주고 緋色(公服)을 下賜할
> 때는 銀魚를 주되 官品에 제한을 두지 아니하였다.(『事物紀原』 衣
> 裝, 帶服部, 魚袋)
>
> ③) 唐 太宗 貞觀 4年에 詔하기를 3品 이상은 紫色 公服을, 4·5品
> 은 緋色을, 6·7品은 綠色, 8·9品은 靑色을 입도록 하였다. … 永
> 微 2年에 5品 이상은 銀魚袋를 차도록 하여 거짓으로 召命을 가장함
> 을 막고자 大內에 출입할 때 반드시 (左右의 것을) 합치시키도록
> 했다. 3品 이상은 金으로 주머니를 장식케 했다. … 開元이래 百官
> 에게 緋·紫를 賞으로 줄 때 魚袋를 곁들여 주었기 때문에 이를
> 일러 章服이라 한다.(『大學演義補』 卷98, 備規制, 章服之辨)
>
> ④) 臣이 唐 一代를 章服制度를 살펴 본 바 이른바 ‘金紫’라 일컬음에
> 있어 金은 魚袋의 장식을 가리키고 紫는 옷[公服]을 가리키나이다.
> (『大學演義補』 卷98, 備規制, 章服之辨)

위에서 제시한 사료를 통하여 魚袋와 服色의 관계를 거듭 확인하게 된
다. 즉 紫色公服은 金魚袋와 緋色은 銀魚袋와 연계되어 있음이다. 그러므
로 앞의 라-②·③)에서 본 ‘賜紫金魚袋’라던가 ‘賜緋銀魚袋’ 등은 바로

紫色公服과 金魚袋, 緋色公服과 銀魚袋를 가리키는 말임에 틀림없을 것이다. 다만 고려의 경우 사료 라-①)에서와 같이 '賜丹金魚袋'라 하여 丹衫이 金魚袋를 가졌던 점에서 중국의 예와는 좀 다른, 그 자체 당시의 정치적 사정에 기인한 독특한 高麗式 운용방법이었다고 이해된다.

이 魚袋를 佩用하게 된 동기는 아마도 唐의 건국직후 황실의 신변안전을 위한 조치에 있었던 것 같다. 그러한 사실은 위의 바-③)을 통해 알 수 있겠거니와 그것이 점차 관원 신분의 표상으로써 권위의 상징이 되자, 開元 연간이후에 들어 公服이 하사될 때 반드시 魚袋가 겸해지게 됨으로써 그로부터 章服制가 성립되었다고 보겠다. 아마도 이 章服制가 신라말에 전래되어 채택된 이래[19] 고려에 들어서도 그대로 인습되어 국초부터 시행된 것으로 보인다.

이상 魚袋의 검토를 통하여 확인한 바와 같이 고려의 공복제는 太祖 때부터 이미 확립되어 있었다. 그러한 만큼 光宗 11년 公服制定說은 마땅히 바로 잡아져야 될 것이다. 더구나 "中壇卿 이상은 丹衫, 都航卿 이상은 緋衫, 小主薄 이상은 綠衫"이란 기록에 따라서 막연히 官職을 기준으로 公服을 階層的으로 파악해서는 안될 것이다. 이 보다는 실제로 고려초기에 자신의 公服色을 드러내면서 활약했던 인물을 살펴 볼 때 국초의 公服이 갖는 성격에 더욱 가까이 접근할 수 있게 될 것이다.

Ⅲ. 구조의 분석

1. 병렬구조

앞에서 몇 가지 금석문을 통하여 고려 공복제에 관한 실상을 살펴보았

---

19) 몇 가지 金石文上의 用例로 보아 新羅末에 文散階와 더불어 章服制가 도입되어 시행된 것은 확실시된다(黃善榮, 앞의 논문, 참조).

다. 이제 국초의 복색구조를 계층적으로 보아야 옳을 것인가, 아니면 병렬적으로 보아야 옳겠는가를 검토해 볼 차례이다. 이는 바로 始定田柴科의 구조 해명과 직결될 것이다.

국초의 服色이 官品에 의거하여 계층적으로 짜여졌던 것이 아니라 한다면 각 服色이 관료체제 안에서 병렬적으로 존재했음이 입증되어야 하겠다. 이를 위하여 색채구분이 가장 애매하다고 여겨지는 丹衫과 緋衫의 성격을 비교해 보고자 한다. 만약 丹衫과 緋衫이 서로 계열을 달리하는 집단이라 볼 수 있다면 始定田柴科의 구조는 병렬적인 것으로 될 수밖에 없을 것이다.

이 과정에서 "中壇卿 이상은 丹衫이고, 都航卿 이상은 緋衫"이라는『高麗史』輿服志의 막연한 기록은 별로 도움이 되지 않는다. 보다 구체적인 사실의 분석을 통한 비교가 요구되는데, 다행히 현존하는 몇 가지 碑文을 통하여 당시 丹衫과 緋衫으로 실존했던 인물을 찾을 수 있어, 어느 정도의 성격 대비는 가능하다고 믿는다.

成宗代 文散階 채택 이후의 것은 舊官階(品)를 알 수 없으므로 논외로 두기로 하고, 文散階가 전면 실시되기 이전까지의 금석문 가운데서 魚袋로 보아 丹衫과 緋衫에 해당된다고 여겨지는 인물을 골라 정리하면 <표-3>과 같다.

<표-3> 丹衫과 緋衫

丹衫(金魚袋)				緋衫(銀魚袋)			
官階	官職	勳	姓名	官階	官職	勳	姓名
正朝	□□兵部大監	上柱國	李桓樞[20]	沙湌	檢校興文監卿 元鳳省待詔		仇足達[24]
正朝	□□評侍郎	柱國	柳動律[21]	沙湌	□□□□監□		□□[25]
正衛	翰林學士		金廷彦[22]				
正衛	翰林學士 前守兵部卿		李夢遊[23]				

---

20)「菩提寺 大鏡大師玄機塔碑」·「毗瓏庵 眞空大師普法塔碑」,『朝鮮金石總覽』上, 130 및 135쪽.

위의 표에서 보는 바와 같이 階・司・職・名이 확인되는 예가 丹衫의
경우는 4사례인데 비하면 緋衫의 경우는 2사례(그나마 확실한 것은 1사례)
에 불과하여 다소 빈약한 느낌도 없지 않겠으나, 그렇다고 해서 성격비교
가 불가능한 것은 아니라 본다. 이 표를 통하여 다음과 같은 사실을 알아
낼 수 있겠다.

(1) 官品 : ① 丹衫이 正朝・正衛 등 高麗初期 官階를 갖고 있음에 대해,
② 緋衫은 沙湌이라는 新羅의 官階를 띠고 있다.

(2) 官職 : ① 丹衫의 官職은 兵部卿・□評侍郎・兵部大監・翰林學
士 등이다. 이들 중 □□評侍郎은 守 또는 前廣評侍郎의
廣字가 마멸된 것으로 간주되는데, 그렇다고 한다면 이는
泰封時代에 弓裔가 新羅의 執事侍郎을 모방하여 만든 官職
이고,[26] 나머지는 新羅에서나 初期 高麗에서 같은 명칭으
로 존재했던 관직이다. 그런데 이들 官職을 新羅官制에 견
주어 보면 바로 奈麻에서 阿湌까지의 官等이 맡는 직급으로
서[27] 일반적으로 6頭品의 차지였다.

② 緋衫의 興文監은 泰封官制나 初期 高麗官制에서 보이지
않는, 기존의 新羅官府로 추측될[28] 뿐이고, 元鳳省은 高麗
翰林院의 前身이지만 待詔의 관직은 잘 알 수 없다. 다만
확실한 것은 沙湌이 新羅의 6頭品 官等이고 卿의 직급 또한
대체로 6頭品의 자리란 점이다.

---

21) 「無爲寺 先覺大師遍光塔碑」, 위의 책, 170쪽.
22) 「玉龍寺 洞眞大師寶雲塔碑」, 위의 책, 189쪽.
23) 「鳳巖寺 靜眞大師圓悟塔碑」, 위의 책, 196쪽.
24) 「地藏禪院 朗圓大師悟眞塔碑」, 위의 책, 140쪽.
25) 「大安寺 廣慈大師碑」, 위의 책, 175쪽.
26) 『三國史記』 卷12, 新羅本紀, 孝恭王 8年 및 『三國史記』 卷50, 列傳, 弓裔.
27) 『三國史記』 卷38, 職官上.
28) 李基東, 「羅末麗初 近侍機構와 文翰機構의 擴張」, 『新羅 骨品制社會와 花郞徒』, 일조각,
1984, 257쪽.

(3) 勳 : ① 丹衫 4례 가운데 正朝의 2례가 上柱國 및 柱國의 勳을
　　　　　갖고 있다.
　　　　② 緋衫은 勳이 없다.

(4) 魚袋 : ① 丹衫은 金魚袋이다.
　　　　 ② 緋衫은 銀魚袋이다.

　이와 같이 비교할 때 官制上 丹衫과 緋衫의 서열 차이는 극히 애매하다
고 할 수밖에 없겠다. 만약 위에 든 丹衫의 관직자들을 신라관제에 적용시
켜 본다면 그들은 모두 6頭品의 관등에 해당되고.말 것이다. 이에 대비되
는 緋衫의 官職은 沙湌으로서 바로 신라의 6頭品 관등 그대로임은 말할
필요도 없을 것이다.
　이러한 관점에서 볼 때, 고려의 丹衫이란 아마도 신라의 緋衫을 단순히
고쳐 부른 명칭에 불과한 것이 아닐까 싶다. 중국의 예서도 본 것처럼
緋는 赤이나 朱로도 될 수 있기 때문에, 나아가 丹으로 바뀌었다 하더라도
별로 모순되지는 않을 것 같다. 이를 전제로 신라와 고려의 官階 및 공복제
를 대비시켜 작성한 것이 다음의 <표-4>이다.[29]
　<표-4>에서 보는 바와 같이, 고려의 公服은 신라의 것을 명칭만 바꾼
채 그대로 모방했던 것으로 여겨진다. 물론 고려초기 官階 또한 신라의
官等을 본따고 있었다.[30] 이러한 사실을 가리켜 "國初에 新羅制를 참용했
다"고 史書를 적었던 것이라 믿는다.[31]

---

29) 黃善榮, 앞의 논문, 236쪽.
30) 黃善榮, 위의 논문, 226~240쪽.
31) 『三國史記』卷33, 色服 및 『高麗史』卷72, 輿服, 序文.

<표-4> 新羅 官等과 高麗 官階

新 羅		順位	高 麗	
服色	官 等		官 階	服色
紫	伊伐飡	1	大 匡	紫
	伊 飡	2	大 丞	
	匝 飡	3	大 相	
	波珍飡	4	元 甫	
	大阿飡	5	元 尹	
緋	阿 飡	6	佐 尹	丹
	一吉飡	7	正 朝	
	沙 飡	8	正 衛	
	級伐飡	9	(甫 尹)	
靑	大奈麻	10	(軍 尹)	(綠)
	奈 麻	11	(中 尹)	
黃	大 舍	12		
	舍 知	13		
	吉 士	14		
	大 烏	15		
	小 烏	16		
	造 位	17		

　여기에서 丹衫이 高麗系임에 비하여 緋衫이 新羅系이리라는 심증을 굳히게 된다. 후삼국의 통일을 이룬 고려의 官制 내부에 멸망한 신라관제의 잔존이란 것을 얼른 상정하기 어려울지 모른다. 그러나 실제로 한 동안 통일고려안에서 新羅系가 독자적 官階를 사용하고 있었고, 일부라고 보아지지만 신라 고유의 官府가 기능하고 있었으며, 더불어 緋衫이라는 신라의 公服이 그대로 존재하고 있었음은 사실로 믿어진다. 이점에 대하여는 뒤에서 재론하겠다.

　이와 같이 丹衫이 高麗系임에 비하여 緋衫은 新羅系로서 원래는 서로 동급이었다. 그후 통일을 겪고 나서 丹衫層은 그들의 勳에서 보는 바와 같이 통일의 주체로서 太祖를 보좌했던 만큼 緋衫層 보다 우위를 점하게 되었고, 緋衫層은 상대적으로 강등된 채 명맥을 잇게 되었다. 이렇게 볼 때 武班에 緋衫이 없는 것도 아울러 해명될 것이다. 즉 緋衫을 新羅系라 할 때, 고려의 武班에까지 신라의 軍府를 존속시킬 리가 만무할 것이기 때문이다.

그러므로 丹衫과 緋衫의 차이란 색채의 차이가 아니라 출신계열의 차이, 나아가 신분제의 재편성에 따른 차별로 간주될 수 있는 성질의 것이라 하겠다. 여기에서 服色을 병렬로 볼 수 있는 중요한 단서를 마련하게 된다. 즉 4색의 公服은 고려초에 존속했던 官僚 내부의 身分帶를 상징한다는 것이다. 이러한 시각에서 始定田柴科를 服色別로 단순화시켜 병렬구조로 나타내면서 토지 지급액과 대응시킨 것이 <표-5>이다.

<표-5> 並列構造로 본 官階와 土地給與

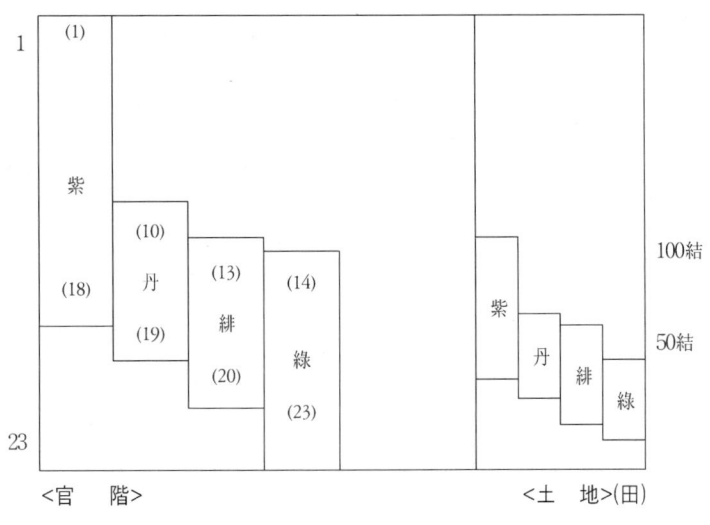

위의 <표-5>를 통해 보건대 紫·丹·緋·綠의 4집단이 23階의 官品 범위 안에서 병렬되어 있으나, 상단부와 하단부에서는 각각 階層을 형성하고 있다. 이 服色 집단에 대응되는 토지지급액도 최저 21결부터 최고 110결에 이르기까지 각각 服色과 대응되고 있다.

특히 흥미로운 사실은 구조자체가 신라의 골품제와 비슷하다는 점이다. 骨品制와 始定田柴科의 구조를 대비시킨 것이 다음의 <표-6>이다.

<표-6> 骨品制와 始定田柴科의 構造比較

骨品制					始定田柴科				
伊伐湌	紫				1				
伊 湌									
匝 湌									
波珍湌					9				
大阿湌		緋			10				
阿 湌									
一吉湌									
沙 湌					12				
級 湌					13				
大奈麻			靑		14				
奈 麻									
大 舍				黃	18				
舍 知									
吉 士					19				
大 鳥					20				
小 鳥									
造 位					23				
官等 / 骨品	眞骨	六	五	四	品位	紫	丹	緋	綠
						服 色			

이 표를 볼 때 각각 4개의 집단이 官品과 대응하여 병렬해 있고 또 상단부가 계층을 이루고 있음이 완전히 일치한다. 골품제의 경우 4개의 집단이 각각 진골이하 4頭品까지를 가리키는 것임은 너무도 잘 알고 있는 사실이다. 始定田柴科의 경우 4색의 공복대를 골품제나 같은 신분개념으로 볼 수는 없다 하더라도, 최소한 신분제를 기반으로 한 신라 골품제를 典範으로 삼았음은 부정하기 어려운 사실이라 하겠다. 신라 골품제에서 신분에 따라 관등이 제한되었음은 주지의 사실이다. 아마도 이는 관제상의 원칙으

로서, 이러한 관념이 고려초에도 계승된 결과 田柴科 표의 상단부가 상징하듯이 각 服色帶는 어떤 특수한 경로를 밝히지 않는 한[32] 승진의 제한을 받지 않을 수 없었음을 다음의 <표-7>이 말해 주고 있다.

한편 <표-6>에 나타난 하단부를 보건대 始定田柴科는 골품제와 다른 형태를 보이고 있으나 이것이 바로 고려 전시대를 통하여 볼 수 있는, 官員으로서의 初入仕線의 차이를 나타냄이 아닌가 한다. 즉 4색의 公服帶는 각각 仕路조차 달리 했다는 것으로, 추정하건대 골품제의 원형도 이와 같이 골품간 仕路의 차이를 반드시 갖고 있었다고 믿어진다. 이러한 관점에서 볼 때 始定田柴科는 변형되긴 했더라도 골품제적 잔재를 아직도 안고 있는 구조라 해도 좋을 것 같다.

끝으로 紫衫層에 대하여 잠시 살펴보기로 하겠다. 紫衫은 신라 公服制나 고려 公服制에 모두 들어있는 최고위급 官僚의 服色이다. 신라에서는 진골에 해당되는 大阿湌 이상이, 고려에서는 元尹 이상만이 이를 입을 수 있었다.

그런데 여기에서 유의해야 될 것이, 始定田柴科의 紫衫層에는 고려의 해당관료들만이 포함된 것이 아니라 신라의 진골층도 포함되었을 것이란 점이다. 惠宗 원년(944)에 건립된 「興寧寺 澄曉大師寶印塔碑」에는,

사) (惠宗 元年) 英章正匡·王景大丞 … 金鎰蘇判 … 王規佐丞 … 式榮
韓湌 … 賢逢元甫 … 廉相海湌 ….(「韓國金石遺文」, 105쪽)

등 고려초기 官階의 보유자와 더불어 신라의 官等을 그대로 가진 관직자들이 뒤섞여 기록되어 있다. 이들 가운데 金鎰蘇判·式榮韓湌·廉相海湌

---

32) 新羅末에 崔致遠, 崔仁渷 등이 '紫金魚袋'이었음에 비추어 官僚로서의 능력에 따라 신분상승의 경로가 따로 마련되었던 것으로 보인다. 신라하대의 讀書三品科는 바로 이와 같은 신분상승의 관문이었던 것으로 간주된다(黃善榮, 「新羅下代 官僚制의 一考察」, 『東義史學』 6, 1991, 99쪽,<본서 제1장 참조>).

등은 당연히 신라의 진골에 속하는 만큼 그들의 公服은 紫色이었을 것이다. 물론 英章正匡・王景大承・王規佐承・賢逢元甫 등은 고려의 紫衫層이다. 서로 계열을 달리하는 양국의 紫衫層이 통일된 고려체제속에 함께 존재하고 있었던 것이다. 이점 또한 緋衫과 丹衫이 병존했던 사정과 다를 바 없다고 본다.

이와 같이 통일고려에 들어서도 紫衫・緋衫 등 신라계 官職者들이 新羅式대로 官等을 표방하고 그들대로의 公服色을 유지할 수 있었던 점이 고려초기 정치사의 커다란 특색을 형성한다고 믿는다. 추리하건대 아마도 太祖는 신라를 병합하였으나 신라의 官制를 완전히 해체했다거나 기재의 高麗官制 속에 용해시켜 버린 것이 아니라 당분간 高麗制와 병용시킨 것이 아닐까 한다. 그리하여 명목상 고려와 신라가 연합하여 통치하는 양 擬制했던 듯 하다.[33] 이러한 사정에 기인하여 新羅系와 高麗系의 官僚는 각각 기존의 官府에서 官階(等)・官職을 지닐 수 있었으며 아울러 고유의 公服을 그대로 입었던 것이다. 이것이 始定田柴科에 나타난 服色의 구성이라 본다. 다만 綠衫에 대하여는 전혀 詳考할 길이 없다. 그것은 그들이 魚袋를 갖지 못했기 때문이다.

이상 검토한 바와 같이 始定田柴科는 계층구조가 아닌 병렬구조로 보아야 옳을 것이다. 요컨대 始定田柴科는 골품제를 인습한 형식을 토대로 하고 그 위에 高麗系와 新羅系 官制를 공용한데서 빚어진, 그 자체 독특한 고려초기 정치적 타협의 소산이라 보겠다.

2. 統治機構表的 구성

始定田柴科의 구조분석과 관련하여 또 하나 면밀히 검토되어야 할 부분이 田柴科 표의 편제이다. 이를 위해 먼저 다음의 <표-7>과 같이 田柴科

---

33) 黃善榮,「高麗 光宗・景宗代의 政治的 推移」, 앞의 책, 204쪽.

표의 略圖를 제시한다.

<표-7>에서 보는 바와 같이 始定田柴科는 文班과 殿中·司天·延壽·
尙膳院 등 雜業 및 武班으로 편제한 다음 4色 公服帶를 배치시키고 있는
데 紫衫만은 文班·雜業·武班을 초월하는 위치에 따로 내세운 구조를
보이고 있다.

<표-7> 始定田柴科의 構成

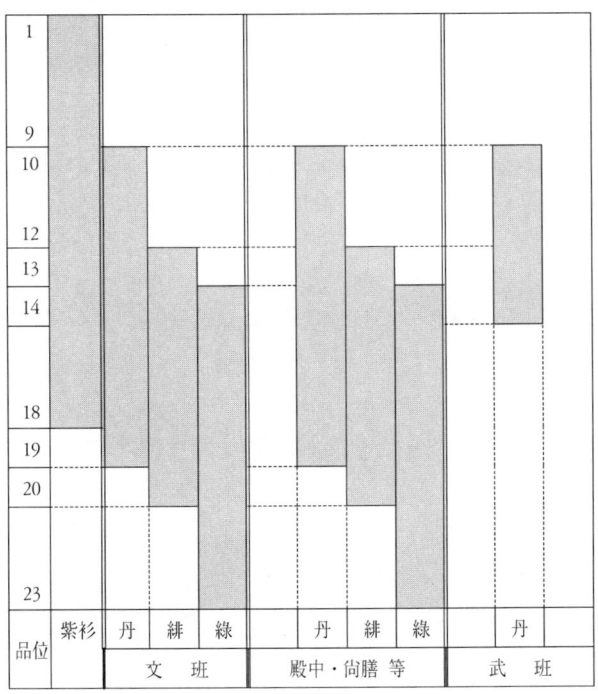

아마도 이러한 편제는 당시 중앙의 관제가 직무의 기능에 따라 계통별로
분장되었음을 반영하고 있음이 아닐까 싶다. 만약 그렇게 볼 수 있다면
始定田柴科의 구조는 곧 고려초기의 중앙정치기구표적 성격을 나타내고
있는 것으로 파악할 수 있을 것이다. 따라서 고려의 중앙통치기구는 文

班·雜業·武班의 3원적 구성을 근간으로 하고 있었다. 또 각 班의 服色別官品에는 아마도 당시의 官職이 官階를 기준으로 하여 나열되어 있었을 것이다. 이점 구조상 改定田柴科에서 보는 바와 별 다름이 없었다고 여겨진다.

위의 편제 가운데 文班과 武班의 성격에 대해서는 새삼 거론할 필요가 없을테지만 雜業에 대하여는 좀 더 그 성격을 밝힐 필요가 있겠다. 始定田柴科에서 雜業은 殿中·司天·延壽·尙膳院 등의 官府를 가리키고 있는데『高麗史』卷76, 百官1에서 찾아지는 이들 관부에 관한 기록은 다음과 같다.

아-①) 宗薄寺 : 王族의 譜牒을 管掌한다. 穆宗 때에 殿中省이 있어 監·小監·丞·內給事가 배속되어 있었다.

②) 書雲觀 : 天文·曆數·測侯·刻漏의 사무를 관장한다. 國初에 太卜監과 太史局으로 나뉘었다. … 顯宗 14年에 太卜監을 고쳐 司天臺라 하였다.

③) 司膳署 : 膳羞·供奉을 관장하였다. 穆宗 때에 尙食局이 있었다.

이 밖에 延壽에 대하여는 전혀 관련지을 길이 없고, 위의 아-③)의 司膳署도 尙膳院과 관련짓기에 불확실한 점이 있기는 하다. 그럼에도 대체로 보아 위의 것들은 모두 王宮 안에 설치되어 왕실사무를 담당했던 관부이었던 점에 틀림 없을 것이다. 그런데 위에 나열된 사료 아-①·②·③)은 모두 穆宗代 이후에 개편된 관부라는 사실에 주목하지 않을 수 없다. 이들은 景宗代의 그것과 시대적으로 거리가 있을 뿐 아니라 成宗代의 대규모 官制改革을 겪고 난 이후의 기록이므로 이들을 始定田柴科와 연계시키기는 곤란한 실정이다. 물론 官府의 연혁에서 전후의 연관을 짐작할 수는 있다 하겠으나, 官府의 성격을 파악함에 있어, 후대의 기록으로 미루어 추측하기보다는 앞 시대의 전형을 찾아 적용함이 더 타당할 것이다.

이러한 관점에서 필자는 '殿中'과 '尙膳'을 오히려 신라의 그것에 비기고 싶다. 관계사료를 찾아보면 아래와 같다.

자- ①) 內省 : 景德王 18年에 殿中省으로 고쳤다가 뒤에 이전 명칭으로 회복시켰다. 私臣이 한사람이다. … 1員으로서 3宮을 겸하여 관장하되 위품은 衿荷로부터 太大角干까지이며 오직 그 일은 감당할 만한 人物이라야 맡을 수 있었다.

②) 肉典 : 景德王이 尙膳局으로 고쳤다. 後에 이전의 명칭으로 회복시켰다. 干이 2名이다.(『三國史記』卷39, 職官中)

위의 경우 둘 다 개폐되어 나중에 다시 內省과 肉典으로 복구되었다하나 9세기 말경에 건립된 碑文으로 미루어 殿中省이 다시 설치되었음을 알 수 있다.[34] 이러한 연혁을 거쳐, 始定田柴科에 나타난 殿中과 尙膳은 아마도 신라의 그것과 비견된다고 보겠으며 특히 신라의 殿中省 즉 內省은 宮中을 대표하는 기관이었다.

한편 司天에 관한 직무도 신라에 없었던 것이 아니다. 景德王 8년에 天文博士와 漏刻博士가 임명된 사실이 있고,[35]

차) 天文博士 : 후에 司天博士로 고쳤다.(『三國史記』卷39, 職官中)

라는 기록에서와 같이 司天博士가 신라에 있었음이 분명한 만큼 이 또한 신라에서 유래하였다고 보아 무리는 없을 것이다.

지금까지 살펴 본 바에 따를 때, 殿中·司天·延壽·尙膳院 등은 막연

---

34) 「寶林寺 普照禪師彰聖塔碑」, 『朝鮮金石總覽』上, 64쪽.
35) 『三國史記』卷9, 新羅本紀, 景德王 8年.

히 雜業이라 하기 보다는, 신라의 內省에 속한 관부로서 高麗初의 궁중조직을 가리킨다고 보는 것이 더욱 적합하리라 믿는다. 이에 대하여 文班은 당연히 정부, 즉 府中組織을 가리킨 것이다. 또 武班은 武官의 조직임은 물론이겠다.

이렇게 볼 때 고려초의 통치기구는 政府(府中)·王府(宮中)·武官으로 編制된 三元的 구성이라 할 수 있겠다. 참고로『三國史記』職官志의 배열 순서를 보면 職官上에 府中을, 職官中에 宮中을 그리고 職官下에 武官 및 外官을 배치시키고 있어 始定田柴科의 編制와 일치하고 있음이 흥미롭다.

실제로 고려초기의 관부는 3계통으로 편성되어 있었다고 보여진다.[36] 『高麗史』卷1, 世家, 太祖 元年 6月 辛酉條에는, 당시 중요한 12개의 官府 名이 들어있어 初期 官制의 이해에 도움을 주고 있는데 이들을 기재순으로 나열하면 다음과 같다.

① 廣評省 ② 內奉省 ③ 徇軍部 ④ 兵部 ⑤ 倉部 ⑥ 義刑臺 ⑦ 都航司
⑧ 物藏省 ⑨ 內泉部 ⑩ 珍閣省 ⑪ 白書省 ⑫ 內軍

위에 열거된 官府가 고려초기 官府의 모두는 아니지만 이들 만으로도 고려초 통치기구의 편제를 이해하는데는 별로 부족함이 없을 듯 하다. 여기에서 주의해야 할 것은 고려초의 편제가 廣評省을 정점으로 하는 일원적이고 수직적인 편제가 아니라는 점일 것이다.

新羅制나 泰封制가 그러했듯이 고려초기의 官府도 직무의 계통별로 편제되어 있었다고 보아야겠다. 즉, 府中·宮中·武官의 편제를 먼저 고려해야 될 것이다. 따라서 위에 열거된 관부 가운데 순위 ①·②·③의 廣評省·內奉省·徇軍部는 각각 政府·王府·武官을 대표하는 기관으로 볼 수 있겠다. 이를 간단히 圖示하면 아래와 같다.

---

36) 黃善榮,「高麗 太祖代의 中央權力構造」, 앞의 책, 129~137쪽.

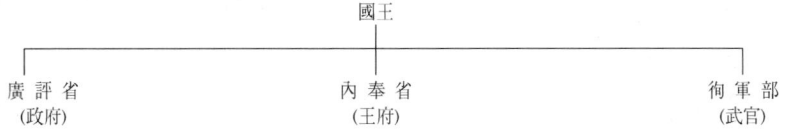

이러한 圖式體系에 따라 나머지 官府를 배치해 보면 고려초기 통치구조
의 윤곽은 보다 뚜렷해질 것이다. <표-8>은 이를 나타낸 것이다.

<표-8> 高麗初期의 統治機構

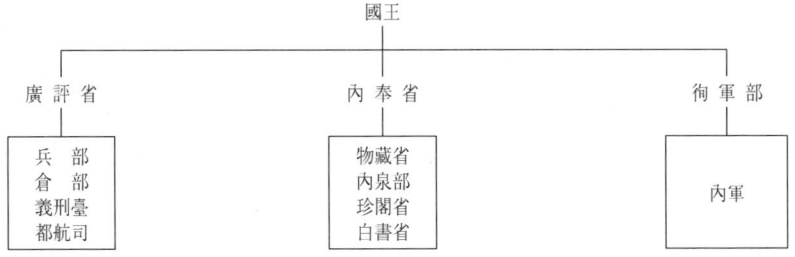

이러한 편제가 始定田柴科의 그것과 일치함은 물론이다. 다만 官府의
명칭이 太祖代의 것 그대로 景宗代에까지 이어졌다고는 보기 어렵다 하더
라도,[37] 기본편제만은 변함없이 계승되었고, 이러한 구성은 3省6部가 성
립된 이후까지도 이어졌던 것으로 믿어진다.[38]

한편 始定田柴科表에서 볼 때 文班과 雜業은 服色帶의 배치에 있어서나
田柴의 지급액에 있어 완전 일치하고 있다. 이로써 政府와 王府의 비중을
짐작해 볼 수도 있겠다. 이에 비하여 武班에는 丹衫만이 5階의 官品을
형성하고 있어 一見 빈약한 듯 보이기도 하나 그렇다고 해서 武官이 府中
이나 宮中에 비해 상대적으로 열세였다고 단정하기는 어려울 것이다. 이
점 무엇보다도 국초의 군사적 중요성을 고려해 볼 때 충분히 수긍될 수

37) 예컨대 徇軍部는 光宗 11年에 軍部로 바뀌었다(『高麗史』 卷76, 百官1, 兵曹).
38) 黃善榮, 앞의 논문, 참조.

있을 것이며, 게다가 新羅系列의 緋衫을 제외시킨 점에서 오히려 군사적 면에서는 高麗系가 철저히 작전권을 독점했음을 반증한다고 보겠다.

이와 같이 3계통의 편제는 그 비중에서 적어도 균형을 유지했다고 보아 지나치지 않을 것인데, 이러한 편성을 3班체제라 불러도 좋지 않을까 싶다. 새삼 말할 필요도 없이 文班을 東班이라 별칭하고 武班을 西班이라 별칭 했음에 비추어, 또 하나의 방위개념으로서 雜業이 곧 국초에 南班이란 별칭을 갖고 있었지 않았나 싶다.

실제 南班은 고려의 전시대에 걸쳐 존재했던 궁중의 內僚職이다. 그런데 南班은『高麗史』에서 볼 때 7品의 官職을 상한으로 하여 叙用되었던 만큼 언뜻 文・武班과 같은 班列로 보기 어려운 점도 있겠으나, 초기의 南班에 는 4品級도 있었다.[39] 추리하건대 南班이 7品이하로 한정된 것은 成宗代 의 관제개혁 이후가 아닐까 한다. 아마도 그 이전까지는 東・西班과 더불 어 대등한 위치에서 宮中의 업무를 담당했던 계열이 南班이라 보고 싶다.

이와 관련하여『高麗史』百官志를 통해 볼 때, '三班奉職'・'三班差使' ・'三班借職'・'三班借差' 등의 관직명칭을 찾을 수가 있다.[40] 아마도 이 러한 명칭은 국초의 편제가 3班으로 구성된데서 비롯된 것으로 믿어진다. 한편 국초의 3班체제는 成宗代의 관제개혁을 거치면서 文・武班체제로 바뀐 듯 하다. 즉 成宗代의 정치개혁을 겪고 난 후, 穆宗代에 들어 改定된 田柴科에 대하여『高麗史』卷78, 食貨1, 田柴科에는,

카)（穆宗 元年）12月에 文武兩班 및 軍人의 田柴科를 改定하였다.

라 쓰고 있다. 이와 같이 3班체제가 양반체제로 개편되어 나가면서 南班은 점차 7品에 한정된 內僚만을 지칭하기에 이르지 않았나 한다.

---

39)『高麗史』卷84, 刑法1, 避馬式.
40)『高麗史』卷77, 百官2, 掖庭局.

끝으로 紫衫層의 성격에 대하여 잠시 살펴보고자 한다. 田柴科表에서 볼 때 紫衫은 文·武·雜 어디에도 속하지 않은 독립된 존재로 되어 있다. 그렇다고 해서 紫衫을 별개의 官府 계통으로 보기는 어려울 것이다. 앞에서도 약간 언급되었거니와 당시의 紫衫은 신라의 진골층과 고려의 왕족을 포함하여 元尹 이상의 官階를 받은 高麗系의 관료들로 구성되었다고 보인다. 이들의 직무는 아마도 文·武·雜의 班列을 초월하여 각 관부의 업무 수행을 지휘, 감독한 계층이 아닐까 싶다. 3省6部制가 성립된 후의 高麗官制에서 볼 수 있는 '宰樞'의 기능이 혹시 이전의 紫衫이 그랬던 것에서 연유하지 않았을까 한다. 즉 全 官員을 부를 때는 '宰樞及文武兩班'[41]이라 하여 宰臣·樞臣을 文武兩班官僚와 달리 표현하고 있음에 비추어 그 원형이 始定田柴科의 紫衫層이라 보아진다는 것이다.

한편 『高麗史』 卷76, 百官1, 典校寺條에는 "文宗이 判事의 秩을 正 3品으로 하였다"고 쓴 다음 分註로서,

> 타) 文宗 5年에 內史門下省이 上奏하기를 '諸司의 判事는 본래 모두 權帶이었는데 근래에는 모두 祿官으로 임명하니 옛 제도를 어긴 바 있다'고 하여 고칠 것을 청하니, 이를 聽從하였다.

라는 기록을 남겨 두고 있다. 여기에서 古來로 祿官 위에서 여러 司의 判事職을 맡았던 '權帶'가 바로 紫衫의 성격을 잘 나타내 주고 있는 듯하다.

이상의 검토를 통해 고려초기 통치기구의 편제에 어느 정도 접근할 수 있었다고 믿는다. 요컨대 고려초기의 통치기구는 府中·宮中 및 武官의 3원적 편제를 유지하였으며, 紫衫이 班列을 초월하는 위치에서 각 관부를 통섭하는 체제였음을 始定田柴科는 말해 주고 있다 하겠다.

---

41) 『高麗史』 卷69, 禮1, 嘉禮雜儀, 仲冬八關會儀.

Ⅳ. 始定田柴科의 성립배경과 田柴科체제의 전개

1. 성립의 배경

지금까지의 구조 분석을 통하여 始定田柴科의 성격은 어느 정도 밝혀졌다고 본다. 순서가 바뀐 감이 있지만, 이제 그때 왜 그러한 토지제도가 마련되지 않으면 안되었는지 그 성립의 배경을 살펴보기로 하겠다.

始定田柴科의 성립이 光宗代의 정치변동과 무관하지 않을 것임은 이미 여러 연구자들의 공통된 시각이었다.[42] 필자 또한 그때의 정치적 변동이 田柴科 제정의 동기가 되었음을 부정하지는 않는다. 다만 光宗代에 들어 왜 그러한 정치적 변동이 일게 되었으며, 그 결과로서 개혁의 방향이 어디를 지향하게 되었는가에 대해서는 견해를 달리 한다. 따라서 本節에서는 田柴科 성립의 전제가 되는 국초의 정치적 변동, 특히 光宗代의 정치개혁에 주안점을 둘 것이다.

太祖의 후삼국 통일정책에 있어 가장 중요한 특성은, 신라와는 평화적으로 제휴하는 것이었고, 후백제에 대해서는 무력으로 제압하는 정책이었다. 그 결과 항복해 온 신라의 敬順王을 政丞으로 삼아 太子의 上位에 앉히고 歲祿 千石을 급여하였으며, 또 神鸞宮을 지어줌과 더불어 국왕의 두 공주를 아내로 삼게 했다. 뿐만 아니라 경주를 食邑으로 삼게 한 것도 경순왕에 대한 예우의 표현이었다.[43]

한편 경순왕이 항복할 때 시종했던 신라의 관원들도 모두 수록되어 田祿을 넉넉히 받았다고 한다.[44] 아마도 당시 경순왕을 시종했던 무리에는 옛 신라의 중앙관부에서 종사해 오던 거의 모든 官吏가 포함되지 않았을까 싶다. 『高麗史』卷2, 太祖 18년 11월 甲申에는,

---

42) 金塘澤, 앞의 논문 및 全基雄, 앞의 논문.
43) 『高麗史』卷2, 世家, 太祖 18年 및 『高麗史』卷91, 列傳, 公主.
44) 『高麗史』卷2, 世家, 太祖 18年.

파) 新羅王이 百僚를 거느리고 王都를 떠남에 士人·庶民들이 모두 뒤
를 따르는지라 香車·寶馬가 잇달아 30餘里에 뻗쳤다.

고 하여 당시의 상황을 묘사하고 있다. 여기에서 알 수 있는 바와 같이
신라의 百官들은 모두 경순왕을 따라 고려로 들어왔고 그후 이들은 고려의
田祿을 받는 新羅系 관원으로서 행로를 새로이 하게 되었다.

그런데 기묘하게도 太祖는 항복해 온 新羅系 官職者들을 바로 고려의
官制 속에 흡수·용해시켜 버린 것이 아니라, 武官을 제외한 상당수의
신라 官府를 그대로 존속시키면서 官等조차 옛 신라의 것을 그대로를 표
방할 수 있도록 배려했던 것으로 보인다. 官等과 표리를 이루는 공복제도
옛 그대로 존속되었음은 두말 할 필요도 없을 것이다. 新羅系 官職者가
官等과 公服을 옛 그대로 표방할 수 있었음은 앞의 사료들을 통하여 확인
한 바이며, 더불어 고려의 통일 이후에 들어와서 高麗系 官職者와 新羅系
官職者들이 각각의 官階·官等을 공공연히 표방하면서 나란히 행사에 참
여하고 있었음도 앞에서 사료-사)를 통해 살핀 바이다.

그러나 보다 구체적으로 始定田柴科의 성립 때까지 잔존했던 新羅系
官府는 과연 어느 정도의 규모이었는지에 대해서는 현재로서 자세히 알
수가 없는 형편으로, 앞으로 더 천착되어야 될 부분이라 하겠다. 다만 始定
田柴科의 服色으로 보건대 府中과 宮中에 각각 新羅系 官府가 존속했음
은 틀림없어 보이는데, 연혁으로 보아 翰林院·興文監 등의 文翰 기구와
司天臺 등의 일부 기술관부가 新羅系였음은 확실시된다.[45]

이와 같은 제도적 장치에도 불구하고 통일 이후 고려의 관료체제 내부에
서 新羅系가 얼마나 세력을 떨칠 수 있었는지는 극히 의문스럽다. 당시의
정치지배세력은 高麗系의 공신계열이라 볼 것인 바, 太祖 23년에 있었던
役分田의 지급에서조차 신라계는 제외되었거나, 아니더라도 적은 혜택을

---

45) 黃善榮, 「高麗初期 官階의 成立과 變遷」, 앞의 책, 243~246쪽.

입는데 그쳤을 것이다. 왜냐하면 役分田의 제정동기가 "統合 때 朝臣·軍士의 功勞大小"에 대한 포상책이었기 때문이다. 그후 光宗 즉위년에 있었던 功役者에 대한 例食의 지급[46]에서도 별달리 통일에 공을 세웠을 리 없는 대부분의 新羅系는 제외되었을 가능성이 높아 보인다. 이와 같이 新羅系의 官僚들은 고려의 관료체제 내부에서 애매한 위상을 지닌 채 한동안 고려의 功臣系列에 비해 상대적으로 열악한 대우를 감수하지 않으면 안되었던 듯 하다.

그러하던 정치상황이 光宗 8년 이후 달라지기 시작했다. 光宗은 定宗과 더불어 변칙적으로 왕위를 계승했던 만큼 한동안은 왕권의 안정을 위해 당시 정치를 주도했던 功臣系列, 즉 動舊勢力을 우대하는 정책을 쓰지 않을 수 없었다.[47] 그러나 어느 정도 왕권의 확립에 성공한 이후 이제 오히려 왕권의 행사에 장해가 되는 動舊勢力을 억제하기 시작했다. 이러한 사실을 들어 학계 일각에서는 光宗의 호족숙청으로 설명하고 있으나,[48] 이는 잘못된 견해이다. 光宗의 숙청대상은 호족이 아니라 태봉이래 고려의 건국에 참여했거나 통일에 공을 세운 文·武官僚로서 '舊臣宿將'[49]의 무리가 곧 그들이었다.

고려가 통일국가로서 이제 새로운 범민족 질서를 수립해야 함이 시대적 요청이었음에도 불구하고 제한된 체제 안에서 기존의 특권을 고집하던 動舊勢力이 버티고 있다는 것은 光宗으로 하여금 중대한 정치적 결단을 택하지 않을 수 없게 하였을 것이다. 이에 光宗은 動舊勢力의 여러 특권을 박탈하는 정책을 추진하게 되었고 그것이 이후 光宗의 전시대에 걸쳐 크나큰 갈등을 일으킨 원인이 되었다고 간주된다.

---

46) 『高麗史』 卷2, 世家, 光宗 卽位年 8月.
47) 黃善榮, 「高麗 光宗·景宗代의 政治的 推移」, 앞의 책, 189~193쪽.
48) 이러한 견해로서는 다음의 논문이 대표된다 할 수 있다.
　　河炫綱, 「高麗王朝의 成立과 豪族聯合政權」, 『한국사』 4, 국사편찬위원회, 1981.
49) 『高麗史』 卷93, 列傳, 崔承老.

光宗은 먼저 奴婢按檢法의 실시를 통하여 勳舊勢力의 특권을 박탈하기 시작했다. 光宗 7년에 실시된 奴婢按檢法은 그 자체가 개혁의 한 과정이기도 하였지만, 전반적 정치개혁의 전단계로서 예비적으로 시행된 조치로 보는 것이 좋겠다. 光宗은 개혁을 앞두고 혹 있을지도 모르는 勳舊勢力의 실력을 통한 저항을 미리 막기 위해서라도 그들의 경제적, 사병적 기반이 될 수 있는 노비 문제에 관심을 나타냈던 것이다.

다음으로 光宗은 科擧制의 확대·개방[50]을 통하여 왕권확립에 기여하게 될 실력있는 신진관료군의 양성에 주력하였다. 이 과거제의 개방은 범민족 국가건설을 지향하는 光宗의 정치개혁 방향과 부합하는 것이었다. 이로써 그 동안 소외되었던 후백제지역 출신조차 고려의 관료군에 들 수 있게 되었다.[51]

이와 같이 한편으로 勳舊勢力을 억압하면서 다른 한편으로는 신진관료군을 양성하는 가운데, 光宗은 스스로 皇帝의 지위에 오른 듯 하다. 光宗 11년 3월에 開京을 皇都라 고쳐 불렀다거나,[52] 그 무렵 건립된 碑文의 撰者가 '奉勅'이라 하여 皇命을 받아 제작했음을 나타내는 사례[53] 등은 그러함에 대한 좋은 방증이 될 것이다. 사실 光宗에 의한 정치개혁의 최종 목표는 왕권을 초월하는 황제권의 확립에 있었다고 해도 지나치지 않으리라 생각한다.

이러한 정치개혁의 과정에서 각별히 주목되는 것은 光宗의 신라계에 대한 인식이다. 勳舊勢力에 비해 그 동안 劣勢를 감내해 오던 신라계에

---

50) 韓國科擧制의 기원을 高麗 光宗 9년으로 설정함은 무리한 견해라 여겨진다. 光宗 9년의 科擧制란 과거 讀書三品科에서 明經業을 위주로 삼던 방식에서 製述業 중심으로 개혁된 것으로 봄이 마땅할 것이다(黃善榮, 위의 논문, 참조).

51) 全州人 柳邦憲이 科擧에 급제한 사실에서 科擧制의 개방성을 지적할 수 있겠다(「柳邦憲基誌」, 『朝鮮金石總覽』上, 265쪽).

52) 『高麗史』 卷2, 世家, 光宗 11년 3월.

53) 「鳳巖寺 靜眞大師圓悟塔碑」, 『朝鮮金石總覽』上, 196쪽 참조. 한편 顯宗 16년에 건립된 「居頓寺 圓空國師勝妙塔碑」, 『朝鮮金石總覽』上, 255쪽에도 '光宗大王 立皇'이란 기록이 있다.

있어 光宗의 勳舊勢力 억제정책은 그들의 지위를 부상시킬 절호의 기회가 되었을 것이다. 이 과정에서 특히 緋衫層은 과거 급제자와 더불어 신진세력을 형성하여 정치개혁을 뒷받침했던, 光宗의 세력기반으로서 구실을 했던 것으로 보여진다.

그런데 이와 같이 신라계가 부상하게 된 근본적인 배경은 아마도 光宗과 신라계와의 특수한 관계에서 찾을 수 있을 것 같다. 우선 光宗은 자신의 출생부터가 신라계와 관계되고 있다. 이는 光宗의 母后인 神明順成王太后 忠州 劉氏가 신라계인 兢達 蘇判의 딸이었던 점을 보아서이다.[54] 게다가 光宗의 同母妹인 樂浪公主도 경순왕 金傅에게 출가했다.[55] 그러니까 光宗은 신라계 外祖父를 가진데 이어 신라왕이었던 金傅를 자신의 妹夫로 두게 된 셈이다.

光宗 주변의 이와 같은 친신라적 분위기가 이번에는 光宗으로 하여금 경순왕과 사돈을 맺도록 인도했던 것 같다. 즉 景宗과 獻肅王后의 혼인이 그것이다.[56] 이렇게 볼 때 光宗은 친신라적 분위기 속에서 성장했고 또 즉위 이후에도 신라에 대한 애착을 지속시켰다고 여겨진다. 이러한 여건이 그 동안 애매한 위상에 놓여있던 신라계의 緋衫層을 고려의 새로운 관료군으로 편입시킨 배경이 되었으리라 믿는다. 앞에서도 살핀 바와 같이 고려의 공복제가 太祖代부터 성립되었음에도 불구하고『高麗史』에 문득 光宗 11년 百官의 公服이 제정된 양 쓰고 있음은 아마도 이때의 재편성을 뜻하는 것으로 이해해야 옳을 듯 하다.

---

54)『高麗史』卷88, 列傳, 后妃, 神明順成王太后 및「興寧寺 澄曉大師寶印塔碑」,『韓國金石遺文』, 105쪽을 보아 兢達이 新羅系이었음이 확실시된다.

55)『高麗史』列傳, 后妃 및 列傳, 公主에 의하면 樂浪公主는 神明王太后 劉氏의 所生으로 光宗의 친누이로 간주된다.

56)『三國史記』卷12, 新羅本紀, 敬順王 末尾에는 "至我景宗……聘政丞公(敬順王) 女納爲王妃"라 하여 景宗 즉위 후에 敬順王의 딸을 王妃로 맞아들인 양 기록하고 있으나, 아마도 이는 婚姻의 과정을 생략하고 결과만을 적은 탓으로 간주된다. 아마도 景宗이 11살의 나이로 光宗 16년에 太子로 책봉될 때 이 혼인은 이루어졌다고 보아진다.

그런데, 공교롭게도 公服制가 재편된 光宗 11년부터가 勳舊勢力에 대한 피의 숙청이 시작되는 해이었고 이후 光宗 말기까지 가혹한 탄압이 계속됨으로써 景宗이 즉위했을 때 舊臣宿將으로서 살아남은 이가 40여명에 지나지 않았다고 한다.[57]

이를 미루어 당시 勳舊勢力이 신라계를 포함하는 신진세력의 등장에 얼마나 맹렬히 저항했던가를 짐작할 수 있겠다. 그들은 기존의 특권을 유지하기 위해 신진세력의 부상을 견제하려 했다.[58] 또 때로는 光宗을 제거하기 위한 모의까지 진행시켰다. 그러나 이 과정에서 가엾은 왕족만 희생시켰을 뿐,[59] 그들은 저항다운 저항을 채 벌여보지도 못하고 몰락의 길을 걷고 말았던 것이다.

景宗의 즉위와 더불어 고려의 정세는 새로운 국면을 맞게 되었다. 景宗은 즉위와 더불어 대사면령을 내리고 假獄을 없앴으며 조세를 감면하는 등 민심의 수습에 주력하였다.[60] 또 그 동안 억압받던 勳舊勢力을 요직에 발탁했다. 景宗 원년 執政職에 올랐던 王詵[61]이 그 대표적 인물로 보여진다. 그러나 이때의 정치가 다시 勳舊勢力 중심으로 반동되었다고는 할 수 없겠으니, 무엇보다도 잔존했던 勳舊勢力의 기반자체가 취약했기 때문일 것이다. 한때 그들은 일시적으로 허용되었던 復讐를 통하여 그들의 반대세력제거에 나섰으나, 執政 王詵의 귀양과 더불어 복수도 끝장이 나버렸다. 반면에 신진세력은 光宗代를 거치는 동안 관직체계 속에서 확고한 위치를 확보해 왔으며 景宗代에 들어와서도 별달리 동요되었던 자취는 없어 보인다.

그러한 가운데서도 가장 두드러지게 세력을 키운 계열이 緋衫層이라 보여진다. 光宗 11년에 百官의 공복제가 재편성되면서 정식으로 고려의

---

57) 『高麗史』卷93, 列傳, 崔承老.
58) 黃善榮, 앞의 논문, 192~195쪽.
59) 黃善榮, 위의 논문, 212~215쪽.
60) 『高麗史』卷2, 世家, 景宗 卽位年.
61) 『高麗史』卷2, 世家, 景宗 元年 11月.

官僚群에 편입된 그들은 田柴科의 始定을 계기로 확실한 경제적 기반을 마련할 수 있게 되었다고 믿어진다. 앞의 田柴科 표를 통하여 본 바와 같이, 緋衫層은 비록 丹衫層에 비하여 다소 적은 田柴를 받고 있긴 하지만, 이는 고려의 통일에 이렇다 할 공훈이 없는 그들에게 있어 오히려 당연한 결과일 것이고, 무엇보다 이제 緋衫層이 명실상부한 고려의 관료로서 앞으로 정치세력을 주도할 확고한 발판을 마련했음을 간과해서는 안될 것이다.

요컨대 始定田柴科는 고려의 후삼국통일 이후 형성된 특수한 정세를 배경으로 하여 빚어진 高麗系와 新羅系의 타협의 소산이었다. 이러한 타협의 결과 高麗系와 新羅系는 비로소 통일국가의 단일화된 官制 속에 포함되게 되었고 나아가 3省6部制로 융합되는 계기가 되었다고 본다.

2. 전시과체제의 전개

光宗·景宗代의 정치적 변동을 배경으로 하여 성립된 始定田柴科는 그후 고려 토지제도의 기본이 되었다. 景宗 원년(975)에 완성된 始定田柴科는 그후 穆宗 원년(997)에 改定을 보게 되었고 다시 文宗 30년(1075)에 更定되는 과정을 겪어 시행되는 동안 고려전기 경제제도의 근간을 형성하게 되었거니와, 이러한 일련의 토지제도 개혁과정을 일러 전시과체제[62]의 전개라 불러도 좋을 것 같다.

이와 같이 토지제도가 개혁됨에 있어 반드시 정치제도상의 개혁이 전제되었음은 새삼 말할 필요도 없을 것이다. 따라서 穆宗 원년 改定田柴科의 출현에 있어서도 그 무렵, 특히 成宗代의 정치적 변동이 가장 중요한 요인이 되었을 것이고, 文宗 30년의 更定田柴科 또한 당시 정치적 개혁의 소산으로 보겠다.

이러한 일련의 정치변동에 부응하여 전시과체제가 개혁될 수밖에 없었

---

62) 姜晉哲, 앞의 책, 311쪽.

다 하더라도, 그렇다고 해서 그 기본 골격자체가 크게 달라졌던 것은 아니란 점에 유의해야 할 필요가 있다고 본다. 여태까지, 대체로 始定田柴科는 전시과체제 성립의 전단계 정도로 이해되어 온 것이 사실이다. 그러나 이러한 견해는 앞에서 지적한 대로 그 구조를 계층적으로 파악한데서 빚어진 오해의 결과라 하겠다.

실제 始定田柴科 상의 각 복색대를 병렬적인 것으로 보고 이와 改定田柴科의 구조를 대비시켜 보면 그 구조적 유사성은 쉽사리 수긍되리라 믿는다. 이러한 대비가 용이하도록 먼저 始定田柴科를 단순화시켜 보겠다. 田柴科 표에서 각 班에 배치된 각 服色은 官品에 따라 동일한 田柴를 지급받고 있으므로[<표-1> 참조], 이를 감안할 때 각 복색별 서열체계는 <표-9>와 같이 일원화될 수 있을 것이다.

다음의 <표-9~①>에서 보는 바와 같이 사실 始定田柴科는 雜吏를 제외하고, 최고 1品부터 최저 23品까지를 관품서열로 하고 이에 대응하여 田地와 柴地를 차등 지급하고 있는 단순한 구조에 불과하다. 그것이 국초의 복잡했던 정치적 사정과 신분적 관념으로 말미암아 각 班別로 복색을 구분배치 시킬 수밖에 없는 과도적 단계를 거치게 되었던 것이다.

그런데, 다음의 표에서와 같이 각 복색대를 23단계의 관품으로 서열화하게 될 때 田地의 지급액은 관품에 따라 복색별로 아무런 차이없이 동일한 급여를 보이고 있으나,[63] 柴地의 지급액에 약간의 차이가 있어 이 점이 체제의 일원적 서열화에 다소 문제가 될지도 모르겠다. 柴地의 경우 같은 官品 가운데서도 紫衫層이 대체로 많은 액을 지급받고 있음은 오히려 당연시되나 綠衫層이 丹衫이나 緋衫보다 더 많은 지급액을 보이고 있음이 눈에 띈다.

---

63) 始定田柴科表에서 볼 때 雜業의 丹衫 2品 및 緋衫 1品과 綠衫 1品에 대한 田柴支給이 누락되어 있으나 그 까닭은 잘 알 수 없다. 또 雜業 丹衫 1品의 田 60결, 柴 55결은 아마도 2品의 누락과 관련된 착오로 보이며 紫衫 18品의 田 32결 또한 33결의 착오로 간주된다.

<표-9> 始定田柴科의 給與 體制

順位	紫衫 田	紫衫 柴	丹衫 田	丹衫 柴	緋衫 田	緋衫 柴	綠衫 田	綠衫 柴
1	110	110						
2	105	105						
3	100	100						
4	95	95						
5	90	90						
6	85	85						
7	80	80						
8	75	75						
9	70	70						
10	65	65	65	55				
11	60	60	60	50				
12	55	55	55	45				
13	50	50	50	42	50	40		
14	45	45	45	39	45	35	45	35
15	42	40	42	30	42	30	42	33
16	39	35	39	27	39	27	39	31
17	36	30	36	24	36	20	36	28
18	32	25	33	21	33	18	32	25
19			30	18	30	15	30	22
20					27	14	27	19
21							25	16
22							23	13
23							21	10

品位	田	柴
1	110	110
2	105	105
3	100	100
4	95	95
5	90	90
6	85	85
7	80	80
8	75	75
9	70	70
10	65	(60)
11	60	(55)
12	55	(50)
13	50	(44)
14	45	(38.5)
15	42	(33.3)
16	39	(30)
17	36	(25.5)
18	33	(22.3)
19	30	(18.3)
20	27	(16.5)
21	25	16
22	23	13
23	21	10

※ 田柴의 單位는 結임

　이와 같이 柴地에 있어 각 복색별로 다소 우열을 나타내고 있음에 대해 현재로서는 그 까닭을 설명할 근거는 갖고 있지 못한 형편이나 田地와 柴地의 비중을 고려 할 때 아무래도 田이 主가 되고 柴가 從으로 될 수밖에 없다고 간주된다. 따라서 柴地 지급상 약간의 차이가 있더라도 이것이 서열체계의 단일화에 결정적 장애는 될 수 없다고 본다. 이에 따라 위의 <표-9~②>는 官品순위 10등에서 20등 간에 걸쳐 각 服色別로 지급된 柴地를 평균하여 ( )속에 나타낸 것이다. 이는 改定田柴科와의 비교를 위해서이다.

改定田柴科의 제정시기는 穆宗 원년으로 되어 있으나 아무래도 改定의 동기는 成宗代의 광범한 관제개혁에서 찾아져야 하겠다. 잘 알려진 바와 같이 成宗代에는 중앙의 官制가 3省6部를 중심으로 개편되었고 각 지방에도 外官이 파견되는 등 관료체제 상 괄목되는 진전을 보였다.

그러한 정치적 개혁과정에서 田柴科의 개정과 관련하여 특히 주목되는 부문은, 통치 기구의 편제가 명목상 文武兩班制를 표방하게 된 점과 文·武散階가 官僚의 位階에 대한 공적질서로서 채택된 점이다. 이러한 官僚 서열의 변동에 따라 종전 文·武·雜의 3班체제가 文·武兩班制 속에서 개편되었고 동시에 紫·丹·緋·綠으로 구분되던 관료의 신분제적 구성이 正·從 9品體制 따라 18階로 조직된 새로운 서열 속에 들게 되었으며 나아가 29階로 細分된 文(武)散階라는 공적질서 속에 자신의 자리를 매기게 되었다.

改定田柴科는 바로 이러한 개혁에 상응하여 조정된 경제적 급부체계였다. 이에 관하여『高麗史』卷78, 食貨1, 田柴科에는,

하) (穆宗 元年) 12月에 文武兩班과 軍人의 田柴科를 改定하였다.

라고 전문을 쓴 다음 分註로서 官員을 18科로 나누고 각 과에 해당되는 관직과 田柴 지급액을 적고 있다. 다음의 <표-10>은 이를 정리하여 나타낸 것이다.

<표-10>에서 보는 바와 같이 改定田柴科는 正·從 9品體系를 의식한 것으로 믿어지는 18科의 관계서열을 표시하고 있으면서도 각 과에 속하는 관직을 일일이 적고 있는 2중적 서열체계를 보이고 있다. 생각건대, 始定田柴科에서 본 각 品에도 당시 服色別로 맡을 수 있는 官職 명칭이 열거되어 있었을 것이다. 아마도 그때는 官品의 高低보다는 사회적 신분 즉 인품

에 따라 맡을 수 있는 官職이 제한되었을 가능성도 배제할 수가 없다. 改定田柴科에서 官品을 18品으로 정하고 있으면서도 굳이 일일이 관직을 적고 있음은 始定田柴科의 그러한 사정과도 무관하지 않은 것 같은 생각 이 든다.

<표-10> 改定田柴科

科	支給額		受　　　給　　　官　　　職
	田地(結)	柴地(結)	
1	100	70	內史令 侍中
2	95	65	內史侍郎平章事 門下侍郎平章事 致仕侍中
3	90	60	參知政事 左右僕射 檢校太師
4	85	55	六尙書 御史大夫 左右散騎常侍 大常卿 致仕左右僕射 致仕太子太保
5	80	50	秘書監 殿中監 少府監 將作監 開城尹 上將軍 散左右僕射
6	75	45	左右丞 諸侍郎 諫議大夫 大將軍 散六尙書
7	70	40	軍器少卿 大常少卿 給舍中丞 太子賓客 太子詹事 散卿 散監 散侍郎
8	65	35	諸少卿 諸少監 國子司業 諸衛將軍 太卜監 散軍器監 散上將軍 太子庶子
9	60	33	諸郎中 軍器少丞 秘書丞 殿中丞 內常侍 國子博士 中郎將 折衝都尉 太醫監 閤門使 宣徽諸監 判事 散少卿 散少監
10	55	30	諸員外郎 侍御史 起居郎 起居舍人 諸局奉御 內給事 諸陵令 郎將 果毅 太卜少監 太史令 閤門副使 散郎中 大人將軍 散閤門使 散太醫監 散太子諭德 散太子家令 散太子率更令 太子僕
11	50	25	殿中侍御史 左右補闕 寺丞 監丞 秘書郎 國子助教 大學博士 太醫少監 尙樂奉御 通事舍人 宣徽諸使使 太子中允 中舍人 散員外郎 散太卜少監 散太史令 散諸奉御 散閤門副使
12	45	22	太常博士 左右拾遺 監察御史 內謁諸監 六衛長史 六局直長 軍器丞 太子洗馬 四官正 散諸衛將軍 散寺丞 散監丞 散太醫少監 散尙樂奉御 散宣徽諸使 諸使副監
13	40	20	主書 錄事 都事 內侍伯 寺注簿 監注簿 四門博士 太學助敎 中尙令 京市令 武庫令 大官令 大倉令 典廐令 供御令 典客令 大樂令 諸陵丞 別將 太卜丞 太史丞 侍御醫 尙藥直長 內殿崇班 大理評事 閤門祇候 宣徽諸使 副使 散直長 散中郎將 散折衝都尉 散四官正 藥藏郎 典膳郎 內直郎 宮門郎 典說郎
14	35	15	六衛錄事 正八品丞 正八品令 內謁者 東西頭供奉官 散員 指揮使 協律郎 太子監丞 散寺注簿 散監注簿 散郎將 散果毅 散內殿崇班 散閤門祇候 散太卜丞 散太史丞 散侍御醫 散尙藥直長 散宣徽諸使使
15	30	10	(從)八品丞 (從)八品令 秘書校書郎 四門助敎 諸衛校尉 靈臺郎 保章正 挈壺正 太醫丞 太醫博士 律學博士 左右侍禁 左右班殿直 散正八品 散別 將散指揮 散供奉官
16	27		大祝 司廩 司庫 九品丞 九品主事 九品錄事 秘書正字 製述登科將仕郎 明經登科將仕郎 書學博士 筭學博士 司辰 司曆 卜博士 卜正監候 食醫 醫正 醫佐 律學助敎 篆書博士 宣徽諸使判官 諸衛隊正 殿前承旨 中樞別駕 宣徽別駕 銀臺別駕 散校尉 散左右班殿直 散侍禁
17	23		諸業將仕郎 令史 書史 監事 監作 書令史 楷書內承旨 客省承旨 閤門承旨 借殿前承旨 親事內給事 馬軍 散殿前承旨 散隊正
18	20		散殿前副承旨 大常司儀 大常齋郎 國子典學 知班 注藥 藥童 軍將官通引 聽頭 直省 殿驅官 堂引 追仗 監膳 引調 (等流外雜職) 諸步軍
科外	17		不及此限者 皆給田十七結 以爲常式

하여간 관직명칭을 잠시 젖혀 두고 始定田柴科와 改定田柴科의 기본 골격을 대비하면 다음의 <표-11>과 같다.

<표-11> 始定田柴科와 改定田柴科의 구조 비교

品	始　　定 田	柴	科	改　　定 田	柴
1	110	110			
2	105	105			
3	100	100	1	100	70
4	95	95	2	95	65
5	90	90	3	90	60
6	85	85	4	85	55
7	80	80	5	80	50
8	75	75	6	75	45
9	70	70	7	70	40
10	65	(60)	8	65	35
11	60	(55)	9	60	33
12	55	(50)	10	55	30
13	50	(44)	11	50	25
14	45	(38.5)	12	45	22
15	42	(33.3)	13	40	20
16	39	(30)	1	1	1
17	36	(25.5)	14	35	15
18	33	(22.3)	1	1	1
19	30	(18.3)	15	30	10
20	27	(16.5)	16	27	-
21	25	16	1	1	1
22	23	13	17	23	-
23	21	10	18	20	-

이 <표-11>을 통하여 다음과 같은 몇 가지 흥미있는 사실을 지적할 수 있게 된다.

첫째 : '始定'의 관품 23등급이 19科等으로 改定됨에 있어 '改定'의 田 地의 지급면에서 볼 때, '改定'의 최고위인 第1科는 '始定'의 第3 品에 해당된다는 점이다. '改定'에서 第1科에 올라 田 100結과 柴 70結을 받게 된 官職은 內史令과 侍中이다. 이들의 위계로

보아 '始定' 당시의 관직에 비하면 內奉令이나 廣評侍中이 이에 해당될 것이다.

그런데 內奉令이나 廣評侍中이 '始定'에서 과연 第1등급인 紫衫 1品에 들었을까에는 다소 의심이 간다. 만약 이들이 紫衫 1品에 들었다면 '始定'에서 田柴 각 110結씩을 받았을 것이다. 이러하던 경제적 예우가 '改定'에 와서 문득 田地 10結이 감소된 100結을 받게 되었다고는 믿어지지 않기 때문이다.

다만 柴地는 '改定', '更定'으로 바뀌는 동안 대폭 줄어드는 경향을 나타내고 있고 田地도 소폭이나마 조정되었음이 사실이긴 하다.[64] 그러나 '更定'된 다음에도 中書令. 尙書令 및 門下侍中은 第1科로서 여전히 100結의 田地를 받았다.[65]

이렇게 볼 때 아마도 '始定'당시 內奉令이나 廣評侍中은 紫衫 3品에 속하지 않았을까 싶다. 그렇다고 할 수 있다면 '始定' 당시 紫衫 1品과 2品에 해당되는 관직이 별도로 있었지 않았나 생각된다. 이와 관련하여 당시 后妃나 宗室 또는 執政 등의 位相을 재검토해 볼 필요가 있어 보인다.[66]

둘째 : 田地의 지급면에서 '始定'의 第3品과 '改定'의 第1科가 같은데 이어 이하 13단계 즉 '始定'의 第 14品과 '改定'의 12科까지도 동일한 지급액을 보이고 있다. 兩者 모두 100結부터 45結에 이르기까지 매 등급마다 5결씩 줄어드는 구조를 보이고 있다. 생각건대 官制改革期동안 가장 安定된 官僚層이었다고 하겠다.

셋째 : 그 이하 과등에서 田地 지급액은 등차를 달리하고 있다. 이는 '始定'의 23品等이 18科로 改定됨에 따른 조치의 결과일 것이다. '始定'의 23단계가 18단계로 조성됨에 있어, 위에서 본대로 '始定'의 1品과 2品이 먼저 분리되었고, 그 다음은 주로 下端에서 조정이 이루어졌음을 엿볼 수 있으나 그 자세한 내용은 계속 검토되어야 할 과제라 하겠다.

---

64) 姜晋哲, 앞의 책, 48쪽.
65) 『高麗史』 卷78, 食貨1, 田制, 田柴科, 文宗 30年.
66) 『高麗史』 卷79, 食貨2, 祿奉에는 宗室祿과 文武班祿이 구분되어 있고, 또 百官志의 文宗官制에 正一品의 官職이 보이지 않는 사실이 田柴科의 改定과 어떤 관계가 있지 않을까 싶다.

이상과 같이 始定田柴科와 改定田柴科를 비교하였다. 요컨대 始定田柴科의 기본구조는 改定田柴科에 계승되었으며 다시 更定田柴科로 이어진 것이었다. 그러므로 始定田柴科는 전시과체제의 典範으로서의 기능을 다했다고 하겠다.

V. 맺음말

지금까지의 구조분석을 통하여 始定田柴科의 성격은 보다 선명하게 밝혀졌다고 믿는다. 그간 始定田柴科의 해석에 있어 혼란을 빚게 된 가장 큰 요인은 고려초기 公服制에 대한 오해에서 찾을 수 있을 것이다. 紫·丹·緋·綠으로 구성된 초기의 4色公服을 官品의 상징으로 간주하여 계층적 구조로 파악하는 한 始定田柴科에서 官品과 土地 급여는 일치하지 않을 뿐 아니라 고려초기의 官品이 46단계로 늘어날 수밖에 없는 모순을 떨쳐낼 수 없게 된다.

다행히 현존하는 몇몇 금석문의 검증을 통하여 고려초기 공복제가 太祖 때부터 확고한 제도로서 정착되었음을 살필 수 있었고, 아울러 緋衫과 丹衫의 비교를 통하여 공복제가 官僚의 출신 성분에 따라 仕路를 달리하는 신분제적 병렬구조임을 밝혀내게 되었다.

이러한 결론은 魚袋의 분석으로부터 얻어 낼 수 있었다 하겠으니, 始定田柴科 해명의 열쇠는 바로 이 魚袋 속에 들어 있다고 해서 지나치지 않을 것이다. 魚袋를 검토함으로써 초기 공복제의 성격이 밝혀질 수 있었고, 따라서 始定田柴科의 구조가 紫·丹·緋·綠을 '人品'으로 한 신분제적 병렬구조임이 드러났으며, 다시 이와 같이 한편으로 보아 기묘하기조차 한 제도가 성립될 수밖에 없었던 정치적 사정이 재조명되기에 이르렀던 것이다.

사실 지금까지 고려초기의 정치사는 너무도 도식적인 발전단계로서 설명되어 온 느낌이 없지 않다. 그 가운데 상당 부분은 반드시 실증적으로 재검토되어야만 한다고 생각한다. 이러한 관점에서 필자는 본고가 고려초기 정치적 변동을 재검토하는 하나의 계기가 되었으면 한다.

고려초기 정치세력의 동향과
3省6部制 성립의 배경

Ⅰ. 머리말

고려 건국으로부터 成宗代에 이르기까지 약 70년간의 기간은 시대적 전환기로써, 그 동안 많은 관심을 받아온 분야라 하겠다. 그 결과 한동안 이 시대의 정치적 특징이 '호족연합정권'으로 성격지워진 가운데, 건국 이래 잇달아 일어난 일련의 정치적·사회적 또는 군사적 사태가 오직 왕권 과 호족권의 갈등 및 화해의 귀결로 풀이되곤 했었다.[1]

그러나 근자에는 이러한 호족연합정권설에 대한 비판이 제기되고 있고,[2] 필자 또한 이러한 시각에서 고려초기의 정치사를 재검토해 왔다.[3]

---

1) 李基白,「高麗貴族社會의 成立」,『한국사』 4, 국사편찬위원회, 1981 및 河炫綱,「高麗王朝의 成立과 豪族聯合政權」, 위의 책, 참조.
2) 朴菖熙,「高麗初期 '豪族聯合政權說'에 대한 檢討」,『韓國史의 視角』, 영언문화사, 1984. 金潤坤,『高麗 郡縣制度의 硏究』, 경북대 박사학위논문, 1983.

본고 역시 이러한 재검토 작업의 일환으로써 고려초기 정치를 주도했던 지배세력의 동향을 살펴봄을 그 취지로 한다. 왕권과 표리를 이루었던 지배세력을 호족계열로 볼 수 없다 할 때, 그렇다면 이들의 실체를 어떻게 보아야 마땅할 것인가가 하나의 중요한 문제로 제기될 것이다.

본고는 바로 이러한 관점에서, 사료의 추적을 통하여 먼저 초기 정치세력의 집단을 계통에 따라 분류해 보고, 다음으로 高麗初에 일어난 정변이며, 정치적 개혁에 임하여 각각의 정치세력은 어떻게 대처하여 자신들의 이익을 옹호하였는지를 살펴보고자 한다. 끝으로는 이러한 일련의 정치적 변혁과정에서 신라계세력이 부상해 나가는 과정을 추적함과 더불어, 마침내 고려의 官制가 3省6部를 중심으로 재편되는 배경을 정치세력과 연관시켜 파악해 보고자 한다.

이러한 작업을 거칠 때, 고려초기 정치사에 대한 더욱 선명한 이해에 도달하게 될 것이다.

II. 초기 지배세력의 계통

1. 勳舊勢力의 형성

고려의 건국이후 光宗代에 이르기까지 약 30여 년 동안의 정치를 주도한 세력은 太祖를 도와 건국에 참여한 開國功臣 및 그들의 후예를 중심으로 형성된 勳舊勢力이라 할 수 있을 것이다.

최승로가 "歷世勳臣宿將"이라[4] 적절히 표현하고 있거니와, 그들은 왕건의 편에 서서 궁예를 타도하고 고려를 건국함에 기여하였으며, 이후 太

文暻鉉,『高麗太祖의 後三國 統一硏究』, 영남대 박사학위논문, 1985.
3) 黃善榮,『高麗初期 王權硏究』, 동아대출판부, 1988 및「高麗 始定田柴科의 分析」,『考古歷史學志』7, 동아대, 1991, <본서 제11장 참조>.
4)『高麗史』卷93, 列傳, 崔承老.

祖의 가신적 문무관료로서 안으로 왕권강화에 힘쓰고 밖으로 지방세력의 통제에 주력하여 마침내 고려가 후삼국을 통일하는 데 중심세력으로서 그 역할을 다했다. 물론 그들은 이른바 '豪族'의 계열에 포함될 수 없는 太祖의 文臣官僚群과 상비군의 武將들이었다.

太祖는 즉위한 이래 유교적 禮政을 목표로 효율적인 관료제를 발전시키는 한편 강력한 상비군의 편성으로 주위를 제압해 나갔다. 관료제와 상비군 체제가 곧 고려의 건국을 완성하고 통일을 실현시킨 바탕이라 하겠다.[5]

물론 그 체제속에 참여했던 대부분의 인물들은 먼저 開國功臣으로서 포상되었다. 『高麗史』 卷1, 太祖條에는,

> 가-① 洪儒·裵玄慶·申崇謙·卜智謙 등을 1等으로 하다.
>
> ② 堅權·能寔·權愼·廉相·金樂·連珠·麻煖 등을 2等으로 하다.
>
> ③ 3等 2천여 명에게 각각 綾·帛·곡식들을 차등있게 주다.

라 하여, 전체 2천명을 능가하는 功臣의 出現을 적고 있다. 특히 위의 가)에서 보아 1等 및 2等功臣에 추대된 인물들은 거의가 馬軍將軍 등 상비군의 지휘관이란 점이 지적된다.[6] 물론 이들은 호족이었기 때문에 우대된 것이 아니라 太祖의 친위세력 기반 그 자체로써, 오히려 지방의 호족세력을 제압하는데 앞장섰던 인물들이다. 그 밖에 太祖는,

> 나-① 성품이 단정하고 사무처리가 공평 정당하며 모두가 王朝 창업에 함께 하여 佐命의 공훈을 세운 사람들.

---

5) 黃善榮,「高麗 太祖代의 中央權力構造」, 앞의 책.
6) 위와 같음.

②) 사무에 능숙하며 청렴하고 조심성이 있으며 공무에 태만하지 않고 신임이 두터운 사람들.(『高麗史』 卷1, 世家, 太祖 元年 6月)

로서 官職에 補任했다. 다음의 <표-1>은 이러한 기준에 따라 선임된 太祖 원년의 官僚群이다.

<표-1> 太祖 元年의 官府와 官僚

番號	官府	官職	官階	姓名	官職	官階	姓名	官職	官階	姓名
1	廣評省	侍中	韓粲	金行濤	侍郞	閼粲	林積與	郞中	韓粲	申一
								〃	〃	林寔
2	內奉省	令	〃	黔剛	卿		能駿	監		康允珩
					〃		權寔	理決		倪信
3	徇軍部	〃		林明弼				郞中		劉吉權
4	兵部	〃	波珍粲	林曦	卿	閼粲	金堙			
					〃	〃	英俊			
5	倉部	〃	蘇判	陳原	〃	閼粲	崔汶			
					〃	〃	堅術			
6	義刑臺	〃	韓粲	閻萇						
7	都航司	〃	〃	歸評	卿		林湘煖			
8	物藏省	〃	〃	孫逈	卿		姚仁暉			
							番南			
9	內泉部	〃	蘇判	秦勁						
10	珍閣省	〃	波珍粲	秦靖						
11	白書省				卿	一吉粲	朴仁遠			
					〃		金言規			
12	內軍				〃		能惠			
					〃		曦弼			

위의 표에 올라 있는 인물은 대부분이 弓裔 시대의 舊官僚라 여겨진다.7) 太祖는 舊官僚 가운데서 협력 정도에 따라 인망이 높은 인물은 令으로, 또 사무능력이 우수한 인물을 卿으로 뽑았다고 보겠다. 이들은 1・2等功臣에는 들어가지 못했으나, 아마도 3等功臣 2천여 명 가운데 포함되어 전제왕권의 구축과 더불어 안정된 지위에 안주하려 했던 것으로 믿어진다.

7) 邊太燮, 「高麗初期의 政治制度」, 『韓㳓劤博士停年記念韓國史學論叢』, 지식산업사, 1981, 73쪽, 註 62) 참조.

한편, 이들 太祖의 文武官僚들 가운데 일부는 딸을 太祖에 바쳐, 太祖의 妃父로서 자신의 지위를 더욱 공고히 하려 하였고 나아가 자신의 外孫子가 왕위를 계승하도록 기원했을 것이다. 주지하는 바와 같이 太祖는 29명의 后妃를 거느리며, 25명의 王子와 9명의 公主를 두었다.[8] 아래의 <표-2>는 太祖의 혼인 관계를 정리한 것이다.

<표-2> 高麗 太祖의 后妃

番號	后妃	性貫	妃父	出産子女
1	神惠王后	貞州柳氏	三重大匡 天弓	
2	莊和王后	羅州吳氏	多憐君	惠宗
3	神明順成王太后	忠州劉氏	太師內史令 兢達	太子泰, 定宗, 光宗, 文元大王貞, 證通國師, 樂良公主, 興芳公主.
4	神靜王太后	黃州皇甫氏	三重大匡 悌恭	載宗旭, 大穆王后
5	神成王太后	慶州金氏	匝干 億廉	安宗郁
6	貞德王后	貞州柳氏	侍中 德英	王位君, 仁愛君, 元莊太子, 助伊君, 文惠王后, 宣義王后.
7	獻穆大夫人	慶州平氏	佐尹 俊	壽命太子
8	貞穆夫人	溟州王氏	三重大匡 景	順安王大妃
9	東陽院夫人	平州庾氏	三重大匡 黔弼	孝穆太子義, 孝隱太子
10	肅穆夫人	鎭州 (林)	大匡 名必	元寧太子
11	天安府院夫人	慶州林氏	太守 彦	孝成太子琳珠, 孝祗太子
12	興福院夫人	洪州洪氏	三重大匡 規	太子稷, 一後公主
13	人良院夫人	陜川李氏	大匡 元	
14	大溟州院夫人	溟州王氏	內史令	
15	廣州院夫人	廣州王氏	大匡 規	
16	小廣州院夫人	〃	〃	
17	東山院夫人	昇州朴氏	三重大匡 英規	
18	禮和夫人	春州王氏	大匡 柔	
19	大西院夫人	洞州金氏	大匡 行波	
20	小西院夫人	〃	〃	
21	西殿院夫人			
22	信州院夫人	信州康氏	阿湌 起珠	(一子)
23	月華院夫人	-	大匡 英章	
24	小黃州院夫人		元甫 順行	
25	聖茂夫人	平州朴氏	三重大匡 智胤	孝悌太子, 孝明太子, 法登君, 資利君, 公主
26	義城府院夫人	義城洪氏	三重大匡 儒	義城府院大君
27	月鏡院夫人	平州朴氏	三重大匡 守文	
28	夢良院夫人	〃	三重大匡 守卿	
29	海良院夫人	海平 -	大匡 宣必	

---

8) 『高麗史』卷88, 后妃1 및 宗室1, 그리고 公主列傳.

太祖의 혼인이 호족연합을 위한 정치적 동기로 이루어진 것이 아님은 길게 말할 필요도 없을 것이다. <표-2>에서, 1의 神惠王后 및 2의 莊和王后와의 혼인은 王建이 弓裔의 휘하에 있을 때 이루어진 일이다. 아마도 3의 神明順成王太后 이하가 즉위 이후 맞이했던 后妃들로 보여지는데, 이들의 妃父 가운데 5의 神成王太后를 納妃한 億廉이 신라의 왕족임[9]을 제외하고는 거의가 太祖의 文武官僚 출신들로서 호족과는 거리가 먼 인물들로 보인다. 또 이들은 출신지역으로 보더라도 서북지역에 편중되어 있음이 지적된다.[10] 이들 太祖의 姻戚 또한 고려초기 훈구세력의 계열임은 물론이다.

太祖의 文武官僚 및 姻戚으로 형성된 국초의 정치 지배세력은 후삼국의 통일에도 크게 기여하여 그 공적에 따라 거듭 포상되었고, 役分田을 지급받아 경제적 기반을 구축하게 되었으며,[11] 그들의 자손 또한 중용되어 주요 관직을 독점한 가운데 고려초기의 勳舊派가 형성되어 나갔다고 볼 수 있겠다.

그 후 惠宗·定宗 연간의 왕위계승 문제를 둘러싸고 이들 勳舊派들은 치열한 자기분열을 겪으면서 일부가 도태되기는 하였으나, 세력의 기반 자체는 크게 흔들림없이 이제 光宗의 즉위를 맞게 되었다.

2. 초기 신라계 세력의 胎盤

한편 太祖 18년(935)에 신라 敬順王의 귀순을 계기로 고려의 官僚群 내부에 변화가 일게 되었다. 太祖는 경순왕을 따라 온 옛 신라의 관료들을 고려의 관료체제 안으로 포용한 것이다.

신라 최후의 어전회의가 있은 다음, 얼마 만큼의 관원이 고려로의 복속

---

9) 『三國史記』 卷12, 新羅本紀, 敬順王.
10) 鄭容淑, 「高麗初期 王室婚姻과 異姓后妃」, 『高麗時代의 后妃』, 민음사, 1992, 47~49쪽.
11) 『高麗史』 卷78, 食貨1, 田制, 田柴科.

을 거부했는지는 잘 알려지지 않고 있으나, 경순왕이 귀순하기 위해 경주를 떠날 때의 모습을 두고,

> 다) 王이 百寮를 거느리고 서울을 떠나 우리 太祖에게 귀순할 때 香車와 寶馬가 30 여리에 뻗쳐 길이 메이고 구경꾼이 담과 같이 둘려져 있었다.(『三國史記』 卷12. 新羅本紀. 敬順王)

라고 적고 있어, 이로 미루어 거의 대부분의 신라 官僚가 동시에 자연스럽게 고려에 복속하게 되었다고 여겨진다. 이렇게 귀순해 온 경순왕에 대해 太祖는 長女 樂浪公主로서 아내를 삼게 하고, 正丞公에 봉하여 그의 지위를 太子보다 위에 있도록 하는 등 예우를 극진히 하였다.[12] 뿐만 아니라 太祖는 경순왕을 따라온 옛 신라의 관원들조차 모두 고려의 관료로서 흡수하려 하였다. 이와 관련하여『三國史記』및『高麗史』는 각각 다음과 같이 쓰고 있다.

> 라-① 시종하던 官員과 將帥들을 모두 등록시켜 채용하였다.(『三國史記』 卷12. 新羅本紀. 敬順王)
>
> ② 그 侍從者들을 모두 등록하여 土地와 祿俸을 넉넉히 주었다. (『高麗史』 卷2. 世家. 太祖 18年)

위의 사료에 보이는 侍從者는 곧 경순왕을 따라온 신라의 '百寮' 그 자체라 간주할 수 있을 것이다. 또 라-②에서 土地와 祿俸을 넉넉히 주었다는 것은 그것이 일시적이거니와 일회에 그치는 포상이 아니라, 官僚로서의 신분보장을 뜻할 것이다. 이렇게 볼 때 고려초기 정권의 성격은 호족연합적이라기보다는 차라리 신라와의 연합적 성격이라 봄이 더 옳겠다.

---

12)『三國史記』卷12. 新羅本紀. 敬順王.

그러나 이때에 귀순한 신라의 관원들이 고려의 官僚體制 속에 쉽사리 용해되어간 것으로는 보이지 않는다. 아마도 당시 太祖는 이미 짜여져 내려오던 原高麗의 官制를 허물어 재편성하는 대신, 일부일런지는 모르겠지만 한동안 신라 고유의 官制를 그대로 유지하려 했던 것으로 여겨진다.[13] 바꾸어 말하자면 이때 신라출신 官員들은 고려의 官制라는 틀 속에서 옛 신라의 官府·官職·官等을 그대로 지니게 되었으며, 나아가 公服조차 新羅制 그대로 유지하도록 공인되었다는 것이다.

다음에 제시하는 몇 가지 사료는 고려가 신라를 병합한 후에도 일부 신라계 官制를 존속시킨 구체적인 사례가 아닐까 싶다. 먼저 官府의 경우이다.

> 마-①) 太相 元鳳大學士 翰林院令 平章事.(『高麗史』卷92, 列傳, 崔彦撝)
>
> ②) 高麗國 溟州普賢山 地藏禪院….
> 太相 檢校尚書前守執事侍郎左僕射兼御史大夫 上柱國 知元鳳省事 賜紫金魚袋 臣崔彦撝.(「地藏禪院 郎圓大師悟眞塔碑」, 『朝鮮金石總覽』上, 140쪽)
>
> ③) 太相 檢校尚書左僕射前守兵部侍郎 知翰林院事 臣崔彦撝.(「淨土寺 法鏡大師慈燈塔碑」, 『朝鮮金石總覽』上, 150쪽)

위의 마-①·②·③)은 太祖代에 文名을 떨쳤던 崔彦撝가 역임했던 官職들이다. 먼저 마-①)에 보이는 元鳳(省)과 翰林院은 같은 성격의 文翰機構로 고려와 신라에서 명칭만을 달리 부쳤던 官府로 간주된다. 즉

---

13) 단, 武官의 경우 그러하지는 않았을 것이다. 이는 始定田柴科表上 武官에 緋衫이 없는 점으로 미루어 추정된다(黃善榮, 앞의 논문, 1991).

弓裔가 신라의 翰林院을 모방하여 元鳳省을 설치했던 것이다.[14] 그러했음에도 불구하고 양국이 합병한 다음 통일을 이룬 후에도 元鳳省과 翰林院이 병존해 있었음을 위의 사료는 말해 주고 있다.

다시 마-②)에서, 이 碑는 太祖 23년에 건립된 것인데 '前守執事侍郞'이 주목되는 부분이다. 주지하는 바와 같이 執事侍郞이란 신라의 최고 官府인 執事省의 차관급에 해당되는 官職이다. 弓裔가 이 신라의 執事省을 모방하여 廣評省을 설치했음은 길게 설명할 필요도 없겠거니와 고려가 건국된 다음에도 廣評省은 최고의 官府로서 기능했다. 그러하던 것이 양국의 합병 후에 신라의 執事省이 고려에서 존속되었음을 위의 사료는 보여주고 있다.

물론 崔彦撝는 신라의 文臣官僚로 있다가 敬順王이 귀순하기 전에 먼저 太祖에 귀부했던 사람이다. 또 그가 신라에 있을 때 執事侍郞을 지낸 前歷도 있으나,[15] 위의 마-②)에서 그는 신라가 아닌 '高麗國'의 守執事侍郞을 역임했음을 분명히 나타내고 있다. 이러한 사실을 통해 볼 때, 양국의 합병 후에도 高麗系의 廣評省과 新羅系의 執事省이 병존해 있었음은 확실하다.

다음, 마-③)에서 崔彦撝가 '知翰林院事'를 역임했음은 금석문을 통해서도 확인할 수 있다. 즉 그는 原高麗系의 '知元鳳省事'와 新羅系의 '知翰林院事'를 모두 겸었던 것이다. 지금까지 崔彦撝의 경우를 예로 들어 原高麗系의 官府와 新羅系 官府가 통일 후에도 병존했음을 지적하였거니와, 그 밖에도 武班을 제외한 상당수의 官府가 비록 명목상이라 하더라도 병존해 있었다고 심증된다.

한편 新羅系 관원들은 옛 신라시대의 官等도 그대로 썼다. 아래에 제시

---

14) 黃善榮, 「高麗初期 官階의 成立과 變遷」, 앞의 책, 245쪽.
15) 「興寧寺 澄曉大師寶印塔碑」, 『朝鮮金石總覽』上, 157쪽에는 "有唐 新羅國 云云"한 다음 撰者 崔彦撝의 官職이 '朝請大夫 守執事侍郞…'으로 표기되어 있다.

하는 사료는 그러함을 입증할 것이다.

　　바 - ① 沙湌 檢校興文監卿 元鳳省待詔 臣仇足達.(「地藏禪院 郎圓大
　　　　師悟眞塔碑」, 『朝鮮金石總覽』上, 140쪽)

　　② 英章大匡·王景大承 … 金鎰蘇判·兢達蘇判·王規左承 … 金
　　　　奐阿湌 … 式榮韓湌·寬質韓湌 … 兢鎰海湌 … 允逢元甫 ….(「興寧
　　　　寺 澄曉大師寶印塔碑」, 『韓國金石遺文』, 105쪽)

　먼저 바 - ①의 仇足達은 太祖 23년에 건립된 「地藏禪院 郎圓大師悟眞
塔碑」의 書者이다. 당시 같은 碑文의 撰者 崔彦撝가 '太相'이라는 고려초
기 官階를 가졌음에 비하여 그는 아직도 고려 官階를 얻지 못하고 옛 신라
때의 官等은 '沙湌'을 표방하고 있음이 주목된다. 더불어 '興文監'이란
그의 소속 官府도 新羅系 官府로 간주된다.[16]

　다음 바 - ②는 惠宗 元年에 건립된 「興寧寺 澄曉大師寶印塔碑」에 들
어 있는 인명의 일부이다. 여기에 이름이 올라 있는 인물들은 거의가 太祖
代의 최고위급 官僚들이다.[17] 그들 가운데 '金鎰蘇判·兢達蘇判 및 金奐
阿湌·式榮韓湌····'등 신라 고유의 官等을 표방하고 있는 인물들이 있어
우리의 흥미를 더해 준다.[18]

　이와 같이 고려초기의 官階와 신라의 官等이 혼용된 예는 합병 이전의
고려에서 없었던 일이다.[19] 그러다가 신라와 합병이 이루어진 후 太祖는
신라 官等의 표방을 용인하게 되었던 모양이다. 그 결과 위의 사료 바
- ②에서와 같이 일부는 고려 官階를, 또 다른 일부는 신라 官等을 표방할

---

16) 李基東, 「高麗初期 近侍機構와 文翰機構의 擴張」, 『新羅 骨品制社會와 花郞徒』, 일조각,
　　1984, 256쪽.
17) 李鍾旭, 「高麗初 940年代의 王位繼承과 政治的 性格」, 『高麗光宗研究』, 일조각, 1981, 13쪽.
18) 여기의 金鎰蘇判은 신라 진골출신으로 간주된다(李鍾旭, 위의 논문).
19) 黃善榮, 앞의 논문, 231쪽.

수 있게 된 것으로 이해된다.

이러한 신라 官制의 존속과 관련하여 公服조차 新羅制와 高麗制가 병행하여 설치·운영되었던 듯 하다. 아래의 사료를 검토해 보겠다.

사-①) 正朝 上柱國 賜丹金魚袋 李桓樞.(「菩提寺 大鏡大師玄機塔碑」, 『朝鮮金石總覽』上, 130쪽)

②) □□□兵部大監 上柱國 賜丹金魚袋 臣李桓樞.(「毗瞳庵 眞空大師普法塔碑」, 『朝鮮金石總覽』上, 134쪽)

③) 沙粲 前守興文監卿 賜緋銀魚袋 臣具足達.(「淨土寺 法鏡大師慈燈塔碑」, 『朝鮮金石總覽』上, 150쪽)

④) 正朝 □□評□郎 柱國 賜丹金魚袋柳勳律.(「無爲寺 先覺大師遍光塔碑」, 『朝鮮金石總覽』上, 170쪽)

위의 사료 사-①)에서 보아 正朝 李桓樞는 丹色의 公服, 즉 고려의 丹衫層에 속하는 인물임을 알 수 있다. 여기에는 그의 官職이 생략되어 있으나, 사-②)로서 그가 □□兵部大監 이었음을 알게 된다.[20] 그러니까 그는 正朝로서 兵部의 大監(또는 守兵部大監)職에 있었는데, 公服은 丹衫이었다고 정리될 수 있을 것이다. 만약 신라의 兵部大監(또는 守兵部大監)이라면 필경 阿湌에서 級伐湌까지의 官等을 가진 6頭品계열이 맡았을 터이고, 이 경우 그의 公服色은 어김없이 緋色이었을 것이다.

사료 사-③)의 具足達[21]은 그러함의 전형적 예로 볼 수 있을 것 같다. 그는 沙粲으로서의 興文監의 卿職에 있었는데 그의 公服色은 緋色이었다.

---

20) 두 塔碑의 건립시기는 같은 太祖 22년이다.
21) 이 사람은 제시 사료 바-①)에서 보는 '仇足達'과 동일인임이 분명하다.

여기에서 보는 官等・官職・公服色은 신라 6頭品 階層의 전형 그대로라 할 만 하겠다. 앞에서도 살폈거니와[사료 바-①)] 具足達은 고려에 들어와 서도 옛 신라 때나 다름없이 緋色公服을 입고 있었던 것이다.

한편 사료 사-④)에서와 같이 正朝 □□評□郎職에 있던 柳勳律도 丹衫層에 속하는 인물이다. 위의 사-①)에서 正朝 李桓樞 丹衫層에 속함과 마찬가지이다. 아마도 柳勳律의 官職은 前 또는 守廣評侍郎으로 추측되는 데 이와 동급으로써 신라의 執事侍郎이라면 주로 6頭品의 차지이고,[22] 公服色은 역시 緋色이 일반적이라 할 것이다.[23]

이러한 사실은 신라의 緋色公服과 고려의 丹色公服의 관계를 알 수 있게 한다. 고려는 泰封이래 신라의 官制를 모방하여 이름만 바꾼 것들이 그 대부분이었는데, 公服에서도 신라의 緋色을 취하되 명칭은 '丹衫'이라 부쳤지 않았나 한다. 고려의 공복제가 光宗 때에 제정되었다는 기록은 믿기 어려운 바이고, 특히 색채 개념상 구분이 어려운 丹衫과 緋衫을 계층적으로 설정했다고는 생각할 수 없을 것이다.[24] 요컨대 緋衫과 丹衫은 동급으로서 新羅系와 高麗系의 차이를 나타내는데 불과하다고 본다.

이상 검토한 바와 같이 경순왕의 귀순을 계기로 옛 신라의 官僚들은 고려의 官僚가 아닌 官僚로서 행로를 새로이 하게 되었다. 그러나 실제 처우 면에서 新羅系는 原高麗系에 비해 훨씬 열악한 대접을 받지 않았나 한다. 위의 사-①・② 및 ④)에서와 같이 高麗系의 李桓樞와 柳勳律이 각각 '上柱國'과 '柱國'의 勳을 가진데 대해 사-③)의 新羅系인 具足達은 아무런 勳을 받지 못했다. 그러한 만큼 통일 후 役分田의 지급에서도 新羅系는 高麗系에 비해 그 몫이 훨씬 적었거나 심지어는 제외되었을 가능성

---

22) 李基白, 「新羅六頭品研究」, 『新羅政治社會史研究』, 일조각, 1974.
23) 崔致遠이나 崔彦撝 등이 執事侍郎으로서 紫色公服을 입었던 점이 나말여초의 금석문에서 散見되나, 이는 특별히 下賜받은 결과일 것이다.
24) 黃善榮, 앞의 논문, 1991.

도 염두에 두어야 할 것이다.[25]

다른 한편 한때 신라의 官僚였다 하더라도 경순왕의 귀순 이전에 개별적으로 귀부한 新羅系 인물과 경순왕을 따라 와서 편입된 인물은 구별되어야 옳으리라 믿는다. 후삼국의 정립기간 동안 많은 신라출신의 文武官僚들이 향배를 달리 했음은 주지의 사실이거니와 泰封 때 弓裔는 신라에서 오는 사람을 모두 죽였다 하나,[26] 太祖는 그들을 예우하여 중용하는 정책을 써 나갔다.

앞서 본 崔彦撝는 이러한 범주에 드는 두드러진 실례라 하겠는데, 그는 개별적으로 太祖에 귀부하여 일찍이 原高麗系의 官僚群에 들어 문필력을 바탕으로 '大相'의 지위에 올랐을 뿐 아니라 '上柱國'의 勳도 지니고 있었다. 이와 같이 新羅系라 하더라도 귀부 시기에 따라 성격을 달리 보아야할 경우도 반드시 지적되어야 옳겠다.

다른 한편 崔承老의 경우는 고려초기 新羅系 세력의 또 다른 존재양상을 나타내고 있어 자못 흥미롭다. 잘 알려진 대로 최승로는 경순왕을 따라 귀부한 新羅系 崔殷含의 아들이다. 그는 총명하고 민첩하여 12살 때 太祖에 불려가 元鳳省의 학생이 되었고, 후에 文翰의 임무를 맡아 출세하였다.[27] 이와 같이 비록 그의 아버지 殷含은 新羅系(아마도 緋衫層)이었다 하더라도 최승로 자신은 처음부터 太祖의 은혜를 배경으로, 高麗系 官員으로 출발하게 되었다. 따라서 후일 그가 五朝政績評이며 28條의 時務를 올리면서도 결코 전체 新羅系의 이익을 옹호하는 입장에 서지 않았던 까닭은 이런 데서 연유할 것이다. 오히려 최승로는 훈구세력을 더 옹호하는 입장을 취하고 있었다고 보아지기까지 한다.

이렇게 볼 때 단순히 옛 신라의 官職者였거나 그 출신지가 경주라는

---

25) 黃善榮, 위의 논문.
26) 『三國史記』 卷50, 列傳, 弓裔.
27) 『高麗史』 卷93, 列傳, 崔承老.

점 만으로 특정 인물을 新羅系라 규정하기는 어렵지 않을까 한다. 넓은 의미로서는 新羅系의 범주에 넣을 수 있는 인물이라 하더라도 귀부의 시기, 관료로서의 진출동기와 같은 여건과 각자의 처지에 따라 정치세력으로서의 지향하는 바는 서로 다른 경우가 더 일반적이었다고 믿는다.

다만 경순왕을 따라 와 고려에 집단으로 귀순한 옛 신라의 이른바 6頭品 출신들은 한동안 고려의 官制 속에서 新羅系 緋衫層으로 남아 차별을 당하면서도, 오직 자신들의 실력을 바탕으로 견디면서 이제 광종의 시대를 맞게 되었다.

3. 新進勢力의 대두

太祖代의 정치를 주도한 세력은 단연 勳舊勢力이라 할 바이고, 新羅系는 그 세력을 별로 떨치지 못한 가운데, 惠定의 통치를 거쳐 光宗代에 이른다. 이 시기에 들어오면 일부의 文士와 중국으로부터 귀화한 華士들이 갑자기 두각을 나타내게 된다. 崔承老는 그의 光宗評에서,

> 아－①) 雙冀를 등용한 후로부터 文士를 존중하고 대우함이 지나치게 풍후하였습니다. 이런 까닭에 재주없는 자(非才)가 외람되이 진급하고, 차례를 무시하고 벼슬이 뛰어 올라 1년이 못되어 문득 卿相이 되기도 하였습니다.
>
> ②) 이에 南北의 庸人들이 다투어 의탁하기를 원함에 그들의 지혜와 재능이 있고 없는 것을 論하지도 않고, 모두 특별한 은총과 대우로써 맞이하니 이 때문에 後生들은 앞을 다투어 등용되나 舊德은 점차 쇠퇴하게 되었습니다. 비록 華風을 존중한 듯 하지만 中華의 좋은 법은 취하지 못했고, 또한 중국의 선비(華士)를 예로 맞이했어도 中華의 현명한 인재는 얻지 못했습니다.(『高麗史』卷93, 列傳, 崔承老)

라 하면서 光宗을 비난하고 있다.

여기에서 위의 아-①)에 보이는 文士는 어떤 성격의 집단이며, 또 아
-②)의 南北庸人·後生·舊德·華士 등은 어떤 부류일까 하는 의문이
제기된다. 주의하여 살피건대, 먼저 아-①)에서 일컫는 '文士'며 '非才'를
당시 과거급제자로 보기는 어려울 것이란 생각이 든다.

雙冀는 後周에서 귀화하여 光宗 9년 이래 고려의 進士科 시행을 주장했
던 인물이다.[28] 따라서 雙冀가 科擧制와 불가분의 관계를 맺고 있던 만큼
여기의 文士나 非才를 과거급제자로 간주하기 쉬우나, 이미 연구된 바와
같이 光宗 一代를 통털어 과거급제자는 아직 결집된 힘으로 정치세력화한
단계에 이르지는 못했던 것으로 보여지며,[29] 또 급제자 가운데 '1년이 못
되어 卿相에 오른' 인물도 찾아지지 않는다.[30]

또, 아-②)와 관련하여 여러 갈래 기왕의 견해가 제시되어 있으나, 필자
로서는 이 부분 전체를 '華士'에 대한 崔承老의 비난으로 보고 싶다. 즉
문맥으로 보아 '南北庸人'들이 곧 '華士'들을 가리킨다고 하겠다. 아울러
여기에서 보이는 '後生' 또한 당시의 과거급제자에 국한시켜 볼 수는 없지
않을까 한다.[31] 오히려 '後生' 역시 중국의 귀화인을 가리키는 것으로 해석
함이 더 자연스러울 것 같다. 즉 南北의 庸人들에 대한 光宗의 특별한
恩禮로 해서 後生들이 다투어 진출하게 되었다는 것이다. 하여간 당시의
과거급제자들이 아직은 崔承老의 비난을 받을 만큼 기세를 떨치지도 못했
으며, 崔承老 자신도 科擧制를 배척했다고는 보기 어렵다.[32]

이렇게 해서 급격히 부상한 귀화인들은 光宗의 개혁정치에 상당히 간여

---

28) 『高麗史』 卷93, 列傳, 雙冀.
29) 吳星, 「高麗 光宗代의 科擧合格者」, 『高麗光宗研究』, 일조각, 1981, 39~45쪽.
30) 吳星, 위의 논문, 39~45쪽.
31) 金塘澤, 「崔承老의 上書文에 보이는 光宗代의 '後生'과 景宗元年 田柴科」, 위의 책에서
　　後生을 과거급제자에 견주고 있으나, 더 넓은 의미로 재고되어야 옳겠다.
32) 黃善榮, 「高麗 光宗·景宗代의 政治的 推移」, 앞의 책, 210쪽, 註 58)참조.

하였다. 아마도 光宗은 개혁을 원활히 달성하기 위해 일부 친위세력과 더불어 가장 계통적 연고가 없는 귀화인을 택했던 것 같다. 그러나 이들이 光宗의 전시대에 걸쳐 정치개혁을 좌우했다고는 보여지지 않는다.

한편 光宗代를 통털어 볼 때, 이제 과거급제자들이 점차 성장해 나감을 간과해서는 안될 것이다. 光宗代의 登第者는 進士科 27명, 明經科 6명, 卜業 3명, 醫業 3명 등 모두 39명이었다.[33] 이들 급제자는 오직 관료로서의 실력을 바탕으로 진출한 다음 전제왕권을 받드는 전위대로써 육성되었을 것이다. 여기에서 이들을 일러 신진세력이라 불러도 좋을 것 같다. 과거를 거쳐 仕路에 오른 이들 신진세력은 아마도 처음에 綠色의 공복, 즉 綠衫을 입지 않았을까 한다. 그 후 성장하는 동안 일부는 緋衫系列의 官府, 다른 일부는 丹衫系列의 官府를 거쳐 마침내는 紫衫層에 올랐을 것이나,[34] 대체로 成宗 이전의 그들은 주로 綠衫層에 머물러 있었다고 간주되며, 이후의 仕路가 原高麗系 官府와 新羅系 官府로 이원화되어 있음은 이들을 크게 혼란시키고 있었을 것이다. 그러나 아직은 대세에 순응하면서 왕권의 옹호 하에 光宗의 정치개혁을 겪어 나갔다.

Ⅲ. 勳舊勢力의 분열과 新羅系의 부상

1. 惠·定宗代의 정변과 勳舊勢力

고려의 건국으로부터 통일을 거치는 동안 勳舊勢力은 확고한 정치적 기반을 잡았으나, 惠宗·定宗代에 들어 왕위계승을 둘러싼 정변에 휩싸여

---

33) 許興植,「高麗 禮部試登科錄」,『高麗科擧制度史研究』, 일조각, 1981, 265~266쪽.
34) 高麗初期 公服制가 계층적으로 짜여져 있었다고는 보여지지 않는다. 아마도 身分帶別로 고착되었다고 여겨지나, 다만 과거급제자의 경우 승진과 더불어 改服했을 가능성은 배제할 수 없겠다. 高麗 公服制에 관하여는 黃善榮,「高麗初期 公服制의 成立」,『釜山史學』12, 1987,<본서 제9장>이 참조된다.

마침내 그 내부에서 분열을 일으키게 된다.

이와 관련하여 崔承老는 그의 五朝政績評에서,

> 자) 지난 일을 보건대 惠宗·定宗·光宗의 세 王이 王位를 계승하는
> 초기 百事가 안정되지 못한 때에 兩京 文武官의 반수가 이미 殺傷되었습니
> 다.(『高麗史』 卷93, 列傳, 崔承老)

라 하여 고려초의 王位繼承이 순조롭지 못했음을 표현하고 있다. 여기에
서 보는 兩京, 즉 開京과 西京의 文武官이라면 바로 勳舊勢力 자신들을
가리킬 것이다.

왕위계승을 둘러싸고 文武官僚들이 크게 살상되었다는 것은, 아마도
그들이 이해를 달리하는 여러 갈래의 왕실세력과 계파적으로 연루되었기
때문일 것이다. 앞에서도 지적한 바와 같이 太祖는 29명의 后妃를 두었다.
이와 같이 太祖가 혼인관계를 맺은 데는 아마도 外戚勢力의 대두를 막고
자 했던 배려도 있지 않았을까 싶다. 그 결과 太祖代를 통하여 어느 특정의
姻戚이 발호한 흔적은 나타나지 않았다.

그러나 姻戚의 처지에서, 아무래도 그들의 관심은 太祖의 25王子 가운
데 누가 왕위를 어떻게 이어갈 것인가에 쏠리지 않을 수 없었을 것이다.
반면에 太祖는 즉위 후 4년만에 서둘러 당시 10세 된 長子를 世子로 책봉
하였고, 그 후 왕자로서의 수련을 쌓아 자신의 뒤를 잇도록 배려했다.[35]

이렇게 해서 즉위한 惠宗에게도 4명의 后妃가 있었는데, 당시 유력한
太祖의 文武官僚들이 惠宗의 妃父가 되었다.[36] 이러한 혼인을 시기적으로
보면 아마도 모두 太祖代에 세자로 있을 동안 이루어진 것으로 추정되며,
여기에도 太祖의 뜻이 담겨져 있었지 않았나 싶다. 특히 이 과정에서 王規

---

35) 『高麗史』 卷2, 世家, 惠宗.
36) 惠宗의 婚姻關係는 아래의 표와 같다.

는 太祖의 妃父임과 동시에 惠宗의 妃父이기도 했다. 한동안 王規를 포함한 이들 姻戚은 惠宗의 지지기반으로서 惠宗의 왕권안정에 기여했을 것이다.

그럼에도 불구하고 惠宗은 왕권의 확립에 성공하지는 못했다. 그 주된 이유는 틈만 있으면 왕위를 노리는 여러 왕자들의 야심과 또 이에 편승하여 향배를 달리한 勳舊勢力의 분열에서 찾을 수 있을 것이다. 勳舊勢力 가운데 太祖로부터 遺詔를 받은 武將 朴述熙는 최후까지 惠宗의 편에서 忠誠을 다했다.[37] 그러나 惠宗이 병들어 눕게 되자 文臣 王規는 자신의 外孫子 廣州院君을 옹립하려는 세력으로 표변했다.[38]

그 밖에도 太祖의 20여명 왕자가 그들의 外家와 연결하여 모두 왕위에 관심을 가졌다고 추측되거니와, 결국은 西京勢力과 결탁한 堯(定宗)·昭(光宗) 형제가 다음의 왕위를 차지하게 되었다. 이들 형제는 崔知夢을 중심으로 하는 일부 문신세력과 朴守卿을 축으로 하는 일부 무신세력을 자기편에 끌어들인 다음 西京의 王式廉과 결탁함으로써 마침내 다음 왕좌를 차지할 수 있게 된 것이다.[39]

이러한 정변의 과정에서 朴述熙는 王規 일당에게 죽음을 당했다. 王規 또한 반역의 죄명으로 처형되었다. 그 밖에 堯·昭 형제의 반대세력이 크게 보복을 당한 것으로 보여지는데,

차) … 惠宗이 병들었을 때 王規가 모반의 뜻을 가지므로 定宗이 王式廉 과 더불어 사변에 대처할 계책을 비밀히 토의하였다. 급기야 王規가 난을

番號	后妃名	姓 貫	妃 父	出 産 子 女
1	義和王后	鎭州 朴氏	大匡 曦	興和君, 慶化宮夫人, 貞惠公主
2	後廣州院夫人	廣州 王氏	大匡 規	
3	淸州院夫人	淸州 金氏	元甫 兢律	
4	宮人哀伊主	慶州	大于 連父	太子齊, 明惠夫人

37) 『高麗史』 卷92, 列傳, 朴述熙.
38) 『高麗史』 卷127, 列傳, 王規.
39) 黃善榮, 「高麗 惠宗代의 政變과 定宗의 王位繼承」, 앞의 책, 179쪽.

일으키자 王式廉이 군대를 끌고 와서 보위하니 王規가 감히 움직이지 못하
였다. 이에 王規 등 3백여명을 처단하였다.(『高麗史』卷92, 列傳, 王式廉)

라고 적고 있다. 이때의 정변을 흔히 王規의 亂이라 부르고 있으나 이는
사실이 은폐·부회된 결과이고, 실은 王子의 亂이라 봄이 더 정확할 것이
다.[40]

또 이 亂을 빌미로 3백여 명이 王規의 일당으로 몰려 죽음을 당했는데
이들은 모두 勳舊勢力의 인물들로 보여진다. 그럼에도 불구하고 勳舊勢力
의 기반 자체는 아직 건재한 가운데 光宗의 즉위를 맞게 되었고, 그 후에도
일정기간까지 그들은 기존의 특권을 독점적으로 향유하였다.

2. 光宗의 政治改革 방향

光宗은 定宗의 同母弟로서 內禪을 받아 즉위했다.[41] 대체로 定宗의 지
지세력 기반을 光宗이 물려받은 것으로 이해되지만, 앞서 본 崔承老의
政績評에서와 같이 光宗의 즉위 직후에 일부 저항세력에 대한 보복이 뒤
따랐음직한 느낌도 떨칠 수 없다.

그렇다면 당시 보복당한 정치세력은 西京派일 가능성이 높지 않을까
싶다. 光宗은 즉위하자 곧 서경천도를 포기하고 開京 안에서 왕권의 안정
에 힘썼던 것 같다. 대략 즉위 후 8년 동안 그의 정치는 崔承老가 '3代'에
비길 만큼[42] 온건한 德政이었다고 하겠다. 이 기간 동안 勳舊派들과의
관계가 원만한 가운데, 光宗으로서도 그들에 대한 예우를 소홀히 하지
않았다. 즉위 초에 국초의 功役者를 考定하여 例食을 지급한 것도 그러한
우대책의 일환이라 하겠다. 『高麗史』卷2, 光宗 世家에는,

---

40) 黃善榮, 위의 논문.
41) 『高麗史』卷2, 世家, 光宗.
42) 『高麗史』卷93, 列傳, 崔承老.

카) 大匡 朴守卿 등에 명하여 國初에 功役이 있는 자들을 정하여 4役者에게는 쌀 25석, 3役者에게는 20석, 2役者에게는 15석, 1役者에게는 12석을 주어 그것을 例食으로 하였다.

라 하여 勳舊勢力에 대한 光宗의 배려를 적고 있다.

이와 같이 즉위 초 光宗은 勳舊勢力의 지지를 받아 3代에 비유될 만큼 왕권을 안정시키는데 일단 성공을 거두었다. 그러나 즉위이래 7~8년에 걸친 光宗의 이러한 통치방식은 崔承老의 칭송에도 불구하고 범민족적 왕권 지상주의를 지향하는 光宗의 뜻에 맞는 것이 아니었다. 대체로 분열기에는 패도정치가 유행하고 안정기에는 왕도정치가 강조됨이 역사적 특징이라 할 때, 光宗 8년경이라면 통일을 달성한 지도 20여 년이 넘어, 이제 좁은 후삼국적 질서체계를 벗어나 새로이 민족융합의 길을 열어가야 할 때에 이르렀다고 할 것이다.

다시 말해 고려는 이제 통일국가로서 새로운 범민족적 질서를 수립해야 될 시대적 요청을 맞게 되었다는 것이다. 어쩌면 이러한 과업이 통일 후 더 일찍 진행되었어야 마땅할 것이나 惠宗·定宗 모두 매우 재위기간이 짧았고, 또 정변으로 겨를이 없어 결국 光宗이 해결해야 할 과제로 넘어왔다고 해도 좋겠다.[43]

그럼에도 불구하고 舊來의 특권을 고수하려는 勳舊勢力이 요직을 독점하고 주위에 포진해 있다는 것은 왕권의 행사를 크게 제한함을 뜻할 수밖에 없었을 것이다. 특히 통일전쟁을 치룬 지 20여 년이 지나는 동안 지방은 평온하였고, 惠宗·定宗 교체기의 정변 이후 중앙에도 별로 분쟁이 없었던 만큼 勳舊勢力의 관심은 자연히 內政에 쏠려, 이것이 국왕의 전제권 행사에 큰 부담을 주었을 것이다.

이에 光宗은 어느 정도 왕권이 안정되자 이제 勳舊勢力의 여러 특권을

---

43) 黃善榮, 「高麗 光宗·定宗代의 政治的 推移」, 앞의 책, 196쪽.

박탈하는 정책으로 선회하게 되었고, 이것이 곧 光宗의 전시대에 걸쳐 크나큰 갈등을 일으킨 동기가 되었다고 생각된다. 그런데 光宗은 이러한 개혁을 추진하는 과정에서 앞에서 본 대로, 그간의 국내 정치세력과 별로 연고가 없는, 중국으로부터의 歸化人을 전면에 내세운 듯 하다. 雙冀와 王融은 한때 光宗의 개혁정치를 주도했던 대표적 인물로 보여진다. 또 그들은 새로운 정치세력의 포석을 위해 과거를 통한 신진세력의 양성에도 주력하였다. 또 한편으로, 그 동안 소외되었던 新羅系 緋衫層이 光宗의 정치개혁에 편승하여 크게 그 세력을 신장시키게 되었음을 간과해서는 안될 것이다.

3. 新羅系 緋衫層의 부상

경순왕을 따라와 고려의 官界에 편입된 옛 신라의 官僚들이 光宗代에 이르기까지 그들의 이익을 어떻게 추구했는지는 잘 알 수 없다. 다만 추측 컨대, 일부는 高麗系로 편입되었겠지만 나머지 대부분은 高麗의 官僚 아 닌 官僚로서 권력으로부터 소외된 채 오직 옛 신라의 전문관료로서 지녀왔 던 전통을 유지하는 가운데 능력을 바탕으로 그 명맥을 이어왔지 않았나 한다.

이들 新羅系에게는 堯·昭 형제가 정변을 성공시킨 것이 그들의 세력을 중흥시킬 수 있는 하나의 계기가 된 것 같다. 특히 光宗이 왕위를 계승하여 26년 간이나 專制權을 행사한 시기는 新羅系에게 그들의 정치적 권세를 급속히 부상시킬 수 있는 절호의 기회를 안겨준 것이나 마찬가지였다고 본다.

그 이유와 관련하여, 무엇보다도 堯·昭 형제가 다른 왕자들에 비하여 혈연적으로 新羅系와 가깝다는 점이 먼저 주목되어야 될 부분일 것이다. 즉 堯·昭 형제의 母后는 太祖의 第3妃 神明順成王太后이고, 太后는 다시

忠州 劉氏로서 太師 內史令에 추증된 兢達의 딸이다.[44] 이 兢達은 앞서 제시한 바-②)를 통하여 보았던, 「興寧寺 澄曉大師寶印塔碑」에 열거된 인물 가운데 '兢達 蘇判'임에 틀림없겠다.[45] 惠宗 원년에 세워진 이 탑비에 兢達이 蘇判이라는 新羅官等을 표방함은 바로 그 자신이 新羅系임을 뜻할 것이다.

뿐만 아니라 兢達의 딸 神明順成王太后 소생의 樂浪公主, 즉 光宗의 친누이가 또 경순왕에게 출가했다.[46] 그러니까 光宗은 新羅系 外祖父를 가진데 이어, 신라왕이었던 金傅를 또 자신의 妹夫로 두게 된 셈이다. 이와 같은 주변의 친신라적 분위기가 이번에는 光宗과 敬順王이 서로 사돈을 맺도록 인도한 것 같다. 즉 景宗과 獻肅王后의 혼인이 그것이다.

이 婚姻에 대하여 『三國史記』卷12, 敬順王에는,

> 타) 景宗 獻和大王 때에 이르러 正丞公의 딸을 맞아 王妃로 삼고 正丞公
> 을 봉하여 尙父令을 삼았다.

라고 하여 마치 景宗代에 들어 正丞公 즉 金傅의 딸을 王妃로 맞아 들인 양 적고 있다. 그러나 景宗이 光宗 6년에 태어나 16년에 太子로 책봉된 점[47]으로 보아 이 婚姻도 태자로 봉해질 때 거행된 것으로 봄이 더 자연스러울 것이다. 일찍이 惠宗의 경우에도, 그가 太祖 4년에 10살의 나이로 正胤에 책봉될 때 義和王后를 그 妃로 맞이한 바 있다.[48] 景宗이 즉위했을 때의 나이는 21살이었다. 父王 光宗이 이때에 이르도록 景宗을 결혼시키지 않았다고는 결코 생각할 수 없을 것이다.

---

44) 『高麗史』卷88, 后妃1, 神明順成王太后劉氏.
45) 李鍾旭, 앞의 논문, 14쪽.
46) 『高麗史』卷91, 列傳, 公主, 安貞淑儀公主.
47) 『高麗史』卷2, 世家, 光宗 16年.
48) 『高麗史』卷88, 后妃1, 義和王后林氏.

이렇게 볼 때, 光宗이 新羅系에 대해 갖는 애정 또한 두터웠다고 할 수 있겠다. 이런 분위기를 타고 경순왕을 따라 왔던 옛 신라의 緋衫層들이 크게 세력을 떨칠 기회를 잡은 것으로 믿는다.

한편 이때에 新羅系가 부상하게 된 배경으로서 新羅系의 官制가 原高麗系의 그것보다 우수했던 점을 또한 상정할 수 있겠다. 일례로 光宗 9년이후 건립된 몇몇 금석문에 보이는 中國式 文散階는 바로 新羅制를 부활시킨 것으로 이해된다. 실제 고려에서 정식으로 중국식 文武散階를 채택한 시기는 3省6部制가 성립되고 난 다음인 成宗 14년이었다. 그러나 과거제가 처음 실시된 光宗 9년 경부터 몇 가지 文散階가 고려초기 관계와 병행하여 사용되기 시작한다. 몇 가지 예를 제시하자면 아래와 같다.

파-① (光宗 9年) 通直郎 正衛 翰林學士 賜丹魚袋 臣金廷彦.(「玉龍寺
洞眞大師寶雲塔碑」, 『朝鮮金石總覽』上, 189쪽)

② (光宗 16年) 文林郎 翰林院書博士 臣張端說.(「鳳巖寺 靜眞大師
圓悟塔碑」, 『朝鮮金石總覽』上, 196쪽)

위의 사료 파-①)에서 金廷彦은 通直郎이란 文散階와 正衛라는 고려초기 官階를 함께 기록하고 있는데, 이는 그가 正衛의 고려 官階를 받긴 했더라도 원래는 신라의 通直郎임을 나타내고 있는 것으로 해석된다. 다음으로 파-②)의 張端說은 옛 신라의 文林郎일 뿐, 아직까지 고려초기 官階를 받지 못한 전형적 新羅系 緋衫層에 속하는 인물로 보여진다.

官階가 官僚의 公的 질서체계라 할 때 관료제가 발달할수록 세분화된 체계가 요구될 것이다. 이러한 점에서 신라의 17官等制나 고려초기의 16官階制보다는 29階의 중국식 文·武散階가 더 효율적일 수 있다. 그러므로 신라는 이미 말기경에 文散階를 도입해 썼는데, 이제 光宗 시대를 맞이

하여 新羅系의 부상과 더불어 文散階도 부활되었던 것이다.[49]

한편 光宗 11년은 新羅系가 고려의 官制에서 그 위치를 확고히 하는 해로 파악된다. 즉 紫·丹·緋·綠을 서열로 하는 공복제의 개혁을 통하여 新羅系 緋衫層은 原高麗系의 丹衫層에 거의 육박하는 지위를 차지하게 되었던 것이다.[50]

4. 勳舊勢力의 대응

중국으로부터 귀화한 文士가 개혁에 간여하고, 또 개혁의 방향이 新羅制로 기울어짐에 대해 勳舊勢力은 크게 반발하게 되었던 것 같다. 특히 공복제가 개혁된 光宗 11년경부터 勳舊勢力이 크게 동요하기 시작한 듯하다. 『高麗史』 卷2, 光宗 11년에는,

> 하-①) 評農書史 權信이 참소하기를 大相 俊弘과 佐丞 王同 등이 역모를 꾸민다고 함에 이들을 내쫓았다. 이때부터 아첨하는 자들이 득세하여 충성하고 현량한 사람들을 모함하였으며 奴가 자신의 주인을 고소하고 아들이 제 아비를 참소하여 항상 감옥이 가득차 있어 假獄까지 만들게 되었다.
>
> ②) 죄없이 잡혀가 죽음을 당하는 자가 계속 생겼고 猜忌가 날로 심해졌으며 王室 一族들도 살아남지 못함이 적지 않았다.
>
> ③) 王의 외아들 주(景宗)까지도 역시 의심을 받아 王에게 가까이 가지 못하니 모든 사람들이 두려워하여 감히 마주앉아 이야기도 하지 못했다.

라 하여 勳舊勢力에 대한 光宗의 숙청작업이 가혹하게 개시됨을 묘사하고

---

49) 黃善榮, 「高麗初期 官階의 成立과 變遷」, 앞의 책, 240~246쪽.
50) 黃善榮, 앞의 논문, 1991.

있다.

위의 하 - ①)에서는 숙청의 동기에 대해 評農書史 權信이 大相 俊弘과 佐丞 王同을 참소한 것으로 표현하고 있으나, 아마도 그 이면으로 新羅系와 原高麗系의 대립 내지는 권력투쟁이 이때부터 본격화했기 때문일지 모른다.

光宗 7년의 奴婢按檢法 및 9년의 科擧制 실시, 그리고 11년 百官의 公服 제정으로 이어진 일련의 정치개혁을 통하여 특권의 박탈을 강요당한 勳舊勢力은 크게 당황하게 되었고, 이제 百官의 公服制定을 계기로 新羅系 진출이 시작되자 그들은 자구책 모색에 나선 것 같다. 이러한 관점에서 보아 위 하 - ①)의 大相 俊弘과 佐丞 王同의 謀逆은 사실일 가능성이 크다고 본다.[51] 이러한 勳舊勢力의 謀逆에 대해 光宗은 가혹한 보복을 단행했고, 나아가 勳舊勢力과 연계되었다고 여겨지는 왕족까지 처단하기에 이르렀으며[하 - ②)], 마침내는 자신의 아들까지 의심하게 되었던 것이다[하 - ③)]. 당시 있었던 숙청에 대해 崔承老가 그의 五朝政績評에서,

거) 庚申年(光宗 11年)부터 乙亥에 이르기까지 16년간 간악한 자들이 다투어 진출하고 참소와 중상이 크게 일어 君子가 몸둘 곳이 없고, 小人이 뜻을 얻게 되어 드디어 자식이 부모를 거역하고 노예가 상전을 논박하게 되니, 上下의 마음이 서로 이탈되고 君臣이 한 몸 같이 되지 못하였습니다. 舊臣宿將이 차례로 살륙을 당하고 骨肉親姻들도 모두 멸망되었습니다. (『高麗史』 卷93, 列傳, 崔承老)

라 처절히 묘사하고 있음은 다 잘 아는 사실이다.

이와 같이 가혹한 光宗의 숙청에 대해 勳舊勢力은 저항다운 저항을 한 번도 해 보지 못했다. 舊臣宿將이라 하더라도 죽음을 당했거나, 일부 왕족과 결탁하여 반정을 꾀했을 정도에 지나지 못한 것 같다. 그 결과 애꿎은

---

51) 黃善榮, 「高麗 光宗·景宗代의 政治的 推移」, 앞의 책.

왕자들만 보복에 휩싸여들고 말았다. 이러한 사실을 통해 당시의 王權과 臣權의 비중을 가늠해 볼 수 있을 것이다.

IV. 新進勢力의 성장과 3省6部制의 성립

光宗의 시대가 끝나고 景宗이 즉위함에 따라 고려의 정계도 새 국면을 맞게 되었다. 景宗은 즉위와 더불어 大赦令을 내리고, 갇혔던 사람을 풀어 주었으며 官爵을 뺏긴 사람을 복직시키는 등 분위기를 일신시키려 했다.[52]

그러나 勳舊勢力으로서 끝까지 살아남아 새 시대를 맞이할 수 있었던 사람은 그리 많지 않았다. 崔承老는 다시 五朝政績評에서,

> 너) 景宗이 즉위할 때 舊臣으로 生存해 있는 사람이 40여 명뿐이었습니
> 다.(『高麗史』 卷93, 列傳, 崔承老)

라고 썼다.

그 후 한동안 勳舊勢力은 안정을 되찾을 수 있었고, 나아가 지난 날 입은 참소에 대해 왕명으로 복수조차 할 수 있게 되었다.[53] 그럼에도 불구하고 舊臣으로서 생존한 자가 40여 명에 지나지 못한 만큼, 이제 와서 勳舊勢力의 중흥이란 별로 기대할 것이 못되었다고 할 수 있겠다.

한편 新羅系는 景宗의 즉위를 맞이한 뒤에도 일부 '後生讒賊'[54]의 범주에 드는 자가 복수를 당한 것 외에는 신분에 큰 변화가 없었던 듯 하다. 景宗의 즉위와 더불어 그들의 구심점인 경순왕 金傅는 尙父로 추대되었

---

52) 『高麗史』 卷2, 世家, 景宗.
53) 『高麗史』 卷2, 世家, 景宗 元年 11月.
54) 『高麗史』 卷93, 列傳, 崔承老. 여기에서도 後生讒賊은 어느 특정 系派에 비기기보다는 넓은 의미로 '讒訴를 일삼는 後輩'로서의 일반적 의미로 파악함이 좋을 것이다.

다.[55] 또 元年에 마련된 田柴科에서 緋衫層은 丹衫層과 거의 대등한 몫의 토지도 받게 되었다.[56]

그러나 이 무렵이면 경순왕이 귀순한 지도 이미 40년을 경과한 때로서 新羅系 내부에도 서서히 변화가 있었을 것이다. 생각컨대 초기 新羅系 1세대도 이때쯤 적지 않게 사라졌을 것이고, 또 일부는 高麗系 官府로 옮아가기도 하는 등,[57] 세월의 흐름과 더불어 新羅系도 쇠퇴해 나갈 수밖에 없었지 않았나 여겨진다.

이와 같이 국초 이래 정치를 주도했던 動舊勢力이 크게 훼절되고 新羅系 세력 또한 조락되어 가는 과정에서 이제 정치의 주도권은 서서히 신진세력쪽으로 기울게 되었다고 하겠다. 光宗 9년의 科擧制 실시 이후 등장하기 시작한 신진세력은 그간 경과한 연륜으로 보아 光宗의 개혁에 간여할 만큼 성숙하지는 못했으나 계속되는 과거를 통하여 점차 그 기반을 다져 나가고 있었다.

景宗의 시대에 들어와서도 과거는 계속되었으며,[58] 해가 갈수록 이들 신진세력의 성장이 촉진되었을 것임은 길게 말할 필요도 없을 것이다. 여기에서 참고로 그 출자가 확인되는 光宗代의 과거급제자를 정리하면 다음 <표-2>와 같다.

---

55) 『高麗史』卷2, 世家, 景宗.
56) 黃善榮, 앞의 논문, 1991, 참조.
57) 아마도 張端說의 경우가 좋은 예로 될 듯 하다. 光宗 16년에 건립된「鳳巖寺 靜眞大師圓悟塔碑」,『朝鮮金石總覽』上, 196쪽에 따르면 그는 文林郞으로서 翰林院 書博士로 있었다. 文林郞이란 그의 官階와 翰林院의 書博士란 官職으로 미루어 이때만 해도 그는 전형적으로 신라의 緋衫層에 해당하는 인물로 보여진다. 그런데 10년이 지나 光宗 26년에 건립된「高達寺 元宗大師惠眞塔碑」,『朝鮮金石總覽』上, 207쪽에는 그의 官階와 官職이 奉議郞 佐尹 前軍部卿兼 內議承旨舍人으로 승진했음을 나타내고 있다. 이로 미루어 張端說은 佐尹의 高麗官階를 받고 內議承旨舍人의 重責을 맡게 된 것 같다. 그는 新羅系 緋衫層으로부터 일약 光宗의 개혁 중심세력으로 발탁된 듯 하다(黃善榮,「光宗·景宗代의 政治的 推移」, 앞의 책, 211쪽).
58) 『高麗史』卷2, 世家, 景宗 2年 및 4年.

<표-2> 光宗代 進士科 及第者

年 月	及第者 姓名	出身地	知貢擧	歷任 官職
光宗 9년 5월	崔 暹		雙冀	常時, 成宗 15 翰林學士 知貢擧
	晉 兢			光文院少監
11년 3월	崔光範		雙冀	
	徐 熙	利川		光宗朝 廣評員外郎, 內議侍郎, 成宗朝 太傅內史令
12년 4월	王 擧		雙冀	
15년 3월	金 策	羅州 光陽縣	趙 翌	左僕射 翰林學士
17년	崔居業		王 融	
23년	楊 演		王 融	
	柳邦憲	全 州		成宗朝 禮部侍郎 穆宗朝 門下侍郎平章事
24년 2월	白思柔		王 融	成宗 10, 成宗 14 翰林學士 知貢擧
25년 3월	韓蘭卿	楊 洲	王 融	成宗 8 侍郎, 穆宗 10 平章事
	崔 亮	慶 州		成宗朝 攻文博士 成宗師友 成宗朝 內史侍郎兼民官卿事 同內史門下平章事監修國史

<표-2>를 통해서 알 수 있는 바와 같이 당시 급제한 대부분이 官僚로서 명성을 남기게 되는 시기는 成宗朝 이후임이 주목된다. 그 동안 그들이 어떠한 경로를 밟았는지 잘 알 수는 없으나, 추측하건대 아마도 처음 綠衫 의 官員으로 시작하여 승진을 거듭하던 중 일부 官制에 아직도 原高麗系 와 新羅系가 비록 명목상일지 몰라도 이원적으로 잔존해 있음에 크게 당 황했을 것이다.

통일국가에 일부라 하더라도 이원적 관제가 병존해 있다는 것은 그 유례 를 찾기 힘들다 하겠으나, 고려초의 경우 신라와의 연합이라는 특수성 때문에 한동안 이러한 모순이 지속된 것으로 보여진다. 그 후 일어난 정변 과 숙청의 소용돌이에서 이러한 모순이 시정되지 못한 채 이제 成宗代에 이르게 되었던 것이다.

한편 이해를 달리하는 정치세력집단으로서, 勳舊勢力과 新羅系 세력이 대립하고 있는 상황에서 官制의 일원화란 그렇게 용이한 일이 될 수 없었을 것이다. 이제 景宗의 시대를 겪으면서 勳舊勢力이 도태되고 新羅系가 절멸되어 가는 가운데 전제왕권의 전위대로써 과거출신의 신진세력이 성장함은 시기적으로 이러한 모순을 바로잡을 적기에 이르렀음을 가리킬 것이다. 더욱이 앞의 <표-2>에서 보아 崔暹·徐熙·柳邦憲 등은 이 무렵 비중있는 官僚의 지위에 올라있는 만큼, 능히 관제상의 모순 제거를 주장하고 또 그 작업에 참여할 만큼 성숙해 있었다.

다른 한편으로, 이들 과거출신 신진세력만이 아니라 崔承老 등 유학자들도 이러한 방향의 官制改革에 동참한 것 같다. 崔承老가 앞서 본 五朝政績評과 28條의 時務策을 올린 것은 成宗이 즉위한 직후 원년 6월에 내린 詔書의 命에 따른 결과이다. 당시 5品이상 관원은 모두 글을 올려 '時政의 得失'을 논하도록 되었다.[59)]

이러한 기회를 빌어 徐熙 등 신진세력과 유학자들이 이원적 관제의 모순을 지적했을 것이고, 그 결과 개혁된 官制가 현행의 모순을 한꺼번에 극복할 수 있는 중국식 3省6部制의 채택이 아니었나 한다. 주지하는 바와 같이 고려에서 3省6部制가 처음으로 시행된 때는 成宗 원년의 '詔書'가 있은 다음해 즉 成宗 2년 5월이었다. 『高麗史』卷3, 世家, 成宗 2년 여름 5월에는,

더) 처음으로 三省 六曹 七寺를 설치하였다.

라는 간략한 기사로써 官制의 개혁을 알리고 있다.

그리고 또 3省6部制의 실시와 더불어 공복제와 관료제도 개혁되었다. 흥미있는 사실은 공복제가 개정되면서 原高麗系의 丹衫이 사라져 버린

---

59) 『高麗史』卷2, 世家, 成宗 元年.

점이다. 이로써 고려의 公服色은 紫·緋·綠이 비로소 階層을 이룰 수 있게 되었던 것이다.[60] 다시 또 하나, 官階制의 개혁에서 중국식 文·武散階가 정식으로 高麗 官制에서 채택되어[61] 가장 중요한 관료의 公的 질서 체계로써 자리를 굳히게 된 점도 잊어서는 안 될 것이다.

V. 맺음말

고려초기 정치사를 대할 때마다 느끼는 바이지만, 이 분야에 대한 그 동안의 연구성과는 지나치리만큼 호족연합 일변도로 치우친 감이 없지 않다. 고려의 중앙집권화 과정을 설명함에 호족연합의 단계를 설정한다는 것은 어쩌면 참으로 편리한 장치라 할 수도 있을 것이다. 그러나 그것으로 는 결코 高麗初期史의 난해한 과제들, 이를테면 公服制며, 田柴科에 얽힌 문제들이 해명될 수 없다고 본다.

이에 필자는 고려초기 정치와 관련된 세력집단을 새로운 시각에서 조명 해 보고자 하였다. 이 가운데 일부의 견해는 이미 발표되어 재론되는 감이 없지 않으나 본고를 통하여 다시 정리된 바를 결론삼아 요약하면 다음과 같다.

고려초기의 정치를 주도해 나간 세력은 고려의 건국 및 통일에 이바지했 던 開國功臣과 그들의 후예로 형성된 勳舊勢力이라 할 수 있다. 물론 그들은 지방세력으로서의 호족이 아니라 太祖를 받드는 文武官僚 및 常備軍의 武將으로서 오히려 호족을 제압하는데 주력했던 인물들이다.

다른 한편 敬順王의 귀순을 계기로 옛 신라의 관료들도 집단으로 귀부하 여 고려의 관료체제에 편입되었으나, 太祖는 고려와 신라의 연합을 표방

---

60) 黃善榮, 앞의 논문, 1987.
61) 『高麗史』 卷77, 百官2, 文散階.

하면서 신라의 옛 官制를 부분적으로 용인하였다. 이로 인해 고려의 官制 내부에 일부나마 이원적 체제가 병존하고 대부분의 신라 출신 官僚들은 신라계 세력으로 신라의 官制 속에서 官僚의 신분을 유지해 갔다.

다시 光宗시대를 맞이하여 오직 학문적 실력을 바탕으로 하는 신진세력이 과거급제를 통하여 성장하고 있었으나, 光宗의 개혁정치가 격화되는 시기만 해도 아직 그들은 정치의 표면에 등장할 만큼 성숙하지는 못했다.

왕권강화를 지향하는 光宗의 개혁은 가혹했다. 통일국가의 새 질서를 확립하려는 光宗에게 기존의 특권을 고집하는 훈구파들은 숙청의 대상이었다. 반면에 혈연적으로 光宗이 가진 친신라적 분위기는 정치개혁의 과정에서 신라계 세력이 크게 부상하는 계기를 마련해 주었다. 그 결과 公服制의 확립을 통해 新羅系 緋衫層이 관료로서 확고히 자리잡을 수 있게 되었고, 나아가 始定田柴科를 거쳐 합당한 토지지급을 받기에 이르렀다.

그러나 景宗代에 이르는 동안 훈구세력은 光宗代에 입었던 타격에서 아직 회복되지 못했고, 신라계 또한 양국합병 후 40여 년을 경과한 즈음 그 세력이 凋落한 가운데 성격도 많이 변질되어 있었다. 다만 과거출신의 신진세력만은 전제왕권의 옹호자로서 보호 육성되는 가운데 해를 거듭할수록 성장의 속도를 빨리하여, 成宗代에 이를 무렵 그들 중 일부는 상당한 고관의 지위에까지 오르게 되었다.

이제 官制의 합리화를 추구하는 신진세력으로서, 비록 명목상이라 할지라도 통일 고려에서 더 이상 原高麗系와 新羅系라는 이원적 관제를 용납할 수가 없었다. 이에 成宗의 즉위를 맞이하여 이들 신진세력과 일부 유학자들이 官制 개혁을 주장한 결과, 마침내 成宗 2년에는 이후 고려 官制의 지주가 되는 3省6部制의 성립을 보게 되었다.

이상이 본고의 대강이거니와, 사료의 한계에 따라 상당 부분 추측에 의존할 수밖에 없음은 어쩔 수 없는 일이다.

■ 논문 게재학술지

「新羅下代 官僚制의 一考察」,『東義史學』6, 1991.

「新羅下代 金憲昌 亂의 性格」,『釜山史學』35, 1998.

「新羅下代의 府」,『한국중세사연구』창간호, 1994.

「金石文에 보이는 新羅下代의 文散階」,『釜山史學』29, 1995.

「高麗 統一期의 黃山·炭峴에 대하여」,『釜山史學』13, 1987.

「高麗初期 地方統治의 再檢討」,『한국중세사연구』7, 1999.

「高麗初期 役分田의 成立」,『한국중세사연구』4, 1997.

「高麗 太祖時期의 官僚研究」,『東義史學』3, 1987.

「高麗初期 公服制의 成立」,『釜山史學』12, 1987.

「高麗 光宗代 政治改革의 方向」,『東義史學』11·12, 1997.

「高麗 始定田柴科의 分析」,『考古歷史學志』7, 1991.

「高麗初期 政治勢力의 動向과 3省6部制 成立의 背景」,『釜山女大史學』
10·11, 1993.

찾아보기

나말여초 정치제도사 연구

인쇄일 초판 1쇄 2002년 12월 17일
        2쇄 2015년 03월 29일
발행일 초판 1쇄 2002년 12월 24일
        2쇄 2015년 03월 08일

지은이 황 선 영
발행인 정 찬 용
발행처 **국학자료원**
등록일 1987.12.21, 제17-270호

서울시 강동구 성내동 447-11 현영빌딩 2층
Tel : 442-4623~4 Fax : 442-4625
www. kookhak.co.kr
E- mail : kookhak2010@hanmail.net
ISBN 978-89-8206-999-4 ＊93810
가 격 22,000원